Ihre Arbeitshilfen zum Download:

Die folgenden Arbeitshilfen stehen für Sie zum Download bereit:
- Rahmenkonzept zur Durchführung einer Kommunikations- und Kreativtagung
- Selbsteinschätzungsfragen: Halten Sie sich für eine gute Führungskraft?
- Ideen für eine Büroolympiade
- Weiterführende Links

Den Link sowie Ihren Zugangscode finden Sie am Buchanfang.

Gesundes Führen mit Erkenntnissen der Glücksforschung

Karlheinz Ruckriegel

Günter Niklewski

Andreas Haupt

Gesundes Führen mit Erkenntnissen der Glücksforschung

Prof. Dr. Karlheinz Ruckriegel

Prof. Dr. Dr. Günter Niklewski

Andreas Haupt

Mit einem Geleitwort von Prof. Randolf Rodenstock

1. Auflage

Haufe Gruppe
Freiburg · München

Bibliografische Information der Deutschen Nationalbibliothek
Die Deutsche Nationalbibliothek verzeichnet diese Publikation in der Deutschen Nationalbibliografie; detaillierte bibliografische Daten sind im Internet über http://dnb.dnb.de abrufbar.

Print ISBN: 978-3-648-05588-5 Bestell-Nr. 10100-0001
EPUB ISBN: 978-3-648-05593-9 Bestell-Nr. 10100-0100
EPDF ISBN: 978-3-648-05594-6 Bestell-Nr. 10100-0150

Karlheinz Ruckriegel | Günter Niklewski | Andreas Haupt
Gesundes Führen mit Erkenntnissen der Glücksforschung
1. Auflage 2015

© 2015 Haufe-Lexware GmbH & Co. KG, Freiburg
www.haufe.de
info@haufe.de
Produktmanagement: Anne Lennartz

Lektorat: Monika Spinner-Schuch
Satz: kühn & weyh Software GmbH, Satz und Medien, 79110 Freiburg
Umschlag: RED GmbH, 82152 Krailling
Druck: BELTZ Bad Langensalza, 99947 Bad Langensalza

Alle Angaben/Daten nach bestem Wissen, jedoch ohne Gewähr für Vollständigkeit und Richtigkeit. Alle Rechte, auch die des auszugsweisen Nachdrucks, der fotomechanischen Wiedergabe (einschließlich Mikrokopie) sowie der Auswertung durch Datenbanken oder ähnliche Einrichtungen, vorbehalten.

Inhaltsverzeichnis

Geleitwort: Vom Wohlstand zum Wohlleben – wie wandelt sich unsere Arbeitswelt?   11
Prof. Randolf Rodenstock

1	**Glücksforschung – was Menschen glücklich macht**	**17**
	Professor Dr. Karlheinz Ruckriegel	
1.1	Führung als Achillesferse	18
1.2	Wie wir Entscheidungen treffen – vom Homo oeconomicus zum Dualen Handlungssystem	21
	1.2.1 Homo oeconomicus	22
	1.2.2 Duales Handlungssystem	26
1.3	Wer (materiell) alles hat, ist nicht automatisch glücklich	31
1.4	Gesundheit, Glück (Wohlbefinden), gesundes Führen	34
	1.4.1 Zur Entwicklung psychischer Krankheiten in Deutschland	36
	1.4.2 Zur Situation der Beschäftigten in deutschen Unternehmen	38
	1.4.3 Zur Situation der Führungskräfte in deutschen Unternehmen	41
1.5	Glücksforschung (Happiness Research) – eine gesellschaftspolitische Einordnung	44
	1.5.1 Die Finanzkrise(n) der letzten Jahre als Kristallisationspunkt	46
	1.5.2 Glücksforschung und Politik: Der OECD Better Life Index	50
1.6	Die Rückkehr des Menschen in die Ökonomie	54
1.7	Zufriedene und glückliche Mitarbeiter: eine Win-Win-Situation	61
	1.7.1 Hard Facts: Verbesserung der betrieblichen Ergebnisse	61
	1.7.2 Wertewandel in der Generation Y	63
	1.7.3 Demografische Entwicklung – die Lücke wird immer größer	63
	1.7.4 Zunehmende gesellschaftspolitische Relevanz	64
	1.7.5 Gesetzliche Vorgabe: psychische Gefährdungsbeurteilung	65
1.8	Steigerung des Wohlbefindens im Unternehmen: das Zwei-Säulen-Modell	68
1.9	Säule I: Sensibilisierung der Mitarbeiter für die Erkenntnisse der Glücksforschung	69
	1.9.1 Was ist überhaupt Glück (Wohlbefinden)?	69
	1.9.2 Quellen des Wohlbefindens (Glücksfaktoren)	75
	1.9.2.1 Soziale Beziehungen – Menschen sind die sozialste Spezies auf dieser Erde	76
	1.9.2.2 Arbeit und Motivation – von der X-Theorie zur Y-Theorie nach McGregor	76
	1.9.3 Was bringt uns Wohlbefinden?	81
	1.9.4 Wege zu einem gelingenden Leben (Glücksaktivitäten)	82
1.10	Führungsethik versus Homo oeconomicus	84
	1.10.1 Was ist Führungsethik?	84
	1.10.2 Menschen sind überwiegend auf Fairness gepolt	89

	1.10.3 Abschied vom Homo oeconomicus	92
	1.10.3.1 Von einer A-priori-Annahme zur Realität	92
	1.10.3.2 Die Homo-oeconomicus-Annahme als negative Prägung von Führungsverhalten	97
1.11	Säule II: Schaffung und Verbesserung der Voraussetzungen in den Unternehmen	102
	1.11.1 Mitarbeiterführung – der Mensch steht im Mittelpunkt	104
	1.11.1.1 Was ist ein guter und gesunder Führungsstil?	104
	1.11.1.2 Kann man gute und gesunde Führung lernen?	109
	1.11.2 Arbeitsplatzgestaltung – vom Job zur Berufung	111
	1.11.3 Work-Life-Balance – Glück und Zufriedenheit sind nicht teilbar	116
	1.11.4 Normatives Controlling – eine notwendige Ergänzung des operativen Controllings	117
2	**Individuelle Faktoren der psychischen Gesundheit**	**121**
	Prof. Dr. Dr. Günter Niklewski	
2.1	Glück und Unglücksforschung	122
	2.1.1 Führung und das Wissen von psychischen Problemen	122
	2.1.2 Fallbeispiele	123
	2.1.3 Anhedonie – der Verlust der Lebensfreude	125
2.2	Ich bin im Stress	126
	2.2.1 Was ist eigentlich Stress?	127
	2.2.2 Die Stressreaktion	128
	2.2.2.1 Die Stressreaktion: ein somatopsychisches Ereignis	128
	2.2.2.2 Schaltzentrale Gehirn	129
	2.2.2.3 Die Wirkung des Stresshormons Cortisol	130
	2.2.2.4 Die Stressreaktion des autonomen Nervensystems	131
	2.2.3 Was passiert bei Dauerstress?	132
	2.2.4 Und die Erholung?	133
	2.2.5 Aber: Stress droht auch in der Freizeit	134
2.3	Stress macht krank! Macht Stress krank?	135
	2.3.1 Wenn Stress krank macht	136
	2.3.1.1 Die Stresshitliste	136
	2.3.1.2 Dauerstress und die Folgen	137
	2.3.1.2.1 Herz-Kreislauf-Erkrankungen	138
	2.3.1.2.2 Broken-Heart-Syndrom	140
	2.3.1.2.3 Stress und Immunsystem	140
	2.3.1.2.4 Stress und Schlaf	140
	2.3.1.2.5 Stress und der Bewegungsapparat	141
	2.3.1.2.6 Stress und Stoffwechselerkrankungen	142

2.4	Die psychischen Folgen von Stress – Erschöpfung, Burnout und Depression	142
	2.4.1 Kognitive Störungen	143
	2.4.2 Burnout-Syndrom	144
	2.4.2.1 Die Symptome eines Burnout-Syndroms	145
	2.4.2.2 Die Stadien des Burnout-Syndroms	146
2.5	Und wenn aus Burnout eine Depression wird?	147
	2.5.1 Depression und Gehirn	148
	2.5.2 Depression, eine Erkrankung mit vielen Gesichtern	149
	2.5.2.1 Die Symptome der Depression	150
	2.5.2.2 Häufige Klagen	150
	2.5.2.3 Habe ich vielleicht eine Depression?	154
	2.5.2.4 Einteilung der Depressionen nach Schweregrad	156
	2.5.2.5 Depressionen aus heiterem Himmel	157
	2.5.2.6 Depression und Stimmungsschwankungen	158
	2.5.2.7 Vielfältige Ursachen	159
	2.5.2.8 Der Verlauf depressiver Störungen	160
	2.5.2.9 Die Behandlung depressiver Störungen	161
	2.5.2.10 Die Häufigkeit depressiver Störungen	163
	2.5.2.11 Depression und andere psychische Störungen	163
	2.5.2.12 Nehmen Depressionen zu?	164
	2.5.2.13 Die Ursachen der Depression	165
	2.5.3 Der Verlauf depressiver Erkrankungen – Sonderformen	166
	2.5.3.1 Depression im Alter	166
	2.5.3.2 Die vaskuläre Depression – ein eigenständiges Krankheitsbild?	167
	2.5.3.3 Die Depression hat kulturelle Variationen	167
2.6	Depression und Arbeitswelt	169
	2.6.1 Wie sollten Arbeitnehmer am Arbeitsplatz mit seelischen Störungen umgehen?	172
	2.6.2 Welche Maßnahmen können für betroffene Arbeitnehmer hilfreich sein?	173
2.7	Mobbing	174
2.8	Resilienz	175
3	**Ideen und Lösungsansätze für den Führungsalltag**	**182**
	Andreas Haupt	
3.1	Fremdanforderungen und eigene Bedürfnisse meistern	183
	3.1.1 Stressfaktoren in der Arbeitswelt	187
	3.1.2 Lösungsansätze: Fehlbelastungen erkennen, persönliche Balance finden	190
3.2	So steigern Sie die Produktionsfähigkeit Ihres Unternehmens	192
	3.2.1 Demografische Ausgangssituation und geänderte Lebensumstände	193
	3.2.2 Lebensstil als Gesundheitsrisiko	199
	3.2.3 Betriebs- und volkswirtschaftliche Relevanzen	200

3.2.4	Die aktuelle Situation von Führungskräften	202
3.2.5	Die „hedonistische Tretmühle" und ihre Konsequenzen	205
3.2.6	Gesundheit als Unternehmensressource	207
3.2.7	Nutzen von betrieblichem Gesundheitsmanagement für das Unternehmen	211
3.2.8	Den Gegenpol zur Geschwindigkeit der digitalisierten Welt schaffen	217
3.3	Führungsalltag in deutschen Unternehmen – so sieht's aus, so sollt's sein	223
3.3.1	Arbeitsplatzkonflikte als Ursache psychischer Erkrankungen	224
3.3.2	Grundlagen erfolgreicher Führung	233
3.3.2.1	Erfolgreich kommunizieren mit sozialer Intelligenz	234
3.3.2.1.1	Primäre Empathie	235
3.3.2.1.2	Zugewandtheit	237
3.3.2.1.3	Soziale Kognition	237
3.3.2.1.4	Empathische Genauigkeit – empathische Details	239
3.3.2.2	Kommunikation – Wirkungen und Konsequenzen	240
3.3.2.3	Motivation als Führungselement	242
3.3.2.3.1	(Selbst-)Motivation als Baustein für Leistungs- und Veränderungsfähigkeit	243
3.3.2.3.2	Tipps zum Umgang mit Niederlagen, Tiefpunkten und Zukunftssorgen	256
3.3.2.3.3	Tipps für mehr Gelassenheit	259
3.3.2.3.4	Tipps zur Mitarbeitermotivation	260
3.3.2.4	Kreativität als Führungs-, Motivations- und Problemlösungselement	272
3.3.2.4.1	Was Sie unternehmen können, um Ihre kreativen Anlagen zu fördern	274
3.3.2.4.2	Kreative Fähigkeiten, Verhaltensweisen und Denkstile	275
3.3.3	Ethisches Führungshandeln als Richtschnur für Glaubwürdigkeit und Nachhaltigkeit	277
3.3.4	Anforderungen an die Führungskräfte von morgen	278

Über die Autoren — **281**

Abbildungsverzeichnis — **283**

Literatur- und Quellenverzeichnis — **285**

Stichwortverzeichnis — **305**

Geleitwort

Vom Wohlstand zum Wohlleben — wie wandelt sich unsere Arbeitswelt?

Wer wie ich vor vier Jahrzehnten in das Wirtschaftsleben eingestiegen ist und seitdem lange Zeit ein Unternehmen geleitet hat, konnte erleben, wie sich unsere Arbeitswelt schleichend, aber fundamental verändert hat. Durch die Globalisierung ist der Konkurrenzdruck auf unsere Unternehmen gewachsen und neue Herausforderungen sind auf sie zugekommen. Um ihre Wettbewerbsposition gegenüber Anbietern aus Fernost zu behaupten, müssen sie ihre Produktivität und Innovationskraft stetig verbessern — und das angesichts knapper werdender Rohstoffe und steigender Energiepreise. Zudem verlangt die demografische Entwicklung in unserem Land nach strukturellen Lösungen. In diesen Zeiten ein Unternehmen zu führen und Verantwortung für die dort beschäftigten Menschen zu tragen, ist eine komplexe Aufgabe, wie ich aus meiner eigenen beruflichen Praxis weiß.

Denn nicht nur die wirtschaftlichen Bedingungen, auch die gesellschaftlichen Hintergründe haben sich gewandelt. Wir haben es heute mit einer Generation junger Arbeitnehmer zu tun, die über eine bessere Bildung und über mehr Selbstbewusstsein verfügen als die Generation ihrer Eltern. Dementsprechend werden heute auch andere Ansprüche an den Arbeitsplatz gestellt als noch vor 30 oder 40 Jahren: Standen früher bei den Arbeitnehmern das Einkommen, seine Zuwächse und die äußeren Bedingungen am Arbeitsplatz (wie Sauberkeit oder Lärmschutz) im Vordergrund, scheinen diese materiellen Grundbedürfnisse heute weitgehend erfüllt zu sein. Demgegenüber hat der Wunsch nach Selbstverwirklichung, nach Möglichkeiten zu eigenverantwortlichem Handeln, nach interessanten und sinnstiftenden Aufgaben zugenommen. Arbeit soll nicht nur die materielle Existenz sichern, sondern einen ideellen „Zusatznutzen" haben. Ein sinnerfülltes Berufsleben gilt als eine wesentliche Voraussetzung für Glück und Zufriedenheit. Dabei wünschen sich die heute 30-Jährigen vor allem, Beruf und Familie vereinbaren zu können, Anerkennung und Wertschätzung am Arbeitsplatz zu erfahren und in einem gesellschaftlich verantwortungsvoll handelnden Unternehmen tätig zu sein.

In vielen Unternehmen hat sich das soziale Gefüge diesem Wertewandel angepasst: Kleine und dezentrale Organisationsstrukturen haben die frühere starre Ordnung abgelöst, an die Stelle der Mentalität von Befehl und Gehorsam sind Mitspracherechte getreten. Flexible Arbeitszeitmodelle lassen den Mitarbeitern mehr

Geleitwort

individuelle Gestaltungspielräume. Doch die allseits geforderte Flexibilität und Mobilität schafft auch neue Belastungen. Von neueren Untersuchungen wissen wir, dass sich die Anforderungen für den Einzelnen in einer zunehmend als komplex erlebten Arbeitswelt vervielfacht haben: Vor allem Termin- und Leistungsdruck sowie Rund-um-die-Uhr-Erreichbarkeit werden als Stressfaktoren genannt — und zwar nicht nur von Arbeitnehmern, sondern auch von Führungskräften. Gerade sie befinden sich oft in einer heiklen „Sandwich-Position", indem sie zwischen den Erwartungen des Chefs und denen der Mitarbeiter oder der Kunden vermitteln müssen.

Karlheinz Ruckriegel, Günter Niklewski und Andreas Haupt gebührt das Verdienst, in der vorliegenden Publikation die Schattenseiten unserer modernen Arbeitswelt in den Blick zu rücken und sich dabei auf einen zentralen Aspekt zu fokussieren, der jedem besonders am Herzen liegen sollte: die Gesundheit. Sie spannen den Bogen von der Analyse heutiger Arbeitsbedingungen und ihrer gesundheitlichen Auswirkungen bis hin zu konkreten Handlungsempfehlungen für eine gesundheitsorientierte Betriebsführung.

Aus Gesprächen mit meinen Kollegen — Unternehmern und Managern — weiß ich, dass sie dieses Thema sehr ernst nehmen. Die physische und psychische Gesundheit der Beschäftigten wird künftig eine der wichtigsten Unternehmensressourcen sein. Das gilt umso mehr, als sich durch den demografischen Wandel und den sich abzeichnenden Fach- und Führungskräftemangel die Notwendigkeit ergeben wird, auch im höheren Lebensalter zu arbeiten. Zunehmend kommt es also darauf an, respektvoll und achtsam mit der Gesundheit umzugehen — der eigenen und der seiner Mitarbeiter. In diesem Punkt decken sich die Interessen der Unternehmen und ihrer Beschäftigten. Insofern sehe ich die Gesundheitsfürsorge auch nicht primär als unternehmerische Aufgabe an, sondern als ein individuelles Anliegen, für das jeder eigenverantwortlich Sorge zu tragen hat — zumal wir heute besser denn je über die Ursachen und Prävention von Krankheiten informiert sind.

Bei aller Kritik an den Belastungen der Arbeitswelt müssen wir uns vor Augen führen, dass arbeitende Menschen in der Regel zufriedener und gesünder sind als Menschen ohne Arbeit. Denn Arbeit ist Teil des Lebens, nicht das Gegenteil davon. Erwerbstätigkeit führt zu Selbstbestätigung und Anerkennung. Ein Mangel daran, so zeigen empirische Untersuchungen, kann zu psychischen Erkrankungen führen, unter denen Arbeitslose häufiger leiden als Menschen mit einer Arbeitsstelle. Die Arbeits- und Lebenszufriedenheit steigt signifikant an, je besser eine Person ausgebildet und für ihre Tätigkeit qualifiziert ist, je vielseitiger ihre Aufgaben sind und je autonomer sie in ihrem Bereich arbeitet.

Was mich in diesem Zusammenhang betrübt, ist der Ausdruck „Work-Life-Balance", der suggeriert, dass Arbeit nicht Teil des Lebens ist und für das Individuum keinen Sinn ergibt. Dies halte ich für eine tragische Fehleinschätzung: Auch wenn insgesamt nur zehn Prozent unserer Lebenszeit von der Erwerbstätigkeit in Anspruch genommen werden, prägt der Beruf doch das Alltagsleben über weite Strecken des Lebens. Es wäre unglücklich, wenn man diesen Teil als Fremdkörper im Leben empfinden würde. Ich frage mich, ob unsere Unternehmen etwas falsch gemacht haben, ob sie Chancen für Identifikation und Sinnvermittlung ausgelassen haben. In diesem Punkt sehe ich durchaus noch Luft nach oben.

In den kommenden Jahren werden wir erleben, wie sich das Umfeld für unsere Unternehmen weiter wandelt: Die Digitalisierung, die bereits jetzt alle Lebensbereiche durchdringt, wird die Produktionsabläufe völlig verändern. In naher Zukunft wird es entscheidend darauf ankommen, die Nase vorn zu haben, wenn es um die Entwicklung und Anwendung „intelligenter" Maschinen und um die digitale Vernetzung von Produktionsprozessen geht. Wir stehen an der Schwelle zur Industriegesellschaft 4.0. Es gilt, mit vereinten Kräften diesen Wandel zu gestalten. Dazu brauchen wir gesunde, qualifizierte und motivierte Mitarbeiter. Alles hängt davon ab, kreative Potenziale freizusetzen, Innovationen zu ermöglichen, mehr Effizienz und Exzellenz zu erreichen. In diesem Sinne wünsche ich uns allen den nötigen Erfolg und Karlheinz Ruckriegel, Günter Niklewski und Andreas Haupt für ihr Buch zahlreiche interessierte Leser und die verdiente Verbreitung und Anerkennung über akademische Kreise hinaus!

Prof. Randolf Rodenstock

Vorsitzender des Roman Herzog Instituts, München

Inhaltsverzeichnis

1	**Glücksforschung – was Menschen glücklich macht**	17
	Professor Dr. Karlheinz Ruckriegel	
1.1	Führung als Achillesferse	18
1.2	Wie wir Entscheidungen treffen – vom Homo oeconomicus zum Dualen Handlungssystem	21
	1.2.1 Homo oeconomicus	22
	1.2.2 Duales Handlungssystem	26
1.3	Wer (materiell) alles hat, ist nicht automatisch glücklich	31
1.4	Gesundheit, Glück (Wohlbefinden), gesundes Führen	34
	1.4.1 Zur Entwicklung psychischer Krankheiten in Deutschland	36
	1.4.2 Zur Situation der Beschäftigten in deutschen Unternehmen	38
	1.4.3 Zur Situation der Führungskräfte in deutschen Unternehmen	41
1.5	Glücksforschung (Happiness Research) – eine gesellschaftspolitische Einordnung	44
	1.5.1 Die Finanzkrise(n) der letzten Jahre als Kristallisationspunkt	46
	1.5.2 Glücksforschung und Politik: Der OECD Better Life Index	50
1.6	Die Rückkehr des Menschen in die Ökonomie	54
1.7	Zufriedene und glückliche Mitarbeiter: eine Win-Win-Situation	61
	1.7.1 Hard Facts: Verbesserung der betrieblichen Ergebnisse	61
	1.7.2 Wertewandel in der Generation Y	63
	1.7.3 Demografische Entwicklung – die Lücke wird immer größer	63
	1.7.4 Zunehmende gesellschaftspolitische Relevanz	64
	1.7.5 Gesetzliche Vorgabe: psychische Gefährdungsbeurteilung	65
1.8	Steigerung des Wohlbefindens im Unternehmen: das Zwei-Säulen-Modell	68
1.9	Säule I: Sensibilisierung der Mitarbeiter für die Erkenntnisse der Glücksforschung	69
	1.9.1 Was ist überhaupt Glück (Wohlbefinden)?	69
	1.9.2 Quellen des Wohlbefindens (Glücksfaktoren)	75
	1.9.2.1 Soziale Beziehungen – Menschen sind die sozialste Spezies auf dieser Erde	76
	1.9.2.2 Arbeit und Motivation – von der X-Theorie zur Y-Theorie nach McGregor	76
	1.9.3 Was bringt uns Wohlbefinden?	81
	1.9.4 Wege zu einem gelingenden Leben (Glücksaktivitäten)	82

1.10	Führungsethik versus Homo oeconomicus	84
	1.10.1 Was ist Führungsethik?	84
	1.10.2 Menschen sind überwiegend auf Fairness gepolt	89
	1.10.3 Abschied vom Homo oeconomicus	92
	1.10.3.1 Von einer A-priori-Annahme zur Realität	92
	1.10.3.2 Die Homo-oeconomicus-Annahme als negative Prägung von Führungsverhalten	97
1.11	Säule II: Schaffung und Verbesserung der Voraussetzungen in den Unternehmen	102
	1.11.1 Mitarbeiterführung – der Mensch steht im Mittelpunkt	104
	1.11.1.1 Was ist ein guter und gesunder Führungsstil?	104
	1.11.1.2 Kann man gute und gesunde Führung lernen?	109
	1.11.2 Arbeitsplatzgestaltung – vom Job zur Berufung	111
	1.11.3 Work-Life-Balance – Glück und Zufriedenheit sind nicht teilbar	116
	1.11.4 Normatives Controlling – eine notwendige Ergänzung des operativen Controllings	117

1 Glücksforschung – was Menschen glücklich macht[1]

Von Professor Dr. Karlheinz Ruckriegel

Warum beschäftigten wir uns mit Glück und Zufriedenheit? ... Der Grund ist ganz einfach: Untersuchungen aus den Bereichen der Neurobiologie, der Psychologie und aus den Wirtschaftswissenschaften machen den Zusammenhang zwischen glücklichen bzw. zufriedenen Mitarbeiter und besseren wirtschaftlichen bzw. betriebswirtschaftlichen Ergebnissen vollkommen klar. ... Wir wissen mittlerweile sehr viel darüber, was Menschen glücklich macht. Wir wären dumm, diese Kenntnisse nicht zu gebrauchen.[2]

Harvard Business Review

MANAGEMENT SUMMARY

Die Wirtschaftswissenschaften befinden sich im Umbruch. Lieb gewonnene Annahmen stellen sich im Lichte neuerer interdisziplinärer Erkenntnisse als haltlos heraus. Das Umdenken in den Wirtschaftswissenschaften macht sich an zwei neuen Richtungen fest, die auf unterschiedlichen Ebenen liegen. Die Verhaltensökonomie geht der Frage nach, wie Menschen wirklich entscheiden. Sie verabschiedet sich von der A-priori-Annahme des Homo oeconomicus, die Rationalität, Egoismus und Zeitkonsistenz einfach unterstellt, und argumentiert auf der Grundlage der neurobiologischen und psychologischen Erkenntnisse des Dualen Handlungssystems. Die interdisziplinäre Glücksforschung geht der Frage nach, was Menschen wirklich wollen. Sie basiert auf der ökonomischen Grundfrage des effizienten Umgangs mit Ressourcen. Für Menschen ist aber letztlich die knappe Ressource ihre (Lebens-)Zeit und es geht deshalb darum, diese so zu nutzen, dass man glücklich und zufrieden ist. Es zeigt sich dabei, dass der Einfluss des Materiellen sehr begrenzt ist. Auch die A-priori-

---

[1] Ich danke meiner Tochter Eva-Regina Ruckriegel (B.A.) und meinem Sohn Christian Ruckriegel (M.Sc.) für ihre Unterstützung und Zuarbeit.

[2] „Why write about happiness ...? Because emerging research from neuroscience, psychology, and economics make the link between a thriving workforce and better business performance absolutely clear. ... We've learned a lot about how to make people happy. We'd be stupid not to use that knowledge" (eigene Übersetzung). Harvard Business Review, Januar/Februar 2012, Schwerpunktthema „The Value of Happiness. How Employee Well-Being drives Profits", S. 77.

> Annahme „Mehr Materielles ist besser als weniger" ist im Lichte der Ergebnisse der interdisziplinären Glücksforschung nicht haltbar.
>
> Die „alten" Annahmen in den Wirtschaftswissenschaften bringen aber noch ein weiteres gravierendes Problem mit sich: Sie lassen Prägungen entstehen, die in den Unternehmen fortwirken und dort zu falschen Entscheidungen und Verhaltensweisen führen.
>
> Kapitel 1 arbeitet heraus, warum es für Unternehmen sinnvoll und notwendig ist, etwas dafür zu tun, damit die Mitarbeiter zufrieden(er) sind, und was die Unternehmen hier konkret tun können. Es wird aufgezeigt, wie man die Mitarbeiter für dieses Thema sensibilisieren kann. Es wird aber auch dargelegt, was gesunde und gute Führung ist, worauf es ankommt und welche Voraussetzungen bei Führungskräften gegeben sein müssen. Gesunde Führung ist der zentrale Ansatzpunkt für mehr Zufriedenheit in den Unternehmen. Der Leser erfährt außerdem, worauf es bei der Arbeitsplatzgestaltung und der Work-Life-Balance ankommt.
>
> Unternehmen sollten nicht auf der Grundlage von Ideologien geführt werden, zumindest wenn sie längerfristig erfolgreich sein und Bestand haben wollen.

1.1 Führung als Achillesferse

In einem Überblick über die Literatur zu „Führung" schreibt das *Handelsblatt*: „Laut einer aktuellen Untersuchung des US-Beratungsunternehmens Gallup entsteht deutschen Unternehmen jährlich ein Schaden von 124 Mrd. Euro durch demotivierte Mitarbeiter. Und das ist vor allem ein Problem der Führung."[3]

In seinem Gastkommentar im *Handelsblatt* vom 3.6.2014 (S. 33) stellt der Managementberater Torsten Schumacher fest: „Die gefährlichste Quelle für Burnout bleibt in der Diskussion unerkannt: Es ist schlechte Führung. Die Kosten schlechter Führung liegen in Deutschland nach Untersuchungen des Gallup-Instituts in einer Größenordnung von etwa 130 Mrd. Euro. Jedes Jahr, Tendenz steigend. Gute Mitarbeiterführung ist die wirkungsvollste Burnout-Prävention."

Die Diskussion um gute, gesunde Führung ist für die deutschen Unternehmen also von zentraler Bedeutung. Hier liegen enorme Potenziale brach.

---

[3] Handelsblatt, Wochenendausgabe vom 11./12./13.7. 2014, S. 54.

1 Führung als Achillesferse

So wundert es auch nicht, dass sich das Roman Herzog Institut (RHI) in München, das von der Vereinigung der Bayerischen Wirtschaft (vbw) und den Arbeitgeberverbänden der bayerischen Metall- und Elektroindustrie getragen wird, in letzter Zeit mit den Themen „Wachstum, Wohlstand, Wohlbefinden" und „Führung anders denken" intensiv beschäftigt und eine Reihe von sehr lesenswerten Publikationen dazu veröffentlich hat. Auch das vorliegende Buch greift auf diese Veröffentlichungen zurück.

Der *Harvard Business manager* hat 2014 den — aus Sicht der Unternehmen — zentralen Beitrag „Die Mitarbeiter glücklich machen" von Gretchen Spreitzer und Christine Porath in der *Harvard Business Review* vom Januar/Februar 2012 (April 2012 im *Harvard Business manager*) wieder in einem Sonderheft (Edition 2/2014) zum Thema „Der fitte Manager — Wie Sie und Ihr Team gesund und produktiv bleiben" aufgriffen und veröffentlicht (S. 18—25) und damit die zentrale Bedeutung dieses Themas für die Unternehmen nochmals unterstrichen.

Dass in den letzten Jahrzehnten einiges schiefgelaufen ist, hängt u. a. mit den geläufigen ökonomischen Lehrbuchmodellen zusammen, wonach Arbeit „Leid" verursacht, das mit dem Lohneinkommen materiell kompensiert werden muss. Der Wert der Arbeit für das subjektive Wohlbefinden (Nutzen) an sich kommt nicht vor. In seinem Artikel „Wie überzeugt man eine Kanzlerin?" vom 8.9.2014 schreibt Norbert Häring dazu im *Handelsblatt*: „Die identitätsstiftende Funktion von Arbeit kommt in den Lehrbuchmodellen, die den Ökonomenrat bestimmen, nicht vor. In diesen Modellen freut sich der Arbeitslose über seine Freizeit." Zieht man die Daten des Sozio-oekonomischen Panels (SOEP) heran, so zeigt sich, dass Arbeitslosigkeit einen stark negativen Effekt auf die subjektive Lebenszufriedenheit hat (Deutsche Post 2012, S. 48). „Arbeit füllt einen großen Teil unseres Lebens aus und beeinflusst daher die Lebenszufriedenheit entscheidend", so der Glücksatlas 2012 (Deutsche Post 2012, S. 24). Letztlich wurde durch die Glücksforschung der Wert der Arbeit an sich erst (wieder) entdeckt![4] Die OECD[5] schreibt dazu: „Bis vor Kurzem hat man sich kaum damit beschäftigt, dass Arbeit Gelegenheiten zur Selbsterfüllung schafft, wodurch sie zum Wohlbefinden und zur psychischen Gesundheit beiträgt."[6] Die Fokussierung auf das monetäre Arbeitseinkommen als Kompensation für das

---

[4] Vertiefend hierzu 1.9.2.2.

[5] OECD: Organisation for Economic Co-operation and Development mit Sitz in Paris. Die Organisation für wirtschaftliche Zusammenarbeit und Entwicklung ist eine internationale Organisation mit 34 Mitgliedstaaten, die sich der Demokratie und Marktwirtschaft verpflichtet fühlen. Die meisten OECD-Mitglieder gehören zu den Ländern mit hohem Pro-Kopf-Einkommen.

[6] „Until recently, less attention had been paid to the fact that work also creates opportunities for personal accomplishments, which have positive effects on people's mental health and well-being" (eigene Übersetzung). OECD 2013b, S. 164.

Glücksforschung – was Menschen glücklich macht

Arbeitsleid hat natürlich auch dazu geführt, dass Fragen des Entgelts im Mittelpunkt standen. Dass dies viel zu wenig ist, um motivierte und engagierte Mitarbeiter zu gewinnen, zeigen die auf der Glücksforschung fußenden neuen Ansätze in der Management- und Führungslehre.

Das bisher Gesagte ist aber auch aus Sicht der Unternehmen bei Weitem keine rein theoretische Diskussion. Denn nach diesen Lehrbuchmodellen war es hinreichend, einen entsprechenden monetären Anreiz zu setzen. Die Art des Umgangs mit den Mitarbeitern, das heißt die Qualität der Beziehung zwischen Führenden und Mitarbeitern, spielte hingegen keine Rolle. Im Mittelpunkt stand also ein sehr rationaler, aufgabenorientierter Führungsstil, der auch als „transaktionale Führung" bezeichnet wird (Enste et al. 2013, S. 15).

Die Diskussion um gute, gesunde Führung ist vor dem Hintergrund eines Umbruchs, einer notwendigen Neuausrichtung großer Teile der Wirtschaftswissenschaften, zu sehen. Es ist wohl nicht zu viel gesagt, die Lage, in der sich große Teile der Wirtschaftswissenschaften derzeit befinden, als Zeit des Paradigmenwechsels zu beschreiben.

Um die Erkenntnisse der Glücksforschung für Management und Führung zur Gänze aufzuzeigen und ins richtige Licht rücken zu können, müssen auch Erkenntnisse der Behavioural Economics und die gegenwärtigen Diskussionen im gesellschaftlichen und politischen Raum um die Frage des Wohlbefindens als Richtschnur für die Politik miteinfließen. Politik und Gesellschaft setzen die Rahmenbedingungen für unternehmerisches Handeln.

Es ist sehr wichtig, sich dies bewusst zu machen, da die meisten der heutigen Führungskräfte in den letzten Jahrzehnten mehr oder weniger vom alten Paradigma in den Wirtschaftswissenschaften geprägt wurden. Nicht haltbare Annahmen, die zu bestimmten Prägungen führen, bewirken auch fehlerhafte Managemententscheidungen und falsches Führungsverhalten.

1.2 Wie wir Entscheidungen treffen – vom Homo oeconomicus zum Dualen Handlungssystem

Immer deutlicher zeigte sich in den letzten Jahrzehnten, dass wir bei Weitem nicht die rationalen Wesen sind, für die wir uns halten. Wir überschätzen unsere Fähigkeiten zum klaren Denken enorm. Aber selbst „aus dem Bauch heraus" sind wir meist keine guten Entscheider. Nicht nur zahllose Denkfehler machen uns zu schaffen, wir sind auch leichte Beute unserer Emotionen und lassen uns von Vorurteilen, Glaubenssätzen, Ideologien leiten. [7]

Heiko Ernst

Aufgrund des Versagens der auf dem Homo oeconomicus fußenden neoklassischen Theorie bei der Erklärung der letzten Finanzkrisen kommt es zunehmend zu einem Umdenken in den Wirtschaftswissenschaften. Es zeichnet sich langsam ein Paradigmenwechsel ab.

Eine Begründung dafür, dass dieser Wandel nicht schneller geht, liefert aus Sicht der Verhaltensökonomie Daniel Kahneman, der 2002 den Nobelpreis für Wirtschaftswissenschaften erhielt, und zwar für die Widerlegung der Homo-oeconomicus-Annahme. In seinem grundlegenden Buch *Schnelles Denken, langsames Denken* schreibt er: „Im Gegensatz zu den Regeln von Wissenschaftstheoretikern, die empfehlen, Hypothesen dadurch zu überprüfen, dass man sie zu widerlegen versucht, suchen Menschen (und recht häufig auch Wissenschaftler) eher nach Daten, die mit ihren gegenwärtigen Überzeugungen vereinbar sind. Die Bestätigungstendenz von System 1 [des Dualen Handlungssystems, Anm. d. Verf.][8] begünstigt die unkritische Annahme von Vorschlägen und überzeichnet die Wahrscheinlichkeit extremer und unwahrscheinlicher Ereignisse" (Kahneman 2012, S. 107 f., siehe hierzu auch Frey/Frey 2009, S. 105–156).

---

[7] Heiko Ernst, Chefredakteur von Psychologie heute (Ernst 2014, S. 3).
[8] Zum Dualen Handlungssystem siehe 1.2.2.

1.2.1 Homo oeconomicus

Kaum je hat eine wichtige Wissenschaft ein solches Debakel erlebt wie die Ökonomie.[9]

Edward Fullbrook

N. Gregory Mankiw und Mark P. Taylor sprechen in ihrem einführenden Lehrbuch in die Ökonomik [*Economics*] von 2014 vom „Standard Economic Model", das annimmt, dass die „Wirtschaftssubjekte" [economic agents] rational und zeitkonsistent (willensstark) in ihrem Verhalten sind, wobei sie egoistisch ohne Rücksicht auf andere [not to consider the utility of others] ihren eigenen Nutzen/Gewinn maximieren. Dabei gilt stets, dass mehr besser als weniger ist [more is preferred to less][10] (Mankiw/Taylor 2014, S. 102 und 274).

Diese Annahmen — wie sie etwa von Milton Friedman (Nobelpreisträger für Wirtschaftswissenschaften im Jahr 1976) vertreten wurden[11] —, wurden nicht aus den empirischen Sozialwissenschaften über das tatsächliche Verhalten der Menschen gewonnen, sondern proklamiert, um einerseits der Ökonomik ein Alleinstellungsmerkmal, insbesondere gegenüber der Psychologie, zu verschaffen und anderseits sie sogar in den Rang einer exakten Wissenschaft als eine Art „Soziale Physik" zu erheben. Auch wurden sie dazu genutzt, um den Glauben an effiziente Märkte zu stützen.[12]

Die Wirtschaftswissenschaften betrachten ihren Gegenstand vorzugsweise als quasi naturwissenschaftliches Objekt.

Joye Appleby[13]

---

[9] Edward Fullbrook, Director der World Economic Association, Gastkommentar im Handelsblatt vom 10. April 2013

[10] Diese Annahme wird in einem weltweit sehr verbreiteten Lehrbuch zur Mikroökonomie wie folgt beschrieben: „Güter werden als wünschenswert – das heißt als gut – vorausgesetzt. Folglich ziehen die Konsumenten eine größere Menge eines Gutes immer einer kleineren Menge vor. Außerdem sind die Konsumenten niemals zufriedengestellt oder gesättigt: Mehr ist immer besser, selbst wenn es nur geringfügig besser ist. ... Daher verwenden manche Wirtschaftswissenschaftler für diese dritte Annahme den Begriff Nichtsättigung" (Pindyck/Rubinfeld 2013, S. 110).

[11] Milton Friedman, Nobelpreisträger der Wirtschaftswissenschaften 1976, „verfasste unermüdlich Beiträge, in denen er für den ökonomisch denkenden Menschen warb – für das rational denkende und handelnde Wirtschaftssubjekt, dessen Geltung Keynes in seinem Werk in Zweifel gezogen hat" (Appleby 2011, S. 466). Ähnlich Paul Krugman, Nobelpreisträger für Wirtschaftswissenschaften 2008: „Friedman hat mit seinem Laissez-faire-Absolutismus zu einem geistigen Klima beigetragen, in dem der Glaube an den Markt und die Verachtung für Regierungen oft die Fakten übertrumpfen" (zitiert nach Schäfer 2009, S. 34).

[12] Näheres hierzu unter Kapitel 1.10.3.

[13] Appleby 2011, S. 41.

1 Wie wir Entscheidungen treffen

Norbert Häring, Ökonomie-Korrespondent des *Handelsblatts*, beschäftigt sich in der Rubrik „Wirtschaftswissenschaften" im *Handelsblatt* vom 26.7.2014 (S. 11) mit dem Zustand der Lehre an — weitgehend von Vertretern der Neoklassik dominierten — volkswirtschaftlichen Fakultäten. Er hat den Artikel mit „Keine Antworten — Forderungen nach grundlegender Reform der ökonomischen Lehre stoßen auf taube Ohren" überschrieben. Er verweist hier auf den Wissenschaftsphilosophen Thomas Kuhn, „wonach ein wissenschaftliches Paradigma, das an der erfahrbaren Wirklichkeit scheitert, seinen Diskurs einengt und die Auseinandersetzung mit Abweichlern auf ein Minimum reduziert". Häring zitiert den britischen Ökonomen Sir Robert Skidelsky mit den Worten: „Die tiefere Botschaft ist, dass die Ökonomik [das heißt die auf A-priori-Annahmen beruhende Neoklassik, Anm. d. Verf.] in Wirklichkeit eine Ideologie ist — die Ideologie des freien Marktes." Häring fährt fort: „Sie packt diese Marktfreundlichkeit in die Annahmen der als ‚wissenschaftlich' akzeptierten Methoden. Diese Annahmen und Methoden lassen sie dann die Theorie bestimmen" (Skidelsky).

Im Lichte neuerer interdisziplinärer Forschungsergebnisse zeigt sich allerdings, dass in vergangenen Jahrzehnten zentrale, als axiomatisch (gültige Wahrheit, die keines Beweises bedarf) und a priori (von vornherein, grundsätzlich, ohne weitere Beweise) gesetzte Annahmen, die in den Wirtschaftswissenschaften (noch) weit verbreitet sind, der Wirklichkeit nicht standhalten. Bei diesem Standard Economic Model (Mankiw/Taylor 2014) geht es um die sogenannte Homo-oeconomicus-Annahme (Rationalität, Egoismus, Zeitkonsistenz) und die Annahme „Mehr Materielles ist besser als weniger".

Aus Sicht des wirtschaftswissenschaftlichen Erkenntnisfortschritts bedeutsam sind hier auch die Begründungen für die Vergabe des Nobelpreises für Wirtschaftswissenschaften 2013 — präziser: des 1968 von der schwedischen Reichsbank in Erinnerung an Alfred Nobel gestifteten Preises für Wirtschaftswissenschaften.

Für ihre Beiträge zur Frage der Vorhersehbarkeit der Preisentwicklung auf den Finanzmärkten erhielten u. a. Eugene Fama und Robert Shiller 2013 den Nobelpreis für Wirtschaftswissenschaften. Robert Shiller wurde für seine Arbeiten, die den Einfluss der Psychologie auf die längerfristige Preisentwicklung herausarbeiteten, ausgezeichnet. Er hat also für seine Arbeiten auf dem Gebiet der (angewandten) Behavioural Economics zur Erklärung der Ursachen der Finanzmarktkrisen den Nobelpreis verliehen bekommen.[14] Eugene Fama erhielt ihn für seine Arbeiten zur Unmöglichkeit der Vorhersage von kurzfristigen Preisentwicklungen.

---

[14] Interessante Einblicke in die Situation in den USA in den letzten 30 Jahren liefert das Buch „Die Abwicklung – Eine innere Geschichte des neuen Amerika" von George Packer (2014); zur Immobilienkrise siehe insbesondere S. 227 und S. 404–410.

Ein weiteres Problem des neoklassischen Ansatzes besteht darin, dass die Rolle von Macht kaum beleuchtet wird. Vielmehr wird i. d. R. vollkommener Wettbewerb, also machtlose Anbieter und Nachfrager, in den Modellen unterstellt.[15]

Das bisher Gesagte ist bei Weitem keine rein theoretische Diskussion. Jörg Asmussen, Staatssekretär im Bundesministerium für Arbeit und Soziales und ehemaliges Mitglied des EZB-Rates, führte auf seinem Vortrag bei der *Handelsblatt*-Konferenz „Ökonomie neu denken" am 26.2.2014 in Frankfurt Folgendes aus: „Ich denke, dass inzwischen klar ist, was wirtschaftstheoretisch nicht funktioniert hat: Im Kern ging es um die Unzulänglichkeit der neoklassischen Finanzmarkttheorie, die Institutionen weitgehend ignoriert hat und unterstellt, dass Finanzmärkte stabil sind, Informationen effizient verarbeitet werden und Wirtschaftssubjekte rational handeln."[16] Jörg Asmussen hat die EZB 2013 bei der mündlichen Verhandlung vor dem Bundesverfassungsgericht vertreten, bei der es darum ging, inwieweit die von der EZB im Sommer 2012 angekündigten Käufe von Staatsanleihen im Bedarfsfall rechtlich noch mit dem EZB-Mandat gedeckt sind (siehe hierzu auch Ruckriegel 2014 und Görgens et al. 2014, S. 61–75).

Es wundert daher nicht, dass Jean-Claude Trichet, der bis 2011 Präsident der Europäischen Zentralbank war, das Versagen der neoklassischen Modelle 2010 öffentlich machte: „Die Makromodelle haben bei der Vorhersage der Krise versagt. Als Praktiker fanden wir kaum Hilfe aus der Wissenschaft und ihren Modellen. Wir fühlten uns im Stich gelassen von der gängigen Theorie. In Ermangelung an Leitlinien aus der Wissenschaft mussten wir auf unsere Erfahrungen vertrauen."[17]

In ihrer Rede zur Eröffnung des 5. Treffens der Nobelpreisträger für Wirtschaftswissenschaften am 20.8.2014 in Lindau hat auch Bundeskanzlerin Angela Merkel auf diese Probleme explizit hingewiesen: „Leitmotiv für Ihr diesjähriges Treffen ist ‚How useful is economics — how is economics useful?' Es ist gut, dass Sie das so fragen … Aber natürlich stellt sich auch die Frage, welchen Nutzen Wirtschaftswissenschaften für die Gesellschaft haben. … Sie kennen das aus den Wirtschaftswissenschaften natürlich auch, dass man nicht alles im luftleeren Raum erforschen kann. … Aber der Anspruch, der Realität so nahe wie möglich zu kommen, sollte da, wo Beratung im politischen und gesellschaftlichen Bereich erfolgt, schon bestehen." Dies war ein klarer Hinweis, dass die Politik mit ökonomischen Ratschlägen, die auf

---

[15] Der Frage von machtbedingt großen Lohnsetzungsspielräumen der Unternehmen im Niedriglohnsegment kommt im Rahmen der Mindestlohndiskussion eine große Bedeutung zu. Zur Rolle von Macht auf den Arbeitsmärkten siehe etwa Görgens et al. 2007, S. 221–230.

[16] Handelsblatt vom 27.2.2014, S. 30f.

[17] Zitiert nach Financial Times Deutschland: Praktiker verzweifeln an deutschen Ökonomen, vom 30.3.2012.

Wie wir Entscheidungen treffen

dem „Standard Economic Model" beruhen, nicht viel anfangen kann, weil sie an der Realität vorbeigehen.

In seinem Artikel „Wie überzeugt man eine Kanzlerin?", der einige Zeit nach der Rede von Bundeskanzlerin Angela Merkel am 8.9.2014 unter der Rubrik Wirtschaftswissenschaften im *Handelsblatt* erschienen ist, schreibt Nobert Häring, der Ökonomie-Korrespondent des *Handelsblatts*: „Ökonomen wollen mehr wirtschaftspolitische Aufträge — doch Angela Merkel schätzt deren Rat nicht." Auf der Grundlage des „Standard Economic Model" wird es schwerfallen, der Regierung politisch relevanten Rat zu geben. Häring erklärt das grundlegende Problem: „Es ist nichts Geringeres als das Menschenbild der [neoklassischen, Anm. der Verf.] Ökonomen, das dabei im Wege steht. Es ist so in das Theoriegebäude der modernen Ökonomik integriert, dass es nur sehr schwer zu ändern ist. ... Er [der Homo oeconomicus, Anmerk. der Verf.] maximiert den Eigennutz gemäß seinen fest gefügten und von seinen Mitmenschen unabhängigen Vorlieben. Er ist rational und kennt die Wahrscheinlichkeit von allem, was in Zukunft passieren kann."

Die Lage in den wirtschaftswissenschaftlichen Fakultäten (weltweit) ist mittlerweile unübersichtlich. Die A-priori-Annahme „Mehr Materielles ist besser als weniger" wird zunehmend — zumindest implizit — als Folge der Erkenntnisse der interdisziplinären Glücksforschung infrage gestellt oder aufgegeben.[18] Allerdings gibt es bei näherem Hinsehen hier ein Problem, auf das Powdthavee aufmerksam macht: Er schreibt, dass entgegen der Vorgehensweise in der psychologischen Literatur in neoklassischen Lehrbüchern bei der Nutzenfunktion angenommen wird, dass es zu keiner Anpassung oder Gewöhnung kommt. Er schreibt, dies sei etwa so, als ob uns der unbeschreibliche Schmerz beim Tod eines uns nahestehenden Menschen in derselben Intensität unser gesamtes restliches Leben begleiten würde. Dies sei aber vollkommen unrealistisch.[19]

---

[18] Siehe hierzu etwa die aktuellen Ausgaben der weltweit verbreiteten (maßgebenden) Lehrbücher von Mankiw/Taylor 2014, S. 449–451, und Blanchard/Illing 2014, S. 10f.

[19] „Unlike assumptions normally used in the psychological literature, standard economics textbooks assume a given utility (or happiness) function in which there is generally no habituation or adaptation. In other words, if the death of our loved one hurts like hell in the first year, economists say that it will hurt like hell – in exactly equal measure – for as long as we live, which seem wholly unrealistic" (eigene Übersetzung). Powdthavee 2010, S. 101.

Das Festhalten an der Homo-oeconomicus-Annahme ist hingegen weitaus beharrlicher und energischer. Dies hängt schlicht damit zusammen, dass die neoklassische Theorie, also die Mainstream-Ökonomie der letzten zwei bis drei Jahrzehnte, diese Annahme zum Überleben braucht wie der Mensch die Luft zum Atmen. Ohne die Homo-oeconomicus-Annahme bricht die Neoklassik wie ein Kartenhaus in sich zusammen. Kromphardt weist in diesem Zusammenhang auch auf einen wichtigen Punkt hin, der für diesen Beharrungseffekt nicht ganz unbedeutend sein dürfte: „Allerdings hat die Mathematisierung der Ökonomie auch viele Mathematiker angelockt, die in der Wirtschaftswissenschaft einen Anwendungsbereich für ihre mathematischen Fertigkeiten finden und damit Eindruck auf Berufungskommissionen machen. Dabei steht bei ihnen weniger im Vordergrund, nach Lösungen für wirtschaftliche Probleme zu suchen, sondern sie konstruieren Modelle, die sie lösen können" (Kromphardt 2014, S. 24).

In einer Paraphrasierung Voltaires schreibt Heinz D. Kurz: „In einem Fach, das mit einem derart schwierigen Gegenstand befasst ist wie die Ökonomik, ist ein Zustand der Ungewissheit nicht sehr angenehm, ein Zustand der Gewissheit aber ist bloß lächerlich" (Kurz 2014, S. 5).

1.2.2 Duales Handlungssystem

Verwertbare Ratschläge für die Politik zu geben, das leisten hingegen die interdisziplinäre Glücksforschung und die Verhaltensökonomik oder — um den weltweit dafür gebrauchten Begriff zu verwenden — die Behavioural Economics. Verhaltensökonomik unterscheidet sich von der neoklassischen Mainstream-Ökonomik dadurch, dass sie mit dem tatsächlichen Verhalten der Menschen arbeitet und gerade nicht ein bestimmtes Verhalten axiomatisch und a priori voraussetzt. Beide Ansätze zeichnen sich somit gerade dadurch aus, dass sie nicht auf dem Standard Economic Model fußen. Dies ist auch der Grund, weshalb sich die Bundesregierung mittlerweile vom Behavioural Insights Team der britischen Regierung beraten lässt und auch dabei ist, das Bundeskanzleramt selbst mit eigenen Verhaltensökonomen aufzustocken. Bundeskanzlerin Angela Merkel folgt damit dem Vorbild des britischen Premierministers David Cameron und von US-Präsident Barak Obama (Plickert 2014). Sowohl in den Behavioural Economics als auch in der Glückforschung spielen die Erkenntnisse der Psychologie eine zentrale Rolle.

Anfang 2014 veröffentlichte die OECD die Studie „Regulatory Policy and Behavioural Economics". Die OECD weist darauf hin, dass es bei der Heranziehung der Erkenntnisse der Behavioural Economics im Rahmen der Regulierung darum geht, die Maßnahmen am tatsächlichen Verhalten der Menschen und nicht am angenommenen auszurichten.[20]

Beide Ansätze, also die interdisziplinäre Glücksforschung und die Verhaltensökonomie, wurden in den letzten Jahren auch intensiv in Zeitschriften wie etwa der *Harvard Business Review* und — redaktionell und übersetzungsbedingt — etwas später in ihrer deutschen Ausgabe, dem *Harvard Business manager*, diskutiert und (weltweit) für Unternehmen und Praktiker sowie Manager aufbereitet.

Ein entscheidender Unterschied dieser Ansätze zur Neoklassik ist im psychologisch und neurobiologisch fundierten Dualen Handlungssystem zu sehen (Haynes 2014; Goleman 2014b, insbes. S. 37–55; Kahneman 2012, insbes. S. 31–138).

Unser Gehirn verfügt über zwei mentale Systeme, die im Wesentlichen getrennt sind. Das eine, das nach Kahneman auch als System 1 bezeichnet wird, hat eine große Rechnerleistung. Es arbeitet ständig, um unsere Probleme zu bearbeiten. Es liegt aber jenseits unserer Wahrnehmung. Die Ergebnisse dieser Arbeit sind u. a. Gedanken, die uns „auf einmal" einfallen. Das andere, nach Kahneman auch als System 2 bezeichnet, nehmen wir bewusst war. Dabei unterliegen wir einer Täuschung des Geistes, da wir den Inhalt des Systems 2 (unseres Bewusstseins) mit der gesamten Tätigkeit unseres Geistes gleichsetzen. In Wirklichkeit findet der größte Teil der mentalen Abläufe im System 1 statt.

System 1 ist konstruiert, um reflexhaft und impulsiv Entscheidungen zu fällen, die (früher) zum Überleben notwendig waren. Es ist das ältere System und geht in der Evolution Millionen Jahre zurück. System 2 kam später dazu. Vollständig ausgereift ist es erst seit einigen Hunderttausend Jahren. System 1 ist eine Assoziationsmaschine. Es konstruiert fortwährend eine kohärente Geschichte dessen, was in unserer Welt geschieht, indem es die vorhandenen Wissensfragmente miteinander verknüpft. Die Informationslage ist bei unseren Entscheidungen oft bruchstückhaft. Meistens merken wir nicht, dass unser Gehirn auf eingeschliffene Denkmuster zurückgreift und sich Dinge nur zusammenreimt. Das System 1 beeinflusst so unsere Entscheidungen, ohne dass wir davon etwas mitbekommen. Es ist darauf ausgelegt, schnell zu reagieren. Das rührt aus Zeiten her, als Gefahren wie Säbelzahntiger die Existenz des Menschen bedrohten. Die Überlebenserfordernisse der

---

[20] „The use of behavioural economics by governments to regulate is a growing trend globally. There is an increase in the application of the inductive scientific method to the study of economic activity that is helping OECD countries to shape regulatory policies based on the actual, and not assumed, behaviour of people. Most notably the United States and United Kingdom have been introducing behaviourally informed policies." OECD-Homepage zu dieser Veröffentlichung.

Frühzeit unserer Evolution haben das System 1 mit voreingestellten Programmen vollgepackt, die automatisch abgerufen werden, aber nicht mehr so richtig in unsere heutige Welt passen, die ganz anders geartet ist.

Bei der Interpretation der Informationen spielen unsere Erfahrungen eine große Rolle. Jüngere Ereignisse und der gegenwärtige Kontext haben das größte Gewicht. Bewusste Zweifel spielen keine Rolle. Das System 1 ist leichtgläubig. Das Erfolgskriterium ist die Kohärenz der Geschichte, die es erschafft. Es ist vollkommen unempfindlich, was die Qualität und die Quantität der Informationen anbelangt, die diesen Geschichten zugrunde liegen. In System 1 entstehen spontan die Eindrücke und Gefühle, welche die Hauptquelle der expliziten Überzeugungen und bewussten Entscheidungen von System 2 sind. System 1 neigt systematisch zu kognitiven Verzerrungen, also zu systematischen Fehlern, für die es unter spezifischen Umständen in hohem Maße anfällig ist.

System 2 wird mobilisiert, wenn Fragen auftauchen, die System 1 nicht spontan beantworten kann (z. B. 17x21), wenn etwas Überraschendes geschieht oder wenn ein Ereignis registriert wird, das gegen das Weltbild von System 1 verstößt. Nur System 2 kann Regeln (der Logik) befolgen. Die Aktivitäten von System 2 kosten Anstrengung. Es ist darauf ausgerichtet, nur die Mühe aufzuwenden, die unbedingt notwendig ist, da unsere mentalen Ressourcen knapp sind (Baumeister/Tierney 2011, S. 46–50). Kahneman spricht hier auch von der Faulheit des Systems 2. System 2 ist für Selbstbeherrschung, das heißt Kontrolle der Impulse und Intuitionen des Systems 1, sowie für bewusstes Denken zuständig. Wenn System 2 anderweitig beschäftigt oder überlastet (müde) ist, neigen wir dazu, alles zu glauben, was uns System 1 vorgibt. System 1 hat die Tendenz, Aussagen für wahr zu halten; System 2 ist dafür zuständig, Aussagen anzuzweifeln und nicht zu glauben. System 2 ist allerdings oftmals beschäftigt oder faul. System 1 wurde im Zuge der Evolution entwickelt, um die Hauptaufgaben, die für das Überleben notwendig waren, zu lösen. Das System 2 kam später und hat die Aufgabe gezielter Überprüfung und Suche. Das Ausmaß der Aktivitäten von System 2 unterscheidet sich allerdings von Mensch zu Mensch.

Wie wir Entscheidungen treffen

Merkmale des Dualen Handlungssystems

System 1 ist	System 2 ist
- die schnelle Gehirntätigkeit, die sich in Millisekunden bemisst	- langsam
- unwillkürlich, automatisch und ständig aktiv	- willentlich
- intuitiv, weil es durch Assoziationsnetzwerke funktioniert	- anstrengend
- impulsiv und von Gefühlen getrieben	- der Ort der Selbstbeherrschung, die (manchmal) die Oberhand über automatische Routinetätigkeiten gewinnt und emotional bedingte Impulse zum Schweigen bringen kann
- zuständig für die Ausführung gewohnter Routinetätigkeiten und Leitfaden für Handlungen	- in der Lage, neue Modelle zu erlernen, neue Pläne zu schmieden und — bis zu einem gewissen Grad — die Verantwortung für unser automatisches Handlungsrepertoire zu übernehmen
- der Verwalter unserer mentalen Weltmodelle.	

Tab. 1: Merkmale des Dualen Handlungssystems
Quelle: Goleman 2014b, S. 39.

Gefühle, Assoziationen, Gewohnheiten und unsere Weltbilder, die im System 1 verankert sind, spielen also eine wichtige Rolle bei den Entscheidungen, die wir treffen.

In seiner Ausgabe vom Februar 2014 geht es im *Harvard Business manager* um das Schwerpunktthema „Der fokussierte Manager — gezielt denken — effektiv handeln", wobei hier das neue Buch von Daniel Goleman *Konzentriert Euch! Eine Anleitung zum modernen Leben* im Mittelpunkt steht. Goleman greift in seinem Buch auf aktuelle Erkenntnisse der Neurobiologie, der Psychologie und der Behavioural Economics zurück, insbesondere auf das psychologisch und neurobiologisch fundierte Duale Handlungssystem und die Arbeiten von Daniel Kahneman.

In seiner Ausgabe Januar 2014 beschäftigt sich der *Harvard Business manager* mit dem Themenschwerpunkt „Klüger entscheiden. Denkfallen vermeiden, die richtigen Instrumente nutzen — wie die Psychologie Managern hilft, gute Urteile zu fällen" (siehe hierzu auch Huber/Wolf 2014). Der *Harvard Business manager* legt hier seinen Lesern das Buch *Schnelles Denken, langsames Denken* von Daniel Kahneman, das 2012 erschienen ist, nachdrücklich zur Lektüre ans Herz: „Das jüngste Werk des Psychologen und Wirtschaftsnobelpreisträgers Daniel Kahneman wurde sofort nach seinem Erscheinen ein Bestseller. Und das zu Recht: Seine bahnbrechenden Untersuchungen zur Entscheidungsfindung helfen Managern, die Gesetze des Denkens zu analysieren. Kahneman unterscheidet zwischen dem immer aktiven, stereotyp und oft unbewusst ablaufenden Denken [System 1, Anm. d. Verf.] und dem langsamen, logischen und berechnenden Denken [System 2, Anm. d. Verf.]. Beide Denkweisen [die zusammen als Duales Handlungssystem bezeichnet werden, Anm. d. Verf.] kommen oft zu unterschiedlichen Schlüssen — erfolgreiche Entscheider müssen sie deshalb kombinieren, um in verschiedenen Situationen richtig zu urteilen" (*Harvard Business manager* 2014a, S. 60).

Mittlerweile haben die Erkenntnisse der Behavioural Economics auch Eingang in die Rechtswissenschaften gefunden, wo diese u. a. im Zusammenhang mit dem Verhalten von Richtern unter dem Blickwinkel bei ihrer Entscheidungsfindung diskutiert werden („Verhaltensökonomik im Gerichtssaal", Steinbeck/Lachenmeier 2014).

ZWISCHENFAZIT

Im Gegensatz zur A-priori-Annahme des Homo oeconomicus in der Neoklassik ist das Duale Handlungssystem, mit dem die Behavioural Economics arbeiten, psychologisch und neurobiologisch fundiert. Das Duale Handlungssystem besteht aus zwei Teilen. Das System 1 ist die schnelle Gehirntätigkeit, die sich in Millisekunden bemisst. Sie ist unwillkürlich, automatisch und ständig aktiv. Sie ist intuitiv, weil das System 1 durch Assoziationsnetzwerke funktioniert und impulsiv und von Gefühlen getrieben ist. Das System 2 ist langsam, willentlich und anstrengend. Es ist der Ort der Selbstbeherrschung, die (manchmal) die Oberhand über automatische Routinetätigkeiten gewinnt und emotional bedingte Impulse zum Schweigen bringen kann. Insgesamt ergibt sich eine Täuschung des Geistes: Wir setzen den Inhalt unseres Bewusstsein (System 2) mit der gesamten Tätigkeit unseres Geistes gleich. In Wirklichkeit findet die Mehrzahl der geistigen Abläufe im System 1 statt. Beide Denkweisen kommen oft zu unterschiedlichen Schlüssen — erfolgreiche Entscheider müssen sie deshalb kombinieren, um in verschiedenen Situationen richtig zu urteilen.

1.3 Wer (materiell) alles hat, ist nicht automatisch glücklich

2005 ist das Buch *Die glückliche Gesellschaft* von Sir Richard Layard erschienen. Sir Richard Layard von der London School of Economics ist einer der einflussreichsten Ökonomen im Vereinigten Königreich. Um den Forschungsgegenstand der Glücksforschung intuitiv begreifbar zu machen, verwendet Layard das Bild vom „armen Hund". Der arme Hund sagt: „Ich habe alles: reichlich Futter und die eigene Hütte mit Garten. Aber irgendwie bin ich trotzdem nicht glücklich." In seinem Buch schreibt Layard, dass dies eine Aussage sei, die wohl für viele in den materiell reichen westlichen Industrieländern zutreffe. Zumindest die meisten haben materiell eigentlich alles — so richtig glücklich und zufrieden fühlen sie sich aber nicht. Auf der Rückseite des Bucheinbands zur zweiten Auflage von 2011 stellt Layard die Frage: „Are you really happy?" (Layard 2011).

Als ich 2005 dieses Buch gelesen habe, wurde mir klar, dass in den westlichen Gesellschaften in den letzten Jahrzehnten einiges schief gelaufen ist. Mir wurde klar, dass es bei der Glücksforschung um die zentralen Fragen unseres Lebens geht. Ich begann, mich mehr und mehr mit dieser Thematik, und zwar aus einer interdisziplinären Sicht, zu beschäftigen. Neben der Ökonomie ging es mir auch um die Einbeziehung der Erkenntnisse der Psychologie, der Soziologie, der (Neuro-)Biologie, der Medizin, der Philosophie und der Theologie.

Bei meinen Recherchen stellte ich fest, dass es auch den Vätern des Konzepts der sozialen Marktwirtschaft, also insbesondere Ludwig Erhard, Alexander Rüstow und Wilhelm Röpke — herkommend von der christlichen Sozialethik — um eine ganzheitliche Sichtweise des Lebens ging. Das Materielle war und ist wichtig für ein gelingendes Leben, aber eben nur bis zu einem bestimmten Grad.

Bereits 1957 schrieb Ludwig Erhard hierzu: „Wir werden sogar mit Sicherheit dahin gelangen, dass zu Recht die Frage gestellt wird, ob es noch immer nützlich und richtig ist, mehr Güter, mehr materiellen Wohlstand zu erzeugen, oder ob es nicht sinnvoll ist, unter Verzichtsleistung auf diesen ‚Fortschritt' mehr Freizeit, mehr Besinnung, mehr Muße und mehr Erholung zu gewinnen".[21] Und einige Jahre später: „Es ist ökonomisch höchst naiv, die Meßziffer für das Wirtschaftswachstum, die reale Veränderungsrate des Bruttosozialprodukts, in irgendeiner Weise mit der Vorstellung zusammenzubringen, daß die ‚kollektive Wohlfahrt' gesteigert werde" (zitiert nach Gruhl 1983).

---

[21] Erhard, Ludwig: Wohlstand für alle, 1957. Zitiert nach Jackson 2011, S. 17.

Glücksforschung – was Menschen glücklich macht

Das hängt damit zusammen, dass es sich beim Bruttosozialprodukt (besser Bruttoinlandsprodukt) um eine schlichte Addition der wirtschaftlichen Aktivitäten während eines Zeitraumes handelt.[22] Wirtschaftliche Aktivitäten (das Materielle) haben aber nur einen begrenzten Einfluss auf das Wohlbefinden. Schon viel früher, und zwar bereits 1934, machte der „Vater" des Konzepts der Volkswirtschaftlichen Gesamtrechnung, Simon Kuznets, auf diesen Sachverhalt aufmerksam. „Die Wohlfahrt einer Nation lässt sich kaum aus einem Maß des Volkseinkommens (im Original „national income") ableiten" (zitiert nach Stiglitz 2012, S. 466, Fußnote 75).

Nach Alexander Rüstow hat die Politik des Staates alle Faktoren in Betracht zu ziehen, „von denen in Wirklichkeit Glück, Wohlbefinden und Zufriedenheit des Menschen abhängen" (zitiert nach Ulrich 2010, S. 158). Wilhelm Röpke brachte die Sache auf den Punkt: „Das Maß der Dinge ist der Mensch."

In seinem Buch *Das Kapital* schreibt Kardinal Reinhard Marx, der mittlerweile auch der Vorsitzende der Deutschen Bischofskonferenz ist: „Wirtschaft ist kein Selbstzweck, sondern hat, wie Alexander Rüstow einmal treffend gesagt hat, ‚Dienerin der Menschlichkeit' zu sein" (Marx 2008, S. 31). Und er fährt fort: „Der Markt ist kein Selbstzweck, sondern er ist Mittel zum Zweck. In der katholischen Soziallehre wird in diesem Zusammenhang traditionell von dem ‚Sachziel der Wirtschaft' gesprochen" (Marx 2008, S. 88).

In seinem Buch *Ethik. Die Grundfragen unseres Lebens* schreibt Wolfgang Huber, der frühere Ratsvorsitzende der Evangelischen Kirche Deutschlands (EKD): „Die deutsche Nachkriegsdebatte ging vom Vorrang des Menschen aus, dessen Bedürfnisse durch wirtschaftliche Tätigkeit befriedigt werden sollen. Der Zweck der Wirtschaft wurde nicht im Erzielen von Gewinnen als solchen gesehen. Er lag nach dieser Auffassung vielmehr in der Herstellung von lebensdienlichen Produkten und Dienstleistungen. Ein weiterer Zweck der Wirtschaft betraf die Schaffung von sinnerfüllten und auskömmlichen Arbeitsplätzen" (Huber 2013, S. 156).

Am 18.6.2014 fand in Berlin der Kongress „Gemeinsame Verantwortung für eine gerechte Gesellschaft" statt. Er wurde getragen von der Ökumenischen Sozialinitiative des Rates der Evangelischen Kirche in Deutschland und der Deutschen Bischofskonferenz. Im Rahmen seines Vortrags „Die Verbindung von Freiheit und Gerechtigkeit" sagte Udo di Fabio, Bundesverfassungsrichter a.D.: „Der Mensch darf sich nicht nur ökonomisch verstehen. Deshalb reicht es nicht, den Kapitalismus anzugreifen oder das Staatsversagen zu kritisieren, wenn die Frage gestellt wird, was

---

[22] Vertiefend zur volkswirtschaftlichen Gesamtrechnung siehe etwa Görgens et al. 2007, S. 7–48.

1 Wer (materiell) alles hat, ist nicht automatisch glücklich

in den westlichen Gesellschaften seit einigen Jahrzehnten falsch läuft. Vielmehr muss darüber gesprochen werden, was ein erfülltes Leben eigentlich ausmacht."

Die Erkenntnisse der interdisziplinären Glücksforschung decken sich mit den entsprechenden Aussagen des Gemeinsamen Textes der Ökonomischen Sozialinitiative zu diesem Punkt: „Nicht nur in den Kirchen wird heute betont, dass das Ziel der Steigerung des materiellen Wohlstandes, das in den letzten Jahrzehnten in der Gesellschaft im Zentrum gestanden hat, in eine neue Balance mit der Steigerung des ‚Beziehungswohlstands' gebracht werden muss" (Initiative des Rates der Evangelischen Kirche in Deutschland und der Deutschen Bischofskonferenz 2014, S. 22).

„Beziehungswohlstand" ist ein treffendes Wort, denn es geht um „gelingende Beziehungen" im Leben. Und hier geht es um die Art des Umgangs miteinander. Hier gilt die „Goldene Regel" als Wegweiser: „Was ihr wollt, dass euch die Leute tun sollen, das tut ihnen auch" (Matthäus, 7,12). Die Goldene Regel gilt quer durch sämtliche Kulturen und Religionen. Sie taucht in der griechischen Philosophie, im Buddhismus, im Christentum, im Judentum, im Hinduismus, im Daoismus und im Islam auf (Nowak/Highfield 2013, S. 74).

Die Goldene Regel gilt für alle Lebensbereiche, also auch und insbesondere für den Umgang miteinander in den Unternehmen. Ohne diese Verankerung, ohne eine solche „Führungsethik", wird es schwer — spieltheoretisch gesprochen — Mitarbeiter zur Kooperation zu gewinnen, das heißt Engagement und Kreativität freizusetzen.

ZWISCHENFAZIT

Ausgangspunkt für die Glücksforschung ist die Erkenntnis, dass wir zwar ein gewisses Maß an Materiellem brauchen, immer mehr Materielles uns aber nicht glücklicher und zufriedener macht. Ein gewisses Maß ist unbestreitbar wichtig und notwendig, um die (Grund-)Bedürfnisse zu befriedigen und finanzielle Sicherheit zu gewinnen. Die Glücksforschung weist aber darauf hin, dass es vor allem auf den Beziehungswohlstand und somit auf den Umgang miteinander ankommt. Hier gilt die „Goldene Regel" als Wegweiser: „Was ihr wollt, dass euch die Leute tun sollen, das tut ihnen auch" (Matthäus, 7,12). Ohne diese Verankerung, ohne eine solche Führungsethik, wird es schwer, Mitarbeiter für Kooperation zu gewinnen, das heißt, Engagement und Kreativität freizusetzen.

1.4 Gesundheit, Glück (Wohlbefinden), gesundes Führen

„Die Erhaltung und Förderung der Gesundheit der Mitarbeiter ist eine Führungsaufgabe. Die Fürsorgepflicht verpflichtet den Arbeitgeber, Gesundheit und Leben der Belegschaft zu schützen. ... Aus der Fürsorgepflicht ergibt sich für Führungskräfte eine Handlungsverantwortung (§ 618 BGB)." Dies ist in einer Handlungsleitlinie der BARMER GEK für Führungskräfte nachzulesen (BAMER GEK 2014, S. 43).

> **! WICHTIG**
> Bei gesundem Führen sind nicht nur die Geführten wichtig, sondern ebenso die Führenden. Und beides steht in einem inneren Zusammenhang, da den Führungskräften auch eine wichtige Vorbildfunktion für die Mitarbeiter zukommt.

Die Glücksforschung versucht als interdisziplinärer Ansatz der empirischen Sozialwissenschaft, die Faktoren herauszuarbeiten, die für unser ganzheitliches Wohlbefinden (Gesundheit) wichtig sind, und Vorschläge zu erarbeiten, was wir tun können, um zufriedener und glücklicher zu werden. Dies geht einher mit einer Änderung des Gesundheitsbegriffs weg von dem Gesundheitsverständnis als bloße Abwesenheit von Krankheit hin zu einem ganzheitlichen Wohlbefinden, das Körper, Geist und Seele umfasst. „Wir leben in der Gesundheitsgesellschaft. Niemals zuvor hatte Gesundheit einen so hohen Stellenwert wie heute. ... Denn das Bedürfnis, durch individuelles Gesundheitsmanagement zufriedener zu leben, durch körperliche und geistige Fitness eine Work-Life-Balance und inneres Wachstum aufzubauen, wird für die Menschen zunehmend wichtiger" (Zukunftsinstitut 2010).

> *Woran liegt es, dass ein Teil der Beschäftigten am Arbeitsplatz einen Burnout erleidet bzw. gelangweilt ist, wohingegen andere vollkommen begeistert sind und nicht merken, wie schnell die Zeit vergeht?*[23]
>
> *Arnold B. Bakker, Evangelia Demerouti*

Beim gesunden Führen geht es um die Schaffung geeigneter Strukturen (Arbeitsplatzgestaltung, Work-Life-Balance) und um die Art der Mitarbeiterführung, des richtigen Umgangs mit den Mitarbeitern durch Vorgesetzte, also um das „Wie" ei-

---
[23] „Why do some employees burn out or get bored by their work, whereas others are so enthusiastic about their work that time seems to fly?" (eigene Übersetzung). Bakker/Demerouti 2014, S. 37.

1 Gesundheit, Glück (Wohlbefinden), gesundes Führen

nes bewussten und zielbezogenen Einwirkens von Führungskräften auf die Mitarbeiter. Vorgeschaltet sind Fragen der Führungsethik. Es geht aber auch um individuelle Denkgewohnheiten und den Umgang mit sich, und zwar bezogen auf die Führungskräfte und auf die Mitarbeitenden.

Gesundes Führen ist umso wichtiger und dringender, da in Deutschland psychische Krankheiten, die besonders negativ auf das persönliche Wohlbefinden wirken, im Vormarsch sind. Im Zusammenhang mit Arbeit spricht man hier auch vom Burnout. Die Umsetzung der neuen Ansätze der Management- und Führungslehre, die auf den Erkenntnissen der Glücksforschung beruhen, mindern also einerseits die psychischen Belastungen in den Unternehmen und stärken anderseits die psychischen Ressourcen der Beschäftigten.[24] Glückliche Mitarbeiter „... sind höchst energiegeladen und wissen sich dennoch geschickt vor einem Burn-out zu schützen", so Gretchen Spreitzer und Christine Porath in ihrem Beitrag „Die Mitarbeiter glücklich machen", der im Rahmen des Schwerpunkts „Glücklich im Job — so werden Sie zufriedener und dadurch erfolgreicher", in der April-Ausgabe 2012 im *Harvard Business manager* erschienen ist (S. 26).

Die „Psychologie des Glücklichseins" hat mittlerweile auch in der Psychotherapie ihren Niederschlag gefunden. Der aktuelle Stand der Diskussion findet sich im gleichnamigen Themenschwerpunkt in der Zeitschrift *Psychologie in Österreich*, Vol. 34 (Juni 2014), der Fachzeitschrift des Berufsverbands der österreichischen Psychologinnen und Psychologen, in der auch ich einen Artikel zu den Konsequenzen der Erkenntnisse der Glücksforschung für Wirtschaft und Politik veröffentlicht habe (Ruckriegel 2014b).

Auch große Unternehmen haben die zentrale gesellschaftliche Bedeutung des Themas erkannt und mit ihrer PR-Arbeit darauf reagiert. So finanziert die Deutsche Post den seit 2011 jährlich erscheinenden „Glücksatlas Deutschland", der wissenschaftlich und im Wesentlichen auf der Grundlage der Daten des seit Mitte der 80er-Jahre existierenden „Sozio-oekonomischen Panels" erstellt wird. Ähnlich hat Coca-Cola mittlerweile weltweit eine Reihe von „Happiness Institutes" mit wissenschaftlichen Beiräten gegründet, die Arbeiten auf dem Gebiet der Glücksforschung unterstützen. Seit Ende 2012 gibt es auch ein Coca-Cola Happiness Institut in Deutschland. 2014 sind dort die Studien „Die Megatrends unserer Gesellschaft und ihr Potenzial für Lebensfreude" und „Einblicke in den aktuellen Stand der Glücksforschung" erschienen.

---

[24] Umfassend wird dieser Ansatz in der Literatur auch unter der „Job Demands-Resources Theory" behandelt. Siehe hierzu etwa Bakker/Demerouti 2014, S. 37–64.

1.4.1 Zur Entwicklung psychischer Krankheiten in Deutschland

20 % der jährlichen Rentenneuzugänge erhalten eine Erwerbsminderungsrente, scheiden also vorzeitig aus dem Berufsleben aus. Der größte Anteil daran geht mittlerweile auf psychische Erkrankungen zurück. Immer mehr Arbeitnehmer gehen in Erwerbsminderungsrente. „Besonders tragisch ist dabei, dass viele noch sehr jung sind", so die Leiterin des Reha-Bereichs der Deutschen Rentenversicherung, Susanne Weinbrenner, am 9.7.2014 im *Handelsblatt* (S. 7).

Die Relevanz psychischer Störungen wird deutlich, wenn man die Entwicklung bei den Arbeitsunfähigkeitstagen in den letzten Jahren betrachtet. Von 2000 bis 2011 haben die Arbeitsunfähigkeitstage bei psychischen Erkrankungen um 56,2 % zugelegt, während alle anderen Krankheitsgruppen rückläufig waren (siehe Abb. 1). Bei den Arbeitsunfähigkeitsfällen kam es zu einer ähnlichen Entwicklung. Auch hier waren alle anderen Krankheitsgruppen rückläufig, während psychische Erkrankungen ein Plus von 50,9 % verzeichnet haben. Prognosen der Weltgesundheitsorganisation der UN (WHO) deuten darauf hin, dass die Zunahme von psychischen Störungen auch in den nächsten Jahren anhalten wird (Meyer et al. 2011, S. 315 f.).

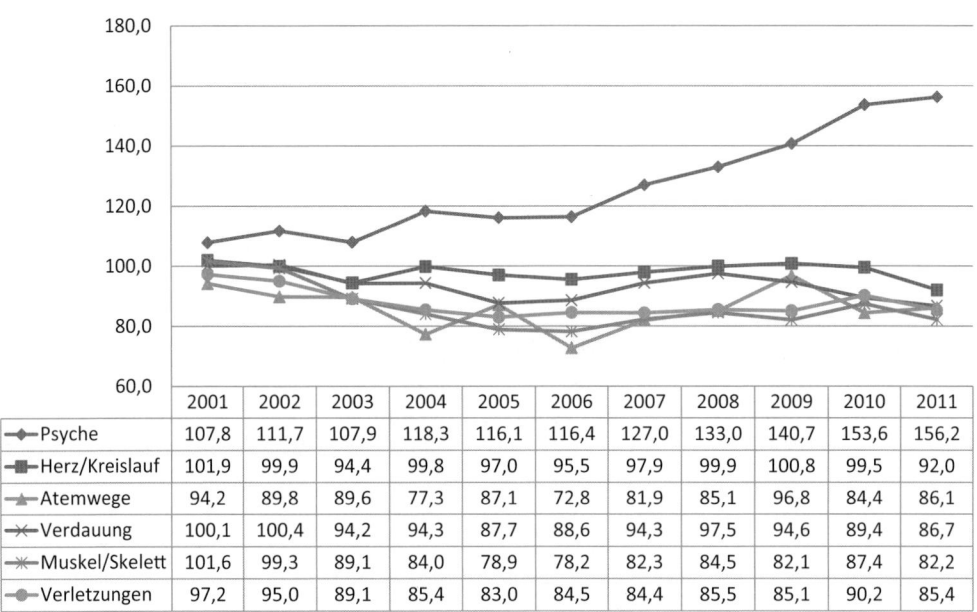

	2001	2002	2003	2004	2005	2006	2007	2008	2009	2010	2011
Psyche	107,8	111,7	107,9	118,3	116,1	116,4	127,0	133,0	140,7	153,6	156,2
Herz/Kreislauf	101,9	99,9	94,4	99,8	97,0	95,5	97,9	99,9	100,8	99,5	92,0
Atemwege	94,2	89,8	89,6	77,3	87,1	72,8	81,9	85,1	96,8	84,4	86,1
Verdauung	100,1	100,4	94,2	94,3	87,7	88,6	94,3	97,5	94,6	89,4	86,7
Muskel/Skelett	101,6	99,3	89,1	84,0	78,9	78,2	82,3	84,5	82,1	87,4	82,2
Verletzungen	97,2	95,0	89,1	85,4	83,0	84,5	84,4	85,5	85,1	90,2	85,4

Abb. 1: Tage der Arbeitsunfähigkeit der AOK-Mitglieder nach Krankheitsgruppen
Anmerkung: Indexdarstellung, wobei das Jahr 2000 auf 100 normiert wurde.
Quelle: nach Meyer et al. 2011, S. 316.

Gesundheit, Glück (Wohlbefinden), gesundes Führen 1

Der starke Anstieg psychischer Störungen ist nicht nur durch eine Zunahme der Erkrankungsraten zu erklären, sondern auch durch ein verändertes Diagnoseverhalten bei den Ärzten. Durch die Sensibilisierung der Bevölkerung für psychische Krankheiten kommt langsam das wirkliche Ausmaß psychischer Störungen ans Licht, welches jahrzehntelang unterschätzt wurde (Meyer et al. 2011, S. 316).

Abgesehen vom veränderten Diagnoseverhalten der Ärzte wird aber auch ein Wandel in der Arbeitswelt als treibende Kraft für die Zunahme an psychischen Störungen verantwortlich gemacht, wobei Tertiarisierung, Informatisierung, Subjektivierung, Akzeleration und neue Arbeitsformen die ausschlaggebenden Faktoren darstellen.

Gründe für einen Wandel in der Arbeitswelt

Tertiarisierung	Der Ausbau der Dienstleistungsgesellschaft in Deutschland erfordert die Weiterentwicklung mentaler und zwischenmenschlicher Fähigkeiten, welche emotionale und kognitive Ansprüche mit sich bringen.
Informatisierung	Aufgrund neuer Kommunikationstechnologien wird sowohl eine zeit- als auch ortsunabhängige Aufgabenerfüllung gewährleistet. Es kommt zu einer Verwischung von Privat- und Arbeitsleben, was als Entgrenzung der Arbeit bezeichnet wird.
Subjektivierung	Es entstehen neue Steuerungsformen, welche den Mitarbeiter mehr Eigenverantwortung bezüglich der Ausführung und des Erfolges von Arbeitsprozessen ermöglichen.
Akzeleration	Die Kombination aus einer wachsenden Vielschichtigkeit des Aufgabenbereichs in Kombination mit immer kurzlebigeren Produktions-, Dienstleistungs- und Kommunikationsprozessen führt zu einer höheren Arbeitsbelastung.
Neue Arbeitsformen	Zunehmende Arbeitsplatzunsicherheit führen zu hohen Mobilitätsanforderungen, was einhergeht mit einer zunehmenden Instabilität sozialer Beziehungen aufgrund von Tätigkeits- und Berufswechseln.

Tab. 2: Gründe für einen Wandel in der Arbeitswelt
Quelle: nach Lohmann-Haislah 2012, S. 11, und Bundesanstalt für Arbeitsschutz und Arbeitsmedizin 2014, S. 22 f.

In der Publikation *Psychische Erkrankung am Arbeitsplatz* schreibt die BARMER GEK: „Die deutsche Expertenkommission ‚Zukunft der betrieblichen Gesundheitspolitik' hat sich mit den möglichen Risiken von Arbeit auf die psychische Gesundheit der Arbeitnehmer und den Auswirkungen veränderter Arbeitsstrukturen befasst. Die Entwicklung unserer Gesellschaft von einer Industrie- hin zu einer wissens- und kommunikationsintensiven Dienstleistungsgesellschaft hat die Belastungen der

Glücksforschung – was Menschen glücklich macht

Arbeitswelt verändert. Während körperliche Anstrengungen stetig abnehmen, steigen psychosoziale Belastungen in einem alarmierenden Ausmaß" (BARMER GEK 2014, S. 6).

1.4.2 Zur Situation der Beschäftigten in deutschen Unternehmen

Wenn — wie im Konzept der sozialen Marktschaft grundlegend — der Mensch in Wirtschaft und Gesellschaft im Mittelpunkt steht,[25] so stellt sich natürlich die Frage, wie es den Menschen in den Unternehmen geht.

Die Entwicklung der Arbeitszufriedenheit in (West-)Deutschland während der letzten 30 Jahre zeigt klar, dass hier Handlungsbedarf besteht (siehe Abb. 2).

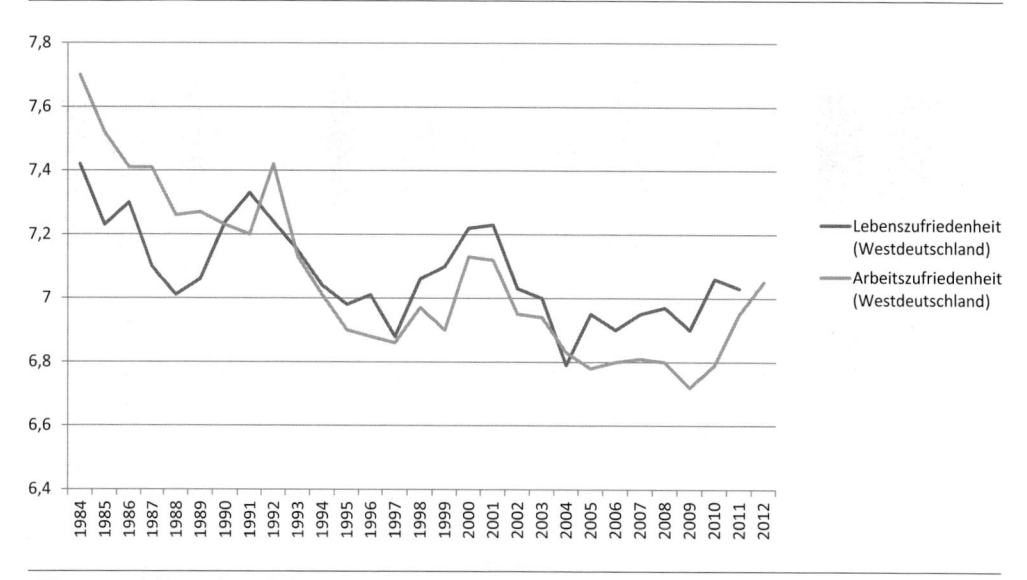

Abb. 2: Entwicklung der Arbeits- und Lebenszufriedenheit
Quelle: in Anlehnung an Sozio-oekonomisches Panel (SOEP)

---

[25] In diesem Zusammenhang ist auch auf das Grundgesetz zu verweisen, wo in Art. 1 Abs.1 steht: „Die Würde des Menschen ist unantastbar."

1 Gesundheit, Glück (Wohlbefinden), gesundes Führen

Auf der Skala von 0 (ganz und gar unzufrieden) bis 10 (ganz und gar zufrieden) ist der Durchschnittswert von 7,7 (Westdeutschland im Jahre 1984) auf 7 (Westdeutschland im Jahre 2012) gesunken. Die (Bereichs-)Zufriedenheit mit der Arbeit ist damit deutlich stärker gesunken als die allgemeine Lebenszufriedenheit. Während 1984 die Zufriedenheit mit der Arbeit noch deutlich über der allgemeinen Zufriedenheit mit dem Leben lag, hat sich dies mittlerweile umgekehrt.

Ähnliche Ergebnisse finden sich im Gallup Engagement Index für Deutschland, den Gallup seit 2001 erhebt. Danach werden die Beschäftigten in drei Kategorien eingeteilt, und zwar in Mitarbeiter mit einer hohen, einer geringen und keiner emotionalen Bindung an das Unternehmen. Erstere sind hoch engagiert, die zweite Gruppe macht „Dienst nach Vorschrift" und die dritte hat bereits innerlich gekündigt und möchte das Unternehmen sobald als möglich verlassen.

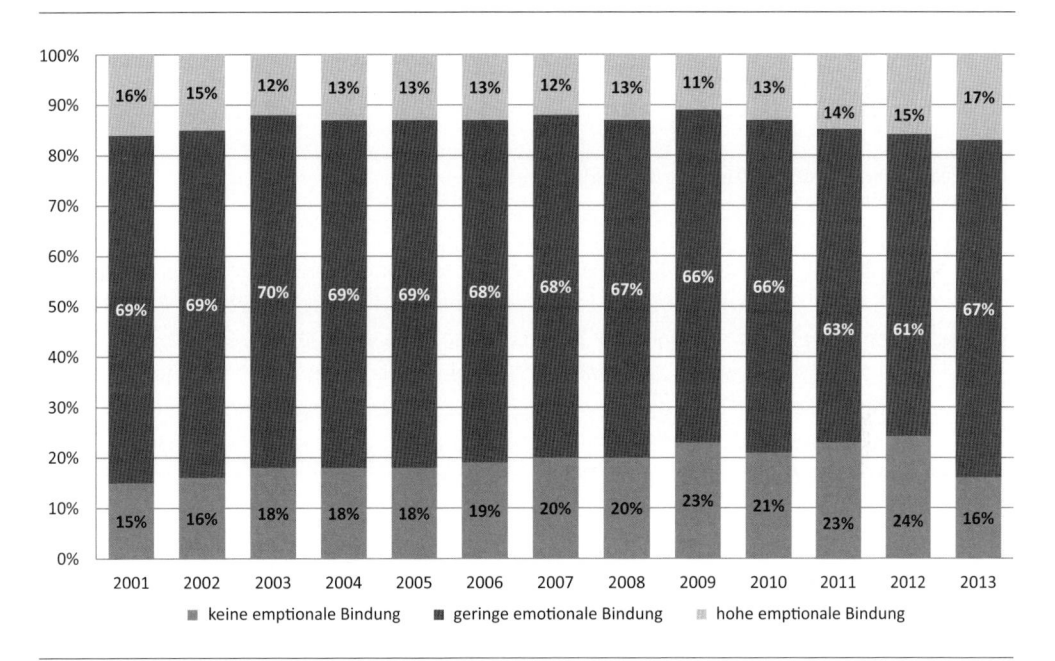

Jahr	keine emotionale Bindung	geringe emotionale Bindung	hohe emotionale Bindung
2001	15%	69%	16%
2002	16%	69%	15%
2003	18%	70%	12%
2004	18%	69%	13%
2005	18%	69%	13%
2006	19%	68%	13%
2007	20%	68%	12%
2008	20%	67%	13%
2009	23%	66%	11%
2010	21%	66%	13%
2011	23%	63%	14%
2012	24%	61%	15%
2013	16%	67%	17%

Abb. 3 : Engagement Index Deutschland seit 2001
Quelle: nach Gallup Engagement Index Deutschland 2013, Berlin 2014

Glücksforschung – was Menschen glücklich macht

Land	hohe emotionale Bindung	geringe emotionale Bindung	keine emotionale Bindung
USA	28%	54%	18%
Schweiz	23%	68%	9%
Österreich	23%	62%	15%
...			
Deutschland	13%	66%	21%
...			
Tschechien	3%	60%	37%
Singapur	2%	78%	21%
China	2%	67%	31%

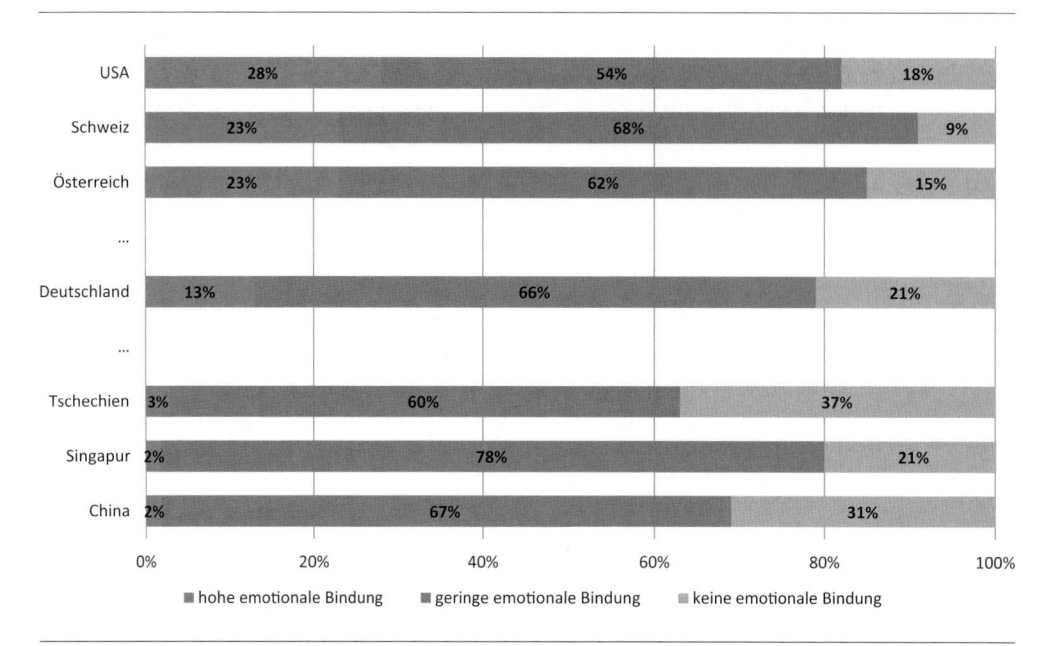

Abb. 4: Engagement Index 2010 im internationalen Vergleich
Quelle: nach Gallup Engagement Index 2010 im internationalen Vergleich, Berlin 2011

„Nur ein geringer Teil der deutschen Arbeitnehmer weist eine hohe emotionale Bindung an den Arbeitgeber auf: Lediglich 16 % der Beschäftigten in Deutschland sind bereit, sich freiwillig für die Ziele ihrer Firma einzusetzen. 67 % leisten Dienst nach Vorschrift und 17 % sind emotional ungebunden und haben innerlich bereits gekündigt." So die Pressemitteilung zum Gallup Engagement Index 2013 vom 31.3.2014. Gallup führt diese bedenkliche Lage hauptsächlich auf Mängel in der Mitarbeiterführung zurück. Deutschland weist hier deutlich schlechtere Werte als etwa die USA auf.

„Loben, Zuhören und Menschenführung sind Qualitäten, die deutschen Führungskräften oftmals fehlen." So auch das *Handelsblatt* in seiner Titelgeschichte „Der ungeliebte Chef" vom 31.1.2014 (S. 6). Mit „Deutsche Führungskräfte verwechseln oft personale Führung und technisches Management" wird Thomas Sattelberger, der frühere Personalvorstand der Telekom, im *Handelsblatt* zitiert.

Dieter Frey et al. kommen zum Schluss: „Sowohl in vielen sozialen und kommerziellen Organisationen als auch in anderen gesellschaftlichen Institutionen wie Schulen und Universitäten wird nicht oder nur schlecht geführt. Viele Führungskräfte sind sich ihrer Vorbildfunktion, ihrer Verantwortung und ihrer Verpflichtung nicht bewusst. Infolgedessen wird das Potenzial an Humanressourcen unzureichend aktiviert — ein Problem, das sich noch verschärfen wird" (Frey et al. 2011, S. 100).

1 Gesundheit, Glück (Wohlbefinden), gesundes Führen

Die Globe-Studie, an der für Deutschland Micheal Frese und Felix Brodbeck mitgearbeitet haben, untersucht die Führungskulturen in 61 Ländern. Weltweit haben sich an dieser Studie 17.000 Mittelmanager beteiligt. Diese Studie kommt zum Schluss, dass „deutsche Führungskräfte, was die Humanorientierung im Management angeht, im Globe-Ranking international zu den absoluten Schlusslichtern zählen" (Braun 2012, S. 30 f.).

Mitarbeiter qualifizieren sich in erster Linie mit ihrem Fachwissen und -können für Führungspositionen, sodass noch viele Chefs ihre besten Sachbearbeiter sind, also im Zweifel die Aufgaben besser und schneller erledigen können als ihre Mitarbeiter (Lohmeier et al. 2012, S. 82). Diese Art der Rekrutierung von Führungskräften ist wenig zielführend — ganz im Gegenteil. Sie wird angesichts der anstehenden Herausforderungen wohl nicht mehr lange „überleben". Oder anders: Unternehmen werden sich diese Art der Auswahl von Führungskräften nicht mehr lange leisten können.

Viele Unternehmensberater und Experten gehen davon aus, dass jede zweite Führungsposition falsch besetzt ist.[26]

Dieter Frey, Tanja Peter, Gina Dirmeier

1.4.3 Zur Situation der Führungskräfte in deutschen Unternehmen

Unter dem Titel „Schlaflos im Chefbüro" beschäftigt sich das *Handelsblatt* vom 20./21./22.6.2014 mit den Ergebnissen einer Studie, welche die Max-Grundig-Klinik im Schwarzwald durchführen ließ. Diese Klinik hat sich auf die Gesundheit von Managern spezialisiert. Nach dieser Studie hat der Druck auf die Manager in den letzten Jahren erheblich zugenommen. Sie leben in einer Situation der permanenten Unsicherheit. Viele Führungskräfte ordnen daher dem Beruf alles unter — Familie, Freunde und Hobbys „opfern" sie auf dem Karrierealtar ebenso wie ihre Gesundheit. „Noch nicht einmal jeder zweite Befragte (46 %) sagt, für die Familie genug Zeit zu haben. Noch schlechter sieht es mit Hobbys (37 %) und der Pflege von Freundschaften (29 %) aus" (*Handelsblatt*, S. 58).

Der Psychologe und ärztliche Direktor der Klinik, Thorsten Kienast, führt dazu aus: „Immer mehr Führungskräfte leben in Grenzzonen, in denen sie beruflichen Stress

---

[26] Frey et. al. 2011, S. 101.

phasenweise nicht mehr aushalten." Weil sie ihr Leben zu stark dem Beruf unterordneten, stellten sich schnell Frustration und Angst bis zur Depression ein, wenn es einmal im Büro nicht gut laufe (*Handelsblatt*, S. 58). Am meisten belastet die Manager, wenn hohe Leistungsziele nicht erreicht werden (22 % der Befragten), wenn der Karriereweg in Gefahr ist (17 % der Befragten) und wenn die Lebensgrundlage in Gefahr ist (15 % der Befragten)" (*Handelsblatt*, S. 59).

Die „Maschine Mensch" könne 15 bis 20 Jahre durch zu viel Arbeit und zu wenig Schlaf überlastet werden, aber mit Mitte 50 drohe der Zusammenbruch, so Kienast. „Viele Manager werden in den Firmen heute regelrecht verschlissen. Sie stehen ständig unter Adrenalin." So Kienast weiter (*Handelsblatt*, S. 58). Und: „Wenn von den vier Säulen der persönlichen Stabilität — Beruf, Familie, Freunde, Hobbys — drei Säulen angeknackst sind, wird das Leben fragil! Dann wächst laut Psychologe Kienast die Wahrscheinlichkeit für eine Krise bis hin zu Selbstmordgedanken" (*Handelsblatt*, S. 59).

Trotz erhöhter Arbeitsanforderungen haben Führungskräfte aber meist einen besseren Gesundheitszustand als die Mitarbeitenden (Badura 2012). Dem Vorgesetzten müssen also gesundheitsförderliche Ressourcen zur Verfügung stehen, die es schaffen, gesundheitsgefährdende Arbeitsanforderungen abzumildern. Hierzu werden in der aktuellen Forschung Arbeitsplatzbedingungen untersucht, die einen zentralen Stellenwert für die Gesundheit der Führungskräfte haben.[27] In der SHAPE-Studie (Studie an beruflich hoch ambitionierten Persönlichkeiten) wurden unter anderem gesundheitsförderliche Ressourcen untersucht. Sie stellt die bisher umfangreichste Studie mit Führungskräften im deutschsprachigen Raum (Deutschland, Österreich, Schweiz) dar. Es wurden knapp 500 Führungskräfte des mittleren und oberen Managements befragt. Die Studie beschäftigte sich neben gesundheitsförderlichen Ressourcen mit Fragen des persönlichen Gesundheitszustandes, der körperlichen und mentalen Leistungsfähigkeit, der beruflichen und privaten Belastung, Persönlichkeitsmerkmalen und der Work-Life-Balance (Lindinger/Zeisel 2013, S. 9; Kromm et al. 2013, S. 29). Als gesundheitsförderliche Ressourcen finden sich in der SHAPE-Studie ausreichende Kontrollmöglichkeiten bei der Arbeit, soziale Unterstützung[28], Wertschätzung und Achtung.

Durch Kontrollmöglichkeiten und soziale Unterstützung können die hohen Belastungen der Arbeitsanforderungen abgebaut werden und die Gesundheit wird

---

[27] Neben dem dominierenden Bereich der psychosomatisch bedingten Beschwerden wie Befindlichkeitsstörungen oder Unwohlsein wurden auch die habituelle körperliche Gesundheit und die Auftretenshäufigkeit von manifesten körperlichen Krankheiten erfasst.

[28] Mit sozialer Unterstützung ist hier die Unterstützung durch Mitarbeitende und dem Vorgesetzten gemeint.

1 Gesundheit, Glück (Wohlbefinden), gesundes Führen

weniger beeinträchtigt. Bereits durch ein Mindestmaß an Wertschätzung und Achtung ist ein positiver Einfluss auf die Gesundheit zu beobachten. Ein Mangel an Wertschätzung und Achtung führt zu einer massiven Verschlechterung der Gesundheit (Kromm et al. 2013, S. 42–47). Je schlechter die gesundheitsförderlichen Ressourcen ausgeprägt sind, desto schlechter ist der Gesundheitszustand der Führungskraft und desto weniger wird gesundheitsgerecht geführt. Eine Führungskraft dient ihren Mitarbeitenden als Vorbild, da sich diese häufig an dem Verhalten der/des Vorgesetzten orientieren. Stehen einer Führungskraft nicht genügend gesundheitsförderliche Ressourcen zur Verfügung, können gesundheitliche Probleme entstehen, die Führungsschwächen verursachen.

Fehlt ein wertschätzender und respektvoller Umgang bei den Führungskräften untereinander, ist es kaum möglich, einen respektvollen Umgang mit den Mitarbeitenden zu pflegen. Für Unternehmen ist es also durchaus sinnvoll, gesundheitsförderliche Ressourcen zu stärken und belastende Anforderungen, wie Störungen bei der Arbeit, starker Termin- und Leistungsdruck und das gleichzeitige Betreuen verschiedener Aufgaben, zu reduzieren, und zwar sowohl im Sinne der Gesundheitssituation der Führungskraft selbst als auch im Sinne der Gesundheit der Beschäftigten (Kromm et al. 2013, S 42–47; Stilijanow 2012, S. 127 f.).

Gesundes Führen kostet aber zunächst einmal Zeit und Aufmerksamkeit. Woher also die Zeit nehmen? Man muss hier kritisch der Frage nachgehen, wofür Führungskräfte ihre Zeit bisher verwenden. Hier liegen Ressourcen brach, die freigesetzt werden können.

Untersuchungen zeigen nämlich, dass Führungskräfte oftmals viel Zeit damit verbringen, „dem Chef zu gefallen", „zu kontrollieren und auf Nummer sicher zu gehen" sowie „sich ins Tagesgeschäft einzumischen", anstatt sie für „Erklären der Ziele, Informieren über Zusammenhänge, Wertschätzen und Unterstützen der Mitarbeiter sowie Planen der Zukunft" zu nutzen, so die Studie „Blue Ocean Leadership — Wie Sie Ihre Mitarbeiter richtig führen und motivieren" von W. Chan Kim und Renee Mauborgne, die im *Harvard Business manager*, Ausgabe Juni 2014 (S. 20–32), veröffentlicht wurde.

> **ZWISCHENFAZIT**
>
> Der Anstieg psychischer Krankheiten in den letzten Jahren ist dramatisch. Dass hier auch ein dringender Handlungsbedarf in den Unternehmen besteht, wird deutlich, wenn man sich die Verschlechterung der Werte bei der Arbeitszufriedenheit in den letzten 30 Jahren vor Augen hält. Auch der Gallup Engagement Index zeigt, dass in deutschen Unternehmen viel im Argen liegt. Diese schlechten Werte sind vor allem auf schlechte Mitarbeiterführung zurückzuführen. Auch Führungskräfte leiden unter der Situation, wobei sie allerdings auch oft ihre Zeit suboptimal nutzen.

1.5 Glücksforschung (Happiness Research) – eine gesellschaftspolitische Einordnung

Die Glücksforschung geht der Frage nach, was Menschen eigentlich wollen. Letztlich geht es den Menschen um ihr subjektives Wohlbefinden (Glück und Zufriedenheit) im Leben, Materielles ist nur Mittel zum Zweck. Es wird also nicht einfach unterstellt, dass „Mehr Materielles immer besser als weniger" ist, was bisher die gängige Annahme in der Neoklassik war. Es geht vielmehr um die Frage, wie man seine Zeit so verwendet, dass man im hohen Maße mit seinem Leben zufrieden und glücklich ist.

Auf die zentrale Bedeutung des Glücks für den Menschen haben auch schon Aristoteles, Adam Smith, Charles Darwin und Wilhelm Röpke, einer der Väter der Sozialen Marktwirtschaft, hingewiesen:

> *Glück ist das letzte Ziel menschlichen Handelns.*
>
> *Aristoteles*

> *The happiness of mankind ... seems to have been the original purpose intended by the Author of nature, when he brought them into existence.*[29]
>
> *Adam Smith*

---

[29] Smith, Adam: The Theory of moral Sentiments, 1759

1 Glücksforschung (Happiness Research) – eine gesellschaftspolitische Einordnung

Überlegungen lassen mich glauben, dass alle fühlenden Wesen dazu gemacht sind, in der Regel Glück zu erleben.[30]

Charles Darwin

Ich glaube, dass die maximale Erzeugung des schlichten menschlichen Glücks das höchste Ziel ist, dem wir zu dienen haben.

Wilhelm Röpke

Welche wichtige Rolle (mittlerweile) der Glücksforschung in der Ökonomik zukommt, macht ein Zitat von Ben Bernanke, der bis Ende Januar Chef der US-Zentralbank (Fed) war, aus dem Jahre 2012 deutlich: „Das letztendliche Ziel der Ökonomik ist natürlich, zu verstehen was Wohlbefinden ausmacht und wie es erhöht bzw. verbessert werden kann."[31] Das hat — allerdings schon vor längerer Zeit — bereits George Bernhard Shaw, Literaturnobelpreisträger des Jahres 1925, gesagt: „Ökonomie ist die Kunst, das Beste aus unserem Leben zu machen."

Bevor ich mich näher mit der Umsetzung der Erkenntnisse der interdisziplinären Glücksforschung in den Unternehmen („gesundes Führen") beschäftige, soll zunächst der gesellschaftspolitische Hintergrund etwas näher betrachtet werden. Unternehmen agieren nicht im luftleeren Raum. Entwicklungen in Wissenschaft, Politik und Gesellschaft sind vielmehr zentral für unternehmerisches Handeln (und die Wettbewerbsfähigkeit).

Diese gesellschaftliche Einbettung bildet die Grundlage für die sogenannte „Licence to operate" für die Unternehmen. „Der Ausdruck Licence to operate steht für die gesellschaftliche Akzeptanz von Unternehmen. Unternehmen sind darauf angewiesen, dass die Mitglieder der Gesellschaft ihnen die notwendigen Freiräume gewähren, die für die wertschaffenden Aktivitäten notwendig sind. Voraussetzung hierbei ist, dass die Gesellschaft darauf vertraut und vertrauen kann, dass Unternehmen im gesellschaftlichen Interesse agieren." So die IHK Nürnberg für Mittelfranken (IHK Nürnberg für Mittelfranken 2012, S. 37).

Wenn man die Menschen fragt, was ihnen besonders am Herzen liegt, was sie letztlich vom Leben erwarten, so stehen Glück und Zufriedenheit meist an erster Stelle. Wenn es aber im Leben um Glück und Zufriedenheit, also um subjektives

---

[30] Darwin, Charles: Mein Leben, 1887/1993
[31] „The ultimate purpose of economics, of course, is to understand and promote the enhancement of wellbeing" (eigene Übersetzung). Zitiert nach Legatum Institute 2014, S. 14.

Wohlbefinden, geht, dann muss man sich überlegen, wie man jetzt und später seine Zeit so verwendet, dass man ein hohes Maß an subjektivem Wohlbefinden im Leben erfährt. Gleichermaßen müssen natürlich auch die Unternehmen am Glück, an der Zufriedenheit ihrer Mitarbeiter interessiert sein.

Nach Lionel Robbins ist die Ökonomik „die Wissenschaft, die das menschliche Handeln als Verhältnis zwischen Zwecken und knappen Mitteln, für die es alternative Verwendungen gibt, untersucht" (zitiert nach Skidelsky/Skidelsky 2013, S. 25). Ökonomisch gesprochen geht es also um die Frage, wie man das knappe Gut Zeit (Input) so nutzt, dass man letztlich — also übers ganze Leben gerechnet — in hohem Maße glücklich und zufrieden ist, das heißt sich wohlfühlt (Output). Kahneman bringt dies folgendermaßen auf den Punkt: „Die Lebenszufriedenheit lässt sich am leichtesten dadurch steigern, dass man seine verfügbare Zeit besser nutzt. ... Dass Zeit eine letztlich begrenzte Ressource ist, ist die zentrale Tatsache unseres Lebens" (Kahneman 2012, S. 492 und 506).

Damit stellt sich aber die Frage nach einer Zeitverwendung, die nicht das Ziel der Einkommensmaximierung, sondern der Maximierung des subjektiven Wohlbefindens im Auge hat. Und es ist klar, dass beides zwei ganz verschiedene Dinge sind. Für diesen Output wird in der ökonomischen Terminologie auch das Wort „Nutzen" verwendet. Nutzen ist also subjektives Wohlbefinden. Das subjektive Wohlbefinden (der Nutzen) wird direkt gemessen, indem man die Menschen zu ihrem Wohlbefinden befragt.

1.5.1 Die Finanzkrise(n) der letzten Jahre als Kristallisationspunkt

Bis zum Ausbruch der Finanzkrise(n) schien es so, als ob das Streben nach immer mehr Materiellem, das auch in vielen Unternehmen im kurzfristigen Streben nach Gewinnmaximierung (Shareholder-Value) seinen Niederschlag fand, gleichsam ein Naturgesetz ist.

Hinter diesem vermeintlichen „Naturgesetz" standen die schlichten Annahmen, dass zum einen mehr Materielles immer besser sei als weniger und dass zum anderen die Menschen sich tendenziell wie ein Homo oeconomicus verhielten, also rational und egoistisch nach ständiger Nutzenmaximierung strebten. Beide Annahmen stimmen aber mit der Realität nicht überein. Die Erkenntnisse der interdisziplinären Glücksforschung und der Behavioural Economics lassen diese Annahmen als nicht haltbar und somit als nicht bzw. wenig erklärungsrelevant erscheinen.

1 Glücksforschung (Happiness Research) – eine gesellschaftspolitische Einordnung

Im Zuge der Finanzkrise 2008/2009 wurden die Homo-oeconomicus-Annahme und die Annahme, dass mehr Materielles besser (als weniger) ist, erschüttert. Zum einen konnte man mit der Homo-oeconomicus-Annahme die Krise nicht erklären (siehe hierzu etwa die Zitate von Asmussen, Merkel und Trichet unter 1.2.1, die Begründung für die Vergabe des Nobelpreises für Wirtschaftswissenschaften an Robert Shiller 2013 sowie Ruckriegel 2014a und Görgens et al. 2014, S. 61–75), zum anderen hinterfragten die Menschen immer mehr, ob das Materielle wirklich so wichtig für ein gelingendes Leben ist, ob mehr Materielles wirklich besser ist oder — wenn die materiellen Grundbedürfnisse gedeckt sind und ein gewisses Maß an materieller Sicherheit besteht — der Preis für ein Streben nach immer mehr Materiellem nicht einfach zu hoch ist, ob nicht andere Dinge wichtiger für das persönliche Glück, die Zufriedenheit, also das subjektive Wohlbefinden, sind (Horn 2014).

Damit kommt man aber auch wieder auf die Idee des „guten Lebens" zurück, die schon die antiken Denker Platon, Aristoteles und die Stoiker im Auge hatten. Die Antwort lag damals in Tugend und Vernunft, die zur „Eudaimonia", zur „heiteren Gelassenheit" führten. Zu anderen Zeiten „fragten die Menschen nicht nach dem Glück, weil sie ums Überleben kämpften, oder weil es, wie im Mittelalter, aus Glaubensgründen tabu war, das Glück auf Erden zu suchen, da es doch nur im Himmel zu finden war" (Peter 2014, S. 6).[32]

Dass heute wieder die Frage nach dem Glück grundsätzlich diskutiert wird und eine so zentrale Bedeutung gewonnen hat, hängt damit zusammen, dass das Streben nach immer mehr Materiellen für immer mehr Menschen seine Faszination verloren hat, da sich die damit (von der Werbung) verbundenen Glücksverheißungen als Trugschluss herausgestellt haben.

Im *Handelsblatt* vom 4.4.2013 wird in dem Artikel „Die Manie des Neuen" (S. 1) Frank Dopheide, der Inhaber der Agentur „Deutsche Markenarbeit", mit folgenden Worten zitiert: „Die Aufgabe von Konzernen und Werbeagenturen besteht schon lange nur noch darin, Bedürfnisse zu kreieren, von denen die Menschen bisher nicht wussten, dass sie sie haben."

Die Leiterin der britischen Statistikbehörde (Office for National Statistics) Jill Matheson identifiziert als die Dinge, die für das Glück am wichtigsten sind, Gesundheit, Beziehungen, Arbeit und Umwelt — ihre Liste deckt sich weitgehend mit den Basisgütern nach Robert und Edward Skidelsky (Skidelsky/Skidelsky. 2013, S. 240).

---

[32] Die Jahreslosung 2014 für alle deutschsprachigen christlichen Kirchen lautet: „Gott nahe zu sein ist mein Glück" (Psalm 73,28). Dieser Leitvers kann so interpretiert werden, dass man beim Empfinden von Glücksmomenten Gott nahe ist. (Brunner 2014, S. 29).

Zu den unverzichtbaren Basisgütern für ein „gutes Leben" zählen Robert und Edward Skidelsky — der eine Ökonomieprofessor, der andere Professor für praktische Philosophie — Gesundheit, Sicherheit, Respekt, Persönlichkeit, Harmonie mit der Natur und Freundschaft und Muße (Skidelsky/Skidelsky 2013, S. 204–241). Diese Basisgüter spiegeln sich auch im OECD Better Life Index und in den aus der Glücksforschung bekannten „Glücksfaktoren" wieder (siehe hierzu auch Kapitel 1.9.2).

Lebenszufriedenheit und Einkommen

Im großen Stil betriebene weltweite Umfragen zur Zufriedenheit seit den 1960er-Jahren haben gezeigt, dass es in den westlichen Industrieländern kaum einen Zusammenhang mehr zwischen einer Steigerung des Bruttoinlandsprodukts pro Kopf und der Lebenszufriedenheit („kognitives Wohlbefinden") gibt.

Zum einen passen sich die Ansprüche und Ziele an die tatsächliche Entwicklung an, das heißt mit steigendem Einkommen steigen auch die Ansprüche, sodass daraus keine größere Zufriedenheit erwächst (sogenannte hedonistische Tretmühle). Wir gewöhnen uns sozusagen an das höhere Einkommen. Alois Stutzer weist auf den wichtigen Punkt hin, dass die Gewöhnung bei materiellen Gütern hoch ist, während sie bei sozialen Beziehungen eher gering ist (Stutzer 2013, S. 23). Zum anderen ist — sofern die materielle Existenz gesichert ist — weniger das absolute Einkommen, sondern vielmehr das relative Einkommen, das heißt das eigene Einkommen im Vergleich zu anderen, für den Einzelnen entscheidend. Bei einem generellen Einkommensanstieg für alle: Es kommt einfach zu einer Erhöhung der sozialen Norm, sodass die Zufriedenheit nicht steigt, da alle mehr haben. Bei unterschiedlichen Einkommensveränderungen: Die Summe der Rangplätze in einer Volkswirtschaft ist fix — steigt einer auf, muss ein anderer absteigen — ein Nullsummenspiel.

Obwohl sich in den letzten 50 Jahren in den USA das inflationsbereinigte Einkommen pro Kopf mehr als verdreifacht hat, hat sich der Anteil derjenigen an der Bevölkerung, die sich als sehr glücklich bezeichnet haben, nicht verändert. Er lag jeweils bei rund 30 %.

„For example, although today most Americans surveyed will tell you they are happy with their lives, the fraction of those who say that they are happy is not any higher than it was 40 years ago. ... Or, as your parents always said, money doesn't buy happiness." So Ben Bernanke, der bis Ende Januar 2014 Chef der US-Zentralbank (Fed) war (Bernanke 2010).

In seinem weltweit führenden Lehrbuch zur Einführung in die Volkswirtschaftslehre schreibt Gregory Mankiw (Harvard University) in der europäischen Ausgabe, die er zusammen mit Mark P. Taylor verfasst hat, unter „The Economics of Happiness": „It does appear that, despite the massive increase in wealth, incomes and access to material goods and services for many people

Glücksforschung (Happiness Research) – eine gesellschaftspolitische Einordnung

in developed countries over the last 50 years, our perception of happiness has not really changed that much. Increased wealth has not brought with it similar increases in happiness. Numerous surveys highlighted relatively stable rates of ‚happiness' in rich countries. ... Layard states that in relation to Western countries: ‚On average, people are not happier that they were fifty years ago'" (Mankiw/Taylor 2014, S. 449 f.).

Olivier Blanchard, früher am MIT und mittlerweile seit einigen Jahren der Chefvolkswirt des Internationalen Währungsfonds (IWF), schreibt dazu in seinem ebenfalls weltweit verbreiteten Lehrbuch zur Makroökonomie: „Wir sind am Lebensstandard letztlich deshalb interessiert, weil wir uns um den Wohlstand oder das Glücksbefinden sorgen. Das wirft die Frage auf: Bedeutet eine höhere Produktion pro Kopf wirklich ein höheres Glücksbefinden?" (Blanchard/Illing 2014, S. 314).

Auch die Zahlen des Sozio-oekonomischen Panels zeigen für die letzten 20 Jahre für Deutschland keinen Zusammenhang mehr zwischen dem BIP pro Kopf und der Lebenszufriedenheit.

„Viele Indikatoren signalisieren, dass es den Bundesbürgern (materiell) kontinuierlich besser geht. ... Und trotzdem: In den vergangenen 20 Jahren hat die Zufriedenheit der Deutschen mit ihrem Leben und mit ihrer Arbeit nicht zugenommen. ... Daher geht man davon aus, dass zwischen Einkommen und Zufriedenheit nur so lange eine wechselseitige Beziehung besteht, bis ein gewisser Lebensstandard erreicht ist. Kurzum: Glück kann man zwar kaufen — aber nur bis zu einem gewissen Grad" (Institut der Deutschen Wirtschaft 2013, S. 1).

2011 schreibt das ifo Institut in München dazu: „Und schließlich kann das BIP nichts über das subjektive Wohlbefinden aussagen. Neuere Ansätze in der Volkswirtschaftslehre (‚Glücksforschung') untersuchen den Zusammenhang zwischen steigendem Einkommen und Wohlergehen und kommen zu dem Ergebnis, dass selbst wenn die Zunahme des BIP zu einer Steigerung des objektiven Wohlstands führt, dies nicht gleichbedeutend ist, dass es den Menschen subjektiv besser geht" (ifo Institut 2011).

Auch in anderen Ländern finden sich ähnliche Ergebnisse: Bis 10.000 US-$ BIP pro Kopf ist eine starke Korrelation zwischen der Zunahme der Zufriedenheit und Steigerung des BIP pro Kopf zu beobachten, da es hier um die Befriedigung von existenziellen Grundbedürfnissen wie Essen, Wohnen, Kleidung, Sicherheit und Bildung geht, von 10.000 US-$ bis 20.000 US-$ ist die Korrelation noch vorhanden, aber geringer. Über 20.000 US-$ ist die Korrelation nahezu nicht mehr gegeben. 1970 lag das BIP pro Kopf in Westdeutschland (inflationsbereinigt) bei 10.000 US-$.

Diese Erkenntnisse und die damit verbundenen sozialpsychologischen Begründungen stehen konträr zu der A-priori-Annahme „Mehr ist besser als weniger", lassen sie sozusagen in sich zusammenfallen.

Glücksforschung – was Menschen glücklich macht

Wir sind jung und brauchen das Glück.[33]

Kerstin Bund

Das Thema Glück und Zufriedenheit ist in der Mitte der deutschen Gesellschaft angekommen. Unternehmen müssen dies in ihr Kalkül einbeziehen. Auch ist bei der Generation Y (nach 1980 Geborene, englisch „why" wie der Buchstabe „y" im Englischen) ein Wertewandel zu einem ganzheitlichen, zufriedenen und glücklichen Leben beobachtbar. „Studien deuten auf erstaunliche … Gemeinsamkeiten hin. Die Jugend von heute ist sehr an der Welt um sie herum interessiert. Sie ist hoffnungsvoll und optimistisch. Im Gegensatz zu früheren Generationen glaubt sie daran, dass Unternehmen und Staat eine wichtige Rolle dabei spielen können — und sollten, die Welt zu einem besseren Ort zu machen." So Muhtar Kent, Vorstandschef von Coca-Cola, in seinem Gastkommentar im *Handelsblatt* vom 27.6.2013.

1.5.2 Glücksforschung und Politik: Der OECD Better Life Index

Am 20.3.2014 fand in Berlin das Symposium „Well-Being: ein neuer Ansatz für gutes Regieren und die Politikberatung" statt, das von der Bertelsmann-Stiftung ausgerichtet wurde. Auf diesem Symposium wurde der Report 2014 „Wellbeing and Policy" des Legatum Institute, an dem u. a. Richard Layard (London School of Economics), Martine Durand (Chefstatistikerin der OECD) und David Halpern (Leiter des Behavioural Insights Team der britischen Regierung) mitgewirkt haben, vorgestellt (Legatum Institute 2014). David Halpern führte dabei aus, dass die Politik der Regierung sich an der Verbesserung des subjektiven Wohlbefindens (insbesondere gemessen an der Zufriedenheit mit dem Leben) der Menschen ausrichten müsse, wofür die Erkenntnisse der Glücksforschung zentral seien. Bei der Umsetzung der Politik müsse allerdings das tatsächlich beobachtbare Verhalten der Menschen zugrunde gelegt werden (Behavioural Economics), nicht ein angenommenes, so wie dies in der Ökonomie meist der Fall sei.[34]

Am Symposium nahmen auch Helge Braun, MdB und Staatsminister im Bundeskanzleramt, teil. Helge Braun wurde von Bundeskanzlerin Angela Merkel beauftragt, die Umsetzung der Erkenntnisse der Glücksforschung und der Behavioural Economics im Regierungshandeln zu koordinieren. Er wird dabei vom Behavioural Insights Team der britischen Regierung unterstützt. Dass es im Leben um weit mehr als um materiellen Wohlstand geht, darauf machte Ludwig Erhard bekanntlich schon vor einigen Jahrzehnten aufmerksam.

---

[33] Bund 2014, S. 7.

[34] Zu den Erkenntnissen der Behavioural Economics siehe etwa Behavioural Insights Team 2014, Deutsche Bundesbank 2011, OECD 2014 sowie einführend Ruckriegel 2011.

Glücksforschung (Happiness Research) – eine gesellschaftspolitische Einordnung 1

Die Regierungskoalition hat sich im Koalitionsvertrag Ende 2013 klar zu einem breiter verstandenen Wohlstandsbegriff bekannt, wie er im Schlussbericht der Enquete-Kommission „Wachstum, Wohlstand, Lebensqualität — Wege zu nachhaltigem Wirtschaften und gesellschaftlichem Fortschritt in der Sozialen Marktwirtschaft" des Deutschen Bundestages im Mai 2013 beschrieben wurde. Die Bundesregierung hat mittlerweile auch zwei zentrale Vorhaben vereinbart. Erstens wird ein Indikatoren- und Berichtssystem zur Lebensqualität in Deutschland entwickelt und zweitens ein Aktionsplan „Gutes Leben — Lebensqualität in Deutschland" beschlossen. Dieser Prozess beinhaltet einen Dialog mit den Bürgerinnen und Bürgern unseres Landes über Fragen der Lebensqualität und ihrer Bemessung. Dieser Bürgerdialog wird im ersten Halbjahr 2015 dezentral stattfinden. Die Bundesregierung plant hier auch die Kooperation mit Vereinen und Initiativen vor Ort. Der Bericht und der Aktionsplan sollen anschließend erarbeitet werden.

Anfang 2008 hat der damalige französische Präsident eine Kommission einberufen, die sich mit der Frage beschäftigen sollte, wie man gesellschaftlichen Fortschritt misst. Der Kommission gehörten hauptsächlich Ökonomen an, darunter eine Reihe von Nobelpreisträgern der Wirtschaftswissenschaften. Sie stand unter dem Vorsitz von Joseph Stiglitz und wurde deshalb auch kurz als Stiglitz-Kommission bezeichnet. Joseph Stiglitz hat 2001 den Nobelpreis für Wirtschaftswissenschaften verliehen bekommen.

In ihrem Abschlussbericht 2009 schreibt diese Kommission: „Eine weitere zentrale Botschaft und gemeinsames Thema des Berichts ist, dass die Zeit reif ist, um die Konzentration weg von der Messung der wirtschaftlichen Produktion und hin zur Messung des Wohlbefindens der Menschen zu verschieben. Die Messung des Wohlbefindens ist dabei im Kontext mit der Nachhaltigkeit zu sehen." [35] Im Einzelnen schlug die Kommission vor: keine Orientierung mehr am Wachstum des (inflationsbereinigten, das heißt „realen") Bruttoinlandsprodukt(s) oder GDP (Englisch Gross Domestic Product) an sich, sondern

- an der Verteilung von verfügbarem Einkommen, Konsum und Vermögen auf der Haushaltsebene,
- an der objektiven Lebensqualität (Gesundheitsstatus, Bildungsniveau, Umweltzustand …) und dem subjektiven Wohlbefinden der gegenwärtigen Generation sowie
- an der (ökologischen) Nachhaltigkeit für zukünftige Generationen zu orientieren.

---

[35] „Another key message, and unifying theme of the report is that the time is ripe for our measurement system to shift emphasis from measuring economic production to measuring people's well-being. And measures of well-being should be put in a context of sustainability"(eigene Übersetzung). Stiglitz et al. 2010, S. 10.

Glücksforschung – was Menschen glücklich macht

Weltweit kommt es infolge der Ergebnisse der Stiglitz-Kommission vom September 2009 zu einem Umdenken in der amtlichen Statistik (Eurostat, Statistisches Bundesamt ...).

Die Organisation für wirtschaftliche Zusammenarbeit und Entwicklung (OECD) änderte anlässlich der Feierlichkeiten zu ihrem 50-jährigen Bestehen Ende Mai 2011 ihre Ausrichtung: „Während der letzten 50 Jahre hat die OECD ein reichhaltiges Menü an Vorschlägen entwickelt, um Wirtschaftswachstum zu fördern. Die Aufgabe, vor der wir jetzt stehen, besteht darin, ein ähnlich reichhaltiges Menü an Vorschlägen auszuarbeiten, um eine Politik, die den sozialen Fortschritt als Ziel hat zu unterstützen. Es geht um eine bessere Politik für ein besseres Leben."[36]

2011 hat die OECD ihren Better Life Index vorgestellt, seit Anfang 2014 gibt es dazu auch eine Homepage auf Deutsch. 2011 hat die OECD die Studie *How's life? Measuring Well-being* veröffentlicht. 2013 sind die OECD *Guidelines on Measuring Subjective Well-being* und *How's life? 2013* erschienen. Im zweijährigen Rhythmus wird die OECD in der Reihe *How's life* über die Better-Life-Fortschritte berichten. Auch die EU-Kommission beschäftigt sich unter „Beyond GDP" mit dieser Fragestellung. Seit 2012 gibt es jährlich auch einen UN World Happiness Report.

Der OECD Better Life Index umfasst insgesamt elf Indikatoren. Neben einem Indikator zum subjektiven Wohlbefinden (gemessen an dem Grad der Zufriedenheit mit dem Leben) finden sich zehn weitere, die allerdings in einem erklärenden (ursächlichen) Zusammenhang mit dem subjektiven Wohlbefinden stehen, das heißt sie haben — ökonometrisch gesprochen — jeweils unabhängig voneinander einen großen Einfluss auf die Lebenszufriedenheit „Each have a large and independent impact on life on live satisfaction" (OECD 2011, S. 277).

Bei den elf Indikatoren handelt es sich um: Beschäftigung, Bildung, Gesundheit, Einkommen, Gemeinsinn, Sicherheit, Umwelt, Wohnverhältnisse, Work-Life-Balance, Zivilengagement und Lebenszufriedenheit. Im zweiten *How's life*-Report von 2013 hat die OECD den Indikator Beschäftigung weiter präzisiert. Es geht nun auch um die Lebensqualität bei der Arbeit und Zufriedenheit mit der Arbeit. Dabei werden Aspekte aufgegriffen, die weiter unten näher diskutiert werden (OECD 2013b, S. 164–169). Fragen der Arbeitszufriedenheit gewinnen somit zunehmend auch eine gesellschaftspolitische Relevanz.

---

[36] „Over the past 50 years, the OECD has developed a rich set of recommendations on policies that can best support economic growth. The task that we face today is to develop an equally rich menu of recommendations on policies to support societal progress: better policies for better lives" (eigene Übersetzung). OECD: Better Life Initiative Website, Mai 2011.

Glücksforschung (Happiness Research) – eine gesellschaftspolitische Einordnung

Die elf Indikatoren des OECD Better Life Index

- Beschäftigung
- Bildung
- Gesundheit
- Einkommen
- Gemeinsinn
- Sicherheit
- Umwelt
- Wohnverhältnisse
- Work-Life-Balance
- Zivilengagement
- Lebenszufriedenheit

Auf der Grundlage des Better Life Index hat die OECD ihre Empfehlungen für die deutsche Politik in ihrem OECD-Deutschlandbericht, der Mitte Mai 2014 veröffentlicht wurde, erstellt: „Unsere Kernbotschaft ist, dass Deutschland ein inklusiveres Wachstumsmodell verfolgen sollte. Basierend auf guten Löhnen, einem fairen Steuersystem, gleichen Bildungschancen für alle und höheren Bildungsinvestitionen." So der Generalsekretär der OECD Angel Gurría bei der Vorstellung des OECD-Deutschlandberichts am 13.5.2014 in Berlin (zitiert nach Augstein 2014).

Was letztlich zählt, ist das Wohlbefinden der Menschen. [37]

OECD

---

[37] „But what ultimately matters is the well-being of citizens"(eigene Übersetzung). OECD 2011, S. 16.

> **ZWISCHENFAZIT**
>
> Die Wirtschaftswissenschaften beschäftigen sich mit der Frage, wie man mit knappen Ressourcen (Input) umgeht, um ein Höchstmaß an Output zu erreichen. Für die Menschen ist Zeit letztlich die begrenzte Ressource und beim Output oder Nutzen geht es um ein glückliches, zufriedenes Leben. Insbesondere nach Ausbruch der Finanzkrise haben sich mehr und mehr Menschen die Frage gestellt, ob das Streben nach immer mehr Materiellem wirklich der beste Weg zu einem gelingenden Leben ist. Mit einem gewissen Vorlauf dazu haben sich auch internationale Organisationen wie die UN, die EU und die OECD sowie einzelne Länder wie Frankreich und das Vereinigte Königreich auf der Grundlage der Glücksforschung mit diesen Fragen beschäftigt. Unternehmen agieren nicht im luftleeren Raum. Entwicklungen in Wissenschaft, Politik und Gesellschaft sind vielmehr zentral für unternehmerisches Handeln (und die Wettbewerbsfähigkeit). Auch speziell die Frage nach der Qualität der Arbeit gewinnt zunehmend an gesellschaftpolitischer Bedeutung, was sich etwa darin zeigt, dass die OECD 2013 Arbeitsqualität in ihren „Better Life Index" zusätzlich aufgenommen hat (OECD 2013b, S. 147–174).

1.6 Die Rückkehr des Menschen in die Ökonomie

Zeit zu Handeln

... Nur wenn es Managern gelingt, die Regeln der Marktwirtschaft neu zu definieren, hat diese eine Chance, zu überleben. Ein Aufruf zu mehr Verantwortung.[38]

Dominic Barton

Die letzten Jahrzehnte standen maßgeblich unter dem Einfluss des Shareholder-Value-Ansatzes. Das hat dazu geführt, dass einiges schief gelaufen ist. Daher wird gegenwärtig die Frage der Zielsetzung, der Ausrichtung unternehmerischen Handelns wieder intensiv diskutiert. Infolge der Finanzkrise und der damit einhergehenden Skandale hat das Vertrauen der Gesellschaft in Wirtschaft und Unternehmen stark gelitten. Ihr Nutzen für die Gesellschaft als Ganzes wurde zunehmend infrage gestellt.

---

[38] Dominic Barton (Weltchef von McKinsey), 2012, S. 6.

Die Rückkehr des Menschen in die Ökonomie 1

Die deutliche Verschlechterung der Zufriedenheit mit der Arbeit seit den 80er-Jahren dürfte durch den Einzug des Shareholder-Value-Ansatzes in der Unternehmensführung seit dieser Zeit, bei dem es im Wesentlichen um kurzfristige Gewinnmaximierung geht, maßgeblich verstärkt worden sein. Dass sich der Wind mittlerweile gedreht hat bzw. sich gerade dreht, hat entscheidend damit zu tun, dass zunehmend erkannt wird, dass das Menschenbild, das dem Shareholder-Value-Ansatz implizit zugrunde liegt, einfach nicht der Realität entspricht.

Der Shareholder-Value-Ansatz fußt auf der Homo-oeconomicus-Annahme, unterstellt also rational und egoistisch handelnde, gewinn- und nutzenmaximierende „Wirtschaftssubjekte". Zieht man das Duale Handlungssystem als Analyserahmen heran, so wird bei der Homo-oeconomicus-Annahme (nur) auf ein extrem überzeichnetes System 2 abgestellt, wobei zusätzlich Egoismus unterstellt wird.

Jack Welch, der frühere Chef von General Electric und einer der maßgeblichen Vertreter des Shareholder-Value-Gedankens, wird in der *Financial Times Deutschland* vom 13.3.2009 mit folgenden Worten zitiert: „Genau betrachtet ist Shareholder-Value die blödeste Idee der Welt. … Shareholder-Value ist ein Ergebnis, keine Strategie, die wichtigsten Interessengruppen sind die eigenen Mitarbeiter, die eigenen Kunden und die eigenen Produkte."[39] Roland Berger betonte in seinem Vortrag „Die Bedeutung wertorientierter Unternehmensführung in der sozialen Marktwirtschaft", den er am 19.10.2009 im Rahmen einer Veranstaltung des Ludwig-Erhard-Initiativkreis Fürth in Fürth hielt, dass ein „Shareholder-Value-Ansatz" nicht mit dem Konzept der sozialen Marktwirtschaft vereinbar sei.

Zu seinem Amtsantritt als Präsident der IHK Nürnberg für Mittelfranken im Februar 2010 stellte Dirk von Vopelius fest, dass das Ansehen der Wirtschaft und ihrer Akteure gewaltig gelitten habe. Es gehe daher darum, Vertrauen zurückzugewinnen. Es gehe um konkrete Aktionen und persönliches Vorleben.

In seinem Vortrag „Unternehmertum und Unternehmertugenden", den er am 11.5.2010 an der Fakultät Betriebswirtschaft der Technischen Hochschule Nürnberg hielt, forderte von Vopelius eine Rückbesinnung auf die Tugenden des „ehrbaren Kaufmanns". Gefordert seien Integrität (Werte haben und leben), Kreativität und Sinnvermittlung (Sinn des Tuns eines Unternehmens für die Gesellschaft), Nachhaltigkeit (Abkehr von der kurzfristigen Gewinnmaximierung des Shareholder-Value und Hinwendung zur langfristigen Ausrichtung an den Interessen der Stakeholder, also denen der Mitarbeiter, der Lieferanten, der Kunden, der Eigentümer und der Gesellschaft als Ganzem) sowie Mut zum Vertrauen und Optimismus.

---

[39] Zum Aufkommen der Idee des Shareholder-Value siehe etwa Schäfer 2009, S. 77–81.

Glücksforschung – was Menschen glücklich macht

Diese Überlegungen finden sich in Deutschland in der Tradition des ehrbaren Kaufmanns, auf deren Einhaltung die Industrie- und Handelskammern per Gesetzesauftrag zu achten haben: „Die Industrie- und Handelskammern haben die Aufgabe, … für Wahrung von Anstand und Sitte des ehrbaren Kaufmanns zu wirken", so § 1 des IHK-Gesetzes. In einer Publikation, welche die IHK Nürnberg für Mittelfranken anlässlich von 450 Jahren Wirtschaftsförderung in Nürnberg veröffentlicht hat, wird der ehrbare Kaufmann wie folgt charakterisiert: „Der ‚Ehrbare Kaufmann' steht für Charaktereigenschaften und ethische Grundprinzipien, die für nachhaltigen unternehmerischen Erfolg sowie gesellschaftliches Verantwortungsbewusstsein von wesentlicher Bedeutung sind: So zeichnen ihn neben unternehmerischen Fähigkeiten auch Tugenden wie Anstand, Ehrlichkeit, Verlässlichkeit, Glaubwürdigkeit, Toleranz, Friedensliebe, Höflichkeit, aber auch Kulturförderung aus. … Die IHK-Organisation appelliert immer wieder, dass man sich an solche Grundsätze hält" (IHK Nürnberg für Mittelfranken 2009, S. 17; ähnlich IHK Nürnberg für Mittelfranken 2010, S. 4–21). Von Vopelius schreibt in seinem Vorwort „Vertrauen gewinnen mit bewährten Mitteln" zur Veröffentlichung „Der Ehrbare Kaufmann" der IHK Nürnberg für Mittelfranken: „In der heutigen Situation kann das Leitbild des ehrbaren Kaufmanns dringend notwendige Orientierung bieten. Die Wirtschafts- und Finanzkrise hat nicht nur Auswirkungen auf die verschiedenen Wirtschaftsbranchen — sie erschüttert das Vertrauen der Menschen in die Wirtschaft und ihre Akteure …" (IHK Nürnberg für Mittelfranken 2010, S. 3).

Im Oktober 2012 hielt Markus Lötzsch, der Hauptgeschäftsführer der IHK Nürnberg für Mittelfranken, an der betriebswirtschaftlichen Fakultät der Technischen Hochschule Nürnberg einen Vortrag zur Corporate Social Responsibility. In seinem Vortrag stellte er zunächst eine grundlegende Frage: „Welchen Zweck hat Wirtschaft?" Und er beantwortete sie — Ludwig Erhard und dem Konzept der sozialen Marktwirtschaft folgend — damit, dass sie für den Menschen da sei und folglich der Mensch im Zentrum stünde: „Die Soziale Marktwirtschaft setzt zu der Marktwirtschaft den ganz zentralen Faktor Mensch, liefert die Antwort auf die Frage, warum wir wirtschaften, und verleiht der Marktwirtschaft das notwendige Ziel, die notwendige Richtung und den notwendigen Sinn. … Das Soziale ist also kein Korrektiv der Marktwirtschaft, das Soziale schafft erst die Akzeptanz und den Rahmen, in dem Marktwirtschaft gut funktionieren kann. … Bedenken Sie eines: Wirtschaft findet nicht in einem luftleeren Raum statt. Wirtschaft findet immer in einem gesellschaftspolitischen Kontext statt. Wirtschaft muss sich der gesellschaftspolitischen Diskussion stellen. Es ist die Gesellschaft, die Unternehmern Raum gibt, Grenzen setzt, Freiheiten lässt etc. — also die Regeln aufstellt. Das ist richtig so und das war auch schon immer so — darf deswegen aber nicht in Vergessenheit geraten. Die gesellschaftliche Diskussion über die Gesellschaftsordnung, über die Wirtschaftsordnung, in der wir leben wollen, ist nicht akademisch. Sie hat sofort Konsequenzen für uns alle."

1 Die Rückkehr des Menschen in die Ökonomie

Das neoliberale Projekt begann nach Wolfgang Huber in den 70er-Jahren. In seinem Buch *Ethik. Die Grundfragen unseres Lebens* schreibt Huber, der frühere Ratsvorsitzende der Evangelischen Kirche Deutschlands (EKD) (Huber 2013, S. 157): „Diese Entwicklung mündete in die Behauptung, wirtschaftliches Handeln habe seinen Zweck allein darin, die Erwartungen der Anteilseigner zu befriedigen. Der Wert eines Unternehmens wurde infolgedessen nur noch am Shareholder-Value gemessen. Die Interessen der anderen Stakeholder traten in den Hintergrund. Die Selbstbezüglichkeit des Wirtschaftsprozesses wurde programmatisch in der Aussage zusammengefasst, die soziale Verantwortung der Wirtschaftstätigkeit bestehe in der Steigerung der Profite. In dieser Aussage liegt der Kern des neoliberalen Projekts. Es erklärt die ausschließliche Orientierung am Profit zur entscheidenden und unerlässlichen Grundlage einer freien Gesellschaft."

Weltweit findet in der Managementlehre ein Umdenken, eine Rückbesinnung statt — nach den Exzessen im Finanzsektor und anderswo in den letzten Jahren (Jahrzehnten). Es geht zunehmend wieder um langfristiges Denken und um den Stakeholder-Value-Ansatz, bei dem neben den Interessen der Eigentümer auch die der Mitarbeiter, der Lieferanten, des Staates etc. gleichrangig Berücksichtigung finden.

So hat der *Harvard Business manager* (HBM) unlängst eine Sonderausgabe mit dem Titel „Wirtschaft neu denken — Wie der Kapitalismus sich wandeln muss" herausgebracht (*Harvard Business manager* 2012c). Im Editorial schreibt der Chefredakteur: „Der Kapitalismus durchlebt derzeit seine größte Krise: Gier, Korruption und kriminelle Machenschaften haben das Image unserer Wirtschaftsordnung schwer beschädigt. Überall auf der Welt suchen Menschen nach Alternativen" (*Harvard Business manager* 2012c, S. 3).

In diesem Heft fordert auch Michael Porter, der Management-Vordenker aus Harvard, nichts weniger als „die Neuerfindung des Kapitalismus". Nach Porter muss es um den „Shared Value" gehen, der Ansprüche der Anteilseigner und der übrigen Interessengruppen miteinander versöhnt. Porter ist der Meinung, dass in Zukunft der Shared Value im Mittelpunkt stehen muss, wenn die Unternehmen prosperieren und gesellschaftliche Akzeptanz zurückgewinnen wollen. Unter Shared Value versteht Porter das gleichzeitige Verfolgen von wirtschaftlichen und gesellschaftlichen Zielen. Dabei müsse der Zweck von Unternehmen neu definiert werden: Statt sich auf Gewinn per se zu konzentrieren, müssten sie Shared Value schaffen. „Durch den Shared Value konzentrieren sich die Unternehmen auf die richtige Art von Gewinnen — Gewinne, die auch der Gesellschaft Vorteile bringen, anstatt ihr zu schaden ... Wir brauchen eine fortschrittliche Form des Kapitalismus, eine, die auch einen gesellschaftlichen Sinn enthält" (Porter/Kramer. 2012, S. 73).

Glücksforschung – was Menschen glücklich macht

Gelebte Corporate Social Responsibility ist hier — in Umsetzung des Konzepts der sozialen Marktwirtschaft — eine realistische Alternative, eine Ausrichtung am Shared Value. Shared Value steht auch für Corporate Social Responsibility.

Am 3.7.2014 fand in Nürnberg die Tagung „Vom ehrbaren Kaufmann zum CSR-Management" statt, die von der IHK Nürnberg für Mittelfranken zusammen mit der Wirtschaftskammer Salzburg veranstaltet wurde. In seiner Begrüßungsansprache führte Markus Lötzsch aus: „Also, der Zweck heiligt natürlich nicht die Mittel. Es gibt kein Entweder-oder. Entweder Moral und Verantwortung oder Erfolg. In aller Deutlichkeit: Diese Denke ist grundfalsch. Es geht um den ehrbaren Kaufmann, der um die Verantwortung seines Tuns weiß, von Werten getragen ist und sich entsprechend verhält. Es geht nicht um Gutmenschentum, sondern um gutes Management — im Kerngeschäft! Es geht nicht um soziale Wohltaten, sondern um erfolgreiches Wirtschaften, das der Gesellschaft dient. ... Es geht letztlich darum, die gesellschaftliche Relevanz bzw. den gesellschaftlichen Nutzen von Wirtschaft zu erkennen und der Wirtschaft insgesamt und jedem einzelnen Unternehmen die licence to operate zu bewahren. Wirtschaft ist nicht Selbstzweck, Wirtschaft ist integraler Teil der Gesellschaft. Wirtschaft muss sich ihrer gesellschaftlichen Verantwortung bewusst sein und entsprechend handeln."

> *Unternehmen sind für die Gesellschaft da, nicht umgekehrt. Unternehmertum ist kein Selbstzweck.* [40]
>
> *Roman Herzog Institut*

Mittlerweile hat auch der Springer Gabler Verlag eine neue Reihe aufgelegt, die sich mit CSR-Themen aus unterschiedlichen Blickwinkeln beschäftigt (u. a. Innovationsmanagement, Value Chain Management, Reporting, Kommunikation, Marketing ...).

Der CSR-Ansatz ist das Gegenleitbild zum — auf der Annahme des Homo oeconomicus fußenden — Wall-Street-Kapitalismus. Während Moral und Ethik in den Wall-Street-Modellen keinen Platz haben (ja sogar als naiv belächelt werden), stehen die Eigenschaften des ehrbaren Kaufmanns, also Fairness, Ehrlichkeit, Zuverlässigkeit, Integrität, im Zentrum der CSR. Dies beruht auf der schlichten Einsicht: Ohne Vertrauen leidet auch die Wirtschaft, da — ökonomisch gesprochen — die Transaktionskosten einfach zu hoch werden. Und ohne Vertrauen schaffendes Handeln leidet die Akzeptanz des Wirtschaftssystems in der Gesellschaft. Eine Gesellschaft, in der (nur noch) Misstrauen herrscht, bleibt nicht nur wirtschaftlich auf der Stre-

---

[40] Roman Herzog Institut 2012, S. 23. Hingewiesen sei hier auch auf Grundgesetz: In Art. 14 Abs. 2 steht: „Eigentum verpflichtet. Sein Gebrauch soll zugleich dem Wohle der Allgemeinheit dienen."

cke, sondern hat auch schlechte Zufriedenheitswerte, was – und das zeigen die Ergebnisse aus der Medizin – nicht ohne Folge für Gesundheit, Lebenserwartung etc. bleibt. Und da sind wir wieder bei der Glücksforschung. CSR ist gelebte soziale Marktwirtschaft, bei welcher der Mensch im Mittelpunkt steht.

Vertrauen und Verantwortung sind zentral für das gute Zusammenleben in einer Gesellschaft und für das Funktionieren der Wirtschaft (siehe hierzu etwa Deutsche Post 2012, S. 62–72). „Vertrauen aber ist essenzieller Bestandteil einer Marktwirtschaft. In einer Marktwirtschaft, die auf Arbeitsteilung und Spezialisierung beruht, lässt sich der Tauschgegenstand, den ein Spezialist anbietet, von seinem Tauschpartner eben nicht in allen Details erfassen. Er muss folglich darauf vertrauen, dass der Tauschpartner das Tauschobjekt nach den üblichen, erwarteten Gepflogenheiten und Standards hergestellt hat. Ohne Vertrauen unterbleiben entsprechende Tauschgeschäfte. Damit entfallen tiefergehende Spezialisierungsmuster und der Wohlstand fällt geringer aus. Vertrauen spart nämlich Transaktionskosten in Form von Kontrollkosten, Gerichtskosten und Regelungskosten beim Vertragsabschluss und bei der Durchsetzung der Ansprüche. Vertrauen und wirtschaftliche Entwicklung sind positiv miteinander verknüpft. … Vertrauen beruht auf allgemeingültigen Normen. Es lässt sich definieren als die soziale Erwartungshaltung des Vertrauensgebers, dass seine einseitige Vorleistung im Rahmen der Tauschbeziehungen nicht vom Vertrauensnehmer missbraucht wird, auch wenn diesem unter Umständen dadurch ein höherer wirtschaftlicher Nutzen entgeht. … Vertrauen stellt damit die Basis für Transaktionen dar und trägt somit maßgeblichen Anteil am wirtschaftlichen Erfolg einer Gesellschaft. Die tatsächliche Bedeutung von Vertrauen wird meist erst wahrgenommen, wenn es fehlt. Dies erleb(t)en einige Unternehmen im Zuge der Finanz- und Wirtschaftskrise" (Durdzic et al. 2012, S. 26 f.).

CSR-Manager (IHK)

Viele Unternehmen beschäftigen sich bereits mit Elementen gesellschaftlicher Verantwortung und sind auf einen nachhaltigen Geschäftsbetrieb ausgerichtet. Dies geschieht allerdings häufig unkoordiniert, ohne strategische Verankerung und ohne möglichen innovativen unternehmerischen Mehrwert.
Damit CSR eine lohnenswerte Investition in langfristigen Unternehmenserfolg wird, bedarf es neben einer strategischen Ausrichtung in den Unternehmenszielen eines ganzheitlichen, konzeptionellen Verständnisses und einer Handlungskompetenz für praktische Umsetzungsprozesse.
Was aber bedeutet eigentlich praktisches CSR-Management? Welche Kompetenzen und welches Rüstzeug benötigt eine Person, die sich in Unternehmen um die Gestaltung CSR-relevanter Aufgabenfelder und Prozesse kümmert? Wie kann der Weg zu einer spezifischen CSR-Strategie und Implementierung eines nachhaltigen CSR-Managements konkret organisiert werden?

Das waren die Ausgangsfragen, welche die IHK Nürnberg für Mittelfranken veranlassten, mit einem Expertengremium eine Qualifizierung „CSR-Manager (IHK)" als praktische Hilfestellung für unternehmerische Organisationen zu entwickeln. Die Zusammenarbeit mit der DIHK Bildungsgesellschaft führte zu einem gesicherten bundesweiten Standard, der die Ausbildung für andere IHKs nach gleichem Konzept nutzbar macht.

Der Kurs richtet sich an Unternehmen, in denen das CSR-Management zumeist als Zusatzaufgabe bei Mitarbeitern aus den Bereichen Personal, Kommunikation, Qualitätsmanagement oder bei der Geschäftsleitungsassistenz angesiedelt ist.

Die Ergebnisse der rund 30 Teilnehmer der Kurse aus 2013 und 2014 in Nürnberg zeigten, dass das Entwicklungskonzept für Unternehmen verschiedenster Branchen und auch Größenklassen von einem bis zu mehreren Tausend Mitarbeitern genutzt werden kann.

So haben sich bisher u. a. Unternehmensvertreter aus den Bereichen Lebensmittel/Ernährung, Pharma, Bauwirtschaft und Immobilien, Textilherstellung und -handel, Kommunikation, Finanzwirtschaft, aber auch aus dem Sportmanagement und von Non-Profit-Organisationen im Kurs engagiert.

In den vier zwei- und dreitägigen Modulen beschäftigen sich die Teilnehmer über einen Zeitraum von rund drei Monaten mit wirtschaftsethischen Grundlagen, Betrachtungen globaler und spezifischer Herausforderungen und Entwicklungen für Unternehmen und Gesellschaft, der Bestimmung von CSR-Handlungsfeldern in Unternehmen, praktischem Projekt- und Entwicklungsmanagement sowie CSR-Instrumenten, -Standards, -Initiativen, -Kommunikation und -Reporting.

Da Ansatzpunkte, Themen und Einstiegsmöglichkeiten für jede Organisation unterschiedlich sind, wird Wert auf einen individuellen Transfer gelegt sowie der direkte Nutzen und Aufwand erkennbar gemacht.

In Form einer begleitenden Projektarbeit gestalten die Teilnehmer eine spezifische CSR-Strategie und einen praktischen Handlungsplan für die eigene Organisation und erhalten somit individuelle Lösungen für konkrete Fragen in ihrer täglichen Praxis. Die Vorstellung und die Diskussion über diese Projektarbeit sind Grundlage des Zertifikatsabschlusses.

Nicht nur CSR-Verantwortliche in Unternehmen, die ihr CSR-Wissen erweitern (oder grundlegend erwerben) wollen und praktische Umsetzungshilfen für eine nachhaltige Organisationsausrichtung wünschen, besuchen den Lehrgang, sondern auch Weiterbildungsinteressierte, die CSR zu einem Schwerpunktthema ihrer Berufsperspektive machen wollen.

Neben der professionellen Betreuung und Besprechung individueller Fragen durch die Fachdozenten ergänzen Vortrags- und Gesprächsabende mit Praxisvertretern die Lehrgangsinhalte; auch ein vertiefender Unternehmensbesuch sorgt für eine sehr konkrete und praxisorientierte Auseinandersetzung mit dem komplexen Thema gesellschaftlicher Unternehmensverantwortung.

> **ZWISCHENFAZIT**
>
> Der Shareholder-Value-Ansatz unterstellt rational und egoistisch handelnde gewinn- bzw. nutzenmaximierende „Wirtschaftssubjekte". Beim Shareholder-Value-Ansatz geht es letztlich um die kurzfristige Gewinnmaximierung. Weltweit findet in der Managementlehre ein Umdenken, eine Rückbesinnung statt — nach den Exzessen im Finanzsektor und anderswo in den letzten Jahren (Jahrzehnten). Es geht zunehmend wieder um langfristiges Denken und um den Stakeholder-Value-Ansatz (auch „Shared-Value" nach Michael Porter), bei dem neben den Interessen der Eigentümer auch die der Mitarbeiter, der Lieferanten, des Staates etc. gleichrangig Berücksichtigung finden. Nach Michael Porter muss in Zukunft der Shared Value im Mittelpunkt stehen, wenn die Unternehmen prosperieren und gesellschaftliche Akzeptanz zurückgewinnen wollen. Unter Shared Value versteht Porter das gleichzeitige Verfolgen von wirtschaftlichen und gesellschaftlichen Zielen. Diese neue Ausrichtung ist auch unter Corporate Social Responsibility bekannt.

1.7 Zufriedene und glückliche Mitarbeiter: eine Win-Win-Situation

„Bis vor Kurzem hat man sich kaum damit beschäftigt, dass Arbeit Gelegenheiten zur Selbsterfüllung schafft, wodurch sie zum Wohlbefinden und zur psychischen Gesundheit beiträgt" (OECD 2013b, S. 164). — Warum sollten bzw. müssen Unternehmen am Glück, an der Zufriedenheit ihrer Mitarbeiter und ihrer Führungskräfte interessiert sein?

1.7.1 Hard Facts: Verbesserung der betrieblichen Ergebnisse

Dass das Management-Magazin *Harvard Business Review* dem Thema Glück eine breite Aufmerksamkeit schenkt (*Harvard Business Review* 2012; *Harvard Business manager* 2012b), hängt schlichtweg damit zusammen, dass glückliche, zufriedene Mitarbeiter das Beste sind, was Unternehmen sich wünschen können, da sich dies auch unmittelbar in besseren betrieblichen Ergebnissen niederschlägt.[41] Neue Ansätze der Managementlehre, die aus der Glücksforschung entstanden sind, liefern die Grundlagen für die Umsetzung einer Happiness-Strategie in den Unternehmen.[42]

---

[41] Zu einem Literaturüberblick siehe Cameron 2013b, S. 31–36 sowie die StepStoneStudie über „Glück am Arbeitsplatz 2012/2013".

[42] Vgl. hierzu etwa Bakker 2013, Chen et al. 2014, sowie Day et al. 2014.

Glücksforschung – was Menschen glücklich macht

In ihrem Überblicksartikel zum aktuellen Stand der Forschung auf dem Gebiet „Positive Organizational Scholarship", also des Managementansatzes, der die Ergebnisse der Glücksforschung auf Organisationen und Unternehmen übertragen hat, weist Kim S. Cameron, eine der weltweit führenden Forscherinnen auf diesem Gebiet, darauf hin, „dass es mittlerweile viele Studien aus den unterschiedlichsten Branchen gibt, welche die Wirksamkeit der neueren Managementansätze in den Unternehmen belegen, und zwar im Hinblick auf Gewinn, Produktivität, Qualität, Kundenzufriedenheit und Mitarbeiterbindung" (Cameron 2013b, S. 31)[43].

Der Begriff „Positive Organizational Scholarship" (abgekürzt POS) wurde anfangs der 2000er-Jahre geprägt. Als Startschuss kann die gleichnamige Konferenz im Dezember 2001 an der Business School der University of Michigan und der im Jahre 2003 dazu erschienene Tagungsband „Positive Organizational Scholarship — Foundations of a New Discipline" gesehen werden, der von Kim S. Cameron, Jane Dutton und Robert E. Quinn herausgegeben wurde. 2012 ist das *Oxford Handbook of Positive Organizational Scholarship* erschienen, das von Kim S. Cameron und Gretchen M. Spreitzer, beide Professorinnen für Management an der Business School der University of Michigan, herausgegeben wurde. Gretchen Spreitzer hat auch zusammen mit Christine Porath den Beitrag „Die Mitarbeiter glücklich machen" im *Harvard Business manager*, Ausgabe April 2012, geschrieben (Schwerpunktthema: „Glücklich im Job. So werden Sie zufriedener und dadurch erfolgreicher").

Tanya Vacharkulksemsuk und Barbara Fredrickson weisen darauf hin, dass es insbesondere darauf ankommt, dass bei der Arbeit deutlich mehr positive als negative Gefühle zustande kommen: „This research on positive ratios suggest that people simply perform better when their workday experiences include more positive emotions, adding to intrinsic motivation and more favorable perceptions of their work, team, leaders, and organizations. The positive-to-negative ratio within a team is also perhaps the driving force behind high-quality team member exchange and team-level productivity" (Vacharkulksemsuk/Fredrickson 2013, S. 52). Barbara Fredrickson ist eine der renommiertesten Forscherinnen auf dem Gebiet der Positiven Psychologie, die die psychologischen Grundlagen der Glücksforschung liefert. Sie hat die sogenannte Broaden-and-Build-Theory entwickelt, welche die Bedeutung der positiven Gefühle herausgearbeitet hat.[44]

---

[43] „… studies have shown that organizations in several industries (including financial services health care, manufacturing, education, and government) that implemented and improved their positive practices over time also increased their performance in desired outcomes such as profitability, productivity, quality, consumer satisfaction, and employee retention" (eigene Übersetzung). Siehe hierzu auch Cameron 2012 und Cameron 2013a.

[44] Vgl. hierzu auch Fredrickson 2011.

1.7.2 Wertewandel in der Generation Y

Man muss verstehen, nicht nur ob, sondern vor allem wovon jemand motiviert ist ... Wobei Geld als Motivationsfaktor nicht mehr so relevant ist. ... Heute liegen die Prioritäten häufig woanders.[45]

Falk Runge

Das wichtigste Differenzierungsmerkmal der Generation Y ist ihre vergleichsweise geringe Zahl. Die Babyboomer waren viele und haben gemerkt, dass das Leben mit zahlreichen Konkurrenten mühsam ist. Sie haben im Zuge des Wettbewerbs um wenige Stellen immer wieder Abstriche gemacht. Aus ihren eigenen Erfahrungen heraus bekamen die Babyboomer weniger Kinder. Und sie haben diese sehr gefördert. Auch banden sie ihren Nachwuchs frühzeitig in Entscheidungen ein, zum Beispiel bei der Frage, wohin die Familie in den Urlaub fährt oder was man am Wochenende unternimmt. Die Angehörigen der Generation Y sind von Kindesbeinen an gewohnt, angehört zu werden und auch kritische Fragen zu stellen.

Die Generation Y will Leben und Arbeit in Einklang bringen — und zwar unteilbar. Junge Menschen wissen, dass der Mensch ohne Arbeit verkümmert. Sie sind nicht arbeitsscheu, ganz im Gegenteil. Aber sie wollen die Glückssuche nicht auf die Zeit nach Dienstschluss verschieben. Sie möchten einen Gesamtentwurf vom Leben, in dem Arbeit ein wichtiger und erfüllender Teil ist. Das setzt allerdings voraus, dass von Arbeitgeberseite her bestimmte Bedingungen erfüllt sind: Der Mensch muss in der Firma im Mittelpunkt stehen. Die Arbeit muss einen Sinn ergeben. Und der Beruf sollte den Mitarbeiter persönlich voranbringen. Das heißt, das Gehalt darf kein Schmerzensgeld für verlorene Lebenszeit sein (Bund, 2014).

1.7.3 Demografische Entwicklung – die Lücke wird immer größer

2015 werden altersbedingt 300.000 Beschäftigte mehr aus dem Berufsleben ausscheiden als neue ins Berufsleben eintreten. Und dies ist erst der Anfang. Die Situation wird sich von Jahr zu Jahr weiter verschärfen. 2011 führte die Prognos AG die Studie „Arbeitslandschaft" 2030 im Auftrag der Vereinigung der Bayerischen Wirtschaft durch. Danach fehlen bis 2030 der deutschen Wirtschaft 5 Mio. Arbeits-

---

[45] Falk Runge, Vice Präsident der Kienbaum Executive Consultants GmbH, in: change – Das Magazin der Bertelsmann Stiftung 1/2014, Schwerpunktthema „Unternehmenskultur: Gemeinsam erfolgreich – Warum Menschlichkeit Unternehmen zukunftsfähig macht", S. 46

kräfte, also zwölf Prozent der heute Erwerbstätigen. Dies heißt aber auch, dass die Unternehmen viel stärker auf die Bedürfnisse der Beschäftigten eingehen müssen. So spielen Arbeitgeberbewertungsportale wie „Kununu" eine immer größere Rolle, wenn es darum geht, zu entscheiden, bei welchem Unternehmen man sich bewerben soll. Etwas für das Glück, die Zufriedenheit der Mitarbeiter zu tun ist aber auch für die Gesundheit einer älter werdenden Belegschaft wichtig. In der Publikation *Psychische Erkrankung am Arbeitsplatz* schreibt die BARMER GEK: „Durch den Fachkräftemangel und die demografische Entwicklung der Erwerbsbevölkerung wird in den Unternehmen ein aktiver Umgang mit dem Thema ‚Seelische Erkrankungen und gesundheitsfördernde Strukturen am Arbeitsplatz' stärker als bislang notwendig werden" (BARMER GEK 2014, S. 7).

Reiner Hoffmann, der neue DGB-Vorsitzende, macht in einem Interview mit dem *Handelsblatt* (25./26./27.7.2014, S. 51) darauf aufmerksam, dass die Hälfte der über 60-Jährigen heute nicht mehr arbeiten. Als Grund für diese niedrige Erwerbstätigenquote führt er an, dass noch viel zu wenig getan wird, damit Menschen länger gesund durchs Arbeitsleben gehen können.

1.7.4 Zunehmende gesellschaftspolitische Relevanz

Bereits 2006 haben die Staats- und Regierungschefs einen Beschluss zur Nachhaltigkeitsstrategie gefasst: „Sie [die EU-Nachhaltigkeitsstrategie] strebt eine kontinuierliche Verbesserung der Lebensqualität und des Wohlergehens (Well-being) auf unserem Planeten für die heute lebenden und für die künftigen Generationen an." So steht es in der EU-Nachhaltigkeitsstrategie von 2006, die auf einem Beschluss der EU-Staats- und Regierungschefs beruht.

Mitte Juli 2011 forderte dann die UN-Generalversammlung alle Länder auf, Glück und Wohlergehen künftig auch als explizites Ziel ihres politischen Wirkens zu verfolgen. Sie folgte damit dem Antrag von Bhutan. Bhutan's Gross National Happiness Commission begründete diesen Antrag mit dem Argument, dass das letztendliche Ziel jedes Einzelnen ein glückliches, gelingendes Leben sei, weshalb es auch den Staaten/Regierungen wichtig sein muss, die Voraussetzungen dafür zu schaffen.[46] Mitte Juli 2011 hat auch das EU-Parlament eine ähnliche Resolution angenommen.

---

[46] „The reasoning is that since happiness is the ultimate desire of every individual, it must also be the purpose of development to create the enabling conditions for happiness" (Gross National Happiness Commission, Bhutan).

Ausdruck dieser politischen Aktivitäten auf Unternehmensebene ist das Konzept der Corporate Social Responsibility (siehe hierzu auch Kapitel 1.6). Bei der CSR geht es um die Verantwortung von Unternehmen für ihre Auswirkungen auf die Gesellschaft (Definition der EU-Kommission von CSR). Corporate Social Responsibility „setzt am Kerngeschäft und der Organisation einer verantwortlichen Wertschöpfung an — angefangen von der Beachtung von Gesetzen über Produktionsbedingungen bis hin zum Umgang mit Mitarbeitern, Kunden und Lieferanten", so die IHK Nürnberg für Mittelfranken in ihrer Publikation *Corporate Social Responsibility – die gesellschaftliche Unternehmensverantwortung von A–Z* (IHK Nürnberg für Mittelfranken 2012, S. 16).

Auch die OECD hat mittlerweile die Qualität der Arbeit mit in ihr Indikatorsystem des Better Life Index aufgenommen, wobei es hier u. a. um die Arbeitsinhalte, die Entscheidungsspielräume, das Verhältnis zu Arbeitskollegen sowie die Unterstützung durch Vorgesetzte geht (OECD 2013b, S 147–171). Der Umgang mit Mitarbeitern prägt somit zunehmend auch die Reputation und die gesellschaftliche Wahrnehmung eines Unternehmens.

1.7.5 Gesetzliche Vorgabe: psychische Gefährdungsbeurteilung

„Wenn es um unseren Körper geht, ist Gesundheitsschutz am Arbeitsplatz heute selbstverständlich. In ganz Deutschland gelten Gesetze und Verordnungen, um Gesundheitsrisiken am Arbeitsplatz zu reduzieren. Diese Maßnahmen waren erfolgreich: In den letzten 50 Jahren ist die Zahl der Arbeitsunfälle um 75 % zurückgegangen und befindet sich heute auf einem historisch tiefen Stand. Im Gegensatz dazu wurde der Schutz vor psychosozialen Risiken am Arbeitsplatz lange vernachlässigt. Dabei nehmen die Fehltage aufgrund von psychischen Erkrankungen quer durch alle Branchen zu. Mit 40 Mio. Arbeitsunfähigkeitstagen stehen sie heute auf Platz zwei der Krankschreibungen. Zudem werden rund 75.000 Menschen pro Jahr aufgrund von psychischen Erkrankungen frühberentet. Andauernde Überforderung am Arbeitsplatz kann sowohl bei der Entstehung als auch bei der Dauer psychischer Erkrankungen von Bedeutung sein. Ende 2013 reagierte die Politik endlich und nahm die Gefährdungsbeurteilung auch bezüglich psychischer Belastungen im Arbeitsschutzgesetz auf." So die Pressemitteilung vom 10.7.2014 der Deutschen Gesellschaft für Psychiatrie und Psychotherapie, Psychosomatik und Nervenheilkunde vom 10.7.2014 zu ihrer neuen Studie „Innereuropäischer Vergleich der Gefährdungsbeurteilung durch den Arbeitgeber bezüglich psychischer Belastungen am Arbeitsplatz", die sie zusammen mit der Universitätsklinik für Psychiatrie und Psychotherapie Freiburg durchgeführt hat.

Glücksforschung – was Menschen glücklich macht

Die neuen Ansätze der Managementlehre sind geeignet, psychischen Belastungen am Arbeitsplatz entgegenzuwirken. Die dargestellten Ansätze gewinnen auch zusätzlich an Bedeutung angesichts der Änderungen des Arbeitsschutzgesetzes im Herbst 2013, wonach nun klar ist, dass alle Unternehmen bei allen Arbeitsplätzen eine psychische Gefährdungsbeurteilung vornehmen müssen (Klarstellung im Arbeitsschutzgesetz § 5 Abs. 3, Nr. 6, wonach sich die Gefährdungsbeurteilung auch auf psychische Belastungen bei der Arbeit bezieht), das heißt untersuchen müssen, inwieweit mit den zu verrichtenden Tätigkeiten und Arbeitsplätzen psychische Belastungen verbunden sind. Falls das so ist, müssen sie auch Sorge dafür tragen, dass tätigkeits- bzw. arbeitsplatzbezogene Gefährdungspotenziale beseitigt werden.[47]

Gefährdungsbeurteilung (ArbSchG) Tätigkeits- bzw. arbeitsplatzbezogen	Betriebliche Gesundheitsförderung Individuen- und organisationsbezogen
Untersucht die objektiven Gefährdungspotenziale einer Tätigkeit oder eines Arbeitsplatzes	Untersucht Rahmenbedingungen, Strukturen und Prozesse unter Berücksichtigung der subjektiven Wahrnehmung der Beschäftigten
Bezieht sich auf die Verhütung arbeitsbedingter Gesundheitsgefahren durch überwiegend präventive Maßnahmen	Bezieht sich überwiegend auf präventive Maßnahmen für den Einzelnen
Ist eine Arbeitgeberpflicht und unterliegt der Mitbestimmung nach § 87 Abs. 1 Nr. 7 BetrVG	Ist eine freiwillige Leistung des Arbeitgebers und daher nicht mitbestimmungspflichtig
Ziel: Vermeidung arbeitsbedingter Gesundheitsgefährdungen durch Ermittlung und Umsetzung der erforderlichen Arbeitsschutzmaßnahmen	Ziel: Förderung von Leistungsfähigkeit und Leistungsmotivation mit passgenauen betrieblichen Maßnahmen über den gesetzlichen Arbeits- und Gesundheitsschutz hinaus

Tab. 3: Gefährdungsbeurteilung vs. betriebliche Gesundheitsförderung
Quelle: in Anlehnung an Bundesvereinigung der Deutschen Arbeitgeberverbände 2013, S. 7.

---

[47] Vgl. hierzu im Einzelnen Bundesanstalt für Arbeitsschutz und Arbeitsmedizin 2014, sowie Institut für angewandte Arbeitswissenschaft – ifaa (getragen von Gesamtmetall), KPB-Kurzverfahren Psychische Belastung, aktuelle Auflage.

1 Zufriedene und glückliche Mitarbeiter: eine Win-Win-Situation

Anfang 2013 haben eine Reihe von Bundesländern über den Bundesrat einen „Entwurf einer Verordnung zum Schutz vor Gefährdungen durch psychische Belastungen bei der Arbeit" eingebracht. Als wichtigste Inhalte können folgende Punkte genannt werden:

- die Begriffsbestimmung u. a. für „psychische Belastungen",
- das Einführen eines Ausschusses für psychische Belastung bei der Arbeit, welchem mitunter die Aufgabe zukommt, den aktuellen Stand der Wissenschaft sowie entsprechende Regelungen zu ermitteln,
- die Konkretisierung der Gefährdungsbeurteilung im Hinblick auf psychische Belastungen am Arbeitsplatz sowie
- der Anhang, welcher zu berücksichtigende Risikofaktoren und Gestaltungsgrundsätze bei der Planung, Gestaltung, dem Betrieb und der Änderung von Arbeitssystemen enthält.

In ihrer Unterrichtung vom 12.3.2014 hat die Bundesregierung hierzu Stellung genommen und verweist auf Aktivitäten der Gemeinsamen Deutschen Arbeitsschutzstrategie (GDA) sowie der Bundesanstalt für Arbeitsschutz und Arbeitssicherheit (BAuA). „Die Einführung einer verbindlichen Regelung in Form der von den Ländern vorgeschlagenen Verordnung gegen arbeitsbedingte psychische Belastungen wird darin jedoch zurückgestellt, bis weitere wissenschaftliche Erkenntnisse vorliegen." So die Studie „Gefährdungsbeurteilung durch den Arbeitgeber bezüglich psychischer Belastungen am Arbeitsplatz — ein innereuropäischer Vergleich" der Deutschen Gesellschaft für Psychiatrie und Psychotherapie, Psychosomatik und Nervenheilkunde. In dieser Studie findet sich auch ein Vergleich mit anderen EU-Ländern auf diesem Gebiet (Deutsche Gesellschaft für Psychiatrie und Psychotherapie 2014, S. 2).

Nach den (weltweiten) Untersuchungen von Gallup sind glückliche, zufriedene Mitarbeiter engagierter, erfolgreicher und innovativer, weniger oft krank und loyaler, das heißt, sie denken kaum daran, das Unternehmen zu verlassen.

Orientieren die Unternehmen sich am Glück und an der Zufriedenheit ihrer Mitarbeiter, so wirkt dies auch dem grassierenden Burnout entgegen. „Langfristig leisten glückliche Mitarbeiter mehr als unglückliche. Sie erscheinen regelmäßig zur Arbeit, kündigen seltener, zeigen mehr Einsatz und ziehen Leute an, die genauso engagiert in ihrem Job sind. Sie sind keine Sprinter, sondern Marathonläufer, die konstant und langfristig gute Arbeit leisten", so Gretchen Spreitzer und Christine Porath in ihrem Artikel „Die Mitarbeiter glücklich machen" zum Schwerpunkt „Glücklich im Job — So werden Sie zufriedener und dadurch erfolgreicher" in der Ausgabe April 2012 des *Harvard Business manager* (S. 26).

1.8 Steigerung des Wohlbefindens im Unternehmen: das Zwei-Säulen-Modell

„Die herkömmliche Auffassung ist, dass wir erfolgreicher sind, wenn wir hart arbeiten. Wenn wir erfolgreicher sind, dann sind wir glücklich. ... Die jüngsten Forschungsergebnisse aus dem Feld der Positiven Psychologie haben aber gezeigt, dass es genau umgekehrt ist: Wir sind erfolgreich, wenn wir glücklich sind, nicht umgekehrt."[48] So schreibt Shawn Achor in seinem Buch *The Happiness Advantage* von 2010.

Nach den Erkenntnissen der Glücksforschung sind zwei Säulen zu unterscheiden. Zum einen kommt es auf die innere Einstellung des Einzelnen an, zum anderen müssen seitens des Unternehmens bestimmte Voraussetzungen vorliegen, damit Arbeit glücklich machen kann (Kaudelka 2012, S. 8 f.).

Konkrete Veränderungen in der betrieblichen Praxis können an drei Stellschrauben ansetzen: bei der Mitarbeiterführung, im Jobverständnis bzw. bei der Arbeitsplatzgestaltung und bei der Work-Life-Balance. Unternehmen können die Mitarbeiter aber nicht glücklich machen, sie können nur die Voraussetzung dafür schaffen oder verbessern. Letztlich liegt es beim Einzelnen, was er daraus macht. Deshalb ist es genauso wichtig, die Mitarbeiter für das Thema Glück und Wohlbefinden und für die Erkenntnisse der Glücksforschung zu sensibilisieren, sie darüber ausreichend zu informieren.

Aus diesen Erkenntnissen folgt das Zwei-Säulen-Modell zur Steigerung des Wohlbefindens (Glück/Zufriedenheit):

Zwei-Säulen-Modell zur Steigerung des Wohlbefindens

Säule I: Sensibilisierung der Mitarbeiter
- Was macht Wohlbefinden aus?
- Welches sind die Quellen des Wohlbefindens (Glücksfaktoren)?
- Was bringt uns Wohlbefinden?
- Was kann man tun (Glücksaktivitäten)?

Säule II: Verbesserung der Voraussetzungen für Wohlbefinden in den Unternehmen
- Führungsverhalten — der Mensch muss im Mittelpunkt stehen
- Arbeitsplatzgestaltung — Schaffung von Flow-Effekten
- Work-Life-Balance — Wohlbefinden (Glück/Zufriedenheit) ist nicht teilbar

---

[48] „Conventional wisdom holds that if we work hard, we will be more successful, and if we are more successful, then we`ll be happy. ... But recent discoveries in the field of positive psychology have shown that this formula is actually backward: Happiness fuels success, not the other way round" (eigene Übersetzung). Achor 2010 (Umschlagseite).

1.9 Säule I: Sensibilisierung der Mitarbeiter für die Erkenntnisse der Glücksforschung

Glück ist kein Geschenk der Götter, es ist die Frucht einer inneren Einstellung.

Erich Fromm

Wohlbefinden (Glück/Zufriedenheit) können Unternehmen nicht verordnen. Unternehmen können zwar die Voraussetzungen verbessern; letztlich liegt es aber an jedem Einzelnen, ob er den Weg mitgeht. Es ist daher entscheidend, dass die Mitarbeiter von der ersten Stunde an mitgenommen werden. Das heißt vor allem, dass sie für das Thema Wohlbefinden sensibilisiert werden, also über die Erkenntnisse der Glücksforschung informiert werden.

1.9.1 Was ist überhaupt Glück (Wohlbefinden)?

Die deutsche Sprache wird zwar aufgrund ihrer Differenziertheit als die „Sprache der Philosophen" bezeichnet. In Sachen Glück ist sie aber sehr undifferenziert. Während etwa im Englischen für „Glück haben" und für „glücklich sein" (Glück empfinden) zwei Wörter existieren, und zwar „luck" und „happiness", muss man im Deutschen mit einem Wort, und zwar „Glück", auskommen. Der Philosoph Wilhelm Schmidt führt dies auf einen historischen Mangel an Interesse zurück. „Es ging eben lange nur um Pflicht und nicht um Glück", so Wilhelm Schmidt. In der Glücksforschung beschäftigt man sich mit Glück im Sinne des Glücklichseins, also mit dem subjektiven Wohlbefinden und nicht mit dem „Glück haben", also dem Zufallsglück (z. B. der Wahrscheinlichkeit eines Lottogewinns).

Subjektives Wohlbefinden ist eine subjektive Erfahrung. Dazu müssen wir die Menschen befragen. Im Interview mit dem *Harvard Business manager* sagt Daniel Gilbert, einer der bekanntesten Psychologen aus Harvard: „Subjektive Erfahrungen zu messen ist viel einfacher, als Sie denken. Ihr Augenarzt macht letzten Endes auch nichts anderes, wenn er Ihnen eine Brille anpasst: Er hält Ihnen eine Linse vors Auge und fordert Sie auf, Ihre Wahrnehmungen zu beschreiben. So testet er die eine und dann die andere Linse. Ihre Kommentare verwendet er als Daten, die er wissenschaftlich analysiert, und entwickelt dann eine Linse, die Ihnen ein perfektes Sehen ermöglicht — und das alles auf der Basis Ihrer subjektiven Wahrnehmungen. Aktuelle Berichte von Menschen sind eine sehr gute Annäherung an ihre tatsächlichen Erfahrungen und ermöglichen es uns, die Welt mit ihren Augen zu sehen" (Gilbert 2012, S. 36). Um die Qualität bei der Messung subjektiver Indikatoren zu verbessern und weltweit zu standardisieren, hat die OECD — nach einem längeren, international insbesondere unter Einbeziehung der nationalen Statistischen Ämter geführten Diskussionsprozess am „International Happiness Day" (20.3.2013) — die „OECD Guidelines on Measuring Subjective Well-being" veröffentlicht.

Es gibt zwei Ausprägungen des subjektiven Wohlbefindens: emotionales und kognitives Wohlbefinden.

Emotionales Wohlbefinden

Das emotionale Wohlbefinden ist die Gefühlslage im Moment. Hier geht es um das Wohlbefinden, das Menschen erleben, während sie ihr Leben leben (Kahneman 2012, S. 488). Es kommt im Wesentlichen auf das Verhältnis zwischen positiven und negativen Gefühlen im Tagesdurchschnitt an (Fredrickson 2011). Nach den Erkenntnissen der Positiven Psychologie liegt die Schwelle, die Menschen in die Lager der Gedeihenden (Zustand der „Positivity") und der Dahindümpelnden einteilt, bei 3:1 (im Tagesdurchschnitt). Auf jedes schlechte Gefühl sollten also mindestens drei gute pro Tag kommen. Die Psychologin Barbara Fredrickson und der brasilianische Unternehmensberater Losada haben 2005 gezeigt, dass der Quotient aus positiven zu negativen Gefühlen auch wesentlich die Leistungsfähigkeit von Teams in Unternehmen und die Stabilität von Beziehungen beeinflussen. „High-Performing" Teams (im Hinblick auf Profitabilität, Kundenzufriedenheit, 360-Grad Beurteilung) haben eine Quote der positiven Botschaften zu negativen Botschaften von mindestens 2,9:1. (sogenannte „Losada-Rate"). Für eine stabile und nachhaltig gute Partnerschaft braucht es nach John Gottman sogar eine Quote von 5:1 (Vacharkulksemsuk/Fredrickson 2013, S. 54; Donaldson/Dollwert 2013, S. 16).

Kognitives Wohlbefinden

Beim kognitiven Wohlbefinden geht es um den Grad der Zufriedenheit mit dem Leben (Bewertung). Hier findet eine Abwägung statt zwischen dem, was man will (den Zielen, Erwartungen, Wünschen), und dem, was man hat. Es geht also um das Urteil, das Menschen fällen, wenn sie ihr Leben bewerten, wobei es entscheidend auf die Ziele ankommt, die Menschen für sich selbst setzen (Kahneman 2012, S. 488 und 495). Üblicherweise wird die Zufriedenheit gemessen, indem man die Menschen fragt, wie zufrieden sie mit ihrem Leben sind. Die Befragten haben die Möglichkeit, ihre Lebenszufriedenheit allgemein bzw. in speziellen Bereichen (Arbeit, Familie …) auf einer Skala von 0 — 10 also von „ganz und gar unzufrieden" bis „ganz und gar zufrieden" zu bewerten. Diese Selbsteinschätzung deckt sich i. d. R. mit der Einschätzung von Verwandten und Freunden.

Säule I: Sensibilisierung der Mitarbeiter für die Erkenntnisse der Glücksforschung **1**

Der Zusammenhang zwischen positiven Gefühlen und der Lebenszufriedenheit besteht hier darin, dass mehr positive Gefühle zu einer Steigerung der Resilienz und darüber zu einer Erhöhung der Lebenszufriedenheit führen (Vacharkulksemsuk/Fredrickson 2013, S. 48).

Der Begriff *Resilienz* stammt ursprünglich aus der Physik und bezeichnet die Fähigkeit eines Körpers, nach Druck wieder seine ursprüngliche Form anzunehmen (siehe hierzu auch Kapitel 2.8). Bei Menschen meint man damit die Fähigkeit, in Drucksituationen, nach Rückschlägen und in Situationen der Ungewissheit „schnell wieder aufzustehen, fokussiert zu bleiben, optimistisch zu sein und eine Sinnhaftigkeit auch in äußerst schwiergen Situationen zu finden" (Mourlane 2014, S. 41).

> **Lebenszufriedenheit in Deutschland**
> Zur Datenerhebung werden in groß angelegten Umfragen Einzelne über ihre Lebenszufriedenheit (und zunehmend mittlerweile auch über ihr emotionales Wohlbefinden) befragt. Einer der am häufigsten verwendeten Datensätze ist das Sozio-oekonomische Panel (SOEP), das seit 1984 als Längsschnittanalyse in Deutschland erhoben wird.

Abb. 5: Lebenszufriedenheit in Deutschland
Quelle: in Anlehnung an Sozio-oekonomisches Panel (SOEP)

Glücksforschung – was Menschen glücklich macht

Von 1984 bis 2012 ist die allgemeine Lebenszufriedenheit in den alten Bundesländern — unter Schwankungen — von 7,4 auf 7,2 gefallen, wobei der Tiefpunkt 2004 bei 6,8 lag. Die Werte für die neuen Bundesländer waren zwar stets darunter, die Lücke zwischen West und Ost hat sich in den letzten Jahren aber weiter geschlossen.
Interessant ist auch ein Ländervergleich. Dänemark hat in den internationalen Umfragen zur Zufriedenheit traditionell Spitzenwerte, die deutlich über denen in Deutschland liegen (über 8 auf der Skala von 0–10).
Die hohen Zufriedenheitswerte in Dänemark und den anderen skandinavischen Gesellschaften werden auf das hohe Vertrauen zueinander, die geringe Einkommensungleichheit und auf eine eher positive Sichtweise des täglichen Lebens zurückgeführt. Dänemark hat eine lange demokratische Tradition. Die Gesellschaft ist wenig hierarchisch gegliedert. Es gibt kein ausgeprägtes Klassensystem, die sozialen Unterschiede sind gering. Männer und Frauen sind weitgehend gleichberechtigt.

Zusammenfassend kann man sagen, dass sich eine glückliche Person häufig (leicht) positiver Gefühle erfreut und seltener negative Gefühle erfährt und in hohem Maße mit ihrem Leben zufrieden ist. Sie sieht einen Sinn in ihrem Leben, verfolgt also sinnvolle (Lebens-)Ziele.[49]

Welches sind sinnvolle Ziele?

Wer ein erfülltes Leben führen will, sollte Ziele verfolgen, die mit persönlichem Wachstum, zwischenmenschlichen Beziehungen und Beiträgen zur Gesellschaft verbunden sind, also Ziele, die es uns ermöglichen, unsere psychischen Grundbedürfnisse nach Autonomie, Kompetenz und Zugehörigkeit am besten zu befriedigen, anstatt Ziele wie Geld, Schönheit und Popularität (Ben-Shahar 2007, S. 117). Untersuchungen zeigen, dass Menschen, die in ihrem Leben die erstgenannten Ziele im Auge haben, deutlich höhere Zufriedenheitswerte aufweisen als Menschen, die sich primär an Zielen wie Geld, Schönheit und Popularität ausrichten.[50]

---

[49] In Anlehnung an Ben-Shahar, 2007, S. 63, und Bok, 2010, S. 9f.

[50] „The evidence indicates that people who prioritize non zero sum pro-social, altruistic goals or family goals are more satisfied with life than people who prioritize zero sum goals relating to material success and careers. It appears that pro-social goals can make a substantial contribution to satisfaction, whereas material goals are not helpful to life satisfaction and may actually be harmful." Headey et al. 2013 , S. 16.

Säule I: Sensibilisierung der Mitarbeiter für die Erkenntnisse der Glücksforschung

Was sind Gefühle?

Laut dem Lehrbuch *Kognitive Neurowissenschaften* von Lutz Jäncke kennzeichnen Gefühle das subjektive Erleben (Jäncke 2013, S. 682). Gefühle sind verkörperte Informationen. Sie sind Signale, die uns sehr schnell mitteilen, ob wir etwas gut finden oder nicht, ob wir etwas meiden oder vermeiden sollten. Dabei kommt es aber auch entscheidend darauf an, wie wir die Ereignisse interpretieren (Emotionssteuerung).

„Menschen funktionieren nicht wie Maschinen, bei ihnen gibt es neben Ursache und Wirkung mindestens noch die Ebene der ‚Bedeutungserteilung'. Menschen haben die einzigartige Fähigkeit, zu entscheiden, was wir in den Vordergrund unseres Bewusstseins stellen, welchem Bewusstseinsinhalt wir vorrangige Bedeutung geben und damit welche Vorstellungen uns und unseren Körper beeinflussen" (Martens 2014, S. 18). So Jens-Uwe Martens in seinem sehr lesenswerten Buch *Glück in Psychologie, Philosophie und im Alltag*.

Welches sind negative Gefühle?

- Ärger, Zorn und Wut als Reaktion auf eine Störung bei dem, was wir tun wollen, und bei körperlichen und psychischen Verletzungen (Beleidigung unserer Person und Verunglimpfung unserer Leistungen)
- Angst und Furcht als Reaktion auf einen drohenden Schaden physischer oder psychischer Natur
- Erschrecken (einer unmittelbaren, konkreten und überwältigenden körperlichen Gefahr gegenüberstehen)
- Ekel und Verachtung als Reaktion auf moralisch verwerfliches Handeln
- Trauer (Resignation und Hoffnungslosigkeit) und Verzweiflung (Auflehnung) als Reaktion auf einen Verlust
- Schuld (ein moralisches Gebot übertreten haben) und Scham (einem Ich-Ideal nicht gerecht geworden zu sein)
- Neid (etwas wollen, was jemand anders hat) und Eifersucht (Dritten den Verlust oder die Bedrohung der Zuneigung einer Person verübeln)

Negative Gefühle können uns (manchmal) dazu bringen, Fragen zu stellen, Dinge zu verändern und kreativ zu sein. Oftmals sind negative Gefühle aber nicht hilfreich und eher schädlich. Hier ist Emotionssteuerung gefragt.

Glücksforschung – was Menschen glücklich macht

Vereinfacht lässt sich neurobiologisch das Denk-Hirn (Frontalhirn/System 2) vom Emotions-Hirn (Stammhirn/System 1) unterscheiden. Beide sind verkoppelt. Gefühle dürfen das Denk-Hirn nicht überfluten. Das Denk-Hirn darf Gefühle aber auch nicht einfach ignorieren.

- Wir können beeinflussen, wie wir uns fühlen, indem wir verändern, was wir denken (Einstellungsänderung). Beispielsweise macht es keinen Sinn, sich aufzuregen, wenn man im Stau steht.
- Aber auch wenn negative Informationen uns darauf hinweisen, dass etwas schiefläuft, wir etwas ändern sollten, sollten diese Hinweise zwar zum Nachdenken führen, nicht aber dazu, dass die negativen Gefühle die Macht über uns gewinnen und so gerade das Denken über den besten Weg zur Problemlösung ausschalten, indem beispielsweise (automatisch) unüberlegt oder cholerisch reagiert wird.

Positive Gefühle erweitern hingegen den Bereich der Aufmerksamkeit, vergrößern den kognitiven Suchbereich und ermöglichen vielseitigere Problemlösungen. Intellektuelle, körperliche und soziale Ressourcen werden trainiert. Positive Gefühle begünstigen zudem die Verarbeitung negativer Gefühle (raschere Stressbewältigung).

Welches sind positive Gefühle?

- Freude
- Gelassenheit
- Dankbarkeit (wir erfahren Gutes von anderen als selbstlosen Akt)
- Interesse
- Hoffnung
- Stolz
- Belustigung (sich amüsieren)
- Anregung
- Ergriffenheit (Zustand des Überwältigtseins)
- Liebe (Gefühl der Nähe, Wärme und Geborgenheit, der Leidenschaft und der Zusammengehörigkeit)

Tany Vacharkulksemsuk und Barbara L. Fredrickson weisen darauf hin, dass zahllose Studien belegen, dass positive Gefühle die Problemlösefähigkeiten und das Sozial-

Säule I: Sensibilisierung der Mitarbeiter für die Erkenntnisse der Glücksforschung

verhalten verbessern, die subjektiven Zufriedenheitswerte und das Selbstwertgefühl erhöhen sowie das Immunsystem und die physische Gesundheit verbessern.[51]

Zentral für die Emotionssteuerung ist ein gewisses Grundverständnis über unser Duales Handlungssystem, das heißt die Erkenntnis, dass wir nicht unsere Gefühle sind, sondern dass unsere Gefühle nur ein Teil von uns sind.

1.9.2 Quellen des Wohlbefindens (Glücksfaktoren)

Die interdisziplinäre Glücksforschung hat sich intensiv mit der Frage beschäftigt, welche Faktoren für unser subjektives Wohlbefinden wichtig sind. Man spricht in diesem Zusammenhang auch von den Glücksfaktoren, die Quelle des subjektiven Wohlbefindens (des Nutzens) sind. Im Einzelnen wurden von der Glücksforschung folgende Faktoren identifiziert (Layard 2011; Rath/Harter 2010):

- Gelingende liebevolle soziale Beziehungen (Partnerschaft, Familie, Freunde, Nachbarschaft, Kollegen ...) — Gemeinschaft (Zuwendung und Fürsorge) sind menschliche (emotionale) Grundbedürfnisse.
- Physische und psychische Gesundheit und Gesundheitsschutz (Hygiene und ärztliche Hilfe) sind menschliche Grundbedürfnisse.
- Engagement und befriedigende Arbeit bzw. Aufgabe (Nichterwerbs-Arbeit, Ehrenamt, Hobby) — Grundbedürfnis nach sinnhaftem Tun und Wertschätzung, Anerkennung
- Persönliche Freiheit — Grundbedürfnis nach einem Mindestmaß an Kontrolle über unsere Umwelt (Selbstwirksamkeit, Verursacher von Ereignissen)
- Innere Haltung (im Hinblick auf Dankbarkeit, Optimismus, sozialen Vergleich, Emotionssteuerung ...) und Lebensphilosophie (Spiritualität, das heißt eine persönliche Suche nach einem übergeordneten Sinn des Lebens, bzw. Religiosität)
- Einkommen zur Befriedigung der materiellen (physischen) Grundbedürfnisse (Nahrung, Kleidung, Wohnung) und (finanzielle) Sicherheit

---

[51] „Again and again, studies show that positive emotions carry benefits, including improvements in problem-solving skills, interpersonal satisfaction, prosocial behavior, self-esteem, sociability, immune system functioning, and physical health." Vacharkulksemsuk/Fredrickson 2013, S. 48.

1.9.2.1 Soziale Beziehungen – Menschen sind die sozialste Spezies auf dieser Erde[52]

Wenn wir über unser Leben und Streben nachdenken, so bemerken wir bald, dass fast all unser Tun und Wünschen an die Existenz anderer Menschen gebunden ist.[53]

Albert Einstein

Die größte Bedeutung haben gelingende soziale Kontakte. „Es ist nur leicht übertrieben, zu sagen, dass Glück die Erfahrung des Zusammenseins mit Menschen ist, die einen lieben und die man liebt" (Kahneman 2012, S. 487). Ähnlich Daniel Gilbert: „Wenn ich Ihr Glück voraussagen wollte und ich mir dazu nur eine Information beschaffen könnte ... Mich würde nur Ihr soziales Netzwerk interessieren — Ihre Freunde, Ihre Familie und wie stark Ihre Bindung zu diesen Menschen ist" (Gilbert 2012, S. 39).

Grundlegend im Umgang mit anderen sollte dabei die Goldene Regel sein, die quer durch sämtliche Kulturen und Religionen gilt und sich auch in der Bibel findet: „Was ihr wollt, dass euch die Leute tun sollen, das tut ihnen auch" (Matthäus, 7,12). Sie liegt dem sogenannten Liebesgebot „Du sollst deinen Nächsten lieben wie dich selbst (Matthäus, 22, 39) bzw. der Aufforderung des Kirchenvaters Augustinus „Liebe und tue, was du willst" zugrunde. Sie ist außerdem eine Form des Kant'schen kategorischen Imperativs: „Handle so, dass du die Menschheit sowohl in deiner Person, als in der Person eines jeden anderen, jederzeit zugleich als Zweck, niemals bloß als Mittel brauchst" (zitiert nach Kenny 2012, S. 118).

1.9.2.2 Arbeit und Motivation – von der X-Theorie zur Y-Theorie nach McGregor

Aber auch die Arbeit an sich stellt — im krassen Gegensatz zu den Annahmen der traditionellen, insbesondere neoklassischen Ökonomie — einen wichtigen Glücksfaktor dar. So stellt Michael Neumann in seinem Beitrag „Zum Glück wachsen" fest: „In den Wirtschaftswissenschaften gilt Arbeit als Leid, für das die Arbeitskraft mit einem Lohneinkommen — der süßen Frucht der Arbeit — entschädigt werden muss. In der Psychologie hingegen ist Arbeiten positiv konnotiert: Arbeiten verringert die Sorgen um die berufliche Zukunft, verbessert das soziale Ansehen und bietet viele Gelegenheiten, Kontakte zu pflegen und damit das individuelle Sozialkapital

---

[52] Gilbert 2012, S. 39.
[53] Zitiert nach Nowak/Highfield 2013, S. 273.

Säule I: Sensibilisierung der Mitarbeiter für die Erkenntnisse der Glücksforschung

zu vergrößern. Arbeit sorgt für Selbstbestätigung und Anerkennung. Die Empirie bestätigt die Psychologen: Erwerbstätige Menschen sind glücklicher als nicht erwerbstätige Menschen, ein Arbeitsplatz macht zufriedener als Beschäftigungslosigkeit" (Neumann 2012, S. 24).

Johannes Wallacher schreibt hierzu: „Schließlich belegt die Glücksforschung überzeugend, dass neben der Sicherheit der Arbeit auch die Zufriedenheit mit der Tätigkeit einen beträchtlichen Einfluss auf die Selbsteinschätzung von Glück hat. Die traditionelle Ökonomie weiß mit den intrinsischen Faktoren Arbeitszufriedenheit und innere Motivation herzlich wenig anzufangen" (Wallacher 2011, S. 99).

Nach den Ansätzen der modernen Motivationsforschung — etwa nach Reinhard Sprenger — besteht eine natürliche intrinsische Motivation, da der Mitarbeiter seine Fähigkeiten nutzen und entfalten möchte. Es geht nach Sprenger also darum, nicht zu demotivieren (Sprenger 2010).

Bedürfnisse sind ein allgemeines Mangelempfinden, Motive (Anlass, Antrieb, Beweggrund) zielen auf Bedürfnisbefriedigung ab und sind zielgerichtet. Motivation bringt etwas in Bewegung. Ausgehend von Motiven sollen Anreize zur Motivation führen und bestimmte Handlungen auslösen. Dabei sind die intrinsische und die extrinsische Motivation zu unterscheiden.

Definition intrinsische und extrinsischer Motivation

Intrinsische Motivation	Personen, welche einen Job aufgrund von Spaß, Interesse, der persönlichen Herausforderung, zur Befriedigung der Neugier oder zur Selbstentfaltung ausüben.
Extrinsische Motivation	Personen, welche einen Job ausüben, um dabei Ziele zu erreichen, welche unabhängig von der Arbeitsaufgabe sind.

Tab. 4: **Definition intrinsische und extrinsischer Motivation**
Quelle: nach Amabile 1993, S. 188.

Bei der intrinsischen Motivation handelt es sich um eine Eigen- oder Selbstmotivation, das heißt, man ist an der Aufgabe an sich interessiert. Bei der extrinsischen Motivation handelt es sich um eine Fremdmotivation, die nicht von der Aufgabe selbst, sondern von externen Anreizen wie Geld etc. hervorgerufen wird.

Interessant ist in diesem Zusammengang auch eine Umfrage, die im Auftrag des *Spiegel* unter 55- bis 70-Jährigen gemacht wurde und die der Frage nachging, aus welchen Gründen man im Ruhestand noch erwerbstätig ist oder sein möchte. Folgende Gründe wurden genannt (Angaben in % der Befragten):[54]

---
[54] Der Spiegel 21/2014, S. 23.

Glücksforschung – was Menschen glücklich macht

Spaß an der Arbeit	95 %
Soziale Kontakte	90 %
Geistig fit bleiben	90 %
Gefühl, gebraucht zu werden	77 %
Geld verdienen	73 %
Anerkennung/Wertschätzung	73 %
Weitergabe von Wissen/Erfahrung	67 %
Weiterentwicklung/-bildung	54 %
Geregelter Tagesablauf	51 %

In seinem Themenschwerpunkt „Wie Sie Talente erkennen" beschäftigt sich der *Harvard Business manager*, Ausgabe August 2014, mit den Kriterien, die bei der Suche nach Talenten für Führungspositionen heute wichtig sind. In seinem Beitrag „Talentmanagement im 21. Jahrhundert" arbeitet Claudio Fernandez-Araoz aber auch heraus, wie man Talente an das Unternehmen bindet. Eine faire Bezahlung ist wichtig, um Unzufriedenheit zu vermeiden. Entscheidend kommt es aber auf die intrinsische Motivation an. Die meisten Menschen — vor allem Wissensarbeiter — beziehen „den Großteil ihrer Energie aus drei elementaren Voraussetzungen: Autonomie — die Freiheit, ihr Leben selbst zu gestalten; Meisterschaft — das Streben nach Exzellenz; und Sinn — die Sehnsucht danach, ihre Arbeit in den Dienst eines übergeordneten Zwecks zu stellen. ... Also bezahlen Sie Ihre Stars fair — am besten überdurchschnittlich gut. Aber bieten Sie ihnen auch Autonomie in vier wichtigen Bereichen: bei ihren Aufgaben (was sie tun), ihrer Arbeitszeit (wann sie es tun), ihrem Team (mit wem sie es tun) und ihrer Technik (wie sie ihre Arbeit erledigen). Helfen Sie ihnen, zu Meistern auf ihrem Gebiet zu werden, indem Sie ihnen schwierige, aber durchführbare Aufgaben stellen und alles aus dem Weg räumen, was sie von ihrem Ziel ablenken könnte. Binden Sie sie in ein übergeordnetes Ziel ein, egal ob auf Team-, Unternehmens- oder gesellschaftlicher Ebene" (Fernandez-Araoz 2014, S. 27 f.).[55]

Fernandez-Araoz ist Senior Advisor bei der international tätigen Personalberatungsfirma Egon Zehnder.

---

[55] Vgl. hierzu auch Pink 2010.

1 Säule I: Sensibilisierung der Mitarbeiter für die Erkenntnisse der Glücksforschung

Einkommen ist ein Hygienefaktor, kein Motivationstreiber (Zwei-Faktoren-Theorie nach Herzberg). Es kommt allerdings darauf an, dass man sich fair bezahlt fühlt. Fühlt man sich fair bezahlt, so kommt — gehaltsbedingt — keine Unzufriedenheit auf, dies führt aber noch nicht zur Zufriedenheit.

Die intrinsische Motivation spielt auch bei der Generation Y eine (die) entscheidende Rolle. Dies bringt Kerstin Bund in ihrem Buch *Glück schlägt Geld – Generation Y: Was wir wirklich wollen* immer wieder klar zum Ausdruck.

Wir brauchen Arbeit, da wir etwas Sinnvolles mit unserer Zeit anfangen wollen. Wir brauchen Arbeit, um Einkommen zu erwirtschaften. Arbeit schafft Möglichkeiten zur geistigen Weiterentwicklung. Arbeit vermittelt das Gefühl, gebraucht zu werden, stärkt unser Selbstvertrauen, schafft Identität und bietet soziale Kontaktmöglichkeiten. Dies sind die Begründungen der OECD für die Aufnahme des Themas „Beschäftigung" in ihren Better Life Index.

In den 1960er-Jahren stellte McGregor seine X-Y-Theorien vor, denen unterschiedliche Menschenbilder zugrunde lagen (Weibler 2012, S. 33). Nach der X-Theorie hat der Mensch eine angeborene Abscheu vor der Arbeit und versucht, sie so weit wie möglich zu vermeiden. Er muss deshalb kontrolliert und mit Strafandrohungen gezwungen werden, etwas Produktives zu leisten. Nach der X-Theorie möchte der Mensch gern geführt werden, will Verantwortung vermeiden und hat wenig Ehrgeiz.

Nach der Y-Theorie kann Arbeit eine Quelle der Zufriedenheit mit dem Leben sein. Wenn Menschen sich mit den Zielen der Organisation identifizieren, sind externe Kontrollen unnötig, da Selbstkontrolle und eigene Initiative entwickelt wird.

Während der traditionellen Ökonomie (neoklassische Arbeitsmarkttheorie) das Menschenbild der X-Theorie zugrunde liegt, basieren die neuen Führungsansätze, die im Zuge der Umsetzung der Erkenntnisse der interdisziplinären Glücksforschung erarbeitet wurden, auf dem Menschenbild der der Y-Theorie, das heißt, sie sehen diese als den Regelfall an.

Nicht umsonst hat sich die *Harvard Business Review* in letzter Zeit so intensiv mit „Happiness" in den Unternehmen beschäftigt. Es geht um Kompetenz, Autonomie und Zugehörigkeit, die in einem fairen Umgang, Anerkennung, Sinnhaftigkeit der Arbeit und Einfluss auf das, was man tut, ihren Niederschlag finden — es geht also um die Y-Theorie. Dieses Potenzial wurde in den letzten 30 Jahren kaum gehoben, da es vom „Shareholder-Value-Denken" verschüttet war. Dieser „Shareholder-Value" war sozusagen die Managementseite des auf der Neoklassik basierenden Neoliberalismus. Das Verständnis der Arbeitszufriedenheit in dem Shareholder-Value-Konzept beruhte auf der Taylor'schen Vorstellung des Jahres 1911 (!).

Glücksforschung – was Menschen glücklich macht

In seinem Aufsatz „Arbeitszufriedenheit und Persönlichkeit: Wer schaffen will, muss fröhlich sein!" schreibt Simon Fietze: „Bereits F. W. Taylor (1911) sagte, dass hohe Arbeitszufriedenheit in Verbindung mit hohem Gehalt und geringen Anstrengungen stehe. Diese ökonomische Sichtweise veränderte sich in den 1930er-Jahren mit den Hawthorne-Studien und dem daraus entstandenen Human-Relations-Ansatz. Organisationen wurden nun im Wesentlichen als soziale Systeme verstanden und es wurde — entgegen den eigentlichen Hypothesen — davon ausgegangen, dass primär zwischenmenschliche Beziehungen (innerhalb von Gruppen wie auch zwischen Mitarbeitern und Vorgesetzten) Zufriedenheit und Motivation beeinflussen. Bedeutende Konzepte des situativen Ansatzes sind u. a. die Zwei-Faktoren-Theorie und das Job Characteristics Model. Unzufriedenheit entsteht nach der Zwei-Faktoren-Theorie durch negativ empfundene ‚Kontextfaktoren' (z. B. Gehalt, zwischenmenschliche Beziehung, Arbeitsbedingungen). Zufriedenheit wird demgegenüber durch ‚Kontentfaktoren' (z. B. Entfaltungsmöglichkeiten bei der Arbeit, Anerkennung, Arbeitsinhalt) ausgelöst. Das Job Characteristics Model hingegen betont fünf Aufgabenmerkmale (Anforderungsvielfalt, Ganzheitlichkeit, Bedeutsamkeit, Autonomie und Rückmeldung) zum Erreichen von psychologischen Erlebniszuständen, wodurch Arbeit intrinsisch motiviert ist und zufrieden macht" (Fietze 2011, S. 3 f.).

Es geht also um eine Ressourcenorientierung, wobei damit in der Arbeits- und Organisationspsychologie der Blick auf die Stärken und Kraftquellen einer Person gemeint ist. Bei der Gestaltung der Arbeitsbedingungen ist auf Sinnhaftigkeit der Arbeit, Klarheit der Ziele, Vermeidung von chronischer Über- oder Unterforderung, angemessene Handlungsspielräume und anerkennende Rückmeldungen zu achten. Dies sollte verbunden sein mit einer unterstützenden Arbeitsumgebung, zu der unterstützende soziale Netzwerke, eine fördernde Führung und Partizipation gehören (Lohmeier et al. 2012, S. 29 f.). Gesunde Führung fördert mit aller Kraft das Wohlbefinden der Geführten durch das soziale und emotionale Miteinander in einer Organisation und durch Anerkennung, Unterstützung, Entwicklungs- und Gestaltungsräume sowie durch intensive Möglichkeiten der sozialen Vernetzung. Es geht auch um die Förderung von durch interaktive Prozesse entstehende Eigenschaften wie Engagement, Identifikation, Kommunikationsbereitschaft und Motivation. Dabei fördern Information, Transparenz, Gestaltungsmöglichkeiten und das Erleben von Fairness, Menschlichkeit und Sinnhaftigkeit in der Arbeit nicht nur die individuelle Gesundheit, sondern auch die Bereitschaft, sich persönlich für das Unternehmen einzusetzen (Lohmeier et al. 2012, S. 20).

Zentral in der heutigen Arbeitswelt sind die Qualität und der Umfang der Kooperation. Die Zielerreichung ist entscheidend davon abhängig — und nicht in erster Linie von der eingesetzten Technik bzw. vom Wissen oder der Qualifikation Ein-

Säule I: Sensibilisierung der Mitarbeiter für die Erkenntnisse der Glücksforschung

zelner. Es geht darum, dass die Fähigkeiten, die Kreativität und das Wissen von vielen zusammenkommen. Für Qualität der Zusammenarbeit ist der Grad des vertrauensvollen Umgangs miteinander, die gegenseitige Wertschätzung, der Vorrat gemeinsam getragener Werte, Regeln und Überzeugungen, zusammengefasst also das soziale Vermögen eines Unternehmens, entscheidend (Lohmeier et al. 2012, S. 32–37).[56] „Die Arbeitsstelle", so Lohmeier, Sprenger und von Wahlert, „bietet im günstigsten Fall die Erfahrung, etwas Wichtiges, Relevantes zu tun, gebraucht, gemocht und anerkannt zu werden, zu erfahren, dass die Arbeit in der Gemeinschaft eine tiefe Sinnquelle sein kann" (Lohmeier et al. 2012, S. 30).

1.9.3 Was bringt uns Wohlbefinden?

Wer etwas dafür tut, glücklicher zu werden,

- fühlt sich nicht nur subjektiv besser,
- sondern hat auch mehr Energie,
- ist kreativer,
- stärkt sein Immunsystem,
- festigt seine Beziehungen,
- arbeitet produktiver und erhöht seine Lebenserwartung.

Sonja Lyubomirsky spricht hier von der lohnendsten Anstrengung im Leben (Lyubomirsky 2008, S. 34–36).

Wie wichtig Wohlbefinden mittlerweile auch als Gesundheitsfaktor in der Medizin ist, zeigt der Schwerpunkt „Starke Psyche, starkes Immunsystem — Wie Gefühle, Denken und Stress unsere Abwehrkräfte beeinflussen" in der Ausgabe März 2012 der Zeitschrift *Gehirn und Geist*. Hier schreibt Peter Henningsen, Direktor der Klinik für Psychosomatische Medizin und Psychotherapie am Klinikum rechts der Isar und Dekan der Medizinischen Fakultät der TU München: „Es gibt viele Hinweise, dass sich Optimismus und Zufriedenheit positiv auf die Gesundheit und sogar auf die Lebenserwartung auswirken" (Hennigsen 2012, S. 35).

Der Mediziner Tobias Esch führt hierzu aus: „So leben glückliche Menschen länger (ein ‚glückliches Leben' korreliert, je nach herangezogener Studie, mit einer um 5 bis 10 Jahre höheren Lebenswartung), sie werden seltener krank, erkranken weniger schwer und/oder werden schneller wieder gesund" (Esch 2014, S. 28).

---

[56] Vgl. Lohmeier/Sprenger/von Wahlert: a.a.O., S. 30. Zum Wandel der menschlichen Arbeit in ihrer historischen Entwicklung siehe etwa ebenda, S. 32–37.

Glücksforschung – was Menschen glücklich macht

1.9.4 Wege zu einem gelingenden Leben (Glücksaktivitäten)

Denkgewohnheiten müssen nicht ewig gleich bleiben. Eine der bedeutendsten Entdeckungen der Psychologie in den letzten 20 Jahren ist, dass Menschen ihre Art zu denken verändern können.

Martin Seligman

Wir haben alle unserer Glücksbaustelle. Allerdings haben viele von uns keinen Bauplan. Die Glücksforschung setzt hier an und versucht, mit Methoden der empirischen Sozialwissenschaft zu erforschen, wo wir ansetzen können, um zufriedener und glücklicher zu werden. Wir können am „Glücklichsein" arbeiten. Es kommt auf die innere Haltung an.

Abb. 6: Glücksbaustelle
Quelle: Glücksbaustelle, Maria Martin, FHWS Gestaltung, Mainpost Würzburg

Während sich die Klinische Psychologie mit psychischen Krankheiten wie Depressionen oder Angststörungen beschäftigt, beschäftigt sich die Positive Psychologie, die Martin Seligman und andere Ende der 90er-Jahre in den USA als Forschungsdisziplin innerhalb der Psychologie (wieder) etabliert haben, mit der Frage, was Menschen tun können, um ihr Wohlbefinden zu steigern. Dieser Forschungsansatz hat eine Reihe von Glücksaktivitäten identifiziert (Lyubomirsky 2008; Ruckriegel 2010b, S. 25–31):

a) (Realistische und werthaltige bzw. sinnvolle) Ziele setzen, das heißt eigene Prioritäten entwickeln und sich danach richten (Zeitgebrauch, -verwendung). Sinnvolle Ziele steigern das Selbstwertgefühl, sie schenken Zuversicht und ein Gefühl der Handlungsfähigkeit
b) Dankbarkeit üben (und dadurch die Welt realistischer wahrnehmen und seine Stärken herausfinden)

Säule I: Sensibilisierung der Mitarbeiter für die Erkenntnisse der Glücksforschung

c) Optimismus trainieren (Zuversicht durch Selbstwirksamkeit entwickeln — „Glas ist halb voll")
d) Grübeleien und soziale Vergleiche vermeiden (eigene Ziele nicht entwerten und authentisch bleiben, sich nicht fremdbestimmen lassen, der sein zu wollen, der man ist)
e) Hilfsbereitschaft stärken („Geben ist seliger denn Nehmen");
f) Soziale Kontakte vertiefen (Rücksicht zeigen, Anerkennung, Wertschätzung und Aufmerksamkeit (Empathie und aktives Interesse am Mitmenschen) schenken)
g) Bewältigungsstrategien für Stress und Schwierigkeiten entwickeln
h) Vergeben lernen, loslösen und loslassen (Vergebung erlaubt, eine Sache ad acta zu legen, und ist damit Wegbereiter für einen Neuanfang.)
i) Im Hier und Jetzt leben (den Augenblick genießen, achtsam sein; „Ich würde Ihnen raten, nicht nach dem Warum und Woher zu fragen, sondern Ihr Eis zu essen, ehe es schmilzt" Thornton Niven Wilder).
j) Flow-Effekte suchen (Aufgehen in dem was man tut)
k) Mit Religion und Spiritualität beschäftigen (übergeordnete Sinnfrage)
l) Für den Körper sorgen (Bewegung, Ernährung, Gesundheitsbewusstsein)

Diese Glücksaktivitäten sind für Resilienz wichtig. Denis Mourlane nennt ähnliche Resilienzfaktoren aus seiner Praxis als Coach für Personalentwicklung: Emotionssteuerung, Impulssteuerung (Disziplin), Kausalanalyse (Frage nach dem Warum), Realistischer Optimismus, Selbstwirksamkeitsüberzeugung, Zielorientierung und Empathie (Einfühlungsvermögen) (Mourlane 2014).

Nicht die Dinge selbst beunruhigen die Menschen, sondern die Vorstellung von den Dingen.
Wir müssen die Dinge, die in unserer Macht stehen, möglichst gut einrichten, alles andere aber so nehmen, wie es kommt.

Epiktet (um 50 n. Chr. – 138)

> **ZWISCHENFAZIT**
>
> Parallel zur Verbesserung der Zufriedenheit im Bereich Mitarbeiterführung, Arbeitsplatzgestaltung und Work-Life-Balance ist es wichtig, die Mitarbeiter über die Erkenntnisse der Glücksforschung zu informieren. Es geht darum, das schillernde Wort „Glück" im Deutschen zu vererden, um die Vorstellungen davon zur konkretisieren. Dies ist eine wichtige Voraussetzung, um einzuordnen, was betrieblich möglich ist, um Glück und Zufriedenheit am Arbeitsplatz zu fördern, und was der Einzelne tun kann.
>
> Die Glücksforschung beschäftigt sich mit dem subjektiven Wohlbefinden, wobei zwischen dem emotionalen Wohlbefinden (Verhältnis zwischen positiven und negativen Gefühlen im Tagesdurchschnitt) und dem kognitiven Wohlbefinden (Grad der Zufriedenheit mit dem Leben) unterschieden wird. Die Glücksforschung hat eine Reihe von Glücksfaktoren herausgearbeitet, wobei es vor allem auf gelingende soziale Beziehungen und auf Engagement und eine befriedigende Arbeit/Tätigkeit ankommt. Forschungsergebnisse zeigen, dass zufriedene und glückliche Menschen gesünder sind und eine längere Lebenserwartung haben. Auch können wir etwas tun, um glücklicher und zufriedener zu werden. Diese Glücksaktivitäten bestehen u. a. darin, dass man sich werthaltige und realistische Ziele setzt und Dankbarkeit übt.

1.10 Führungsethik versus Homo oeconomicus

Führung heißt, andere durch eigenes, sozial akzeptiertes Verhalten so zu beeinflussen, dass dies bei den Beeinflussten mittelbar oder unmittelbar ein intendiertes Verhalten bewirkt.[57]

Während der Homo oeconomicus bekanntlich nur seine eigenen Interessen ohne Rücksicht auf andere verfolgt, basiert erfolgreiche Führung auf einem sozial akzeptierten Verhalten, das heißt, dass Führungsethik eine zentrale Rolle spielt.

1.10.1 Was ist Führungsethik?

Führung verwirklicht sich in sozialen (Interaktions-, Kommunikations-)Beziehungen. Dabei besitzt jede soziale Beziehung eine ethische Dimension, da jedes individuelle (Nicht-)Handeln mit Konsequenzen für andere Menschen verbunden ist. Aus ethischer Sicht ist deshalb jeder dazu aufgerufen, sein Tun oder Unterlassen so zu be-

---

[57] Weibler 2012, S. 19.

Führungsethik versus Homo oeconomicus

stimmen, dass es nicht nur dem eigenen Nutzen dient, sondern auch sozialverträglich und verantwortbar ist. Es muss also eine Güterabwägung stattfinden, um Verhaltensweisen ethisch zu reflektieren und zu legitimieren (Kuhn/Weibler 2012, S. 19).

Führung findet im Spannungsfeld der Eigeninteressen der Führenden, der Eigeninteressen der Geführten und den Zielen der Organisation statt. Überzogene und unrealistische Zielvorgaben (Leistungsvorgaben) der Organisation (Management by Objectives) in Verbindung mit stark leistungsabhängigen Vergütungssystemen (Pay for Performance) können einen immer stärkeren Leistungsstress bei den Führenden bewirken. Untersuchungen in den USA zeigen auch, dass der Druck zur Erreichung unrealistischer Zielvorgaben als wichtigste Erklärung für unethische Verhaltensweisen anzusehen ist (Kuhn/Weibler 2012, S 81). Unethisches Führungsverhalten kann — neben einem höheren Stress — aber auch auf einer verstärkten Gier beruhen. Hier wird insbesondere auf eine zunehmend „entgrenzte Kompensierung und Privilegierung von (v. a. höheren) Führungskräften, die sich zum einen in ‚Lotterie-Einkommen' vergegenwärtigt, die in ihrer schieren Höhe selbst für Top-Manager bis vor Kurzem nicht vorstellbar waren, die sich zum anderen aber auch in ‚Sozialleistungen' wie Privat-Jets, persönlichen AssistentInnen und anderen Ressourcen sowie einer damit einhergehenden Transformation von CEOs in ‚celebrity CEOs', äußert" (Kuhn/Weibler 2012, S. 82).

Gier versus Integrität

Integrität besteht darin, in einer ethischen Selbstverpflichtung fortgesetzt zwischen dem abzuwägen, was aus Sicht der eigenen Interessen das Beste wäre, und dem, was mit Blick auf die Interessen anderer geboten scheint.
Was ist aber Gier?
- „Gier ist ein egoistisches und maßloses Begehren nach mehr als benötigt
- Gier bezeichnet dabei vor allem ein materialistisches Begehren
- Handlungsweisen, die auf Gier beruhen, gehen in aller Regel auf Kosten von anderen
- Gier (nach Geld) begründet damit insgesamt einen direkten und scharfen Konflikt zwischen den eigenen Interessen und den Interessen anderer" (Kuhn/Weibler 2012, S. 134).

Im Falle von übermäßigen extrinsischen (institutionalisierten) Leistungsanreizen und -vergütungen kommt es nach neueren Erkenntnissen der Motivationsforschung zu einer Verdrängung, Korrumpierung und letztlich Zerstörung der intrinsischen (moralischen) Motivation des Menschen (Kuhn/Weibler 2012, S. 83; Sandel 2012, S. 150–152).

In der Literatur wird hier auch auf das sogenannte „Bathsheba Syndrom" verwiesen, wonach unethisches Führungsverhalten von Managern weniger auf steigendem Leistungsdruck beruht, sondern vielmehr als Folge des enormen persönlichen

Erfolgs zu sehen ist, mit dem moralisch richtig umzugehen viele scheitern. Es geht also darum, dass man die Maßstäbe für ein angemessenes, ethisches Handeln angesichts der einem zur Verfügung stehenden Machtfülle verliert. Der Begriff „Bathsheba Syndrom" geht auf die biblische Geschichte von König David zurück, der ein guter und gerechter Führer seines Volkes war. Im Moment seines höchsten Erfolges begehrte er Bathsheba, die Frau eines seiner Krieger. Um sein Ziel zu erreichen, schreckte er nicht davor zurück, ihren Mann vorsätzlich einer Situation auszusetzen, in der er umkommen musste (Kuhn/Weibler 2012, S. 83 f.)

Unethische Führung löst bei den Geführten „insbesondere Wut, ein abnehmendes Selbstwertgefühl und zunehmende Frustration (aus), im Zuge dessen vor allem die Leistungsmotivation negativ beeinflusst (wird) und für die Organisation mithin ein abnehmendes Leistungsniveau sowie auch eine erhöhte Fluktuation nach sich zieht" (Kuhn/Weibler 2012, S. 94 f.).

Ethikbewusste Führung setzt gute, also tugendhafte Führer voraus. Nach Thomas von Aquin ist Tugend, „was den, der sie besitzt, in seinem Sein und Handeln gut macht". Tugend besitzt man nicht einfach, sondern ein tugendhafter Charakter kann entwickelt und muss gewahrt werden.

Die vier Kardinaltugenden nach Aristoteles

- „Klugheit — als die Fähigkeit, einen Ausgleich zwischen entgegenstehenden (extremen) Positionen zu finden ... Klugheit gilt insofern als die „Mutter aller Tugenden", als sie jene (innere) Distanz ist, die alleine die in allen moralischen Belangen zu findende „Mitte" zu bestimmen vermag. ...
- Tapferkeit — ist die Fähigkeit des Einzelnen, sich sein Handeln in (unangenehmen oder buchstäblich schrecklichen) Situationen nicht von der Furcht diktieren zu lassen, sondern (zivil-)couragiert dafür einzustehen, was die Klugheit befiehlt; Tapferkeit bedarf es also (nur) unter widrigen Umständen und äußert sich dann in dem Mut, eigene Einsichten und Überzeugungen auch gegen den Widerstand von anderen (der Mehrheit) zu vertreten.
- Mäßigung — bezieht sich auf das Verhältnis des Menschen zu seiner physischen Umwelt und vergegenwärtigt sich in einem — von der eigenen Klugheit — gezügelten und begrenzten Verlangen nach materiellen Gütern und sinnlichen Genüssen. ...
- Gerechtigkeit — meint unterhalb der allgemeinen Forderung, geltenden Gesetzen gerecht zu werden, vor allem einen (sozial) gerechten (fairen) Ausgleich zwischen den jeweils eigenen Interessen und den Interessen anderer; Gerechtigkeit beinhaltet damit eine fortwährende und freiwillige Bereitschaft des Einzelnen, anderen das zu geben, was ihnen richtigerweise zusteht, und gleichsam in keinem Fall eigene Vorteile auf Kosten anderer zu wollen" (Kuhn/Weibler 2012, S. 100).

1 Führungsethik versus Homo oeconomicus

In den modernen Ansätzen zur Führungsethik stellt man weniger auf die Kardinaltugenden ab, sondern auf den Begriff der Integrität, wobei fünf grundlegende Aspekte der Integrität zu unterscheiden sind (Kuhn/Weibler 2012, S. 112 f.).

- Integrität als Ganzheit (Konsistenz im Denken, Fühlen und Handeln von Menschen)
- Integrität als Authentizität (gewissenhaftes Handeln im Einklang mit den eigenen Werten)
- Integrität als Entsprechung von Worten und Taten
- Integrität als Standhaftigkeit im Angesicht von Widerständen
- Integrität als moralisches Verhalten

Die zentrale Dimension der Integrität ist das moralische Verhalten, die persönliche Moralität. Darunter ist die individuelle Selbstverpflichtung zu verstehen, fortgesetzt zwischen dem abzuwägen, was aus Sicht der eigenen Interessen am besten wäre, und dem, was mit Blick auf die berechtigten Interessen von anderen geboten ist (Kuhn/Weibler 2012, S. 126).

Zusammenfassend kann man sagen, dass integre Menschen (bzw. Führer) über moralisch gute und innerlich fest verankerte Werte verfügen und den Mut besitzen, in schwierigen Situationen auch dafür einzustehen und bewusst in Betracht zu ziehen, dass damit auch ein hoher Preis verbunden sein kann (Kuhn/Weibler 2012, S. 114 f.).

Dabei ist auch darauf zu achten, dass die Organisationen eine Führung in Integrität unterstützen. Es geht dabei um das Setzen von verantwortungsbewussten Leistungszielen und von verantwortungsbewussten Leistungsanreizen.

Leistungsziele sind dann unverantwortlich, wenn sie mit den gegebenen Ressourcen faktisch nicht zu erreichen sind und es daher zu einer ständigen Arbeitsverdichtung und Überstunden kommt, was zu einer nahezu ausschließlichen Konzentration auf die Erfolgsverantwortung und zu einer fortdauernden Vernachlässigung der Humanverantwortung führt (Kuhn/Weibler 2012, S. 132). Für jeden Organismus gibt es Grenzen. Werden diese überschritten, so führt dies dazu, dass er die Anforderungen mit den vorhandenen Möglichkeiten nicht mehr bewältigen kann. Dann ist der Organismus im Distressbereich. Mit Distress ist gemeint, dass die Stressbelastung schädliche Auswirkungen auf den Organismus hat, die, sofern sie nicht nur vorübergehend ist, körperlich, seelisch oder psychosomatisch krank macht (Lohmeier et al. 2012, S. 9).

Es geht auch um verantwortungsbewusste Leistungsanreize, um das Bathsheba Syndrom zu vermeiden. Kuhn und Weibler schlagen deshalb vor, dass durchwegs wieder ein angemessener („maßvoller") weitestgehend feststehender Zeitlohn gezahlt wird, eine Vergütungspraxis, die kaum geeignet ist, individuelle Gier zu befördern und persönliche Moralität zu zerstören, die vielmehr den (meisten) Freiraum für eine integre Führung lässt (Kuhn/Weibler 2012, S. 136).

Glücksforschung – was Menschen glücklich macht

Um die Integrität der Führung zu unterstützen, sollten in den Organisationen über ethikbewusste Führung offen im Alltag gesprochen werden und die Führungssysteme im Rahmen der Corporate Social Responsibilty entsprechend umgestaltet bzw. gefördert werden.

Führungsethische Grundsätze sind bei der Personalbeschaffung, der Personalbeurteilung sowie der Personalentwicklung zugrunde zu legen.

Ethikorientierte versus unethische Führung

	Ethikorientierte Führung	Unethische Führung
Ziel des Machteinsatzes und der Einflussnahme	Im Dienst und zum Wohl der Geführten, Beteiligten und der Organisation	Befriedigung persönlicher Bedürfnisse und Ziele
Umgang mit Interessen unterschiedlicher Adressaten	Bemühen um Ausgewogenheit und Integration verschiedener Interessen	Erzielung des größtmöglichen persönlichen Vorteils
Integrität der Führungskraft	Wertorientiertes Handeln; Vertreten und Leben eigener Werte	Handeln wird von der Zweckdienlichkeit des eigenen Vorteils bestimmt
Visionsarbeit	Entwicklung der Vision mit Beteiligung der Betroffenen und Integration von deren Ideen, Werten und Bedürfnissen	Vertreten der eigenen Vision als einzig wahren Weg für die Organisation
Risikoverhalten in Entscheidungssituationen	Hohe Bereitschaft, auch persönliche Risiken in Kauf zu nehmen, um gemeinsame Visionen zu verwirklichen	Vermeidung der Übernahme persönlicher Risiken, die zum eigenen Nachteil sind
Kommunikation von Informationen	Zeitnahe und umfassende Information über relevante Themenstellungen	Manipulation des Umfelds durch gezielte Zurückhaltung und ausgewählte Weiterleitung von Informationen
Umgang mit Kritik	Ermutigung zum kritisch-konstruktiven Diskurs	Missbilligung und Ablehnung jeder Art von Kritik oder Rückmeldung
Entwicklung anderer Personen (zum Beispiel Mitarbeiter)	Aktiver Einsatz für die persönliche Entwicklung der Geführten	Herunterspielen der Bedeutung persönlicher Entwicklung; Kleinhalten der Geführten

Tab. 5: Ethikorientierte versus unethische Führung
Quelle: Schmidt-Huber/Tippelt 2014, S. 10.

Um eine gute Führungskultur in Organisationen einführen zu können, kommt es auf die obersten Führungskräfte an. Top-Manager können den Verhaltensweisen in Organisationen aber nur dann eine ethische Ausrichtung geben, wenn sie zweierlei zugleich sind: anerkannte „moralische Personen" und ausgewiesene „moralische Manager". Eine moralische Person zeichnet sich durch Integrität, Ehrlichkeit und Glaubwürdigkeit aus. Sie tut die richtigen Dinge, kümmert sich um die Mitarbeiter und ist offen. Sie ist objektiv und fair und berücksichtigt gesellschaftliche Belange. Sie lebt und kommuniziert diese Werte als Manager (Kuhn/Weibler 2012, S. 151).

Ethikbewusste Führung ist eine Führung, „die als gut zu bezeichnen ist, weil deren Ziele (in Bezug auf die berechtigten Interessen der Geführten, der Führenden sowie der Organisation) als ausgewogen und deren Mittel (vor allem aus der Sicht der Geführten) als angemessen anerkannt sind" (Kuhn/Weibler 2012, S. 156).

Damit ist eine ethikbewusste Führung die wertemäßige Grundlage einer ernstgemeinten Strategie der Corporate Social Responsibility (CSR) und die wertemäßige Basis der neueren glücksforschungsbasierten Managementansätze.

1.10.2 Menschen sind überwiegend auf Fairness gepolt

Entscheidend für die Frage der Führung und der Führungsethik ist zunächst, inwieweit Menschen von Haus aus egoistisch oder stärker auf Fairness ausgerichtet sind. Azra Durdzic, Dominik H. Enste und Michael Neumann fassen die aktuellen Forschungsergebnisse in einer klaren Aussage zusammen: „Die meisten Menschen sind von Natur aus bereit, Vertrauen zu schenken. Der Mensch ist es gewohnt, im Kollektiv zu leben. Er benötigt die Zusammenarbeit mit anderen und ist daher generell Kooperationen zugeneigt" (Durdzic et al. 2012, S. 28).

Der Stand der interdisziplinären Forschung ist, dass Menschen i. d. R. auf Fairness ausgerichtet sind. Evolutionsgeschichtlich war die Menschheit auf Kooperation angewiesen, um zu überleben und sich fortzuentwickeln. Edward O. Wilson schreibt in seinem Buch *Die soziale Eroberung der Erde – eine biologische Geschichte des Menschen* dazu: „Dass sich Kooperation bei der Fleischgewinnung als Vorteil erwies, führte zur Bildung in hohem Maße organisierter Gruppen" (Wilson 2013, S. 62). Kooperation war aber ohne Fairness nicht möglich. Nach Wilson beeinflussen „Kooperativität und Zusammenhalt nachweislich die Überlebensfähigkeit von Gruppen" (Wilson 2013, S. 346) und „es verschafft uns eine tiefe Befriedigung, wenn wir nicht einfach nur gleichmachen und kooperieren. Außerdem gefällt es uns, wenn diejenigen bestraft werden, die nicht kooperieren (Schmarotzer, Kriminelle) oder auch nur keinen statusgemäßen Beitrag zur Gemeinschaft leisten (reiche Müßiggänger)" (Wilson 2013, S. 300). Wilson hat vor 35 Jahren die Soziobiologie, also die Wissenschaft, die das Wechselspiel zwischen Evolution und sozialen Verhaltensweisen erforscht, begründet.

„In den Jahrmillionen der Menschwerdung wurde für unsere Vorfahren die Bindung an andere zur Notwendigkeit. Auf sich allein gestellt überlebt Homo sapiens nicht lange in der Natur. Und deshalb pflanzte die Evolution seinem Gehirn das Bedürfnis ein, in Gemeinschaft mit Artgenossen zu sein", so der Wissenschaftsjournalist Stefan Klein (Klein 2010, S. 127).

Allerdings kann der Mensch durch Umwelteinflüsse anders geprägt werden. Wird etwa die Homo-oeconomicus-Annahme wie in großen Teilen der Wirtschaftswissenschaften implizit zum Leitbild erhoben, so findet eine solche Prägung statt.

Das Denkmodell des Homo oeconomicus „entwickelte sich zu einer schleichenden, jahrzehntelangen Schulung in Egoismus", so Frank Schirrmacher in seinem Buch *Ego – das Spiel des Lebens*. Er spricht hier auch von einem „System der Indoktrination", und zwar in „Misstrauen und Selbstsucht" (Schirrmacher 2013b, S. 27 und 59).

Wie wir aus der Glücksforschung aber auch wissen, führen Egoismus und Selbstsucht dazu, dass gelingende soziale Beziehungen, der zentrale (Glücks-)Faktor für ein glückliches und zufriedenes Leben, erschwert, wenn nicht gar unmöglich werden. Eine Prägung im Sinne der Homo-oeconomicus-Annahme hat also einen sehr hohen negativen Effekt für den Einzelnen, für andere und die Gesellschaft.

Im Oktober 2012 hat sich die Zeitschrift *Gehirn und Geist – Das Magazin für Psychologie und Hirnforschung* mit dem Themenschwerpunkt „Evolution — wie das Denken erwachte. Kooperation und Gemeinschaft formten einst den Menschen — und tun es bis heute" beschäftigt. Der Evolutionsbiologe Mark Pagel schreibt in seinem Beitrag „Am Anfang war das Plagiat" in *Gehirn und Geist* (Pagel 2012, S. 51): „Die Geschichte unserer Spezies stellt somit einen fortlaufenden Triumph von Kooperation über Konflikte dar. … Der Schüssel zur Förderung dieser Kooperationsbereitschaft liegt darin, untereinander einen starken Sinn für Vertrauen und gemeinsame Werte zu pflegen."

Im Editorial des Tagungsbands zum Berliner Kolloquium der Daimler und Benz Stiftung zum Thema „Wie entscheiden wir?", das im Mai 2011 unter der wissenschaftlichen Koordination von Armin Falk — einem auf dem Feld der experimentellen Wirtschaftsforschung und Neuroökonomie weltweit bekannten deutschen Ökonomen (Universität Bonn) — stattgefunden hat, stellt Reinhard Breuer fest (Breuer 2012,

S. 3): „In Verhaltensexperimenten konnten Wirtschaftswissenschaftler auch mit einer Legende aufräumen, die in ihrer Disziplin lange als unumstößliche Tatsache galt — dass der Mensch eigensüchtig stets nur auf seinen Vorteil bedacht sei. Wie Kooperationsspiele ergaben, sind die meisten von uns durchaus bereit, ihre eigenen Interessen zugunsten des Gemeinwohls zurückzustellen — sofern die anderen das auch tun."

Dass unser Gehirn ein soziales Organ ist, ist neurobiologisch inzwischen gut belegt. Evolutionsgeschichtlich wurde ziemlich früh klar, dass vernetzter Verstand und gemeinschaftliches Handeln auf Gruppenebene entscheidend für das Überleben war, so dass das Individuum und die Selektionsvorteile des einzelnen in den Hintergrund traten. Unsere neuronalen Strukturen sind daher darauf ausgerichtet, Beziehungen zu anderen zu suchen, langfristig zu pflegen und erfolgreich zu gestalten. Unternehmen können und sollten die biologischen Grundbedürfnisse nach Kooperation nutzen (Lohmeier et al. 2012, S. 27 f.).

Fairness spielt in den Unternehmen eine entscheidende Rolle. Im Gegensatz zum (ursprünglichen) Gefangendilemma, bei dem es darum geht, Vorteile zulasten eines anderen zu gewinnen — also nicht zu kooperieren — es aber zu keiner Wiederholung des Spiels kommt,[58] begegnen sich die Spieler (Beschäftigte) in einem Unternehmen immer wieder. Wird hier Vertrauen enttäuscht, so kommt es i. d. R. dazu, dass der von der Benachteiligung Betroffene seine Kooperation einstellt. Konkret schlägt sich dies in einem Dienst nach Vorschrift bzw. in einer Haltung der inneren Kündigung und ggf. auch in Rache nieder.

Wichtig ist hier auch die Reputation, das Ansehen. Während die Wiederholung (spieltheoretisch „direkte Reziprozität") auf eigenen Erfahrungen mit einem anderen beruht und nach dem Motto „Eine Hand wäscht die andere" oder „Wie du mir, so ich dir" funktioniert, berücksichtigt die Reputation (spieltheoretisch „indirekte Reziprozität") zusätzlich die Erfahrungen anderer (Nowak/Highfield 2013, S. 70).

Die Reputation anderer können wir anhand von Gerede, Klatsch und Tratsch einschätzen. Wir können dann entscheiden, ob wir mit ihnen kooperieren. Die Macht der Reputation bedeutet etwa, dass man mit jemanden kooperiert, das heißt, jemanden einen Nutzen verschafft, um auch ihn zu einem solchen Verhalten zu ermutigen, was mit etwas Glück dazu führt, dass jemand einem selbst einen Gefallen tut. Dieser Mechanismus wirkt, wenn innerhalb einer Gruppe wiederholte Begegnungen stattfinden (Nowak/Highfield 2013, S. 72 und 296).

---

[58] Zum Gefangenendilemma im Einzelnen siehe etwa Nowak/Highfield 2013, S. 18–35.

Zentral für den Aufbau von Reputation ist Kommunikation, mit deren Hilfe die guten oder schlechten Taten weitergetragen werden. Die Reputation ist also entscheidend für die Bereitschaft zur Kooperation und für die Intensität der Kooperation. Führungsethik ist somit wichtig zum Aufbau von Reputation und damit zur Bereitschaft zur Kooperation. Führungsethisches Verhalten muss in einem Unternehmen aber auch richtig kommuniziert werden, damit es seine volle Wirkung entfalten kann. Nach Nowak und Highfield spielt indirekte Reputation „eine wichtige Rolle bei der Weiterentwicklung unserer Gehirne, unserer Fähigkeit, Erinnerung abzuspeichern, sowie unserer Sprache und unserer moralischen Kodizes. Diese kräftige Zutat zur Kooperation gehört zum Kern dessen, was Menschlichkeit ausmacht" (Nowak/Highfield 2013, S. 74).

1.10.3 Abschied vom Homo oeconomicus

Viele Teile der Wirtschaftswissenschaften, insbesondere die neoklassische Volkswirtschaftslehre und die neoklassische Finanzmarkttheorie, die in der Vergangenheit auch auf andere Bereiche stark ausgestrahlt haben, fußen im Wesentlichen auf der von Emile Durckheim, Begründer der Soziologie, massiv kritisierten Homo-oeconomicus-Annahme. Schon Ende des 19. Jahrhunderts brachte er in folgendem Zitat das Problem mit dem Homo oeconomicus auf den Punkt: „Ist die Anwendung von Abstraktionen nicht ein legitimes Mittel in der Ökonomie? Ohne Zweifel — nur sind nicht alle Abstraktionen gleichermaßen korrekt. Eine Abstraktion besteht in der Isolierung eines Teils der Realität, nicht indem man sie verschwinden lässt" (zitiert nach Swedberg 2009, S. 53).

1.10.3.1 Von einer A-priori-Annahme zur Realität

Man soll die Dinge so einfach wie möglich machen, aber nicht noch einfacher.

Albert Einstein

Der Homo oeconomicus ist bekanntlich ein Konstrukt, das vollkommen rational denkt, absolut willensstark („zeitkonsistent") ist und rein egoistisch seinen Nutzen bzw. Gewinn maximiert.

Als der Psychologe Daniel Kahneman, der für seine Arbeiten auf dem Gebiet der Behavioural Economics 2002 den Nobelpreis für Wirtschaftswissenschaften erhielt, erstmals von den psychologischen Annahmen der neoklassischen Ökonomik („psychological assumptions of economics") erfuhr, wonach der Mensch in der Ökonomik rational und egoistisch sei und seine Präferenzen (im Zeitablauf) nicht ändere („the agent of economic theory is rational and selfish, and that his tastes do not change"), glaubte er als erfahrener Psychologe kein Wort davon („not to believe a word of it"), so Kahneman in seinem Aufsatz „A Psychological Perspective on Economics", der 2003 im weltweiten Flaggschiff der volkswirtschaftlichen Journale, der *American Economic Review* erschienen ist (Kahneman 2003, S. 162). Hätte man schon damals die Erkenntnisse von Kahneman ernst genommen, hätte es wohl nicht zu den Finanzkrisen der späteren Jahre kommen müssen.[59]

Es geht also um drei Merkmale des Homo oeconomicus: Rationalität, Egoismus, Zeitkonsistenz. Die Erkenntnisse der Behavioural Economics und der Nachbardisziplinen kommen — auf empirischer Grundlage — aber zu ganz anderen Ergebnissen, was Kahneman mit „not to believe a word of it" klar zum Ausdruck bringt.

Die Neoklassik ist nur eine Spielart ökonomischen Denkens, die sich allerdings in den letzten Jahrzehnten insbesondere auch in Deutschland fast monopol- und glaubensartig verbreitet hat. Die Homo-oeconomicus-Annahme fußt nicht auf einem realistischen, empirisch begründeten Menschenbild, sondern auf der Annahme eines omnipotent überzeichneten Systems 2 unter kompletter Ausklammerung des für das menschliche Entscheidungsverhalten wesentlichen Systems 1, angereichert durch die Egoismusannahme.

Joachim Weimann, Andreas Knabe und Ronnie Schöb schreiben als Verfechter der Neoklassik in ihrer sehr interessanten „Gebrauchsanleitung" zur Neoklassik hierzu: „Ausgangspunkt der ökonomischen Analyse von Edgeworth und Jevons war die Voraussetzung, dass menschliches Handeln letztlich ausschließlich der Befriedigung der jeweils eigenen Interessen dient. Eigennützigkeit ist die herausragende charakterliche Eigenschaft des ökonomischen Menschen. Bei Edgeworth liest sich das so: ‚Das wichtigste ökonomische Prinzip besagt, dass alle Agenten von ihrem Selbstinteresse getrieben sind'"(Weimann 2012, S. 168).

Das entspricht allerdings nicht mehr dem Stand der heutigen Forschung, der sich (mittlerweile) in weltweit verbreiteten Lehrbüchern findet. So sprechen Mankiw und Taylor von „People care about Fairness" (Mankiw/Taylor 2014, S. 273) und Varian schreibt: „Die Menschen werden Fairnessnormen Geltung verschaffen, selbst wenn es nicht in ihrem unmittelbaren Interesse ist" (Varian 2011, S. 642).

Aber auch mit der Annahme der Zeitkonsistenz, also der Willensstärke, ist es nicht weit her. Unsere „Willensschwäche" führen Richard H. Thaler und Cass R. Sunstein

---

[59] Im Einzelnen hierzu Ruckriegel 2014a. sowie Görgens et al. 2014, S. 61–75.

auf zwei Gründe zurück: Versuchung (temptation) und Gedankenlosigkeit (mindlessness) (Thaler/Sunstein 2009, S. 61–73).

- *Gedankenlosigkeit*: In vielen Situationen schalten die Menschen eine Art Autopilot ein, das heißt, der aktuellen Aufgabe wird keine aktive Aufmerksamkeit gewidmet: Wenn wir am Samstagmorgen rasch etwas besorgen wollen, kann es leicht sein, dass wir die übliche Strecke zur Arbeit fahren, bis uns plötzlich einfällt, dass der Supermarkt in der anderen Richtung liegt. Beim Essen sind wir besonders gedankenlos. Viele stopfen einfach in sich hinein, was vor sie hingestellt wird.
- *Versuchung*: Es gibt zwei Zustände: „cold" — beim abstrakten Nachdenken über etwas (z. B.: ich will abnehmen), und „hot" — Verhalten in der konkreten Situation (z. B. Angebot eines vorzüglichen Desserts). Oftmals siegt der Wunsch nach unmittelbarer Bedürfnisbefriedigung in der heißen („hot") Entscheidungssituation. Oder anders: Der Wunsch des mächtigen Systems 1 nach sofortiger Bedürfnisbefriedigung setzt sich gegenüber den (langfristigen, vernünftigen) Plänen des Systems 2 (auf die Figur achten) durch (Thaler/Sunstein 2009, S. 61–73). Nach Rath und Harter liegt es in der Natur des Menschen, „Dinge zu tun, die zu einer sofortigen Bedürfnisbefriedigung führen. Dies ist in unserer Überlebens-DNA tief verwurzelt. ... Unser Wunsch nach sofortiger Befriedigung [System 1, Anm. d. Verf.] gewinnt und bekommt den Nachtisch, obwohl unsere Vernunft [System 2, Anm. d. Verf.] dagegen ist, weil sie unserer Gesundheit und ein langes Leben im Auge hat."[60]

Für die theoriegeschichtlich Interessierten sei darauf hingewiesen, dass es schon Ende des 19. Jahrhunderts eine Diskussion über den Sinn oder Unsinn der Homooeconomicus-Annahme gab. Damals wurde eine harte Auseinandersetzung unter der Überschrift „Methodenstreit" geführt. Dieser Streit wurde 1883 von Carl Menger, einem Vertreter der Österreichischen Schule der Nationalökonomie, losgetreten. Auf der anderen Seite stand Gustav von Schmoller, der Vertreter der deutschen Historischen Schule der Nationalökonomie. Es ging um die Frage, ob man auf der Grundlage von realitätsfremden Annahmen brauchbare Aussagen über die Wirklichkeit treffen kann (Kurz 2014, S. 5). Während Menger dies bejahte, verneinte von Schmoller diese Frage.

Gustav von Schmoller schreibt hierzu: „Ich wollte die Volkswirtschaftslehre von falschen Abstraktionen durch exakte historische, statistische, volkswirtschaftliche

---

[60] „It is, after all, in our nature to do things that will provide the most immediate reward. This is wired into our DNA for basic survival. ... the reality is, our short-term self still wins and gets dessert, despite objections from our long-term self that wants a healthy and long life" (eigene Übersetzung). Rath/Harter 2010, S. 8f.

Forschung befreien, aber doch stets zugleich generalisierender Wirtschaftstheoretiker so weit bleiben, als wir nach meiner Überzeugung heute schon dazu festen Grund unter den Füßen haben. Wo solcher mir zu fehlen scheint, da habe ich auch im Grundriß lieber nur die Tatsachen beschrieben und einige Entwicklungstendenzen angedeutet, als luftige Theorien aufgebaut, die mit der Wirklichkeit nicht in Fühlung stehen, bald wieder wie Kartenhäuser zusammenfallen" (von Schmoller 1904, S. VI).

Neoklassik auf der Basis der Homo-oeconomicus-Annahme ist eine reine „Entscheidungslogik", die von der Annahme rationalen Verhaltens der Entscheidungsträger ausgeht. So verwenden etwa (noch) die weitverbreiteten makroökonomischen DSGE-Modelle (Dynamic Stochastic General Equilibrium) für ihre Mikrofundierung die „Annahme des nutzenmaximierenden, langfristig kalkulierenden, rationalen repräsentativen Agenten" (Kromphardt 2014, S. 26 f.). Die Schlussfolgerungen aus den Modellen ergeben sich rein aus der Logik: „Das jeweilige Ergebnis ist bereits vollständig in den Annahmen enthalten" (Kromphardt 2014, S. 24).

Um im Dualen Handlungssystem zu bleiben: Die Homo-oeconomicus-Annahme kennt nur System 2, und zwar in einer omnipotenten Ausprägung. Zur Begründung für diese Vorgehensweise schreiben Joachim Weimann, Andreas Knabe und Ronnie Schöb: „Am Ende des 19. und mit Beginn des 20. Jahrhunderts rang die Wirtschaftswissenschaft um die Anerkennung als ernste und eigenständige Disziplin. Vor allem die Abgrenzung gegen die Philosophie und die Psychologie stand dabei auf dem Programm. Es ging darum, für die junge Disziplin einen Gegenstandsbereich zu finden, für den sie einen Exklusivanspruch erheben konnten und zugleich darum, ihr eine Methodik zu geben, die ihr half, mit den aufstrebenden modernen naturwissenschaftlichen Disziplinen Schritt zu halten. ... Die Entkoppelung ökonomischen Denkens von psychologischen oder soziologischen Erkenntnissen war ... ein Pflichtprogramm, denn nur dann, wenn es gelang, der Ökonomik eigene Fragestellungen zu verschaffen, auf die nur sie selbst eine Antwort geben konnte, durfte sie auf Eigenständigkeit hoffen. ... Pareto machte daraus das Konzept der Rationalhandlung" (Weimann et al. 2012, S. 167 und 171 f.).

Es wird also unterstellt, dass die Menschen rational, das heißt logisch widerspruchsfrei handeln. Dazu wurde „Transitivität als Annahme eingeführt" (Weimann 2012, S. 174), das heißt, der Verbraucher ist in seinen Präferenzen rational oder konsequent (unabhängig davon, wie die Auswahl präsentiert wird, wird die gleiche Entscheidung getroffen).

In ihrem weltweit verbreiteten Lehrbuch zur Mikroökonomie schreiben Robert Pindyck und Daniel Rubinfeld dazu: „Normalerweise wird die Transitivität als notwendig für die Widerspruchfreiheit der Konsumentenverhaltens erachtet" (Pindyck/Rubinfeld 2013, S. 110). Diese Annahme begründen Weimann u. a. wie folgt: „Transitivität von Präferenzen muss als Annahme in die Theorie rationaler Entscheidungen gesteckt werden, aber ist das so schlimm? Warum sollen Präferenzen intransitiv sein?" (Weimann et al. 2012, S. 174). Das war's, mehr Begründung findet sich bei Weimann u. a. dazu nicht!

Die Behavioural Economics kommen auf der Grundlage des durch psychologisch und neurobiologisch Forschung fundierten Dualen Handlungssystems zu einem ganz anderen Ergebnis: Gegen die Rationalitätsannahme wird einerseits der starke Einfluss des Systems 1 mit seinen systematischen kognitiven Verzerrungen auf unser Handeln angeführt. Andererseits wird auf die kognitive Begrenztheit des Systems 2 verwiesen.

Zur Rationalitätsannahme verstanden als „logische Kohärenz", das heißt als logisch widerspruchsfreie Entscheidungen, dem zentralen Axiom der Neoklassik, schreibt Kahneman: „Die Definition von Rationalität als Kohärenz ist in einer wirklichkeitsfremden Weise restriktiv; sie verlangt die Einhaltung von Regeln der Logik, die ein begrenzter Intellekt nicht leisten kann." Und er zieht daraus die Schlussfolgerung, dass Menschen „sich mit dem Modell des rationalen Agenten nicht gut beschreiben lassen" (Kahneman 2012, S. 508 f.).

Der Homo oeconomicus wurde — der Entkopplung des ökonomischen Denkens und der (besseren) Rechenhaftigkeit ökonomischer Modelle wegen — als Annahme a priori (voraus-)gesetzt, mit der — um mit Thomas Mayer zu sprechen — „Scheinwissen" geschaffen wurde. In seiner Kolumne „Mayers Weltwirtschaft" in der *FAZ* (Wirtschaft) vom 7.6.2014 schreibt Thomas Mayer, Senior Fellow am Center for Financial Studies der Universität Frankfurt und Berater der Deutschen Bank sowie früherer Chefvolkswirt der Deutschen Bank, in diesem Zusammenhang: „Menschliche Beziehungen sind so kompliziert, dass kein Psychologe auf die Idee käme, sie mit Hilfe mathematischer Modelle mechanisch zu erklären. In der Ökonomie [präziser: in der neoklassischen Ökonomik, Anm. d. Verf.] treffen wir jedoch vereinfachende Annahmen über die Beweggründe für menschliches Verhalten, sodass wir wirtschaftliche Beziehungen mit mathematischen Modellen erklären können, in denen Ursachen und Wirkungen mechanisch zusammenhängen. ... Natürlich schleichen sich in die auf Scheinwissen beruhende Steuerung der Wirtschaft gravierende Fehler ein, sodass auf normale Zeiten turbulente folgen, in denen sich die mechanischen Annäherungen an die komplexe Wirklichkeit in Luft auflösen. Dies wurde während der Finanzkrise für jedermann sichtbar. ... Diese Verwechslung der Ökonomie mit den exakten Wissenschaften [in der neoklassischen Ökonomik, Anm. d. Verf.] führt zu der Anmaßung von Wissen darüber, wie die Wirtschaft gesteuert werden soll."

In ihrer Publikation „Homo Oeconomicus oder doch eher Homer Simpson?" vom 30.4.2010 stellt die Deutsche Bank Research hierzu fest: „Die meisten ökonomischen Zusammenhänge lassen sich nicht in das rigorose Korsett formaler Aussagelogik pressen" (Deutsche Bank Research 2010, S. 25).

Die wirtschaftspolitischen Entscheidungsträger und die Zentralbanken haben mittlerweile die Erkenntnisse der Behavioural Economics aufgegriffen und ihre Lehren aus der Krise gezogen, das heißt die Erkenntnisse der Behavioural Economics berücksichtigt.[61]

Im *Spiegel* vom 18.2.2013 gab es ein sehr interessantes Interview mit dem weltweit bekannten Biologen Edward O. Wilson. Er sagte u. a.: „Wissenschaft ist bestimmt von Stammesdenken. Wenn das ganze Leben mit einer bestimmten Theorie verbunden ist, kann man nicht davon lassen". Ein Beharren auf der Neoklassik — trotz erdrückender Erkenntnisse, die gegen die Annahme des Homo oeconomicus sprechen, ist also nicht weiter verwunderlich. Es ist zwar nicht rational, dafür aber menschlich. Und dies hat etwa mit der Mächtigkeit der „Weltbilder" im System 1 unseres Dualen Handlungssystems zu tun.

1.10.3.2 Die Homo-oeconomicus-Annahme als negative Prägung von Führungsverhalten

Kuhn und Weibler setzten den Homo oeconomicus mit einem Machiavellisten gleich: „Wenn der Machiavellist für ein Individuum steht, das ausschließlich eine Maximierung seines Eigennutzes anstrebt und zu diesem Zwecke alle Formen opportunistischen Verhaltens nutzt, dann ist der Machiavellist praktisch identisch mit dem Homo oeconomicus, dem Menschenbild der ökonomischen Theorie" (Kuhn/Weibler 2012, S. 58).

Unter Verweis auf empirische Untersuchungen führen Kuhn und Weibler aus, dass der Weg von einer schlechten (unethischen) zu einer guten (ethischen) Führung für viele Organisationen noch weit sein dürfte (Kuhn/Weibler 2012, S. 94 f.). Sie machen dafür auch die Ausbildung an den Hochschulen mitverantwortlich. „Abschließend zu vermerken ist in diesem Zusammenhang schließlich aber auch, dass der führungsethische Personalentwicklungsbedarf in Organisationen sicher um einiges geringer sein könnte, wenn Hochschulausbildungen — und hier im Besonderen die der wirtschaftswissenschaftlichen Studiengänge — weniger durch ‚schlechte'

---

[61] Zusammenfassend etwa Ruckriegel 2014a, Behavioural Insights Team und OECD 2014.

Theorien geprägt wären, die ‚schlechtes' Verhalten (Eigennutz, Opportunismus, Gier) glorifizieren und einem moralischen Denken und Handeln von Führenden in Organisationen damit zweifellos einen Bärendienst erweisen" (Kuhn/Weibler 2012, S. 148 f.). Die Homo-oeconomicus-Annahme, die in den Wirtschaftswissenschaften weit verbreitet ist, ist insofern hoch problematisch, da sie die Studenten in eine bestimmte Richtung, und zwar in Richtung eines unethischen Führungsverhaltens, prägt.

Nach Kuhn und Weibler entspricht das Konstrukt des Homo oeconomicus in Bezug auf die Annahme der Maximierung des Eigennutzes einem der drei Extremtypen von schlechten Führern („dunkle Triade"), und zwar einem Machiavellisten. Daneben rechnen zur dunklen Triade Narzissten und Psychopathen.[62]

> Thomas Sattelberger, der ehemalige Personalvorstand der Deutschen Telekom, hat 2010 in einem Interview in der *Wirtschaftswoche* Business Schools massiv kritisiert. Bei diesem Interview ging es im Wesentlichen darum, dass er die Ausbildung (er spricht hier von „Gehirnwäsche") an den Business Schools, insbesondere in den MBA-Programmen, mitverantwortlich macht für die Finanzkrise. Maßgeblich geht es hier um den Vorwurf, dass Business Schools der „Amoral" junger Manager Vorschub leisten würden (Sattelberger 2010). Auch zwei Jahre später kritisierte Thomas Sattelberger die traditionellen MBA-Programme angelsächsischen Typs scharf: „Die amerikanischen Business Schools sind doch vor allem das ideologische Transport-Vehikel des Finanzkapitalismus. Sie sind einseitig ausgerichtet auf die ökonomische Theorie effizienter Märkte — und dieser Irrglauben, gemischt mit Gier, hat zu den Exzessen mit Schrotthypotheken, zu der Modellierung toxischer Produkte, aber auch zu Maßlosigkeit in der Vergütungspolitik geführt. Diese Schulen sind voll und ganz auf den Homo oeconomicus fixiert. ... Im Kern kommen Business Schools und ihr Flaggschiff MBA aus dem angelsächsischen Kulturkontext deregulierter Märkte und einseitiger Shareholder-Denke" (Sattelberger 2012).

Die Folgen solcher und ähnlicher Programme sind natürlich auch, dass sie die Teilnehmer prägen, das heißt ihr Verhalten verändern. Dass das Studium der Wirtschaftswissenschaften, wozu mittlerweile auch die Basics der Spieltheorie (Gefangendilemma) bereits in den ersten Semestern gehören, prägend im Sinne von mehr Egoismus ist, legen auch wissenschaftliche Studien nahe (siehe hierzu etwa Ariely 2010, S. 311–317).

---

[62] Vgl. im Einzelnen hierzu Kuhn/Weibler 2012, S. 48–60.

Führungsethik versus Homo oeconomicus 1

„Schon im Jahr 1955, als die Spieltheorie — noch ohne Computer, aber konstruiert wie ein Automat — modern wurde, warnte John W. Campbell vor einer Übertragung mathematischer Spielregeln auf die Gesellschaft. ‚Menschen, die in einer Kultur des verdeckten Spielens aufwachsen, werden horrende psychische Problem bekommen'" (Schirrmacher 2013b, S. 146). Es geht um eine Welt des gegenseitigen „Unterstellens, Irreführens, Misstrauens", so Schirrmacher (Schirrmacher 2013b, S. 71).

Schirrmacher führt die Entstehung des „neuen" Homo oeconomicus auf die Zeit des „Kalten Krieges" zurück, wo die Formel geboren wurde, „dass jeder eigennützig handelt und den anderen reinlegen will. Wer das akzeptierte, handelte vernünftig" (Schirrmacher 2013b, S. 28). Der „neue" Homo oeconomicus ist eine Verschärfung der bereits seit Ende des 19. Jahrhunderts in Teilen der Ökonomie (Neoklassik) verbreiteten Homo-oeconomicus-Annahme.

Dieses (neue) Modell bzw. Leitbild menschlichen Handels führte auch zur Entwicklung der (ökonomischen) Spieltheorie mit nicht-kooperativen Spielen (Nash-Gleichgewicht), bei denen also das Schlimmste über das mögliche Verhalten mit- und untereinander („Kalter Krieg") als Standardannahme menschlichen Verhaltens zugrunde liegt („Gefangenendilemma").

„Jedermann", so zitiert Schirrmacher den Wissenschaftshistoriker Philip Mirowski, „wird so zu einem kleinen Agenten und wir alle versuchen, uns gegenseitig über den Tisch zu ziehen — und im Nash-Gleichgewicht legen wir die Regeln fest, wie wir das zu tun gedenken. Es porträtiert jeden von uns so, als wären wir alle irgendwelche algorithmischen Computer, die sich gegenseitig auszutricksen versuchen … Diese Vision, wonach jeder auf seinen eigenen Einfallsreichtum angewiesen ist, zynisch andere Menschen manipuliert bei gleichzeitiger Abwesenheit von auch nur einer Spur sozialer Intelligenz …, ist ziemlich genau das Bild des Agenten im Neoliberalismus" (Schirrmacher 2013b, S. 63).

Schirrmacher weist darauf hin, dass das Verhaltens- und Denkmodell des „neuen" Homo oeconomicus nicht von Psychologen, sondern von Ökonomen, Physikern und Mathematikern für das Militär entwickelt wurde. Denn nur mit dieser Annahme kann man die ganze Komplexität des menschlichen Verhaltens in die Sprache der Mathematik übersetzen (Schirrmacher 2013b, S. 25 f.).

Schirrmacher zitiert den Ökonomen Ariel Rubinstein mit den Worten „dass das Studium der Spieltheorie nicht nützlich ist und sogar schädlich, weil sie potenziell Selbstsucht und Hinterhältigkeit fördert" (Schirrmacher 2013b, S. 70). Nicht kooperative Spiele zu spielen heißt: „Nichts glauben, das Schlimmste und das absolute Eigeninteresse annehmen und dann sehen, wie weit man kommt. … Bürger und Staat haben keine Souveränität mehr, sondern spielen sie nur" (Schirrmacher 2013b, S. 167).

Nach Ende des Kalten Krieges wurden diese Ansätze und Modelle (einschließlich des Fachpersonals) aus der „militärischen Wissenschaftsplanung" einfach — so Schirrmacher — von der Wall Street für die Finanzmärkte übernommen. Es kam somit zu einer Verschmelzung von Ökonomie, Physik und Gesellschaftstheorie zu einer neuen Praxis der sozialen Physik auf der Basis mathematischer Modelle, die auf der „neuen" Homo-oeconomicus-Annahme beruhten.

Der „neue" Homo oeconomicus geht also in der Radikalität seiner Annahmen über den von Walras Ende des 19. Jahrhunderts eingeführten hinaus, indem er Eigen-/Selbstsucht (!) und damit einhergehend Täuschung und Betrug als absolut vernünftig und keinesfalls moralisch unakzeptabel erscheinen lässt — so Schirrmacher in seinem Essay zu seinem letzten Buch *Ego – das Spiel des Lebens* (im *Spiegel* vom 9.2.2013). Wie die vielen Gerichtsverfahren wegen Betrug, Täuschung etc. in der Finanzbranche zeigen, lag diese verschärfte Homo-oeconomicus-Annahme nicht nur den Wall-Street-Modellen zugrunde, sondern war für einige, insbesondere aus der Finanzbranche (aber nicht nur!), auch prägend im Sinne eines Leitbildes für das persönliche Verhalten.

Noch 2006 beschrieben — so Wolf Schneider in seinem Buch *Glück – Eine etwas andere Gebrauchsanweisung* — drei „Coaches für Führungskräfte" in der *FAZ* die Eigenschaften, die eine Führungskraft auf dem Weg zur Macht haben müsse, wie folgt: „Aggressiv und rücksichtslos soll er sein, siegen wollen um jeden Preis, moralische Hürden jederzeit überspringen — sich dabei unauffällig, ja ‚stromlinienförmig' verhalten, bis er die Macht errungen hat: klare Aussagen meiden, schon gar nicht sich als Querdenker profilieren, lieber ‚den Deppen spielen, um die Deppen zu überlisten'; manchmal auch Gerüchte gegen den Konkurrenten streuen ‚und gelassen zusehen, wie die Öffentlichkeit ihn richtet.'" Das ist — so Schneider weiter — „weniger ein Rezept als eine Beschreibung, und zwar die eines überaus unangenehmen Menschentyps" (Schneider 2007, S. 140). Das war noch 2006! Und die Plattform war — so Wolf Schneider — die *FAZ*!

„Wie kann es sein, dass Menschen, die Gymnasien und Universitäten mit enormem Lerneifer und Arbeitseinsatz durchlaufen haben, nun — oben angekommen — keine ethischen Handlungsmaßstäbe haben? Wie konnte es sein, dass sich viele von ihnen jahrelang an brutalen Wirtschaftsmethoden orientiert haben und erst jetzt aufwachen? … Skrupelloses Wirtschaften hat ja nicht nur verheerende Folgen für Unternehmen und für diejenigen, die ausgebeutet oder hintergangen werden, es ruiniert auch die Topmanger selbst. Der Boom der Ethikseminare ist deshalb auch

Führungsethik versus Homo oeconomicus

ein Indikator für den unerträglich gewordenen Druck auf der Führungsebene." So *Die Zeit* in ihrer Titelgeschichte „Ist Ethik käuflich?" im Beitrag „Die Moralapostel".[63]

Thomas Noll und Frank Urbaniok weisen ihn ihrem Gastkommentar „Im Kopf der Banker" im *Handelsblatt* vom 1.3.2013 darauf hin, dass eine Studie, die 2011 mit Schweizer Börsenhändlern durchgeführt wurde, darauf hindeutet, „dass bei der Mehrzahl der Trader das professionelle Verhalten von machiavellistischem Egoismus und geringer Kooperationsbereitschaft geprägt ist". Sie machen das Milieu in den Handelssälen dafür verantwortlich, wofür sie auch andere Ergebnisse der Studie als Beleg heranziehen. Sie schlagen deshalb vor, bei diesen Umgebungsfaktoren anzusetzen und innerbetrieblich einen entsprechenden „Code of Conduct" festzulegen, diesen regelmäßig durch Schulungen aufzufrischen, eine Nulltoleranzpolitik bei entsprechenden Verfehlungen und ein Vorleben der neuen Betriebskultur durch die Vorgesetzten.

Mark Carney, der Chef der Bank of England, der britischen Zentralbank, hat in einer Rede Ende Mai 2014 mahnende Worte an die Banker gerichtet. Im Artikel „Schuld und Sühne" bezieht sich das *Handelsblatt* (31.7.2014, S. 32) auf diese Rede: „Der Kapitalismus sei in Gefahr, wenn Banker nicht einsehen, dass sie auch eine gesellschaftliche Verantwortung hätten. ... Bereits Jahrzehnte vor der Finanzkrise habe sich ein schädliches Sozialverhalten breitgemacht. Viele Banken haben darauf ein reagiert und einen Moralkodex aufgestellt, aber haben wirklich alle Händler die Bedeutung der neuen Prinzipien verinnerlicht?"

> **! WICHTIG**
>
> Es ist höchste Zeit, dass die angesprochenen und sich angesprochen fühlenden Teile der Wirtschaftswissenschaften die nicht nur empirisch nicht haltbare, sondern auch negativ prägende Homo-oeconomicus-Annahme aufgeben und sich wieder in die (empirischen) Sozialwissenschaften einordnen. Eine „soziale Physik" gibt es schlichtweg nicht.

„Die [neoklassischen, Anm. d. Verf.] Volkswirte haben ihre Theorie nach dem Vorbild der Newton'schen Physik gestaltet und deshalb legen sie so viel Wert auf das Gleichgewicht. Ich behaupte, diese Analogie sei falsch. Newton befasste sich mit Phänomenen, die sich völlig unabhängig von dem äußern, was irgendjemand über sie denkt, während es Volkswirte mit Situationen zu tun haben, die denkende Teilnehmer beinhalten. ... Wie können für das Studium von Naturphänomenen und von menschlichen Angelegenheiten die gleichen Methoden und Kriterien gelten,

---

[63] Ist Ethik käuflich? in: Die Zeit, 9.1.2014, S. 20.

wo es doch so grundlegende Unterschiede zwischen beiden gibt? Denkende Subjekte handeln auf der Grundlage eines unvollständigen Verständnisses und ihre Fehlbarkeit führt in die menschlichen Angelegenheiten ein Element der Ungewissheit ein, das bei Naturphänomenen nicht vorhanden ist." So George Soros (Soros 2012, S. 15 und 17).

> **ZWISCHENFAZIT**
>
> Gesunde und gute Führung setzt Führungsethik voraus. Führung findet im Spannungsfeld der Eigeninteressen der Führenden, der Eigeninteressen der Geführten und den Zielen der Organisation statt. Unter Führungsethik ist die individuelle Selbstverpflichtung zu verstehen, fortgesetzt zwischen dem abzuwägen, was aus Sicht der eigenen Interessen am besten wäre, und dem, was mit Blick auf die berechtigten Interessen von anderen geboten ist. Dabei ist auch darauf zu achten, dass die Organisationen eine Führung in Integrität unterstützen. Es geht dabei einerseits um das Setzen von verantwortungsbewussten Leistungszielen und von verantwortungsbewussten Leistungsanreizen. Führungsethik ist auf Fairness ausgerichtet. Es ist höchste Zeit, dass die Wirtschaftswissenschaften die nicht nur empirisch nicht haltbare, sondern auch negativ prägende Homo-oeconomicus-Annahme aufgeben und sich wieder in die (empirischen) Sozialwissenschaften einordnen. Insbesondere die Egoismus-Annahme führt zu einer negativen Prägung, die einer guten und gesunden Führung entgegensteht.

1.11 Säule II: Schaffung und Verbesserung der Voraussetzungen in den Unternehmen

Behandle die Menschen so, als wären sie, was sie sein sollten, und du hilfst ihnen zu werden, was sie sein können.

Johann Wolfgang von Goethe

Seit Ende der 90er-Jahre gibt es mit der Positiven Psychologie als Teil der Glücksforschung eine neue Forschungsrichtung/-disziplin, die sich (wieder) mit der Frage beschäftigt, was das Leben lebenswert macht. Es geht hier um positives Erleben, positive Eigenschaften (z. B. Stärken, Tugenden und Begabung) und positive Institutionen (das heißt Rahmenbedingungen von Institutionen, z. B. gesunde Familien, gute Wohngegenden, Schulen, Medien oder Unternehmen). Die Positive Psychologie beschäftigt sich u. a. also auch damit, unter welchen Voraussetzun-

Säule II: Schaffung und Verbesserung der Voraussetzungen in den Unternehmen

gen Arbeit in Unternehmen Zufriedenheit und hohe Produktivität fördert (Ruch/Harzer 2012, S. 109 f.). Diese Erkenntnisse haben seit einigen Jahren auch ihren Niederschlag in neueren Ansätzen der Managementlehre unter der Bezeichnung „Positive Organizational Scholarship" gefunden.

Die Januar/Februar-Ausgabe 2012 der *Harvard Business Review* und die April-Ausgabe 2012 des in Deutsch erscheinenden *Harvard Business manager* beschäftigt sich schwerpunktmäßig mit „The Value of Happiness", und zwar für den Einzelnen, die Unternehmen und für die Gesellschaft. Der Grund ist ganz einfach: So schreibt die HBR, dass mehr und mehr Forschungsarbeiten aus den Bereichen Neurobiologie, Psychologie und den Wirtschaftswissenschaften den Zusammenhang zwischen zufriedenen und glücklichen Mitarbeiter und besseren betriebswirtschaftlichen Ergebnissen klar herausarbeiten.

Dass die *Harvard Business Review* dem Thema Happiness eine solche breite Aufmerksamkeit schenkt hat, hängt also damit zusammen, dass glückliche und zufriedene Mitarbeiter das Beste sind, was Unternehmen sich wünschen können. Deshalb gehen auch neuere Ansätze der Managementlehre, die aus der Glücksforschung entstanden sind, in diese Richtung. In Deutschland wird das Thema Glück/Zufriedenheit bei der Arbeit angesichts der zunehmenden Arbeitskräfteknappheit aufgrund der demografischen Entwicklung schon bald ein zentrales Kriterium für die Wahl des „richtigen" Unternehmens sein. Die Menschen werden nach der Devise von Konfuzius handeln: „Such dir eine Arbeit, die du liebst — dann brauchst du keinen Tag im Leben mehr zu arbeiten."

Dank der interdisziplinären Glücksforschung wissen wir ganz gut, wo wir, wo jeder bei sich ansetzen kann, um zufriedener und glücklicher zu werden. Und das ist eine Win-Win-Situation für alle: für die Führungskräfte, für die Mitarbeiter und auch für die Unternehmen.

Unter der Überschrift „Die erschöpfte Republik" stellt die Ausgabe Juni 2012 des *Manager magazin* das erste deutsche Burnout-Ranking vor. Unternehmen, die hier auf den oberen Plätzen liegen, dürften es bald sehr schwer haben, noch gute Mitarbeiter zu gewinnen.

1.11.1 Mitarbeiterführung – der Mensch steht im Mittelpunkt

„Positive Gefühle sind ein mächtiges Werkzeug für Führungskräfte und Teammitglieder, um die Beziehung zwischen Vorgesetzten und Mitarbeitern und im Team zu verbessern", so die Forschungsergebnisse der letzten Jahre.[64]

1.11.1.1 Was ist ein guter und gesunder Führungsstil?

Nach den Erkenntnissen der Kommunikationswissenschaft dominiert die Beziehungsebene zwischen zwei Menschen immer die Inhaltsebene. Die Beziehung zum direkten Vorgesetzen ist deshalb auch die Achillesferse der Arbeitszufriedenheit (Sprenger 2012, S. 261).

In der Dezember-Ausgabe 2007 der *Harvard Business Review* findet sich unter dem Titel „Making Relationships Work" ein Interview mit dem Beziehungsforscher John M. Gottman. Gottman beschäftigt sich seit Jahrzehnten mit der Frage, was gute Beziehungen zwischen Ehepartnern ausmacht. Die Idee ist nun, diese Erkenntnisse für das Miteinander zwischen Management und Mitarbeitern oder im Umgang der Mitarbeiter und Mitarbeiterinnen untereinander nutzbar zu machen. Was macht aber eine erfüllende (Liebes-)Beziehung zwischen Ehepartnern aus, was sollte man in die betriebliche Praxis des Umgangs miteinander übertragen? Gottman hat fünf Erfolgsfaktoren identifiziert:

- gegenseitige Zuwendung und gegenseitige Aufmerksamkeit
- Denken und Handeln im Wir-Gefühl (nicht im Ich-Gefühl)
- gegenseitige Akzeptanz und Respekt
- positive Illusionen über den Charakter des Partners
- Aufregung im Alltag, etwa durch Ausbrechen aus der Routine

Ein modernes Führungsverständnis sieht die Rolle des Vorgesetzten daher ganz anders und völlig neu. Man spricht hier auch von transformationaler Führung. Diese zeichnet sich durch eine inspirierende und beziehungsorientierte Führungskraft aus und weist vier Merkmale auf (Enste et al. 2013, S. 16):

- idealisierter Einfluss
- inspirierende Motivation
- intellektuelle Anregung
- individuelle Betrachtung

---

[64] „… we see positive emotions as a powerful tool for leaders and work team members to foster leader-subordinate relationships and teammate relationships, respectively" (eigene Übersetzung). Vacharkulksemsuk/Fredrickson 2013, S. 51. Siehe hierzu auch BARMER GEK 2014, S. 43.

Säule II: Schaffung und Verbesserung der Voraussetzungen in den Unternehmen

„Es gibt erwiesenermaßen einen Zustand, in dem der Mensch seine Potenziale voll entfalten kann, und zwar unabhängig vom Lebensalter. Das ist der Zustand der Begeisterung. Für die Potenzialentfaltung des Mitarbeiters spielt es also eine Rolle, für wie wichtig er seine Aufgaben hält und wie viel Engagement er für die Ausführung entwickelt" (Enste et al. 2013, S. 16 f.).

Lohmeier und Sprenger zufolge sieht sich der Vorgesetzte mehr als Berater und Unterstützer, der Hilfe gibt, um bei schwierigen Aufgaben Lösungsmöglichkeiten zu finden. Der Vorgesetzte ermutigt, motiviert, gibt Zuspruch und Anerkennung. Um dies als Führungskraft überzeugend umsetzen zu können, braucht es natürlich ganz andere Eigenschaften, Kompetenzen und ein völlig neues Rollenverständnis von Führung. Die Führungsbeziehung ist extrem wichtig und beeinflusst in hohem Maße das Wohlbefinden, die Stimmung, das Engagement und damit die Arbeitsleistung der Geführten. Bei Führung im heutigen Verständnis geht es — nach Klärung der Ziele und Aufgaben — darum, den Mitarbeitern Hilfe und Unterstützung anzubieten, Orientierung und Rückhalt zu geben, und um die Möglichkeit, Ideen und Anstöße im gemeinsamen Dialog zu entwickeln (Lohmeier et al. 2012, S. 83). Ein transformationaler Führungsstil hat positive Wirkungen auf die Arbeitszufriedenheit der Mitarbeiter, die Leistung der Führungskraft, die Führungseffizienz sowie den Unternehmenserfolg (Enste et al. 2013, S. 16).

Transformationale Führung: Worum geht es im Einzelnen?

- Authentisches Interesse an den Wünschen, Bedürfnissen und am Wohlbefinden zeigen; sich um den Mitarbeiter kümmern, ihn ernst nehmen und Interesse an seiner Arbeit zeigen, höflich sein und auf Höflichkeit im Umgang der Mitarbeiter untereinander Wert legen und dies auch durchsetzen; Gefühl der Zugehörigkeit und Verbundenheit geben; Schaffen einer freundlichen und kooperativen Arbeitsatmosphäre; respektvolle, wertschätzende Grundhaltung
- Stärkenbasierte Auswahl der Mitarbeiter bei der Einstellung sowie Förderung der Weiterbildung und Entwicklung auf der Grundlage der Stärken der einzelnen Mitarbeiter
- Weiterbildung und Entwicklung fördern; Fehler und Fehlentwicklungen als Ansatzpunkte des konstruktiven Lernens sehen
- Entscheidungsspielräume und Beteiligungsmöglichkeiten (Zielfindungsprozess, Organisation des Arbeitsfeldes) schaffen — Macht teilen
- Informationen teilen und Informationsfluss fördern, klare Arbeitsanweisungen geben (Rollenklarheit/klare Hierarchie/verlässliche Arbeitsbedingungen), eindeutige, klare und ehrliche Kommunikation; Informationen sollen den Mitarbeitern eine transparente Abschätzung der Konsequenzen ihres Handelns und der Entscheidungen des Managements erlauben; es gibt ein verlässliches Regelwerk

Glücksforschung – was Menschen glücklich macht

- Glaubhaft und überzeugend den Sinn von Zielsetzungen und Strategien vermitteln
- Den Mitarbeitern vertrauen und auf intensive Kontrollen verzichten
- Emotionale und praktische Unterstützung geben, um bei schwierigen Aufgaben Lösungsmöglichkeiten zu finden; das Gefühl geben, für sie da zu sein und erreichbar zu sein
- Feedback — Coaching (Ratschläge), Bewertung (Einstufung) — geben und suchen und dadurch das Selbstwertgefühl stärken und die Orientierung festigen; alle Gelegenheiten zur lobenden Anerkennung besonderer Leistungen und guter Ideen nutzen
- Teamarbeit und gutes Arbeitsklima fördern
- Fairness zeigen, das heißt sich an den Grundsätzen der Gleichbehandlung orientieren und gerechte Entscheidungen treffen
- Vorbildfunktion als Führungskraft ausfüllen
- Aber auch: Klare Konsequenzen bei unfairem Verhalten von Mitarbeitern ziehen[65]

Es kommt also auf ethikorientierte, sozial kompetente Führungskräfte an. Dabei hat die Führungskraft auch eine Vorbildfunktion. Die BARMER GEK schreibt hierzu:

- „Ihr [gemeint ist die Führungskraft, Anm. d. Verf.] Umgang mit Belastungen und Stresssituationen hat Vorbildcharakter.
- Ihre persönliche Arbeitsweise und ihre Rhythmik zwischen Beanspruchung und erholender Entspannung geben Orientierung und setzen einen Maßstab" (BARMER GEK 2014, S. 43)

Soziale Kompetenz (Soziale Intelligenz) unterteilt sich in zwei Bereiche: das soziale Bewusstsein und soziale Fertigkeiten.

Das soziale Bewusstsein ist die Fähigkeit, emotionale Informationen zu erkennen und zu verstehen (Emmerling/Boyatzis 2012, S. 8). Es ist die Voraussetzung für das Verständnis der Gefühlswelt anderer Personen (Goleman 2006, S. 134).

---

[65] Siehe hierzu BARMER GEK 2014, S. 44; Porath et al. 2012, S. 24-33; Sirota et al. 2010, S. 14-15.

Säule II: Schaffung und Verbesserung der Voraussetzungen in den Unternehmen

Soziales Bewusstsein

Primäre Empathie	Einfühlen in andere und Erkennen von nonverbalen emotionalen Signalen
Zugewandtheit	Aufmerksames Zuhören und Zugewandtheit zum Gegenüber
Soziale Kognition	Wissen, wie die soziale Welt funktioniert
Empathische Genauigkeit	Begreifen der Gedanken, Gefühle und Absichten des Gegenübers

Tab. 6: Soziales Bewusstsein
Quelle: nach Goleman 2006, S. 134.

Die Kompetenzen primäre Empathie, Zugewandtheit, soziale Kognition und empathische Genauigkeit bauen alle aufeinander auf und beeinflussen sich gegenseitig.

Soziale Fertigkeiten umfassen die Fähigkeit, emotionale Informationen über sich selbst zu erkennen, zu verstehen und zu verwenden (Emmerling/Boyatzis 2012, S. 8). Sie basieren auf dem sozialen Bewusstsein. Ohne soziale Fertigkeiten ist keine erfolgreiche Interaktion mit anderen möglich (Goleman 2006, S. 134).

Soziale Fertigkeiten

Synchronie	Reibungsloses Interagieren auf der nonverbalen Ebene
Selbstdarstellung	Wirksame Darstellung der eigenen Person
Einflussnahme	Steuerung des Ergebnisses sozialer Interaktionen
Fürsorglichkeit	Achten auf Bedürfnisse anderer und Zeigen eines entsprechenden Verhaltens

Tab. 7: Soziale Fertigkeiten
Quelle: nach Goleman 2006, S. 134–135.

Soziales Bewusstsein und soziale Fertigkeiten bilden die Voraussetzungen für den Führungserfolg und für die gesundheitsgerechte Führung. Nur wenn eine Führungskraft selbst soziale Intelligenz besitzt, kann sie ein gutes Vorbild für ihre Mitarbeiter sein. Durch soziale Intelligenz ist die Führungskraft in der Lage, die Mitarbeiter nicht nur auf der sachlichen Ebene anzusprechen, sondern versteht auch deren Gefühle, Gedanken und Absichten. Somit hat sie die Möglichkeit, die Mitarbeiter richtig zu fördern und die Arbeitsaufgaben entsprechend zu verteilen, sodass weder Unzufriedenheit, Demotivation noch Stress entstehen (Meckel 2013, S. 64–65). Auch wenn es als ein schwieriges Unterfangen erscheint, lohnt es, an der sozialen Intelligenz zu arbeiten. Es ist durchaus möglich, in allen Dimensionen dazuzulernen und Fortschritte zu machen (Goleman 2006, S. 138–154).

Unter der Rubrik „Karriere" beschäftigt sich der Artikel „Ramponierter Richtungsweiser" im *Handelsblatt* vom 25./26./27.7.2014 (S. 54) u. a. mit der Auswahl von Führungskräften beim Schweizer Nahrungsmittelkonzern Nestlé. Danach gehe es bei Mitarbeiterbeurteilungsgesprächen nicht nur um messbare Leistungen und das weitere Entwicklungspotenzial einer Führungskraft. Es geht noch um eine dritte Dimension. Die Vorstandsmitglieder kommen auch zweimal im Jahr zusammen, um für jeden Manager der Gruppe sowie für Nachwuchstalente diese dritte Dimension zu besprechen. Zu dieser dritten Dimension zitiert das *Handelsblatt* Werner Bauer, den Aufsichtsratschef von Nestlé, mit folgenden Worten: „Wir fragen, wie jeder Einzelne seine gesteckten Ziele erreicht hat. Also, ob jemand ein Teamplayer oder Einzelkämpfer ist. Wer in dieser Runde als ausgeprägte Egomane auffällt, hat in unserem Konzern keine Zukunft." In einem Interview im *Handelsblatt* („Kultur bedeutet bei uns Respekt") vom 11.9.2014 nennt Paul Bulcke, der Vorstandsvorsitzende von Nestlé, die Kultur im Unternehmen als den wesentlichen Erfolgsfaktor. „Wenn ich die Kultur mit einem Wort zusammenfassen soll, dann wäre das Respekt. Respekt für die Mitarbeiter, die Umwelt, die nächste Generation, für andere Kulturen und Denkweisen. Ein wichtiges Element ist dabei langfristiges Denken."

Nach Fernandez-Araoz, Senior Advisor bei der international tätigen Personalberatungsfirma Egon Zehnder, zeigt sich das Potenzial einer Führungskraft an folgenden Punkten: „Der erste Indikator für hohes Potenzial ist für uns immer die Motivation, also die kompromisslose Entschlossenheit, sich in der Verfolgung uneigennütziger Ziele hervorzutun. Mitarbeiter mit hohem Potenzial sind ehrgeizig und wollen etwas verändern, aber sie streben auch nach übergeordneten kollektiven Zielen, sind von tiefer Bescheidenheit geprägt und geben sich große Mühe, in allem, was sie tun, immer besser zu werden. Diese Motivation ist das erste Kriterium, auf das wir achten, weil es sich dabei um eine konstante — und normalerweise unbewusste — Eigenschaft handelt. Wenn ein Mensch sich nur von egoistischen Motiven leiten lässt, wird sich daran vermutlich auch in Zukunft nichts ändern. ... Suchen Sie nach Leuten, die hoch motiviert sind, schwierige Ziele zu verfolgen, andererseits aber auch bescheiden genug, um das Wohl der Gruppe über die Befriedigung individueller Bedürfnisse zu stellen" (Fernandez-Araoz 2014, S. 24 f. und 31).

Das Vorgehen bei der Auswahl der Führungskräfte bei Nestlé ist also wohl begründet. Sie basiert auf dem Stand der aktuellen Erkenntnisse.

Säule II: Schaffung und Verbesserung der Voraussetzungen in den Unternehmen

1.11.1.2 Kann man gute und gesunde Führung lernen?

Zwar lassen sich bestimmte Verhaltensweisen guter Führung wie Kommunikationsstil, Gesprächsführung, Zielsetzung, Konfliktlösung, Delegation etc. erlernen. Klar belegt ist aber, dass gute Führungskräfte bestimmte genetisch bedingte und stabile Merkmale aufweisen. „So gilt als wissenschaftlich fundiert, dass neben der Intelligenz als ein Prädikator für Führungserfolg auch Persönlichkeitseigenschaften wie Gewissenhaftigkeit, emotionale Stabilität, Extraversion und Offenheit wichtige Voraussetzungen sind" (Schmidt-Huber/Tippelt 2014, S. 12).

Daneben kommt es auch auf die Motive, Werte und Haltungen an, die bei einer guten, das heißt bei einer ethikorientierten Führung entscheidend sind. Im Einzelnen handelt es sich dabei um (Schmidt-Huber/Tippelt 2014, S. 6–27):

- ein sozialisiertes Machtmotiv
- moralisches Urteilsvermögen
- Perspektivübernahmefähigkeit und Empathie (Einfühlungsvermögen)
- Ambiguitätstoleranz (Umgang mit unterschiedlichen Normen und Verhaltenserwartungen)
- kritische Selbstreflexion und Lernbereitschaft
- Selbstbewusstsein (positiver Selbstwert und Selbstwirksamkeitserwartung)
- Kreativität

Das Machtmotiv, das Streben nach Machtausübung, nach Gestaltung sozialer Prozesse und nach Einflussnahme hat zwei Ausprägungen: „Grundsätzlich wird in der psychologischen Forschung zwischen zwei Ausprägungen des Machtmotivs differenziert: Führungskräfte, die Erfolge der Gruppe im Blick haben und durch ihren Einfluss und ihre Steuerung gemeinsam Ziele erreichen möchten (sogenannte sozialisierte Motivation), und Führungskräfte, deren Antreiber vor allem der eigene persönliche Erfolg ist (sogenannte personalisierte Führung). Gute Führung wird von sozialisiert motivierten Führungskräften praktiziert, die ihre Macht gezielt einsetzen, um gemeinsam mit anderen Bedürfnisse zu befriedigen und für andere Personen Nutzen zu stiften. Gute Führung ist geprägt von Respekt gegenüber den Geführten und einer wertorientierten Grundhaltung, sich an soziale und moralische Spielregeln zu halten" (Schmidt-Huber/Tippelt 2014, S. 6 f.).

Ausgewählte Wurzeln ethikorientierter Führung

Ethikorientiertes Handeln	Persönliche Eigenschaften und Kompetenzen
Verantwortungsbewusste Einflussnahme im Dienst und zum Wohl Beteiligter	Sozialisiertes Machtmotiv
Bemühen um Ausgewogenheit von Interessen unterschiedlicher Adressaten	Perspektivübernahme und Empathie
Integrität der Führungskraft und wertorientiertes Handeln	Moralisches Urteilsvermögen Positiver Selbstwert Selbstreflexion
Konstruktive, reflektive Visionsarbeit	Kreativität und Begeisterungsfähigkeit
Bereitschaft, persönliche Risiken in Entscheidungssituationen in Kauf zu nehmen	Ambiguitätstoleranz Positiver Selbstwert Selbstwirksamkeit
Adressatengerechte und umfassende Kommunikation von Informationen	Moralisches Urteilsvermögen Perspektivübernahme und Empathie
Umgang mit Kritik und Ermutigung zum Diskurs	Selbstreflektion Positiver Selbstwert
Aktiver Einsatz für die Entwicklung anderer Personen (zum Beispiel Mitarbeiter)	Sozialisiertes Machtmotiv Perspektivübernahme und Empathie

Tab. 8: Ausgewählte Wurzeln ethikorientierter Führung
Quelle: Schmidt-Huber/Tippelt 2014, S. 12.

Der Auswahl der potenziellen künftigen Führungskräfte kommt damit eine entscheidende Rolle zu, da sich Rückstände bei den obigen Führungskompetenzen nicht „in kurzer Zeit durch Entwicklungsmaßnahmen wie Seminare und Coaching aufholen" lassen (Schmidt-Huber/Tippelt 2014, S. 37). Die Ausprägung der heute geforderten Führungskompetenzen ist ein längerer Reifungsprozess, der insbesondere vom Elternhaus und von der Schul- und Berufsausbildung bzw. von den Hochschulen geprägt wird. Unterstützend wirkt ein konsequenter Erziehungsstil im Elternhaus, „der die Kinder und Jugendlichen sehr unterstützt bei gleichzeitig eindeutigen altersangemessenen Anforderungen und einer hohe Sorge um die Kinder" (Schmidt-Huber/Tippelt 2014, S. 31). Es geht um eine große elterliche Wärme und Zuneigung, verbunden mit starker Lenkung. Im Bereich von Bildung und Ausbildung „sollten Lerngelegenheit für problemlösendes und situiertes Lernen in Kooperation mit außerschulischen Einrichtungen und Organisationen geschaffen werden, beispielsweise Museen, Betriebe, Jugend- und Alterseinrichtungen. Nur in Auseinandersetzung mit solchen außerschulischen Partnern der traditionellen

Säule II: Schaffung und Verbesserung der Voraussetzungen in den Unternehmen

Bildungseinrichtungen ist es möglich, ein aktives projektorientiertes Lernen zu etablieren ... " (Schmidt-Huber/Tippelt 2014, S. 32).

Die Wurzeln für eine gute, erfolgreiche ethische Führung hängen also zu einem Gutteil von der Art der Sozialisierung in Jugend und Kindheit, teils aber auch von den Persönlichkeitseigenschaften, die relativ stabil sind, ab.

Nicht jeder ist also zur Führung von Mitarbeitern geeignet bzw. willens und bereit dazu. Die Lösung besteht hier darin, dass drei verschiedene Laufbahnen im Unternehmen angeboten werden, die ähnliche Aufstiegs- und Karrieremöglichkeiten bieten, und zwar Führungs-, Projekt- und Expertenlaufbahnen. Kerstin Bund beschreibt dies wie folgt: „Junge Leute wollen heute zwar Verantwortung übernehmen, aber nicht mehr unbedingt führen. Sie sind an der Sache interessiert, nicht an der Macht. Viele halten eine Führungsposition gar nicht mehr für erstrebenswert. Sie möchten sich lieber fachlich weiterentwickeln in einer Position, die ihnen mehr Freiheiten und mehr Zeit fürs Private lässt. Ein paar Unternehmen reagieren bereits. ... (und bieten) ein dreigliedriges Modell an, in dem Beschäftigte eine Führungs-, Projekt- oder Expertenlaufbahn verfolgen können. Alle drei Karrieren sind gleichwertig und werden auch in gleicher Weise honoriert. Wer führen will, wird Manager. Wer gut ist im Koordinieren, macht Projektarbeit. Wer eine Materie durchdringen möchte, wird Spezialist ..." (Bund 2014, S. 132 f.).

1.11.2 Arbeitsplatzgestaltung – vom Job zur Berufung

Die Einstellung zur Arbeit hat einen größeren Einfluss auf die Zufriedenheit mit dem Leben und mit der Arbeit als Einkommen und berufliches Ansehen. Geht es beim Jobverständnis um eine lästige Pflicht und nur ums Geldverdienen und steht beim Karriereverständnis die Motivation durch äußere Faktoren wie Geld und Vorwärtskommen in Einfluss und Ansehen im Mittelpunkt, so bringt beim Berufungserleben die Arbeit an sich die Erfüllung. Zwar sind Gehalt und Aufstieg auch wichtig. Man arbeitet aber hauptsächlich, weil die Beschäftigung Freude macht.

Das Unternehmen kann die Voraussetzungen dafür schaffen, dass eine Arbeit als Berufung begriffen wird und es zu Flow-Erlebnissen kommt:

- Arbeitsanforderungen müssen quantitativ und qualitativ bewältigbar sein
- es geht darum, Über- und Unterforderungen zu vermeiden
- Mitarbeiter müssen einen gewissen Einfluss auf den Arbeitsablauf haben
- Arbeit muss eine Vielzahl von Talenten und Fertigkeiten erfordern
- Mitarbeiter müssen eine bestimmte Aufgabe ganz, also vom Anfang bis zum Ende, erfüllen können

Glücksforschung – was Menschen glücklich macht

- Mitarbeiter müssen das Gefühl haben, dass ihre Arbeit für andere Menschen eine Bedeutung hat, etwa durch Qualität und Nützlichkeit der Produkte, Umweltverträglichkeit, Ausbildungsbemühungen bei jungen Menschen, Unterstützung gesellschaftlicher Projekte im sozialen, wissenschaftlichen und kulturellen Bereich. Es geht hier also um das Schaffen und Verstehen von Sinnzusammenhängen.

Untersuchungen zeigen, dass Beschäftigte, die ihre Tätigkeit als bedeutungsvoll wahrnehmen und Gutes bewirken, mehr als andere leisten. Sinnvolle Arbeit führt also zu besserer Arbeit.

„Sind Sie manchmal bei der Arbeit, beim Studium oder bei Nachgehen eines Hobbys so vertieft, dass Sie darüber die Zeit vergessen? Dieses Gefühl wird als Flow bezeichnet. Wenn Sie bisher solche Erlebnisse noch nicht hatten, dann sollten Sie sich neue Tätigkeiten suchen, sowohl im Hinblick auf die Arbeit als auch auf die Hobbys." So Ben Bernanke, der frühere „Chef" der US-Zentralbank in einem Vortrag vor Absolventen der University of South Carolina im Jahr 2010.[66]

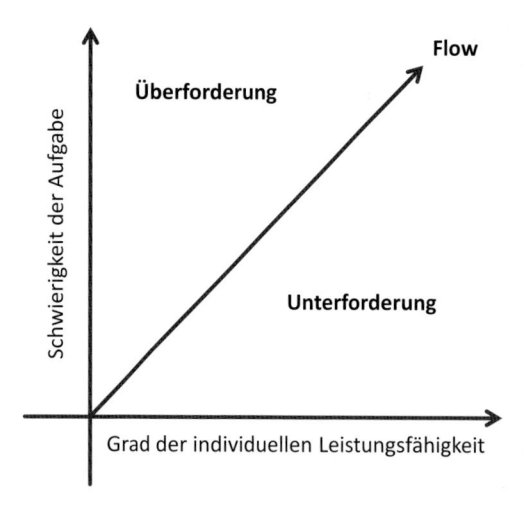

Abb. 7: Flow-Zustand
Quelle: nach Ben-Shahar 2007, S. 135.

Flow-Erlebnisse sind im Wesentlichen dadurch gekennzeichnet, dass es sich um herausfordernde Tätigkeiten handelt, für die man besondere Geschicklichkeit braucht, die Aufmerksamkeit vollständig von dieser Tätigkeit gefesselt wird, die

---

[66] „When you are working, studying, or pursuing a hobby, do you sometimes become so engrossed in what you are doing that you totally lose track of time? That feeling is called flow. If you never have that feeling, you should find some new activities – whether work or hobbies" (eigene Übersetzung). Bernanke 2010.

Säule II: Schaffung und Verbesserung der Voraussetzungen in den Unternehmen

Ziele deutlich umrissen sind und eine unmittelbare Rückmeldung erfolgt, man alle unangenehmen Aspekte des Lebens vergessen kann, man voll in dieser Tätigkeit aufgeht und die Zeit dabei vergisst (Csikszentmihalyi 2007).

Wie man aus Abbildung 7 erkennen kann, liegt eine Überforderung vor, wenn die Anforderungen die individuelle Leistungsfähigkeit übersteigen. Im umgekehrten Fall kommt es zu einer Unterforderung (Ben-Shahar 2007, S. 135). Der Flow-Zustand steigert das Wohlbefinden am Arbeitsplatz, bewahrt die Gesundheit und macht die Arbeitsaufgabe interessant (Horning 2013, S. 30).

Ist man im Flow, so geht die Arbeit sozusagen wie von selbst, das heißt, man muss im System 2 keine mentale Energie aufwenden, um sich zum Arbeiten anzuhalten („Selbstbeherrschung"). Diese Energie steht für bewusstes Denken zur Verfügung. Mit anderen Worten: Im Flow zu sein bedeutet, produktiver zu sein.

Nimmt man den *Stressreport 2012* zur Hand und vergleicht den Anteil von Personen mit qualitativer und quantitativer Über- und Unterforderung aus dem Jahr 2005/2006 und dem Jahr 2011/2012, so gibt es nahezu keinerlei Veränderungen (siehe Abb. 8). Betrachtet man das Jahr 2011/2012 genauer, so fällt auf, dass eine quantitative und qualitative Unterforderung besonders bei jüngeren Altersklassen besteht und kontinuierlich mit dem Alter zurückgeht. Während die quantitative Überforderung am stärksten im mittleren Alter (35 bis 44) vorzufinden ist, ist die qualitative Überforderung unabhängig von der Altersklasse. Zudem berichten Beschäftigte mit Personalverantwortung vermehrt über beide Arten der Überforderung, leiden dafür jedoch weniger an quantitativer und qualitativer Unterforderung (Lohmann-Haislah 2012, S. 85–91).

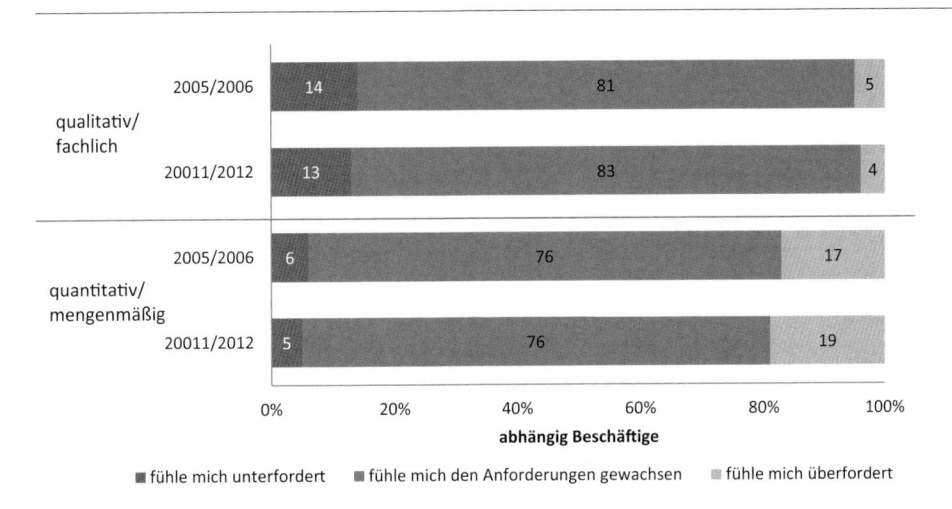

		fühle mich unterfordert	fühle mich den Anforderungen gewachsen	fühle mich überfordert
qualitativ/fachlich	2005/2006	14	81	5
	2011/2012	13	83	4
quantitativ/mengenmäßig	2005/2006	6	76	17
	2011/2012	5	76	19

Abb. 8: Quantitative und qualitative Über- und Unterforderung in Deutschland
Quelle: nach Lohmann-Haislah 2012, S. 85.

Glücksforschung – was Menschen glücklich macht

Allgemeiner befasste sich der *Stressreport 2012* mit der Frage der häufigsten Belastungen in der Arbeitsaufgabe und -organisation. Hierzu wurden 17.562 abhängig Erwerbstätige in Deutschland per Telefon und computergestützten Verfahren befragt. Um ein repräsentatives Sample für Deutschland zu bilden, wurden die Merkmale Geschlecht, Familienstand, Herkunft, Alter, Stellung im Beruf, höchster Schulabschluss und Wohnort (Bundesland) herangezogen. Es wurden erwerbstätige Personen ab dem 15. Lebensjahr berücksichtigt, die mindestens zehn Stunden pro Woche gegen Entgelt beschäftigt waren (Lohmann-Haislah, a.a.O., S. 25–31).

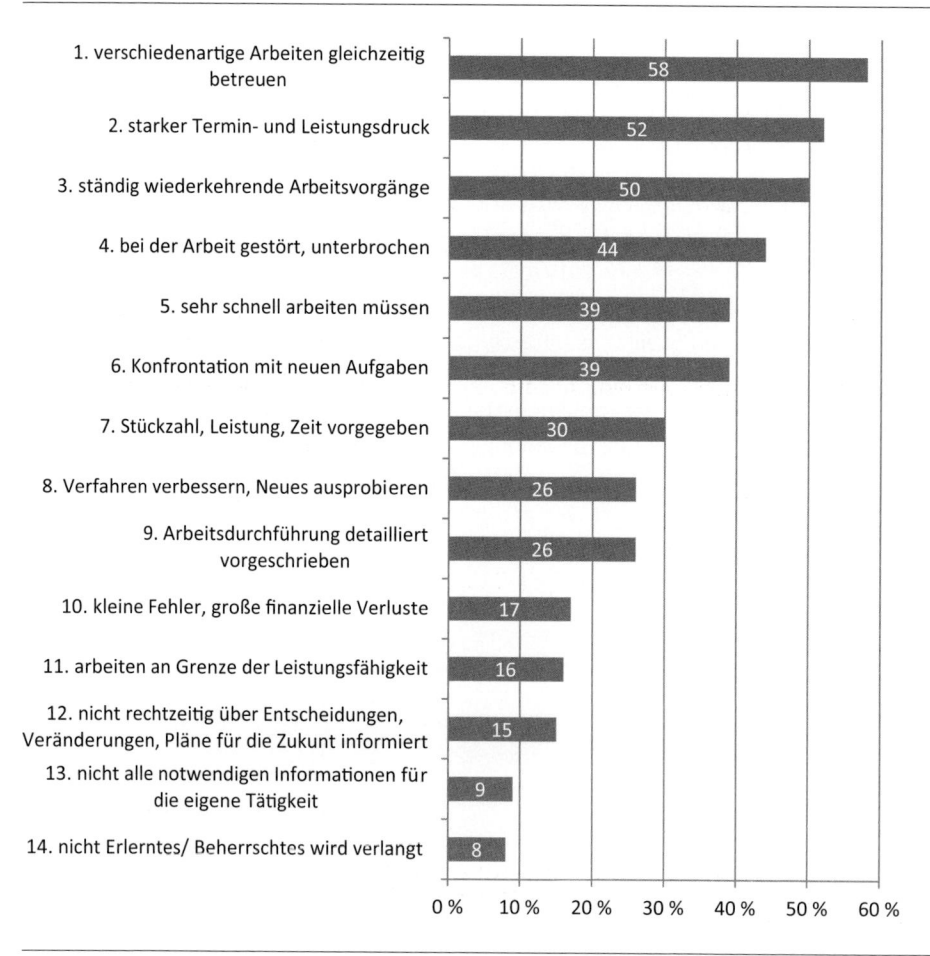

Belastung	%
1. verschiedenartige Arbeiten gleichzeitig betreuen	58
2. starker Termin- und Leistungsdruck	52
3. ständig wiederkehrende Arbeitsvorgänge	50
4. bei der Arbeit gestört, unterbrochen	44
5. sehr schnell arbeiten müssen	39
6. Konfrontation mit neuen Aufgaben	39
7. Stückzahl, Leistung, Zeit vorgegeben	30
8. Verfahren verbessern, Neues ausprobieren	26
9. Arbeitsdurchführung detailliert vorgeschrieben	26
10. kleine Fehler, große finanzielle Verluste	17
11. arbeiten an Grenze der Leistungsfähigkeit	16
12. nicht rechtzeitig über Entscheidungen, Veränderungen, Pläne für die Zukunft informiert	15
13. nicht alle notwendigen Informationen für die eigene Tätigkeit	9
14. nicht Erlerntes/ Beherrschtes wird verlangt	8

Abb. 9: Häufigste Belastungen in der Arbeitsaufgabe bzw. -organisation[67]
Quelle: nach Lohmann-Haislah 2012, S. 36

---

[67] Prozentualer Anteil der abhängig Beschäftigten, die den jeweiligen Belastungen häufig ausgesetzt waren.

Säule II: Schaffung und Verbesserung der Voraussetzungen in den Unternehmen

Die Teilnehmer der Untersuchung wurden befragt, ob sie nie, selten, manchmal oder häufig einem der in der Abbildung 9 genannten Belastungen ausgesetzt waren. Dabei zeigte sich, dass 58 % der Befragten der Belastung „verschiedenartige Arbeiten gleichzeitig betreuen" häufig ausgesetzt waren. An zweiter Stelle steht ein „starker Termin- und Leistungsdruck". „Ständig wiederkehrende Arbeitsvorgänge" werden als dritthäufigste Belastung genannt. Durch die 14 Belastungen, die auch dem Flow-Zustand entgegenwirken, entstehen gesundheitliche Risiken für die Mitarbeiter. Deshalb hat die Bundesanstalt für Arbeitsschutz und Arbeitsmedizin eine Reihe von Kriterien zur richtigen Gestaltung der Arbeitsaufgabe aufgestellt. Auch die OECD hat in ihrer Publikation *How's life? – 2013* (OECD 2013b, S. 164–169) entsprechende Indikatoren, die für das subjektiven Wohlbefinden wichtig sind, vorgestellt und in ihren „Better Live Index" aufgenommen.

Kriterien zur Gestaltung von Arbeitsaufgaben

Kriterium	Beschreibung
Ganzheitlichkeit der Arbeitsaufgabe	Enthält die Einzelaufgabe Elemente der Planung, Ausführung und Kontrolle?
Entscheidungsspielraum beim Arbeitsplatz	Bestehen Entscheidungsbefugnisse, -erfordernisse und -möglichkeiten an diesem Arbeitsplatz?
Anforderungsvielfalt/ Anforderungsvariabilität der Arbeitsaufgabe	Besteht Abwechslung in Bezug auf Fähigkeiten, Kenntnisse und Fertigkeiten auf der Ebene der Einzelaufgabe?
Kommunikationserfordernisse	Erfordert die Aufgabenbewältigung Kommunikation mit Kollegen oder Vorgesetzten?
Kontakterfordernisse	Erfordert die Aufgabenbewältigung Zusammenarbeit?
Durchschaubarkeit	Ist den Mitarbeitern der Stellenwert ihrer Arbeit für das Arbeitsergebnis klar?

Tab. 9: Kriterien zur Gestaltung von Arbeitsaufgaben
Quelle: Bundesanstalt für Arbeitsschutz und Arbeitsmedizin 2007

1.11.3 Work-Life-Balance – Glück und Zufriedenheit sind nicht teilbar

Die Zufriedenheit mit der Vereinbarkeit von Beruf und Privatleben meint vor allem eine Verbesserung der Vereinbarkeit von Familie und Beruf. Denn ohne eine hinreichende Work-Life-Balance lässt sich keine Zufriedenheit erzielen. Und darunter leiden letztlich auch die Arbeitsergebnisse.

Work-Life-Balance-Konzepte beschäftigen sich mit einer Erhöhung der Selbstorganisation der Beschäftigten und der Schaffung der notwendigen betrieblichen und privaten Rahmenbedingungen. Sie zielen auf eine Verbesserung des Arbeitsklimas und der Produktivität, die Vermeidung von Fluktuation und stressbedingter gesundheitlicher Einschränkung. Work-Life-Balance-Aktivitäten haben verschiedene Ansatzpunkte:

- Zeit (flexible Arbeitszeitmodelle, Sabbatical, Elternzeit)
- Ort (Telearbeit/Home Office)
- unmittelbare Dienste (Kindergärten, Informationsstellen) und Beratung (Mentoring, Wiedereinstiegsprogramme, Qualifizierungsprogramme)
- betriebliches Gesundheitsmanagement (Betriebssport, Fitness- und Wellnessangebote, Programme zur Förderung gesundheitlicher Kompetenz, Gesundheits-Checks)

Vor dem Hintergrund der Aufrechterhaltung der Gesundheit einer demografisch bedingt älter werdenden Belegschaft spielt dies eine immer größere Rolle.

Dass es hier noch einiges zu tun gibt, zeigt eine aktuelle Studie für Bayern aus dem Jahr 2012. Die Befragten, die in einer festen Paarbeziehung lebten, wurden gebeten, auf die Aussage „Mein Berufsleben beeinträchtigt mein Privatleben" entweder mit „trifft zu" oder „trifft nicht zu" zu antworten. Bei den Männern mit Kind antworteten 43 % mit „trifft zu", bei den Frauen mit Kind 30 %. Bei den Männern ohne Kind antworteten 39 % mit „trifft zu", bei den Frauen ohne Kind 40 % (Kürschner et al. 2012, S. 47).

Säule II: Schaffung und Verbesserung der Voraussetzungen in den Unternehmen

1.11.4 Normatives Controlling – eine notwendige Ergänzung des operativen Controllings

Angesichts der Bedeutung der Mitarbeiter für die Produktivität in den Unternehmen scheint es angebracht, Säule II auch im operativen Controlling zu verankern. In Anlehnung an Helmut Siller (*Normatives Controlling*, Wien 2011) soll hierfür der Begriff Normatives Controlling verwendet werden. Controlling dient dem Management beim professionellen Finden und Erreichen von Zielen. Um frühzeitig auf — für das Unternehmen sehr kostspielige — Schwachstellen in der Personalführung, der Arbeitsplatzgestaltung sowie der Work-Life-Balance aufmerksam zu werden und Ziele vorzugeben, müssen die Ergebnisse von Mitarbeiterumfragen, Krankenständen, Fluktuationsraten etc. als eigenständiger Bereich des operativen Controllings installiert werden, den Siller als normatives Controlling bezeichnet. Normativ deshalb, weil es hier im Wesentlichen um die Art und Weise der Mitarbeiterführung und des Umgangs miteinander geht. Wegen der großen Bedeutung muss dies rein strategisch in das operative Controlling und auch in dem entsprechenden Verantwortungsbereich im Management verankert werden, natürlich immer in Absprache und Kooperation mit dem Personalbereich.

Die Ausgabe des *Harvard Business manager* vom Februar 2012 beschäftigt sich im Schwerpunkt mit dem Thema „Neue Werte für das Management — was die erfolgreichsten Unternehmen der Welt anders machen". Auf der Titelseite werden Ethik, Respekt, Charakter, Gewinn, Werte, Sinn und Vertrauen genannt. Und darum geht es letztlich.

Aber auch Hochschulen dürfen kein „ideologisches Transport-Vehikel des Finanzkapitalismus" (Sattelberger) (mehr) sein, sondern müssen auf die Übernahme von Führungsfunktionen und Teamarbeit in der Wissensgesellschaft vorbereiten, in der es vor allem auch auf ethische und soziale Kompetenz, das heißt ein gelingendes Miteinander, ankommt. Auch hier ist noch einiges zu tun.

> *Wir wissen mittlerweile sehr viel darüber, was Menschen glücklich macht. Wir wären dumm, diese Kenntnis nicht umzusetzen.*[68]
>
> *Harvard Business Review*

---

[68] „We've learned a lot about how to make people happy. We'd be stupid not to use that knowledge" (eigene Übersetzung). Harvard Business Review, Januar/Februar 2012, Schwerpunktthema „Happiness", S. 77.

ZUSAMMENFASSUNG

Die Wirtschaftswissenschaften befinden sich im Umbruch. Im Lichte neuerer interdisziplinärer Forschungsergebnisse zeigt sich, dass in vergangenen Jahrzehnten zentrale Annahmen („Standard Economic Model"), die in den Wirtschaftswissenschaften weit verbreitet sind, der Wirklichkeit nicht standhalten. Im Wesentlichen geht es hier um die Homo-oeconomicus-Annahme (Rationalität, Egoismus, Zeitkonsistenz) und die Annahme „Mehr Materielles ist besser als weniger". Falsche Weichenstellungen hatten auch die geläufigen ökonomischen Lehrbuchmodelle, wonach Arbeit „Leid" verursacht, das mit dem Lohneinkommen materiell kompensiert werden muss. Der Wert der Arbeit für das subjektive Wohlbefinden (Nutzen) an sich kommt nicht vor. Nach diesen Lehrbuchmodellen war es hinreichend, einen entsprechenden monetären Anreiz zu setzen. Die Art des Umgangs mit den Mitarbeitern, das heißt die Qualität der Beziehung zwischen Führenden und Mitarbeitern spielt hingegen keine Rolle.

Letztlich wurde durch die Glücksforschung der Wert der Arbeit an sich erst (wieder-)entdeckt. Das ist bei Weitem keine rein theoretische Diskussion. Da diese Annahmen prägend für die Absolventen wirtschaftswissenschaftlicher Studiengänge sind, wirken sie auch im Berufsleben und in den Unternehmen fort. Es ist sehr wichtig, sich dies bewusst zu machen, da wohl die meisten der heutigen Führungskräfte diese Prägung in den letzten Jahrzehnten mehr oder weniger erfahren haben. Nicht haltbare Annahmen führen auch zu fehlerhaften Managemententscheidungen bzw. zu falschem Führungsverhalten.

Die Erkenntnisse der Glücksforschung fußen auf den neuen interdisziplinären Forschungsergebnissen und gehen der Frage nach, was der Einzelne, Regierungen und Unternehmen tun können, um Menschen glücklicher und zufriedener zu machen. Das Aufgreifen und Umsetzen dieser Erkenntnisse in den Unternehmen ist eine Win-Win-Situation. Für Unternehmen ist dieses Thema aus verschiedenen Gründen zentral. Glückliche und zufriedene Mitarbeiter tragen nicht nur zu besseren betriebswirtschaftlichen Ergebnissen bei. Dieses Thema wird aufgrund der demografischen Entwicklung und des Wertewandels im Zuge der Generation Y auch ein entscheidender Wettbewerbsfaktor sein, um gute Mitarbeiter zu erhalten und zu gewinnen.

Inhaltsverzeichnis

2	**Individuelle Faktoren der psychischen Gesundheit**	**121**
	Prof. Dr. Dr. Günter Niklewski	
2.1	Glück und Unglücksforschung	122
	2.1.1 Führung und das Wissen von psychischen Problemen	122
	2.1.2 Fallbeispiele	123
	2.1.3 Anhedonie – der Verlust der Lebensfreude	125
2.2	Ich bin im Stress	126
	2.2.1 Was ist eigentlich Stress?	127
	2.2.2 Die Stressreaktion	128
	2.2.2.1 Die Stressreaktion: ein somatopsychisches Ereignis	128
	2.2.2.2 Schaltzentrale Gehirn	129
	2.2.2.3 Die Wirkung des Stresshormons Cortisol	130
	2.2.2.4 Die Stressreaktion des autonomen Nervensystems	131
	2.2.3 Was passiert bei Dauerstress?	132
	2.2.4 Und die Erholung?	133
	2.2.5 Aber: Stress droht auch in der Freizeit	134
2.3	Stress macht krank! Macht Stress krank?	135
	2.3.1 Wenn Stress krank macht	136
	2.3.1.1 Die Stresshitliste	136
	2.3.1.2 Dauerstress und die Folgen	137
	2.3.1.2.1. Herz-Kreislauf-Erkrankungen	138
	2.3.1.2.2. Broken-Heart-Syndrom	140
	2.3.1.2.3. Stress und Immunsystem	140
	2.3.1.2.4. Stress und Schlaf	140
	2.3.1.2.5. Stress und der Bewegungsapparat	141
	2.3.1.2.6. Stress und Stoffwechselerkrankungen	142
2.4	Die psychischen Folgen von Stress – Erschöpfung, Burnout und Depression	142
	2.4.1 Kognitive Störungen	143
	2.4.2 Burnout-Syndrom	144
	2.4.2.1 Die Symptome eines Burnout-Syndroms	145
	2.4.2.2 Die Stadien des Burnout-Syndroms	146
2.5	Und wenn aus Burnout eine Depression wird?	147
	2.5.1 Depression und Gehirn	148
	2.5.2 Depression, eine Erkrankung mit vielen Gesichtern	149
	2.5.2.1 Die Symptome der Depression	150
	2.5.2.2 Häufige Klagen	150

	2.5.2.3 Habe ich vielleicht eine Depression?	154
	2.5.2.4 Einteilung der Depressionen nach Schweregrad	156
	2.5.2.5 Depressionen aus heiterem Himmel	157
	2.5.2.6 Depression und Stimmungsschwankungen	158
	2.5.2.7 Vielfältige Ursachen	159
	2.5.2.8 Der Verlauf depressiver Störungen	160
	2.5.2.9 Die Behandlung depressiver Störungen	161
	2.5.2.10 Die Häufigkeit depressiver Störungen	163
	2.5.2.11 Depression und andere psychische Störungen	163
	2.5.2.12 Nehmen Depressionen zu?	164
	2.5.2.13 Die Ursachen der Depression	165
	2.5.3 Der Verlauf depressiver Erkrankungen – Sonderformen	166
	2.5.3.1 Depression im Alter	166
	2.5.3.2 Die vaskuläre Depression – ein eigenständiges Krankheitsbild?	167
	2.5.3.3 Die Depression hat kulturelle Variationen	167
2.6	Depression und Arbeitswelt	169
	2.6.1 Wie sollten Arbeitnehmer am Arbeitsplatz mit seelischen Störungen umgehen?	172
	2.6.2 Welche Maßnahmen können für betroffene Arbeitnehmer hilfreich sein?	173
2.7	Mobbing	174
2.8	Resilienz	175

2 Individuelle Faktoren der psychischen Gesundheit

Von Prof. Dr. Dr. Günter Niklewski

MANAGEMENT SUMMARY

Dieses Kapitel macht die Gründe für persönliches Unglückserleben, das sehr häufig mit psychischen Störungen einhergeht, verständlich und zeigt Strategien auf, wie am Arbeitsplatz gegengesteuert werden kann. Ein wichtiger Bezugspunkt für das Erreichen von individueller Belastbarkeit ist das individuelle Stresserleben. Dieses Kapitel stellt dar, was zum einen naturwissenschaftlich unter Stress zu verstehen ist, und was zum anderen in Alltagssituationen und betrieblichen Belastungssituationen Stresserlebnisse erzeugt oder diese noch intensiviert. Die gesundheitlichen Folgen von Stress, insbesondere chronischem Dauerstress, werden beschrieben, ebenso die körperlichen und psychischen Folgen. Auch arbeitsplatzbezogene zusätzliche Stressfaktoren wie Schichtarbeit werden angesprochen.

Angesichts der aktuellen Burnout-Diskussion wird eingehend auf die psychologischen Folgen von Stress und Erschöpfungszuständen eingegangen. Eine wesentliche Folge chronischer Stressbelastung ist die manifeste Depression, der häufig auch länger währende Erschöpfungssyndrome (Burnout) vorangehen. Die typischen Symptome einer Depression und die aktuelle Einteilung depressiver Zustände nach aktuellen wissenschaftlichen Kriterien werden dargestellt, ebenso der Verlauf depressiver Störungen, die Behandelbarkeit, die Häufigkeit und einige Sonderformen.

Auch in der Arbeitswelt nehmen depressive Störungen an Bedeutung zu. Besonders Führungskräfte sollten in die Lage versetzt werden, Vorboten oder manifeste Störungen wenigstens ansatzweise zu erkennen und, beispielsweise im Kontext der betrieblichen Gesundheitsfürsorge, Entlastung und Behandlungsoptionen anbieten. Andere Belastungen am Arbeitsplatz wie Mobbing werden ebenso angesprochen, schlussendlich wird unter dem Stichwort Resilienz aufgezeigt, welche individuellen Formen der Antizipation, der Bewältigung und der Vermeidung von belastenden Situationen möglich sind. Resilienz ist eine biologisch verankerte Fähigkeit, mit Belastungssituationen umzugehen. Sie ist aber auch zu einem gewissen Grad erlernbar.

Individuelle Faktoren der psychischen Gesundheit

2.1 Glück und Unglücksforschung

Warum soll es in einem Buch über Glück und Glücksforschung und das Glücklichsein ein Kapitel über Neues aus der Unglücksforschung geben?

Glück und Unglück sind zwei Seiten einer Medaille. Nicht nur äußere Ursachen und Lebensereignisse haben die Kraft, uns unglücklich zu machen, viel häufiger sind es psychische Störungen, Fehlhaltungen und psychophysische Erschöpfung, die uns die Fähigkeit nehmen, Glück zu empfinden und unser Leben glücklich zu führen.

Psychiatrie und Psychotherapie beschäftigen sich seit jeher mit dem Misslingen von Lebensentwürfen. Wir werden im Folgenden auf mögliche psychische Gründe, Stress, psychische Störungen, auch von Krankheitswert, eingehen und diese darstellen und uns abschließend der Frage zuwenden, wie im betrieblichen Kontext von Führungspersonen derartige Störungen bei Mitarbeitern identifiziert werden, wie man sich am besten verhält, hat man den Verdacht, dass ein Mitarbeiter an einer solchen Störungen leidet und welche betrieblichen Gesundheitsvorsorgemaßnahmen wohl am besten geeignet sind, ein Abgleiten von Mitarbeitern in Resignation und Depression zu verhindern.

Auch wird ein Akzent gelegt auf die psychische Widerstandskraft von Führungspersonen selbst. Wie erkennen sie, ob sie auch allen Anforderungen, die an sie gestellt werden, gewachsen sind? Wie erkennen sie selbst, ob Überforderung und Erschöpfung vielleicht schon zu mächtig geworden sind? Die Burnout-Diskussion der letzten Jahre ist nur die Spitze eines Eisbergs. Diese Diskussion hat aber das Bewusstsein vieler Menschen verändert. Stress, vor allem chronischer Dauerstress, rückt mehr und mehr als mögliche Krankheitsursache ins Bewusstsein. Die aktuelle Diskussion der Work-Life-Balance ist ein unmittelbares Ergebnis dieses neuen Wissens.

2.1.1 Führung und das Wissen von psychischen Problemen

Stress ist für manche Bereiche unserer Arbeitswelt ein wichtiges Stichwort geworden. Auch wenn nicht wenige Führungskräfte die Existenz von stressbezogenen Schwierigkeiten bei sich selbst und ihren Mitarbeitern noch leugnen, so sollte das dennoch nicht darüber hinwegtäuschen, dass diese und die Konsequenzen hinsichtlich stressbezogener Erkrankungen in der Regel viel zu spät wahrgenommen werden und dass präventive Maßnahmen sehr wenig etabliert sind. Erst späte Alarmzeichen wie sich häufende Krankenstände und andere Ausfallzeiten, wahrnehmbare Arbeitsstörungen und emotionale Schwierigkeiten werden im Ansatz

2 Glück und Unglücksforschung

oft nicht erkannt. Es entstehen durchaus schwierige Situationen, die dann nur mit erheblichem Aufwand zu klären und zu bereinigen sind.

Ein Großteil von Konflikten in Unternehmen sind letztlich emotionale Konflikte; auch diese haben häufig einen Bezug zu Stresserleben und seinen Konsequenzen. In bestimmten Branchen ist das Risiko ausgesprochen groß. Beispielsweise zeigt eine Untersuchung unter IT-Experten in Indien, dass 51 % der Mitarbeiter über Stress am Arbeitsplatz klagten und dass mit objektiven Kriterien betrachtet 43 % dieser Mitarbeiter in einem Hochrisikozustand für eine Depression waren. Unter denen, die sich gestresst fühlten, waren sogar 68 % in einem Risikobereich für die Entwicklung einer depressiven Störung. Das Depressionsrisiko war bei denen, die sich gestresst fühlten, um das Zehnfache erhöht gegenüber Mitarbeitern, die kein subjektives Stressempfinden hatten. Auch zeigte sich in dieser Risikogruppe ein deutlich erhöhter Alkoholgebrauch.

Die Autoren empfehlen, in der Belegschaft auf das Auftreten von psychischen Störungen zu achten und diese mit entsprechenden Hilfestellungen an die betroffenen Mitarbeiter auch zu thematisieren. Es ist also für Führungspositionen mittlerweile wichtig geworden, psychische Befindlichkeiten bis hin zu Störungen bei den Mitarbeitern des Unternehmens, aber auch in den Führungsebenen wahrzunehmen und ggf. zu thematisieren. Nur so können geeignete Vorbeugungsmaßnahmen ergriffen werden. Nach einer Mitteilung des nationalen Institutes für Arbeitssicherheit im US-Gesundheitsministerium ist Arbeitsstress derzeit mehr als je zuvor ein großer Risikofaktor für die Gesundheit der Mitarbeiter, aber auch für die Gesundheit ganzer Organisationen.

Führungspersonen müssen den steigenden Einfluss von Stresserleben auf die berufliche, psychologische und physische Leistungskraft ihrer Mitarbeiter stärker zur Kenntnis nehmen. Dieses Kapitel will einen Beitrag dazu leisten und mit medizinischen und psychologischen Fakten zu Stress, Burnout und Depression vertraut machen. Darüber hinaus wird die wachsende Rolle von Depressionen in der Arbeitswelt diskutiert.

2.1.2 Fallbeispiele

Folgende Beispiele machen anschaulich deutlich, wie betriebliche Belastungssituationen zu Stressbelastungen zu führen können und wie das Umfeld der Betroffenen dies wahrnimmt.

Individuelle Faktoren der psychischen Gesundheit

> **BEISPIEL**
>
> Ein 44-jähriger Vermögens- und Anlageberater kommt in seinem beruflichen Wirkungskreis zunehmend an seine Grenzen. Er hat viele Abendtermine, ist eigentlich keinen Abend mehr zu Hause, weil er viele Kundentermine wahrnehmen muss. Die Wochenarbeitszeit ist in den letzten Jahren deutlich angestiegen. In manchen Wochen kommt er auf 60 Wochenarbeitsstunden. Dinge, die er sonst abends erledigen konnte, werden oft auf das Wochenende verschoben, eigene Besorgungen und Erledigungen bleiben liegen, er fühlt sich überfordert und ausgelaugt. Der Druck seitens seines Arbeitgebers, bei dem er in einem selbstständigen Status arbeitet, wächst. Jährlich erhöhen sich die Vorgaben über zu tätigende Abschlüsse. Eine Beförderung zum Leiter einer Filialdirektion bedeutet für ihn letztlich nur, dass das Einzugsgebiet seiner Kundschaft größer wird und dass die wöchentliche Fahrstrecke, die er zurückzulegen hat, ansteigt. Seine Partnerin hat mehrfach versucht, ihre Unzufriedenheit mit dieser Lebenssituation anzusprechen, er konnte nur ausweichend reagieren, aber hatte das Gefühl, mit einem weiteren Konflikt in seinem Leben vollends überfordert zu sein. Gemeinsame Unternehmungen an den Wochenenden, Kontakt im Freundeskreis, gemeinsame sportliche Aktivitäten, alles reduzierte sich binnen eines Jahres auf ein Minimum. Schon länger hatte er das Gefühl, keine Freude mehr am Leben zu empfinden.
>
> Ein Routinebesuch bei seinem Hausarzt machte ihm deutlich, dass auch in körperlicher Hinsicht einiges aus dem Ruder gelaufen ist. Im letzten Jahr hatte sich sein Körpergewicht um 10 kg erhöht. Sein Hausarzt diagnostiziert einen Bluthochdruck, ein Langzeit-EKG zeigt eine Neigung zu Herzrhythmusstörungen. Nachdem eine ambulante medikamentöse Einstellung des Bluthochdrucks nicht gelingt, wird er von seinem Hausarzt in eine psychosomatische Rehabilitationseinrichtung eingewiesen. Anfänglich nur widerstrebend stimmt er letztlich dieser Maßnahme zu. Aus voller Geschäftigkeit tritt nun plötzlich eine sechswöchige Pause in sein Leben, die einiges verändern soll. In dem Maße, in dem sich seine Stimmung wieder bessert, indem er wieder Freude am Leben empfindet, setzen immer stärkere Zweifel an dem, was er jeden Tag zu verrichten hatte, ein. Es geht so weit, dass er den Sinn der Finanzprodukte, die er zu veräußern hatte, anzweifelt. Manchmal kommt es ihm so vor, als würde er seine Kunden betrügen.

Es gibt einen weiten Übergangsbereich vom Verlust der Lebensfreude über Erschöpfung und Resignation bis zu den wirklich krankhaften und behandlungsbedürftigen Zustandsbildern. Weder die Betroffenen selbst noch Partner, Freunde, Angehörige und Kollegen sind in der Lage, immer angemessen zu reagieren, geschweige denn, zielgerichtet passende Hilfen zu empfehlen.

2 Glück und Unglücksforschung

> **BEISPIEL**
>
> Den Kollegen war schon länger aufgefallen, dass etwas nicht in Ordnung ist. Christine wirkte seit einigen Wochen unbeteiligt, zog sich beim gemeinsamen Frühstück in der Pause häufiger vorzeitig zurück. Früher war sie immer fröhlich und übernahm gern zusätzliche Aufgaben. Jetzt hatten alle den Eindruck, sie sei kaum noch belastbar. Irgendetwas musste passiert sein. Die Kollegen begannen, sich Sorgen zu machen, ob vielleicht in der Beziehung zu ihrem Freund eine Schwierigkeit aufgetaucht war.

Häufig sind es Wahrnehmungen dieser Art: Irgendetwas ist passiert, keiner weiß etwas darüber, keiner traut sich, die Betroffenen darauf anzusprechen.

2.1.3 Anhedonie – der Verlust der Lebensfreude

Viele Menschen sind immer weniger in der Lage, Freude zu empfinden, die gewissermaßen eine Vorstufe zum Glücksempfinden ist. Sie sind in der Wahrnehmung eigener Gefühle eingeschränkt. Oft entwickeln sich aus diesem Zustand Einstellungen, die negativ sind und den Einzelnen auch in seinem beruflichen Fortkommen behindern. Schließlich kommt es immer mehr zu diagnostizierbaren psychischen Störungen. Die Gründe dafür sind vielfältig und liegen nicht nur in der Arbeitswelt.

Das Anhedoniekonzept stammt aus der Psychologie und Psychiatrie. Anhedonie kommt sowohl als seelische Befindlichkeitsstörung als auch als Symptom von definierten psychischen Störungen wie Depression oder Schizophrenie vor. In der Forschung unterscheidet man zwischen physischer und sozialer Anhedonie. Unter Ersterer versteht man die vorübergehende oder anhaltende Unfähigkeit eines Menschen, Freude etwa am Essen, an der Bewegung oder an der Sexualität zu empfinden.

Unter sozialer Anhedonie wird die Unfähigkeit verstanden, in zwischenmenschlichen Beziehungen empathisch und engagiert-interessiert zu agieren und diese Beziehungen als angenehm und hilfreich zu empfinden (Blaney et al. 2009, S. 338–339).

Anhedonie und Arbeitswelt

Die aus der Arbeitswelt resultierenden Belastungen sind in den letzten Jahren immer deutlicher geworden. Wenn die Psychiatrie auch in diesem Sinne Unglücksforschung ist, so dürfen an dieser Stelle Informationen zu den wesentlichsten psychi-

Individuelle Faktoren der psychischen Gesundheit

schen Störungen in der Allgemeinbevölkerung nicht fehlen. Dabei beschränken wir uns auf psychische Störungen, bei denen in den letzten Jahren immer deutlicher geworden ist, dass sie mit Stress, welcher Art auch immer, etwas zu tun haben. Experten sprechen auch von stressbedingten Erkrankungen. Dazu gehören in erster Linie Erschöpfungssyndrome, in letzter Zeit immer häufiger mit dem Begriff Burnout belegt, depressive Störungen in all ihren Facetten, aber auch Angststörungen und Anpassungsstörungen sowie Belastungsreaktionen. Letztere kommen immer mehr in den Blick. Es entwickelt sich auch ein Bewusstsein, welche Berufsgruppen besonders von derartigen Belastungsreaktionen betroffen sein können. Schließlich werden wir uns Gedanken machen, wie gesunde Erholung aussehen könnte.

Die Rede wird von Resilienz sein, der Fähigkeit, die zum Teil angeboren ist, zum Teil erworben ist, auch schwere Belastungen und längere Anspannungsphasen gut zu verkraften, ohne in die Knie zu gehen und krank zu werden. Den Einstieg in dieses Kapitel wird die Beschäftigung mit Stress und seinen Folgen bilden; Stress hat dabei nicht nur im Blick auf psychische Störungen eine besondere Bedeutung, sondern auch im Blick auf manche körperliche Erkrankungen.

ZWISCHENFAZIT
Das Wissen um psychische Probleme erleichtert gelingende Führung. In der Arbeitswelt sind mittlerweile viele Faktoren identifiziert, die die individuelle Fähigkeit, mit Belastungssituationen umzugehen, beeinträchtigen. Die erlebte Anhedonie ist für viele Menschen eine Vorstufe zu vielen psychischen Störungen. Wesentliche Faktoren für das Erleben von Freudlosigkeit kommen aus der beruflichen Situation. Die Anhedonie ist auch für stressbedingte Erkrankungen häufig das erste Alarmsymptom.

2.2 Ich bin im Stress

Das Wort Stress ist weit oben in den Charts der Lieblingswörter. Jeder meint zu wissen, was gemeint ist. Bei Befragungen zu diesem Thema geben rund ein Drittel der Befragten an, ständig unter „Stress" zu stehen. Im Jahre 2013 veröffentlichte die Bundesanstalt für Arbeitsschutz und Arbeitsmedizin in Zusammenarbeit mit dem Bundesinstitut für Berufsbildung den *Stressreport Deutschland 2012*. Bei dieser Befragung waren fast 20.000 Beschäftigte interviewt worden im Blick auf ihre Arbeitsbedingungen, auf ihre Beanspruchung durch die Arbeit und mögliche gesundheitliche Beschwerden. Fast die Hälfte der befragten Teilnehmer dieser Untersuchung gab an, dass ihr erlebter Stress und ihr erlebter Arbeitsdruck in den letzten zwei Jahren zugenommen hätten, eine große Zahl negativer Stressfolgen wurde genannt. Auch Krankenkassen führen gern Befragungen zum Stresserleben durch. So nannten bei einer Befragung der Deutschen Angestellten Krankenkasse der Teilnehmer den Zeitdruck im Beruf mit 47 % als Hauptfaktor. Darauf folgen gesundheitliche Sorgen und Hektik und Stress im Alltag. Kaum weniger, nämlich 41 % nannten Streit oder Ärger in der Familie. Auch führt die Herausforderung, Familie und Beruf unter einen Hut zu bekommen, zu erhöhtem Stresserleben. Ebenso werden finanzielle Sorgen und zu viele familiäre und freundschaftliche Verpflichtungen, Konflikte mit Chef und Kollegen und die Angst, die Arbeit zu verlieren, als stressende Faktoren benannt.

2.2.1 Was ist eigentlich Stress?

Stress ist eigentlich ein unspezifisches biologisches, also in uns wie auch in allen Wirbeltieren angelegtes biologisches Reaktionsmuster auf Bedrohung, Krankheit, Gefahr und Verletzung. Der österreichisch-kanadische Chemiker und Mediziner Hans Selje entlehnte den Begriff aus der Physik, um diese biologische Reaktionsweise zu bezeichnen. Stress ist eine typische Reaktion unseres Körpers auf Bedrohung. Sie beginnt nach der Wahrnehmung eines Stressreizes mit der Ausschüttung von Hormonen. Herz und Kreislauf arbeiten auf Hochtouren, die Atmung wird schneller, der Blutdruck steigt an, die Versorgung der Muskultur mit Glukose wird verbessert, Reaktionsgeschwindigkeit und Reflexgeschwindigkeit erhöhen sich. Der Körper ist also bereit, auf eine vom Nervensystem wahrgenommene Bedrohung oder Gefahr durch Flucht zu reagieren oder notfalls in eine kämpferische Auseinandersetzung hineinzugehen. Diese Notfallreaktion wurde von Stressforschern auch Kampf-oder-Flucht-Reaktion genannt, Selje hat dann dafür später den Begriff Stress eingeführt. In dieser Sichtweise ist Stress nichts Negatives, nein, es ist eine äußerst positive Eigenschaft, weil es die Überlebenswahrscheinlichkeit eines Organismus erhöht, wenn er zu dieser Stressreaktion in der Lage ist.

Aber nicht nur bedrohliche Außenreize stellen einen Stress dar, auch eine veränderte Körperwahrnehmung, wie sie beispielsweise bei Krankheit oder Verletzungen geschieht, lässt die Stressreaktion in Gang kommen. Mit Stress reagiert unser Körper auf jede außergewöhnliche Anforderung. Die Stressreaktion ist erforderlich, wenn eine Anpassung an eine neue Situation notwendig ist. Auch belastende Lebensereignisse wie Trennung, Verlust eines geliebten Menschen, Kündigung, Wohnungsverlust oder dergleichen können eine Stressreaktion auslösen.

Gleichwohl hat dies mit dem, was die Menschen in den großen Umfragen, die wir oben zitiert haben, unter Stress verstehen, nicht viel zu tun. Gemeinhin wird unter Stress eher eine andauernde unbequeme Situation verstanden, die mit der Dauer immer belastender wird.

Individuelle Faktoren der psychischen Gesundheit

Das individuelle Stressempfinden ist eine psychologische Reaktion auf belastende Ereignisse. Dabei entsteht das subjektive Stressempfinden immer in einer Wechselwirkung mit der Umgebung. Der Stressforscher Lazarus beschrieb in seinem interaktionistischen Stressmodell, dass die Stärke des Stressempfindens davon abhängt, wie ein Mensch die Anforderungen einer Situation einschätzt und wie er im Gegenzug seine eigenen Möglichkeiten sieht, mit dieser Situation umzugehen. Geraten diese beiden Dimensionen in ein Missverhältnis, entsteht subjektives Stressempfinden. Wenn also eine Person zur Einschätzung kommt, dass eine neue Situation die Bewältigungsstrategien übersteigen wird, entsteht Stress durch diese empfundene Hilflosigkeit. Stress ist in dieser Sicht also ein kognitiv-interaktionelles Geschehen, das Resultat der kognitiven Bewertung einer Lebenssituation, einer neuen Situation. Diese primäre Bewertung ist in diesem psychologischen Stressmodell essenziell und es ist individuell sehr unterschiedlich, welche Situationen von einer Person als Herausforderung, Bedrohung oder Gefahr empfunden wird. In dieser Sichtweise ist eine breite Streuung programmiert und eine objektive Definition, was als Stress bezeichnet werden kann, ist nicht möglich, weil eine Vielzahl von bewussten und unbewussten Bewertungs- und Einschätzungsvorgängen unterlegt ist. Auch das dann einsetzende Bewältigungsverhalten ist z. B. durch Erfahrung und Lernvorgänge vorgegeben. Im Lebenszyklus kann sich dieses Einschätzungsmuster ändern. Was in jüngeren Jahren gut gelang, kann im höheren Lebensalter zum Stressor werden.

2.2.2 Die Stressreaktion

Wir haben oben schon die Grundzüge der Stressreaktion kennengelernt. Dabei war wichtig, dass Stress sozusagen ein Ganzkörperereignis ist, bei dem die verschiedensten Organsysteme aktiviert oder gehemmt werden. Wir werden im Folgenden nochmals auf die körperliche Seite der Stressantwort eingehen; daraus ergeben sich auch die körperlichen Folgen bei ungesundem Dauerstress.

2.2.2.1 Die Stressreaktion: ein somatopsychisches Ereignis

Die körperliche Stressreaktion ist die automatisch ablaufende Anpassung unseres Organismus an äußere Reize wie drohende Gefahr, starke emotionale Belastungen oder innere Reize, wie etwa starke Schmerzen. Alle diese Wahrnehmungen werden über unsere Sinnesorgane ins Gehirn geschickt und dort weiterverarbeitet. Die Stressreaktion entsteht durch unangenehme Sinneswahrnehmungen und versetzt unseren Körper in kürzester Zeit in Flucht- oder Verteidigungsbereitschaft.

Eine wichtige Anlaufstelle für Informationen ist dabei der sogenannte Mandelkern im Gehirn (weil er das Aussehen einer Mandel hat), wo die emotionale Bewertung dieser Sinneswahrnehmungen vorgenommen wird. Dabei wird in kürzester Zeit zwischen angenehmen Eindrücken und unangenehmen Wahrnehmungen, die Gefahr signalisieren, unterschieden. Über die Zeit entwickeln wir durch Erfahrungen ein Stressgedächtnis: Dieses Stressgedächtnis vergleicht früher gemachte Belastungsreaktionen mit dem aktuellen Sinneseindruck und bewertet diesen. Unser Gehirn prägt sich besonders gut unangenehme Gefühlszustände wie Angst, Ohnmacht, Hilflosigkeit sowie seelischen und körperlichen Schmerz ein. Bei ausreichender Ähnlichkeit mit einer derartigen früher gemachten Erfahrung schaltet das Gehirn auf „Gefahr" und eine ganze Kaskade von Reaktionen, die der Gefahrenabwehr dienen, läuft automatisch ab: Wenn Gefahr droht, wird im Mandelkern Glutamat ausgeschüttet, ein stark erregender Botenstoff und, wie die Hormone auch, ein chemischer Schalter, der die Stressreaktion anwirft. Aus dem Mandelkern laufen direkt Nervenfasern in den Hypothalamus, ein entwicklungsgeschichtlich sehr altes Hirnareal im sogenannten Zwischenhirn. Diese Hirnregion ist lebenswichtig, weil sie unser autonomes (vegetatives) Nervensystem und die Hormonausschüttung im Körper steuert. Man könnte sie auch als eine Betriebssteuerung für unseren Körper ansehen, eine Art Kernprozessor, der immer, ohne dass uns dies bewusst wird, aktiv ist und sich auf ständig wechselnde Regelgrößen neu einstellen muss. Dies geschieht ohne unser Zutun automatisch.

Die Funktionen dieser Region sind äußerst komplex und nicht nur auf das Mitreagieren bei körperlichen Reaktionen auf Gefühle beschränkt. Vermittelt über Signale aus dem Mandelkern leitet der Hypothalamus bei Angst und Furcht eine Reaktion des Hormonsystems ein, die den ganzen Körper betrifft: die Stressreaktion. Hormone (und die Neurotransmitter, die Botenstoffe des Nervensystems) sind für das Funktionieren unseres Körpers so etwas wie chemische Schalter: Sie setzen Stoffwechselprozesse in Gang, steuern unsere innere Uhr, unser Bindungsverhalten, die Sexualität und vieles andere mehr.

2.2.2.2 Schaltzentrale Gehirn

Der Hypothalamus ist die hormonelle Schaltstelle der Stressreaktion. Wenn über die Wahrnehmungsorgane der Mandelkern anspringt, sendet dieser Signale an den Hypothalamus, der die Stressreaktion mit der Freisetzung eines chemischen Schalters, des Corticotropin-Releasing-Hormons einleitet. Dieser Botenstoff wirft die Hypophyse, eine hormonproduzierende Drüse im Schädelinneren, an, die wiederum ein Steuerungshormon ausschüttet, das adrenocorticotrope Hormon (ACTH), das eine Botschaft an die Nebennierenrinde zu überbringen hat, die dann

Individuelle Faktoren der psychischen Gesundheit

das Stresshormon Cortisol produziert. Nacheinander kommt es also an drei unterschiedlichen Orten zur sofortigen Ausschüttung verschiedener Hormone. Das klingt kompliziert, der ganze Vorgang dauert aber nur wenige Millisekunden, denn in der Stressreaktion hat unser Körper keine Zeit zu verlieren. Am Schluss dieser Kaskade von Freisetzungen von Botenstoffen steht also die Ausschüttung von Cortisol, dem wichtigsten Stresshormon in der Nebennierenrinde. Cortisol löst dann die körperliche Reaktion in den verschiedensten Organsystemen aus.

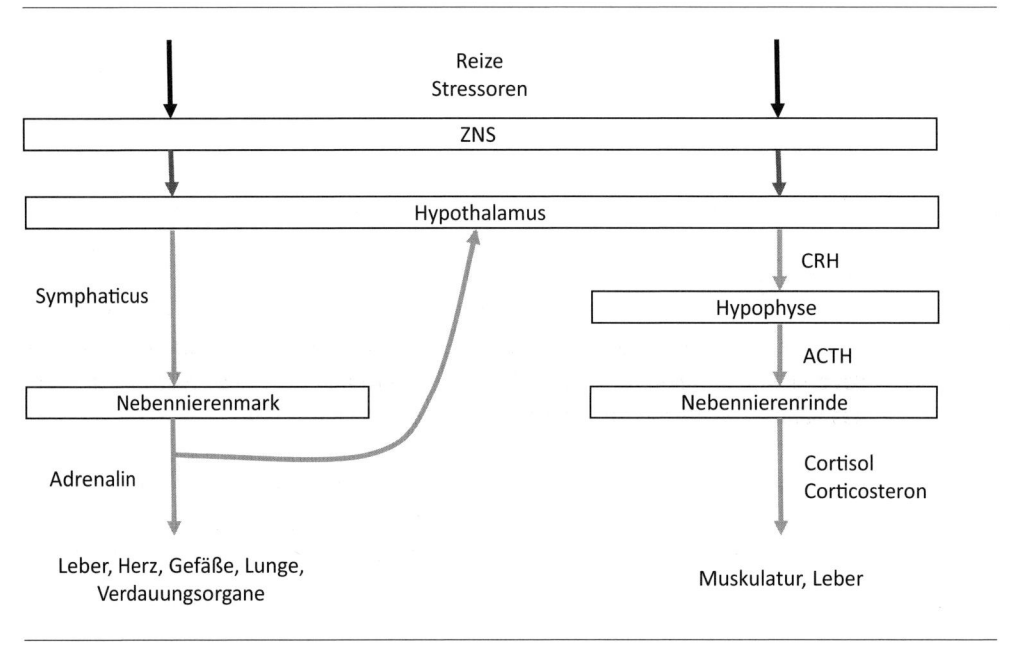

Abb. 10: Die Stresskaskade

2.2.2.3 Die Wirkung des Stresshormons Cortisol

Wir benötigen Cortisol für unseren Stoffwechsel, vor allem für die Bereitstellung von Glukose, dem Hauptenergielieferanten unseres Körpers. Die Stressreaktion setzt den Organismus in Flucht- und Kampfbereitschaft, die dafür notwendigen Organsysteme werden umprogrammiert.

Die Steuerungsfunktion wird also letztlich über die Cortisolausschüttung wahrgenommen, auch die Produktion von anderen chemischen Schaltern wie den Neurotransmittern (zum Beispiel von Serotonin und Noradrenalin) wird angeregt. Nicht nur einzelne Situationen, sondern auch Dauerstress führen zu immer häufigerer Cortisolausschüttung.

Ich bin im Stress **2**

2.2.2.4 Die Stressreaktion des autonomen Nervensystems

Neben der engen Verbindung zwischen Mandelkern und Hypothalamus gibt es Verbindungen zu anderen Zentren, in denen auch das autonome Nervensystem mit reguliert wird; meist wird dort die direkte Ausschüttung von Neurotransmittern, vor allem Noradrenalin, Dopamin und Acetylcholin, ausgelöst. Diese Neurotransmitter wirken stimulierend oder beruhigend und übernehmen die Feinregulation der körperlichen Funktionen.

Bei Stress überwiegen die stimulierenden Einflüsse; der Organismus muss ja gewissermaßen geweckt und reaktionsfähig gemacht werden.

Die großen Gegenspieler: Sympathicus und Parasympathicus

Unser autonomes Nervensystem reguliert viele Körperfunktionen, ohne dass wir uns dessen bewusst sind: Herzschlag, Atmung, Körpertemperatur, Pupillenweite, sekretorische Funktionen. All das wird gesteuert, ohne dass wir überhaupt etwas davon mitbekommen. Es gibt dafür zwei Steuerungskreise, das sympathische und das parasympathische Nervensystem.

Das parasympathische Nervensystem reguliert alles in Richtung Ruhe, Entspannung und Erholung, während das sympathische Nervensystem die entgegengesetzte Rolle spielt: Es stellt alles auf Flucht- und Kampfbereitschaft ein, erhöht unsere Wachsamkeit und Reaktionsbereitschaft.

Der hier entscheidende Botenstoff ist das (Nor-)Adrenalin. Unter Stressbelastung ist die Ausschüttung von Noradrenalin erhöht. Und nicht nur das: Zusätzlich ist das beruhigende Steuerungssystem, der Parasympathicus, herunterreguliert. Dazu kommt, dass sich die natürliche Balance zwischen Noradrenalin und Serotonin verschoben hat.

Zu ihrem Ende kommt die Stressreaktion dadurch, dass von Mandelkern und Hypothalamus keine erregenden Impulse mehr ausgehen, weil die Situation als abgeschlossen und nicht mehr gefahrvoll bewertet wird und entsprechende Sinneseindrücke ausbleiben. In dieser Phase beginnt der Parasympathicus zu überwiegen, die Erholungsphase wird nun beginnen. Das ganze System ist auf Selbstregulierung angelegt und folgt dem Prinzip, dass ein mittlerer Zustand zwischen Erregung und Erschöpfung vom Organismus angestrebt wird.

Individuelle Faktoren der psychischen Gesundheit

2.2.3 Was passiert bei Dauerstress?

Eigentlich sind wir aufgrund dieser unglaublich schnell ablaufenden Stressreaktion auf belastende und ängstigende Eindrücke gut eingerichtet.

Aber Stress ist nicht nur eine Flucht- und Abwehrreaktion auf seltene überschwellige Lebensereignisse im Sinne besonders belastender Life-Events, Stress entsteht auch durch Summierung von scheinbaren Kleinigkeiten: Dann macht es die Summe dieser Kleinigkeiten.

Was passiert aber bei Dauerstress? Wie oben dargestellt wurde, sind ja nicht nur kurzzeitige Schreckreaktionen oder ängstigende Erlebnisse Stressoren. Widrige Lebenssituationen oder eine Häufung von vermeintlich unangenehmen Kleinigkeiten, aber auch psychische Dauerbelastung oder körperliche Erkrankungen wirken sich wie eine anhaltende Stressbelastung aus. Unser auf schnelle Antwort programmiertes Stressreaktionssystem nimmt dabei Schaden, es erlahmt gewissermaßen. Während wir beispielsweise in der akuten Stressreaktion einen Blutdruckanstieg geradezu brauchen, um die Reaktionsfähigkeit etwa der Muskulatur zu erhöhen, sollte sich in der Erholungsphase der Blutdruck wieder von selbst im Normbereich einregulieren. Bei Dauerstress kann diese Gegenregulationsmöglichkeit schlussendlich verloren gehen, ein dauerhaft erhöhter Blutdruck kann die Folge sein.

In diesem Stadium der andauernden Stressreaktion treten dann auch eine Vielzahl von körperlichen Beschwerden auf, diese reichen von Blutdrucksteigerung, Schlaflosigkeit bis hin zu chronischen Entzündungen, Anfälligkeit für Infektionskrankheiten, Herzrhythmusstörungen und anderen. Die möglichen körperlichen Folgen von Dauerstress sind unten dargestellt. Im Extremfall, etwa bei einer Flucht oder dem Erleiden von Kriegsfolgen, kann extremer Dauerstress über die verursachten körperlichen Folgen auch zum Tod führen.

> **Müdigkeit – ein mögliches Krankheitszeichen?**
> Das Empfinden von Müdigkeit ist sehr individuell, den einen haut nichts um, ein anderer geht schon bei wenigen Überstunden in die Knie und fühlt sich erschöpft und ausgelaugt. Zum einen ist das individuelle Schlafbedürfnis sehr verschieden, es schwankt zwischen vier und acht bis neun Stunden pro Nacht. Dieses Schlafbedürfnis ist ein kaum beeinflussbares biologisches Merkmal, das man nicht verändern kann. Wenn ich pro Nacht acht Stunden Schlaf brauche, kann ich um alles in der Welt nicht lernen oder trainieren, mit weniger Stunden auszukommen.

Außerdem verändert sich das Schlafbedürfnis und das Schlafverhalten im Lebenszyklus: Mit zunehmendem Alter wird der Schlaf fragmentierter, von immer häufigeren Pausen unterbrochen. In seltenen Fällen ist Müdigkeit allein Ausdruck einer ernsthaften Erkrankung, in aller Regel kommen noch andere Symptome dazu. Allerdings kann in der Erholungsphase nach einer überstandenen Erkrankung, wie etwa einer Lungenentzündung, Müdigkeit noch für eine längere Zeit bestehen — letztlich Ausdruck der Erholungsbedürftigkeit des Organismus. Viele Menschen nehmen allerdings immer weniger Rücksicht auf diese notwendigen Erholungsphasen und versuchen, mit aller Gewalt schnell wieder fit zu sein.

2.2.4 Und die Erholung?

Normalerweise befinden wir uns in einem Gleichgewicht zwischen Erregung und Erholung. Wenn die Belastungen zu groß werden, reagiert unser Organismus mit Erschöpfung und es werden die Funktionen des autonomen Nervensystems aktiviert, die Erholungsprozesse in Gang setzen: Das Schlafbedürfnis steigt an, die Schlafdauer wird länger, die Anspannung lässt nach, die kognitiven Funktionen wie Gedächtnis und Konzentrationsfähigkeit bessern sich, das allgemeine Aktivitätsniveau wird heruntergefahren.

Es gibt Hinweise darauf, dass der Botenstoff Serotonin bei diesen Erholungs- und Regenerationsvorgängen eine wichtige Rolle spielt. Wir werden diesem Neurotransmitter bei den Depressionen wieder begegnen. Bei mangelnder Erholungsfähigkeit und immer größer werdender Erschöpfung scheinen die Stresshormone das sogenannte serotonerge System, in dem der Botenstoff Serotonin die Hauptrolle spielt, negativ zu beeinflussen. Wir werden später sehen, wie eng Dauerstress und Depression zusammenhängen. Bei Menschen im Dauerstress, sie leiden unter Schlafstörungen, Verstimmungen und einem massiven Erschöpfungsgefühl, wirken Medikamente aus der Wirkstoffgruppe der Antidepressiva, die dafür sorgen, dass mehr Serotonin zur Verfügung steht, sich positiv auf das Gesamtbefinden aus. Sie können Betroffenen helfen, doch in die Erholungsphase zu kommen, die Schlafstörungen zu überwinden und mentale Regenerationsprozesse einzuleiten. Aus dieser Perspektive kann es wichtig sein, auch bei Erschöpfungszuständen im Einzelfall schon ein Antidepressivum aus dieser Wirkstoffgruppe zu nehmen, um schneller in eine nachhaltige Erholungsphase zu kommen.

2.2.5 Aber: Stress droht auch in der Freizeit

Freizeitstress ist nicht zu unterschätzen! Viele Menschen muten sich gerade in den Ferien, einer Zeit, die der Erholung gewidmet sein sollte, mehr zu als im Arbeitsleben. Nicht selten fühlen sie sich dann am Ende eines Urlaubs eigentlich erschöpfter als zu Beginn. Hier schlagen aktuelle kulturelle Muster durch, das Leben muss erlebnisreich sein und muss möglichst viel Abwechslung bieten. Die Gesamtsumme der Belastungen nimmt dadurch nur zu und die notwendige Erholungsphase wird (wieder) hinausgeschoben.

▶ **BEISPIEL Freizeitstress**

Ein 52-jähriger Gymnasiallehrer stellt sich in einer psychiatrisch-psychotherapeutischen Sprechstunde wegen ausgeprägter Tagesmüdigkeit und Erschöpfung vor. Er schildert, dass er die ganze Arbeitswoche über ohne für ihn erkennbaren Grund erschöpft sei, paradoxerweise sei dies im Sommer deutlich ausgeprägter als im Winter. Er könne sich vor der Klasse kaum noch konzentrieren, halte kaum noch das Stundenkontingent durch. Seine Leistungen seien irgendwie auch zurückgegangen. Dies merke er, weil er für die Korrektur mancher Klausuren deutlich länger brauche als früher. Früher übliche abendliche Arbeitsphasen gelingen ihm nicht mehr.

Internistisch hat sein Hausarzt alle Möglichkeiten bedacht: Es liegen keine Hormonstörungen, Herz-Kreislauf-Erkrankungen oder bösartige Neubildungen vor, die das Syndrom der Tagesmüdigkeit erklären könnten. Beim Erheben der Vorgeschichte wurde dann eine ganz eigene Belastung deutlich. Engagiert berichtete der Patient, dass er begeisterter Surfer sei. Das beste Quartier sei selbstverständlich der Gardasee und so sei es in den letzten Jahren dazu gekommen, dass er eigentlich fast jede Woche am Freitagmittag aus der Umgebung von München mit dem Auto an den Gardasee fahre, um dort Samstag und Sonntag seinem geliebten Sport zu frönen. Allerdings müsse er wegen der häufig problematischen Verkehrslage am Brenner und in der Münchner Umgebung immer schon Montagmorgen um drei Uhr aufstehen, um rechtzeitig wieder im Unterricht zu sein. Diese Wochenenden seien für ihn die größte Erholung.

Auf die Frage, ob dies denn auch eine Belastung sein könne, fand er zunächst keine Antwort. Erst nach und nach konnte mit ihm erarbeitet werden, dass diese angenehme Tätigkeit vielleicht auch Grund für seine Ermüdung sein könnte. Ihm wurde geraten, doch einmal einen Monat auf diese wöchentlichen Fahrten zu verzichten. Nach fünf Wochen berichtete er, dass seine Tagesmüdigkeit praktisch verschwunden sei. Er habe gelernt, dass es auch einen Freizeitstress gebe.

Sport gilt gemeinhin als gesund, doch gehen mittlerweile immer mehr Menschen mit falschen Voraussetzungen an diesen angenehmen Zeitvertreib. Auch im Freizeitsport macht sich die Tendenz breit, sportliche Höchstleistungen anzustreben, seien es bestimmte Zeitvorgaben beim Marathon oder Extremstrecken beim Radfahren. Ein Extrembeispiel sind Freizeitsportler, die sich beispielsweise auf eine Triathlonteilnahme vorbereiten; für sie wird der Sport immer mehr zum alleinigen Lebensinhalt, andere Pflichten müssen zweitrangig werden, die sozialen Beziehungen engen sich immer mehr ein. Die Folge ist nicht selten, dass die beruflichen Anforderungen nicht mehr angemessen erfüllt werden können, sie werden dann als Überforderung erlebt. Eine enorme Stressbelastung ist unter der Absicht, das Gegenteil zu bewirken, entstanden.

> **ZWISCHENFAZIT**
>
> Stress ist eine körperliche Reaktion des Organismus, die bei allen Wirbeltieren angelegt ist und für Fluchtbereitschaft und Verteidigungsbereitschaft steht. Daneben ist Stress auch eine psychologische Einstellung, mit der belastende Lebenssituationen bewertet werden. Fatal ist Dauerstress. Er kann diverse körperliche und psychische Folgen zeitigen. Beim Dauerstress sind es weniger stark belastende Einzelereignisse als die Summe von gering belastenden Ereignissen (Daily Hassels), die in der Summe das Maß des Erträglichen beim Einzelnen übersteigen. Stress kann zu Herz-Kreislauf-Erkrankungen, zu immunologischen Störungen, zu Schlafstörungen, zu Störungen des Bewegungsapparates und zu Stoffwechselerkrankungen führen, um nur die wichtigsten Folgen zu nennen. Die psychischen Folgen von Stress sind ebenso wichtig und in letzter Zeit vermehrt ins Bewusstsein gerückt. Die Burnout-Diskussion in den letzten Jahren belegt dies.

2.3 Stress macht krank! Macht Stress krank?

Experten sind sich mittlerweile einig, dass chronischer Dauerstress mehr als stressende Einzelereignisse einige Erkrankungen hervorrufen kann.

Im Folgenden seien die wesentlichsten dargestellt. Eine wirksame Stressprophylaxe kann dazu beitragen, das Auftreten dieser Erkrankungen zu reduzieren. Wichtig ist, dass neben Erschöpfung, Burnout und Depression auch einige körperliche Erkrankungen stressbedingt sind. Bei ihrem Auftreten sollte nicht nur die körperliche Seite behandelt werden, spätestens jetzt sollten auch Möglichkeiten der Stressreduktion und der besseren Stressverarbeitung bedacht werden.

Individuelle Faktoren der psychischen Gesundheit

2.3.1 Wenn Stress krank macht

Stress hat viele Ursachen und keineswegs sind es, wie wir gesehen haben, nur die großen Lebensereignisse, z. B. an biografischen Schwellensituationen wie Übertritt ins Berufsleben, Verlust eines Angehörigen, Eintritt ins Rentenalter etc., die stressende Lebensereignisse sind. Unter den stressenden Lebensereignissen gibt es so etwas wie eine Hitliste: Wenn man annimmt, dass der Tod des Ehepartners auf dieser Liste 100 Punkte erzielt, dann ist eine Scheidung mit 73 Punkten, Trennung vom Ehepartner mit 65 Punkten, eine Verurteilung vor Gericht mit 63 Punkten und der Tod eines engen Familienangehörigen mit 63 Punkten zu bewerten. Dies ist nun keineswegs bei allen Betroffenen in gleicher Weise ausgeprägt. Die individuelle Belastbarkeit zeigt eine hohe Streuung. Es handelt sich um angenommene Durchschnittswerte. Auf der anderen Seite gibt es die sogenannten Daily Hassels (alltägliche Unannehmlichkeiten und Ärgernisse), die uns in der Summe genauso stark belasten können.

2.3.1.1 Die Stresshitliste

Der Stressforscher Kanner legte zwei Skalen vor, die diese täglichen Alltagsbelastungen zeigen und tägliche Störungen und Frustrationen wiedergibt, die in der Summe einen chronischen Dauerstress erzeugen können (Kanner et al. 1981):

Die Stresshitliste von Kanner
- Tägliches Nachdenken über (Über-)Gewicht
- Gesundheitliche Besorgnisse in der Familie
- Einkommensprobleme
- Preisanstieg
- Ordnung halten
- Zu viele Aufgaben gleichzeitig
- Permanentes Verlieren oder Verlegen von Gegenständen

In einer Übersicht legten dann Chamberlain und Cika im Jahre 1999 eine geänderte Liste mit den zehn stärksten Daily Hassels vor:

Die zehn stärksten Daily Hassels
- Nicht genügend Zeit
- Zu viele Dinge zu erledigen
- Störende Gedanken über die Zukunft
- Zu viele Unterbrechungen im gewohnten Ablauf
- Verlieren oder Verlegen von Gegenständen
- Gesundheitliche Probleme eines Familienmitgliedes
- Soziale Verpflichtungen
- Besorgnisse über das Einhalten von Regeln
- Besorgnisse darüber, im Leben weiterzukommen
- Zu viele Verpflichtungen

Mittlerweile wissen aber Stressexperten, dass dies nur Annäherungswerte sind und dass eigentlich jeder Einzelne sich seine Stressliste selbst erstellen müsste, um die Anzahl der täglichen Kleinigkeiten, die in der Summe eine Stressbelastung ausmachen, kennenzulernen und dann auch Einfluss zu nehmen auf die Reduktion von einzelnen Belastungen. Ein sehr populäres Beispiel in dieser Hinsicht ist die immer noch aktuelle Simplify-your-life-Methode geworden. Diese zeigt sehr gut, wie man mit kognitiven Strategien und praktischen Übungen das Maß der Ordnung im täglichen Umfeld erhöhen kann und nicht zum Sklaven von Gegenständen werden muss.

Bei der Durchsicht dieser Listen wird jedoch schnell klar, dass vieles davon vorwiegend am Arbeitsplatz vorhanden sein kann.

2.3.1.2 Dauerstress und die Folgen

Wenn die Stressbelastung und damit die körperliche Antwort zu lange andauern, entstehen Folgen in körperlicher und psychischer Hinsicht. Nach jeder Stressbelastung muss die Möglichkeit zur Erholung gegeben sein. Ist dies nicht der Fall, kann Stress, auf den wir eigentlich gut eingestellt sind, krank machen. Auch hier gilt, dass es nicht so sehr die einzelne Belastung ist, die das Ausmaß unserer Stressbelastung darstellt. Der Verlust eines nahen Angehörigen stellt bei fast allen Menschen eine erhebliche Stressbelastung dar. Erweisen sich aber alle anderen Lebensbedingungen als günstig, sind also Partnerschaft, Beruf und soziales Netz ausgewogen und wenig belastend, kann ein solcher Verlust nach der üblichen Trauerzeit gut kompensiert werden. Sind aber in den genannten Bereichen nur Baustellen und

Konfliktfelder, sieht es schon anders aus. Dann kann dieses massive Erlebnis des Verlustes das Fass zum Überlaufen bringen, die Stressbelastung wird überschwellig und gesundheitliche Folgen drohen.

In derartigen Situationen wird das Stresshormon Cortisol dauerhaft und erhöht ausgeschüttet; die Folge ist, dass ein „guter" Botenstoff, der uns eigentlich schützen soll, beginnt, krank zu machen. Dauerstress wirkt sich schädlich auf die verschiedensten Organsysteme aus. Wie oben dargestellt, entsteht Dauerstress nicht nur durch anhaltende Extrembelastungen; auch die ärgerlichen täglichen Kleinigkeiten können in der Summe in eine chronische Dauerstressbelastung führen. Auch innere Einstellungen wie Perfektionismus oder ein beständiges Auseinanderklaffen zwischen Erwartung und tatsächlicher Erfahrung können Dauerstress verursachen. Die durch Dauerstress verursachten körperlichen und psychischen Störungen reichen von anhaltendem Erschöpfungsgefühl über erhöhten Blutdruck, Herz-Kreislauf-Erkrankungen, eine erhöhte Infektanfälligkeit bis hin zu psychischen Störungen wie Depression und Angst, aber auch anhaltender Ärger und Reizbarkeit können die Folge sein.

Wir werden im Folgenden einige dieser Stresserkrankungen darstellen. Nicht immer sind solche Erkrankungen stressbedingt. Es gibt vielfältige Ursachen und man kann niemals von einer Erkrankung auf einen möglicherweise vorhandenen Dauerstress schließen.

2.3.1.2.1 Herz-Kreislauf-Erkrankungen

Dieser Zusammenhang ist sehr populär; Stress und hoher Blutdruck oder Stress und Herzinfarkt, das scheint irgendwie zusammenzugehören. Angesichts der Tatsache, dass Herz-Kreislauf-Erkrankungen weltweit bei den Todesursachen führen, ist es auch aus Präventionsgesichtspunkten wichtig, sich diesem Zusammenhang mit Stressbelastungen auch wissenschaftlich zu nähern. In den letzten Jahrzehnten ist eine Vielzahl von wissenschaftlichen Untersuchungen entstanden, die sich diesem Zusammenhang widmen. Sie konnten in der Mehrzahl zeigen, dass psychosoziale Belastungsfaktoren, Persönlichkeitsmerkmale und sogenannte negative Affekte, vor allem Depressivität, das Risiko beispielsweise für koronare Herzkrankheit wie auch das Risiko, in der Folge an einem Herzinfarkt zu erkranken, erhöhen.

Wichtig ist, dass auch nach einem Herzinfarkt die genannten Faktoren den weiteren Verlauf der Erkrankung ungünstig beeinflussen können. Experten meinen, dass die übermäßige Aktivität des autonomen Nervensystems mit einer beständigen übermäßigen Ausschüttung von Cortisol und Noradrenalin und die damit verbundene Erstarrung der natürlichen Flexibilität im autonomen Nervensystem zu Entzündungsprozessen in den Blutgefäßen führt. Diese Entzündungsprozesse schädigen die innerste Gefäßhaut, dort können sich dann Blutplättchen festsetzen und schlussendlich kann es zu einem Verschluss eines Blutgefäßes, beispielsweise einer Herzkranzarterie, kommen, ein Herzinfarkt ist die Folge. Dabei wird der Herzmuskel im Bereich der Verschlussstelle und dahinter unwiederbringlich geschädigt. Auch ist mittlerweile erwiesen, dass beim Dauerstress durch die Überstimulation unseres Immunsystems verstärkt weiße Blutkörperchen, die für die Immunantwort verantwortlich sind, ausgeschüttet werden und dann an den entzündeten Gefäßinnenwänden die Blutgefäße verstopfen; es kommt zur Schädigung der dahinter liegenden Gefäßabschnitte.

Allerdings ist es sehr schwer, die bei diesen Prozessen auch beteiligten genetischen Faktoren und die psychosoziale Belastung getrennt zu beobachten. Auch bei Herz-Kreislauf-Erkrankungen spielt unsere individuelle Disposition, also unsere genetische Ausstattung, eine wesentliche Rolle. Aber auch wenn in einer Familie das Risiko für Herz-Kreislauf-Erkrankungen erhöht zu sein scheint, können Stressbelastungen letztendlich bei dieser schon erhöhten Anfälligkeit das Fass gewissermaßen zum Überlaufen bringen.

Wissenschaftler hatten große Schwierigkeiten, in entsprechenden Studien psychosoziale Belastungen und Stress im engeren Sinne zu definieren und voneinander abzugrenzen. Grundsätzlich konnten drei Dimensionen unterschieden werden: zum Ersten Belastungen in Lebenssituationen und Umgebung, zum Zweiten Persönlichkeitsmerkmale und zum Dritten emotionale Faktoren, wie beispielsweise Depressivität.

Betroffene benötigen sehr lange, meist mehrere qualvolle Monate, bevor sie sich um professionelle Hilfe bemühen.

> **WICHTIG: Wenn mehrere Faktoren zusammen auftreten**
> Wichtig ist, dass mehrere dieser Faktoren bei einem Menschen zusammen auftreten können; beispielsweise kann Arbeitslosigkeit zu einem niedrigeren Einkommen und Sorgen führen, dazu kann aufgrund des erlebten Statuswechsels eine feindselig verbitterte Grundeinstellung kommen und ein allgemeines Gefühl von Erschöpfung und Hoffnungslosigkeit sich einstellen. All diese Faktoren zusammen führen zu einer deutlich erhöhten Stressbelastung und zu einem Anstieg des Risikos für Herz-Kreislauf-Krankheiten.

2.3.1.2.2 Broken-Heart-Syndrom

Hoher emotionaler Stress wird umgangssprachlich gern mit dem Bild des gebrochenen Herzens beschrieben. Meist wird es im Zusammenhang mit Liebeskummer und Trennungssituationen verwendet. Und in der Tat gibt es eine (seltene) Funktionsstörung des Herzmuskels, die zunächst wie ein akuter Herzinfarkt aussieht; unter dem Einfluss von Stresshormonen tritt eine akute Herzmuskelschwäche auf, die allerdings in aller Regel rückbildungsfähig ist und das Herz nicht dauerhaft schädigt.

Ein Fallbericht beschreibt beispielsweise das Auftreten dieser Erkrankung bei einem Zuschauer eines Fußballspiels (auch dies kann eine enorme Stressbelastung sein). Womit wir wieder beim Freizeitstress (vgl. 2.2.5) wären.

2.3.1.2.3 Stress und Immunsystem

Stress, vor allem Dauerstress, macht anfällig. Eigentlich ist das eine Alltagserfahrung. Jeder hat das schon einmal erlebt. In Zeiten erhöhter Anspannung holt man sich einfach schneller einen Schnupfen, der dann, wenn man Pech hat, auch häufiger auftritt. Stress und Immunsystem sind wechselseitig ineinander verstrickt. Stress führt letztlich dazu, dass das Immunsystem aktiviert wird. Bei Dauerstress ist es gewissermaßen in einer Daueraktivierung. Hier passiert etwas, das viele biologische Systeme auszeichnet: Wenn sie daueraktiviert werden, büßen sie ihre Funktionsfähigkeit ein und Infekte und Entzündungen können sich leichter im Körper ausbreiten.

2.3.1.2.4 Stress und Schlaf

Schichtarbeit ist ein eigenständiger Risikofaktor für die verschiedensten Erkrankungen und wahrscheinlich einer der stärksten Stressoren überhaupt. Unregelmäßige Arbeit erhöht das Risiko für einen Herzinfarkt, für Schlaganfälle und, wie erst kürzlich erwiesen, für manche Krebserkrankungen. Dabei ist es nicht erforderlich, in einem klassischen Dreischichtbetrieb zu arbeiten; auch eine Verschiebung der Regelarbeitszeit in die Abendstunden hinein oder eine unregelmäßige Arbeitszeit und eine Vernachlässigung der Wochenendpausen wirkt sich auf unseren Organismus als enorme Belastung aus. Eine kanadische Studie konnte zeigen, dass sich etwa 7 % aller Herzinfarkte auf eine derartige unregelmäßige Arbeitszeit zurückführen lassen. Eine beständige Störung des Tag-Nacht-Rhythmus führt zu diversen körperlichen Begleiterscheinungen: Schlafstörungen sind häufig, auch Fettstoffwechselstörungen und Diabetes sowie Bluthochdruck.

Schlafstörungen und Schichtarbeit: eine verhängnisvolle Wechselbeziehung

Wir alle kennen die Wirkung von belastenden Ereignissen auf unseren Schlaf: Ein- und Durchschlafstörungen sind häufig, die Schlafzeit kann insgesamt sehr viel kürzer werden. Dies führt dazu, dass wir uns im Schlaf nicht mehr erholen. Betroffene leiden dann häufig unter Tagesmüdigkeit und Erschöpfungsgefühlen. Das kann in einen krank machenden Teufelskreis führen. Schlafstörungen sind immer ein Warnzeichen des Körpers, das ernst genommen werden muss.

2.3.1.2.5 Stress und der Bewegungsapparat

Dauernder Stress führt zu dauernder Muskelanspannung; diese Muskelanspannung kann verschiedenste Schmerzzustände der Muskulatur und des Bewegungsapparates verursachen. Jeder von uns kennt es: Seelische Anspannung verwandelt sich schnell in schmerzhafte körperliche Anspannung. Sehr häufig sind Verspannungszustände im Nacken mit sich anschließenden Kopfschmerzen, Verspannungszustände in den Schultern und Rückenschmerzen, vor allem im Bereich der Lendenwirbelsäule. Die dauernde Anspannung der Muskulatur kann bei Dauerstress auch bestehende Abnutzungserscheinungen des Skelettsystems und des Bewegungsapparates verstärken und Schmerzzustände hervorrufen.

Auch Ihrem Zahnarzt kann auffallen, dass Sie unter chronischer Stressbelastung stehen: Die Rede ist von den nächtlichen „Knirschern", Menschen also, die im Schlaf mit den Zähnen mahlen. Dabei werden enorme Kräfte freigesetzt, das Aufeinanderpressen des Ober- und Unterkiefers geschieht mit einer Kraft von mehreren 100 Kilopond. Die Folge sind schwere Schäden an den Zähnen und sehr häufig heftige Schmerzen im Kiefergelenk. Während früher eine Fehlstellung der Kiefer als Ursache diskutiert wurde, sind sich Experten mittlerweile einig, dass chronischer Stress die Hauptursache für den sogenannten Bruxismus ist. Zahnärzte verordnen bei dieser Störung nächtlich zu tragende Schienen, die den Zahnschmelz schützen. Aber hier wie auch bei den schmerzhaften Muskelverspannungen im Bewegungsapparat gilt, dass Betroffene mehr von lebensverändernden Maßnahmen und Stressmanagementprogrammen profitieren.

2.3.1.2.6 Stress und Stoffwechselerkrankungen

Viele Menschen haben unter Stress Schmerzen im Oberbauch oder bekommen Durchfall. Stresshormone beeinflussen die Ausschüttung der Magensäure und stimulieren die Darmtätigkeit. Jeder kennt das, beispielsweise vor einer Prüfung; in aller Regel klingen diese Beschwerden rasch ab. Anders aber unter chronischem Stress; darunter können sich die Beschwerden verselbstständigen und chronisch werden: Eine sogenannte Reizdarmerkrankung kann die Folge sein. Dabei haben betroffene Menschen häufig Stuhlgang und Bauchkrämpfe ohne dass beispielsweise über eine Darmspiegelung eine organische Ursache gefunden werden kann.

Auch der Appetit wird durch Stress beeinflusst. Unter akutem Stress ist bei den meisten Menschen eine Appetitminderung festzustellen. Allerdings kann eine chronische Stressbelastung auch zum Gegenteil führen: Den Kummerspeck gibt es tatsächlich. Übergewicht kann auch eine Stressfolge sein, eine wesentliche Rolle spielen die veränderten Essgewohnheiten unter Stressbelastung: Viele Menschen schaffen es nicht mehr, eine Pause einzulegen. Sie essen am Schreibtisch einen Snack, sie nehmen Fast Food beim Autofahren zu sich und verlieren mehr und mehr den Überblick über ihre Nahrungszufuhr. Übergewicht ist die Folge.

2.4 Die psychischen Folgen von Stress – Erschöpfung, Burnout und Depression

Psychiatrie und Psychotherapie beschäftigen sich mit der Frage, warum manche Menschen im Laufe ihres Lebens im wahrsten Sinne des Wortes unglücklich werden. Ein wichtiger Grund sind weniger äußere Umstände als ernsthafte psychische Störungen, die großes subjektives Leid verursachen können. Dabei zählen depressive Zustände zu den häufigsten psychischen Erkrankungen überhaupt. Experten gehen davon aus, dass in der Bundesrepublik Deutschland etwa 4 Mio. Menschen an einer behandlungsbedürftigen depressiven Episode leiden. Diese behandlungsbedürftigen Zustände müssen abgegrenzt werden von depressiven Verstimmungen. Wir alle kennen Tage, an denen es uns nicht so gut geht, an denen unsere Stimmung niedergeschlagen ist. Wir brauchen solche Zustände geradezu, um die guten Tage besser wahrnehmen und besser empfinden zu können.

Auch andere psychische Störungen führen zu einer hohen subjektiven Belastung, zu nennen sind hier Angststörungen, die neben den Depressionen vergleichsweise häufig in der Bevölkerung vertreten sind. Ebenso Entwicklungen in Richtung Sub-

2 Die psychischen Folgen von Stress – Erschöpfung, Burnout und Depression

stanzabhängigkeit und Störungen der Persönlichkeitsentwicklung. Wir konnten in den letzten Jahren in Deutschland eine intensive Diskussion um die Rolle von Stress am Arbeitsplatz führen. Die Diskussion wurde unter der Bezeichnung Burnout geführt. Schnell hatte man den Eindruck, dass es sich dabei um ein Massenphänomen handelt, das vor allem mit der Arbeitswelt konnotiert wird. Diese Diskussion wirkte sehr griffig, jeder konnte sich einfühlen, weil Erschöpfungszustände an Häufigkeit zunehmen. Faktoren wie Arbeitsverdichtung, Prozessoptimierung, dauernde Erreichbarkeit und persönliche Konflikte am Arbeitsplatz bis hin zu Mobbingsituationen wurden für zunehmende Erschöpfungsgefühle verantwortlich gemacht. Vernachlässigt wurde bei dieser gesellschaftlichen Diskussion der Einfluss des Freizeitverhaltens auf Wohlbefinden und Erholungsfähigkeit.

Burnout ist eigentlich kein wirklich definiertes Krankheitsbild. Gemäß den internationalen Empfehlungen zur Verschlüsselung von psychischen Störungen findet es im entsprechenden Kapitel des ICD (International Classification of Deseases) keine Erwähnung, es kann als Zusatzdiagnose verschlüsselt werden. Dennoch haben sich in der Literatur einige ganz typische Befindlichkeitskonstellationen herauskristallisiert, welche die Zustände von Erschöpfung (Burnout) charakterisieren sollen. Der Bezug auf die Arbeitswelt ist dabei wesentlich. Viele Betriebe gehen mittlerweile im Rahmen der betrieblichen Gesundheitsfürsorge auch auf diese seelischen Störungen am Arbeitsplatz (glücklicherweise) ein und stellen Möglichkeiten der Erkennung und Prävention bereit (Manche Betriebe erwarten von ihren Mitarbeitern auch in Führungspositionen nicht mehr permanente Erreichbarkeit und bieten regelmäßig Supervision und Coaching an).

Wir werden im Folgenden (Kap. 2.4 bis 2.6) auf die typischen Symptome von derartigen Erschöpfungszuständen und auf ihre zeitliche Entwicklung eingehen.

2.4.1 Kognitive Störungen

Stress hindert zu denken. Wenn wir uns Stress als Notprogramm unseres Körpers in extremen Situationen vergegenwärtigen, wird schnell eines klar: In solchen Situationen muss auch das Denken extrem fokussiert ablaufen. Wenn wir eine Gefahrensituation vermeiden oder Fluchtbereitschaft herstellen wollen, können wir uns nicht parallel mit einem anderen Thema, sagen wir mit barocker Lyrik, beschäftigen. In einer solchen Situation ist auch eine geschärfte Gedächtnisfunktion nicht notwendig. Dies ist einer der Gründe, warum Menschen, die etwas Schreckliches überstanden haben, sich nicht selten nur sehr schwer an irgendwelche Einzelheiten des Erlebnisses erinnern können.

Individuelle Faktoren der psychischen Gesundheit

Dauerstress ist für unser Gedächtnis schädlich; unsere Gedächtnisfunktionen sind stressabhängig. Dies bedeutet, dass die Stresshormone Neuronen im sogenannten Hippocampus und im Frontalhirn herunterregulieren; beide Regionen sind für uns sehr wichtig, um aus neuen Eindrücken dauerhafte Erinnerungen werden zu lassen (Langzeitgedächtnis). Das bedeutet, dass ich, sollte ich feststellen, dass ich mir Gesichter plötzlich nur noch schwer merken kann, keineswegs darüber grübeln muss, ob ich vielleicht eine Alzheimer-Erkrankung bekomme. In aller Regel sollte die erste Frage lauten, ob ich mir nicht vielleicht zu viel zumute oder ob mir von anderen zu viel zugemutet wird, weil ich beispielsweise eben so schlecht Nein sagen kann.

2.4.2 Burnout-Syndrom

Der Begriff „Burnout" wurde erstmals im Jahre 1974 von dem amerikanischen Psychoanalytiker Herbert J. Freudenberger verwendet für einen „Energieverschleiß, eine Erschöpfung aufgrund von Überforderungen, die von innen oder von außen — durch Familie, Arbeit, Freunde, Liebhaber, Wertsysteme oder die Gesellschaft — kommen kann" (Niklewski/Rose-Niklewski 2013, S. 35).

Dies ist eine sehr weite Definition, die sehr gut deutlich macht, dass Stressoren eigentlich in allen Lebensbereichen lauern können. Freudenberger selbst engte diese weite Definition auf die Situation von Menschen ein, die in Sozial- oder Gesundheitsberufen arbeiten, die sich quantitativ verausgaben und denen Anerkennung und Wertschätzung dennoch versagt bleibt. Der Bezug auf die Arbeitswelt ist mittlerweile in die Definition der Burnout-Situation eingegangen. Eine große Gefahr dabei ist, dass Betroffene die Gründe für ihre Müdigkeit und Erschöpfung ausschließlich in ihrer eigenen Arbeitswelt suchen und Belastungen in anderen Lebensbereichen (zunächst) ignorieren.

> **Definition des Burnout-Syndroms**
>
> Mittlerweile wird ein Burnout-Syndrom durch drei wesentliche Störungsfelder definiert:
> *Emotionale Erschöpfung:* Dabei kommt es zum Gefühl des Ausgelaugtseins, sich nicht mehr anderen zuwenden zu können, der inneren Abgestumpftheit.
> *Depersonalisation:* Der Kontakt zur Umgebung schwindet, Desinteresse, Gefühl- und Beziehungslosigkeit herrschen vor.
> *Leistungsminderung:* Arbeitsstörungen, Leistungsschwäche, schnelle Ermüdung, Konzentrations- und Aufmerksamkeitsstörungen

2.4.2.1 Die Symptome eines Burnout-Syndroms

Die Gefühle der Erschöpfung werden für viele Arbeitnehmer immer ausgeprägter. Eine wichtige Berufsgruppe, wie beispielsweise die Lehrer, immerhin über 2,5 Mio. Menschen, leidet immer mehr unter gefühlter psychischer Erschöpfung und Stressbelastung. Dies wird an Fragen deutlich, wie sie beispielsweise die letzte Beschäftigungsumfrage im Jahre 2011 erbrachte. Hierbei fühlen sich etwa die Hälfte der Arbeitnehmer kaum in der Lage, nach der Arbeit abzuschalten. Sie leiden darunter, dass von ihnen erwartet wird, auch außerhalb der normalen Arbeitszeit erreichbar zu sein. Der Zeitdruck wird als intensiver wahrgenommen. Auch gehen die Beschäftigten mindestens zwei Mal im Jahr zur Arbeit, selbst wenn sie sich richtig krank fühlen. Die Freizeitbelange werden zunehmend auch als Druck empfunden und die Arbeitsintensität pro Zeiteinheit wird als erhöht wahrgenommen. Es zeigt sich immer wieder, dass vor allem hochmotivierte Mitarbeiter stärker unter diesen Situationen leiden und am Ende ihres Arbeitslebens sich häufig ausgelaugt und demotiviert fühlen.

Auch unter Experten ist die Diagnose Burnout umstritten. Bis heute gibt es keine zufriedenstellende wissenschaftlich-medizinische Definition für diesen Zustand, von dem jeder zu wissen meint, was darunter zu verstehen ist. Es existiert eine Vielzahl von Symptomlisten, welche teilweise bis zu 100 Einzelsymptome aufzählen. Manche davon sind messbar, andere beschreiben mehr subjektive Befindlichkeitsstörungen, wie sie von Betroffenen und ihren Freunden oder Kollegen beobachtet werden können. Eine wissenschaftliche Diskussion über Burnout begann bei einer Störung, für die ein enger Zusammenhang mit der Arbeitswelt vermutet wurde. Im Vordergrund bei dieser Störung steht zunächst eine allgemeine Erschöpfung, häufig verbunden mit Tagesmüdigkeit. Im weiteren Fortgang kann dann ein Zustand entstehen, der sehr deutlich einer Depression ähnelt. Manche Experten halten einen Burnout für eine Risikosituation im Vorfeld einer Depression. Der Energieverlust am Arbeitsplatz betrifft vor allem Menschen, die ihrer Tätigkeit hoch engagiert mit kreativen Ideen und Innovationsbemühen nachgehen.

Anfänglich war dieser krankheitsähnliche Zustand eingeengt auf Menschen, die in sozialen Berufen tätig sind. Es herrschte die Überzeugung vor, dass die häufigen Kontakte und die häufige Hilfeleistung schnell zur Erschöpfung führen. Mittlerweile wird auch in anderen Sphären der Arbeitswelt von Burnout gesprochen. Die Erschöpfung betrifft zum einen die körperliche und mentale Leistungsfähigkeit, zum anderen den Bereich der Gefühle, schließlich den Bereich der zwischenmenschlichen Beziehungen. Am Arbeitsplatz kommt es zu Leistungseinbußen, die Arbeit wird ineffektiv, die Betroffenen sind unkonzentriert, ziehen sich auch aus beruflichen Kontakten zurück und geben Projekte auf. Sie verfolgen nicht mehr mit demselben Druck neue Vorhaben und tragen immer mehr Bedenken vor. Im Bereich der Gefühle schildern Betroffene häufig, dass sie sich erschöpft, ausgelaugt und abgestumpft fühlen, sie haben manchmal auch schon ein für depressive Zustände typisches Gefühl von Desinteresse und Freudlosigkeit. Im zwischenmenschlichen Bereich kommt es zum Rückzug, zu abgestumpften und gefühllosen Beziehungen. Die Betroffenen entwickeln oft negative und zynische Einstellungen und können ihren Kollegen kaum noch Wertschätzung entgegenbringen. Experten haben versucht, die Symptome des Burnout-Syndroms in Stadien einzuteilen.

2.4.2.2 Die Stadien des Burnout-Syndroms

Stadium 1

Zu Beginn des Burnout-Syndroms steht häufig ein Überengagement im beruflichen Alltag — bis hin zu fast schon übersteigertem Ehrgeiz. Arbeitszeiten werden nicht beachtet, Stress und Belastung werden nicht wahrgenommen. Die Betroffenen beginnen, sich zunehmend zu überarbeiten. Der Arbeitsplatz, die Kollegen, die eigene Entwicklung in der Arbeitswelt stehen ganz im Zentrum des Denkens und der Zukunftsfantasien. In diesem Stadium sind derartige Mitarbeiter für ihre Vorgesetzten sehr nützlich und wichtig. Ihre extreme Arbeitsleistung wird schnell als ganz normal wahrgenommen. Zunehmend wird dann auch die erforderliche Wertschätzung durch Vorgesetzte versagt. In diesem Stadium des Burnout-Syndroms stehen dann Erschöpfung, Müdigkeit, Tagesmüdigkeit und daraus resultierende Schlafstörungen ganz im Vordergrund des Geschehens.

Stadium 2

In diesem Stadium machen sich die emotionalen Folgen der Erschöpfung besonders bemerkbar. Zunächst geben die Betroffenen ihre manchmal übersteigerten und idealistischen Vorstellungen auf. Sie verlieren ihr Innovationspotenzial. Immer mehr machen sich Gefühle von Enttäuschung und innerer Distanz zur Arbeit breit. Betroffene bemerken, dass sie wenig oder keine Wertschätzung erfahren. Sie sehen plötzlich alles negativ und verrichten ihre Pflichten nur noch mit Widerwillen. In diesem Stadium sind auch schon Gefühle von Niedergeschlagenheit und Traurigkeit möglich, im Allgemeinen überwiegt bei den Betroffenen aber noch eine ausgeprägte Verbitterung über den erlebten Misserfolg.

Stadium 3

In diesem Stadium wird aus der erlebten Verbitterung ein Gefühl von Ohnmacht, Hilflosigkeit und Resignation, die Erschöpfungsgefühle nehmen deutlich zu. Die Betroffenen werden in ihren Denk- und Handlungsweisen immer starrer. Waren im Stadium 2 noch die desinteressierten Kollegen und Vorgesetzten im Zentrum des Denkens, so beginnen Betroffene jetzt, die Schuld bei sich zu suchen. Es entstehen Selbstzweifel, Versagensängste. Die sozialen Bezüge werden immer schwieriger. Betroffene ziehen sich zurück und beginnen zu resignieren. Wenn dieses Stadium nicht erkannt wird, endet das Burnout-Syndrom sehr häufig in einer anhaltenden depressiven Situation. Die dann notwendigen Behandlungsoptionen sind dieselben wie bei der Depression.

In der Arbeitswelt ist es wichtig, dass Vorgesetzte und Kollegen auf diese alarmierenden Verhaltensäußerungen achten. Keineswegs kann der Grundsatz „immer fit" durchgehalten werden. Jeder Mensch braucht Erholungsphasen und Pausen. Ein allgemeines Erschöpfungssyndrom kann nicht lange ausgehalten werden. Viele Menschen ignorieren auch die Stressbelastungen, die sie sich in der Freizeit zumuten. Auch angenehme Ereignisse können Stressoren werden und die Gesamtmenge der Belastung ins nicht mehr Erträgliche steigern.

2.5 Und wenn aus Burnout eine Depression wird?

Die Menschen, die unter Burnout leiden, versäumen oft wichtige Zeit und entscheidende Behandlungsschritte, weil sie ihren Zustand, der sich gewissermaßen verselbstständigt hat, ganz auf die Erschöpfung schieben und meinen, nur in der Beeinflussung der Arbeitsbelastung noch gegensteuern zu können.

Burnout-Prophylaxe in Risikogruppen

Chronische Erschöpfung ist in sozialen Berufen besonders häufig. Auch Ärzte sind keineswegs immun gegenüber Burnout-Zuständen. Eine anonyme Befragung von Nervenärzten und Psychiatern durch die Universität Ulm erbrachte, dass 45 % der befragten Ärzte bisher an mindestens einer depressiven Episode erkrankt waren. Auch die wesentlichste Komplikation einer Depression, die Suizidalität, war in dieser Gruppe erhöht: Nervenärzte und Psychiater sind am häufigsten von Suizidalität betroffen, ihnen folgen Anästhesisten, Chirurgen, Internisten und Neurologen. Aus dieser Befragung wird auch deutlich, dass häufig ein Burnout-Syndrom diesen Depressionen voranging. Ein weiterer Be-

Individuelle Faktoren der psychischen Gesundheit

leg dafür, dass das Burnout-Syndrom einen Hochrisikozustand für die Entwicklung einer behandlungsbedürftigen Depression mit all den dann verbundenen Risiken darstellt. Mittlerweile gibt es Fortbildungsveranstaltungen, die von einzelnen Landesärztekammern auch anerkannt sind, zur Stressbewältigung und zum Training der psychischen Ausdauer. Auch in Unternehmen werden zunehmend — allerdings immer noch mit einer Fokussierung auf Führungskräfte — Stressbewältigungsseminare angeboten. Allerdings gibt es Zweifel, wie gut derartige Angebote in der Lebenswirklichkeit der Beschäftigten ankommen (Leyk et al. 2014).

2.5.1 Depression und Gehirn

Unser Gehirn ist ein komplexes Netzwerk, in dem einzelnen Gruppen von Nervenzellen spezifische Aufgaben zufallen.

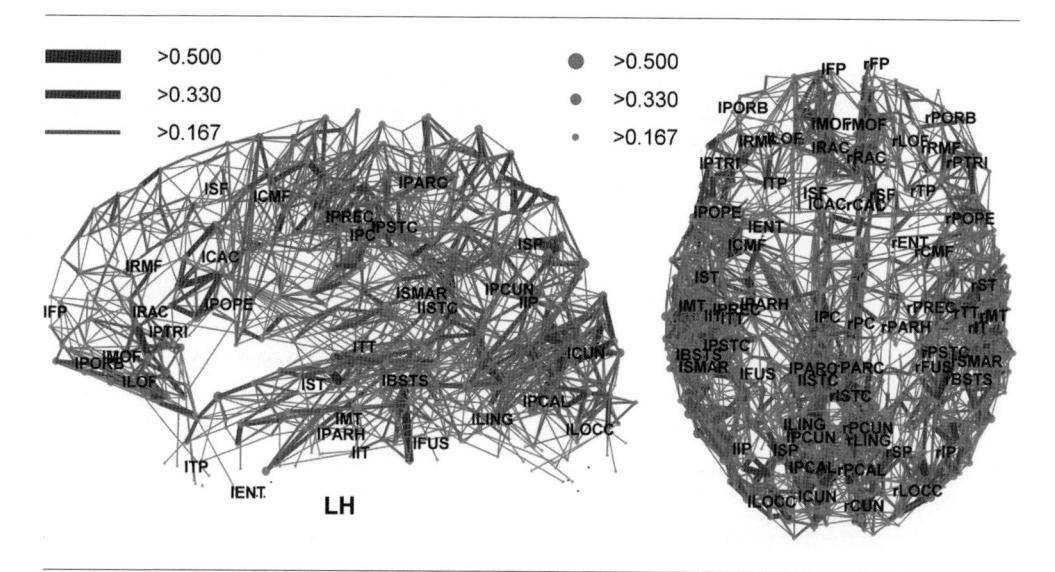

Abb. 11: Neuronales Netzwerk
Quelle: Hagmann P., Cammoun L., Gigandet X., Meuli R., Honey CJ., Wedeen VJ., Sporns O.

Beim Stressverarbeitungsmodell (siehe oben) sind wir schon auf den Mandelkern gestoßen, die sogenannte Amygdala. Dieses Kerngebiet ist nun auch bei der neurobiologischen Erklärung der Depression von besonderem Interesse. Hier laufen gewissermaßen die Fäden der Emotionen zusammen. Wir haben dieses Hirnareal ja auch schon bei der Stressreaktion kennengelernt, wo es für die gefühlsmäßige Ordnung im Stressgedächtnis verantwortlich ist.

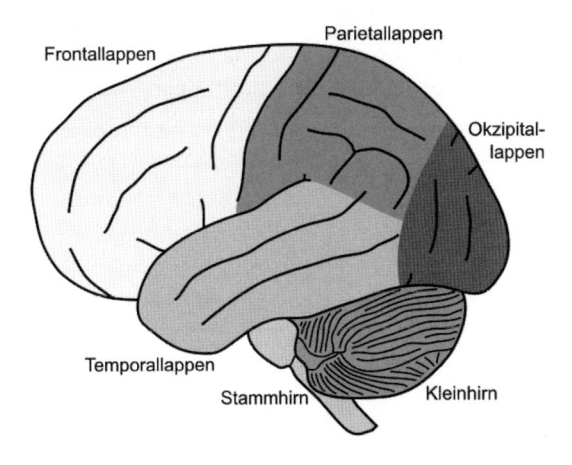

Abb. 12: Hirnschnitt

Es gibt Experten, die einen größeren Anteil aller depressiven Erkrankungen als stressbedingt ansehen. Wie bei allen anderen Erkrankungen müssen auch bei der Depression eine individuelle Verletzlichkeit für diese psychische Störung und eine Summe von diversen äußeren und inneren Belastungen zusammenkommen, um die Erkrankung auszulösen. In der augenblicklichen Diskussion um meist arbeitsbedingte Erschöpfungszustände wird häufig vergessen, dass Erschöpfung und Depression zusammengehören. Am Anfang mag ein ausgeprägtes Erschöpfungsgefühl stehen. Wird in diesem Stadium nicht interveniert, keine Pause eingelegt, keine Erholungsstrategie verfolgt, kommen in aller Regel nach und nach, wie oben beschrieben, die Symptome der Depression hinzu. Steht am Anfang vielleicht nur eine allgemeine Abgeschlagenheit und Mattigkeit verbunden mit Schlafstörungen, kommen nach und nach Antriebs- und Lustlosigkeit hinzu. Zusätzlich kann sich ein Gefühl der Hoffnungslosigkeit einstellen, die Gedanken beginnen, immer um dieselben Themen zu kreisen, die körperliche Erschöpfung wird schmerzhaft, es stellen sich also unklare körperliche Beschwerden ein — und nach und nach ist das Vollbild einer Depression entstanden.

2.5.2 Depression, eine Erkrankung mit vielen Gesichtern

Grundsätzlich kann jeder im Verlauf seines Lebens an einer Depression erkranken. Es gibt keine bekannten schützenden Wirkfaktoren, die vor einer Depression gewissermaßen „immunisieren". Das Erscheinungsbild einer Depression kann, abhängig von der Lebenssituation, von der Lebensphase und von anderen gleichzeitig bestehenden Erkrankungen, äußerst vielgestaltig sein. Besondere Schwierigkeiten können entstehen, wenn die körperlichen Symptome ganz im Vordergrund stehen und die psychischen Symptome eventuell sogar fast ganz überdecken.

2.5.2.1 Die Symptome der Depression

Grundsätzlich sind die Symptome einer Depression sehr typisch und fast alle erkrankten Patienten schildern diese typischen Symptome auf Befragen. Allerdings können diese typischen psychischen Symptome manchmal fast gänzlich von den körperlichen Symptomen einer Depression überlagert sein und Betroffene, ihre Angehörigen und Kollegen und nicht zuletzt ihren Arzt zunächst in eine völlig falsche Richtung denken lassen. In diesem Stadium reichen Entspannungsübungen, Yoga oder andere Erholungstechniken nicht mehr aus. Eine komplexe Depressionsbehandlung auch mit Antidepressiva ist angesagt.

2.5.2.2 Häufige Klagen

Eine Depression hat viele Gesichter. Die Dimensionen der depressiven Symptomatik sind äußerst vielgestaltig. Depression ist, und dies ist eine wesentliche Botschaft an betroffene Personen, mehr als schlechte Stimmung.

> **Häufige von Patienten angegebene Symptome der Depression**
> - Bei jeder Kleinigkeit fange ich an zu heulen. Ich weiß ja, dass es keinen Grund dafür gibt. Mir geht es doch gut …!
> - Seit Wochen hänge ich durch. Nichts funktioniert mehr. Was ich früher mit links geschafft habe, türmt sich wie ein riesengroßer Berg vor mir auf. Meine Wohnung sieht aus! Ich kann es selbst nicht fassen. Aber schon einfachste Arbeiten wie das Tischdecken überfordern mich maßlos.
> - Ich sollte meine Freundin anrufen. Seit Tagen — oder sind es schon Wochen? — nehme ich es mir vor. Aber irgendwie schaffe ich es nicht. Außerdem: Was soll ich ihr denn sagen? Dass es mir schlecht geht? Dass ich, wenn ich abends nach Hause komme, nur noch meine Ruhe haben will? Dass ich zu nichts Lust habe? „Komm, wir gehen ins Kino", würde sie sicherlich sagen, oder aber, dass das ewige Herumsitzen doch ohnehin nichts bringe, oder gar, dass ich „doch einfach" positiv denken solle. Wenn die wüsste …
> - Ich habe Angst. Sie schnürt mir die Luft ab. Ich könnte schreien! Am frühen Morgen schleicht die Angst zu mir ins Bett, ich werde von ihr geweckt. Dann kann ich nur noch daran denken, dass ich sowieso alles nicht mehr schaffe; der Stapel auf meinem Schreibtisch wird immer größer. Was wird aus mir, wenn ich auch heute in der Firma mein Arbeitspensum nicht mehr erledigen kann? Wenn die anfangen, zu rationalisieren, bin ich der Erste, der gehen muss. Und was dann mit den Hypothekenzinsen wird, wage ich mir gar nicht vorzustellen. Der Wohnungskauf war der größte Fehler meines Lebens. Wie soll das alles nur weitergehen? Ich sehe keine Hoffnung, keine Perspektive.

2 Und wenn aus Burnout eine Depression wird?

- Aus dem Haus bin ich schon lange nicht mehr gegangen. Ich bin froh, wenn ich morgens überhaupt aus dem Bett komme. Die kleinste Aktivität strengt mich über alle Maßen an, meine Glieder sind schwer wie Blei, zu nichts kann ich mich aufraffen. Doch wenn ich dann wenigstens schlafen könnte: Wenn ich im Bett liege, sehne ich mich danach, müde zu sein, kann aber nicht einschlafen, dann wache ich mitten in der Nacht wieder auf. Nur noch selten kann ich einmal durchschlafen. Der Schlaf erholt mich zudem nicht mehr, am nächsten Morgen ist mir, als hätte ich überhaupt nicht geschlafen.
- Alles ist mir egal geworden. Nichts interessiert mich mehr. Selbst die Kinder sind mir egal geworden. Ganz zu schweigen von all den Dingen, die mir früher Spaß gemacht haben. Ich kann mir nicht vorstellen, dass ich einmal mit Freude in dieses Fitness-Studio gegangen bin. Ich fühle mich innerlich wie abgestorben, als hätte ich keine Gefühle mehr. Ich kann mich über nichts mehr freuen, aber komischerweise kann ich auch nicht richtig traurig sein. Ich möchte einmal wieder so richtig losheulen und mich danach befreit fühlen. Wie ein Stein fühle ich mich — versteinert und erstarrt.

Die affektiven Symptome der Depression mit depressiver Verstimmung, Anhedonie (Freudlosigkeit) (vgl. 2.1.3), Interesse- und Motivationsverlust stehen sicher meistens im Vordergrund, jedoch verdienen auch die anderen Dimensionen der Depression Beachtung, zumal sie Betroffene oft mehr belasten als die affektiven Symptome bzw. die affektiven Symptome alleine.

Sehr wichtig sind die körperlichen Symptome der Depression mit einer oftmals gestörten Tagesrhythmik:

- Ein- und Durchschlafstörungen und frühes Erwachen
- Stimmungsschwankungen im Tagesverlauf mit abendlicher Besserung der Stimmung

Daneben kommt es auch häufig zu einem Gewichtsverlust wegen Appetitverlust, gelegentlich bis in Bereiche, die an eine Krebserkrankung denken lassen. Oftmals bestehen diverse funktionelle Beschwerden, z. B.:

- Magen-Darm-Störungen im Sinne einer Reizdarmsymptomatik
- Obstipation
- Enge- und Druckgefühle, Gürtelgefühle
- Kopfschmerzen
- diffuse Rückenschmerzen

Individuelle Faktoren der psychischen Gesundheit

Es kann während der Depression zum völligen Libidoverlust und auch zu sexuellen Funktionsstörungen kommen. Letztere müssen nicht allein durch die antidepressive Therapie verursacht sein, sondern können auch ein eigenständiges Symptom der Depression darstellen. Daneben sind immer auch Verhaltensstörungen zu beobachten: Es gibt agitierte Bilder mit motorischer Unruhe im Rahmen einer Depression, in der Regel stehen aber Hemmungsphänomene, Antriebsverlust und eine allgemeine motorische Verlangsamung mit Reduzierung von Mimik und spontaner Gestik im Vordergrund.

Die meisten depressiven Patienten beklagen auch kognitive Störungen im Sinne von Konzentrationsstörungen und Gedächtnisstörungen. Die Gedankeninhalte können völlig auf depressive Inhalte eingeschränkt sein: Es sind wenige Themen, um die das depressive Denken kreist wie Verarmung, Versündigung, Versagensangst und Hoffnungslosigkeit. Dabei kann der Gedankenfluss auch außerordentlich verlangsamt sein. Betroffene berichten, dass die Spontaneität der Gedankengänge verschwunden ist.

Es kann sich auch ein Lebensüberdruss bis hin zu Gedanken an einen Suizid immer mehr in den Vordergrund drängen. Suizidgedanken sind ausgesprochen häufig, in zugespitzteren Formen einer schweren depressiven Episode sind es dann auch Gedanken an Vorbereitungen einer Suizidhandlung, die den Betroffenen beeinträchtigen.

▶ **BEISPIEL**

Klaus M. ist vor wenigen Wochen 53 Jahre alt geworden. Bis dato war er immer energiegeladen und voller Tatendurst. In seinem Beruf als Diplomingenieur hatte er eine respektable Karriere durchlaufen, die Familie machte ihm Freude, in der Beziehung zu seiner Frau konnte er nichts Belastendes erkennen. Doch seit einigen Wochen hatte sich die Welt für ihn verändert.
Die Vertrautheit und Alltagsroutine gingen verloren. Er fühlte sich bleiern und schwer, der Schlaf erfrischte ihn nicht mehr. Er hatte das Gefühl, ausgelaugt zu sein und immer erschöpfter zu werden. Eigentlich hatte er zu überhaupt nichts mehr Lust, nicht einmal mehr zu seinem geliebten Sport; die letzten Tennisverabredungen hatte er ausfallen lassen.
Er konnte sich kaum mehr vorstellen, ein Match durchzuhalten. In den letzten Tagen war ein merkwürdiger Kopfdruck dazugekommen. Es fiel ihm immer schwerer, sich auf seine tägliche Arbeit zu konzentrieren, in Besprechungen war er abwesend, wurde immer grüblerischer und bekam letztendlich seine trüben Gedanken überhaupt nicht mehr aus dem Kopf.

Und wenn aus Burnout eine Depression wird?

Der Umgebung blieb diese Veränderung nicht verborgen. Man bemerkte, dass etwas mit ihm geschah; seine Frau riet ihm, doch einmal zum Internisten zu gehen und einen Check machen zu lassen — er sei sicherlich überarbeitet. Kollegen versuchten, ihn aufzumuntern oder empfahlen ihm, doch einmal auszuspannen oder etwas für sich zu tun.

Diese in aller Regel episodisch verlaufenden depressiven Störungen müssen abgegrenzt werden von nicht episodisch verlaufenden Formen der Depression. Hier ist vor allem die dysthyme Störung zu nennen, ein in der gesamten Symptomatik weniger stark ausgeprägter Subtyp depressiver Erkrankungen, der aber eher einen langsamen Verlauf zeigt und deswegen Betroffene genauso schwer belasten kann.

Das wesentliche Kennzeichen ist die anhaltende depressive Verstimmung, die niemals oder nur selten ausgeprägt genug ist, um die Kriterien für eine rezidivierende leichte oder mittelgradige depressive Störung zu erfüllen. Sie beginnt gewöhnlich früh im Erwachsenenleben und dauert mindestens mehrere Jahre, manchmal lebenslang. Bei Beginn im höheren Lebensalter tritt die Störung häufig nach einer abgrenzbaren depressiven Episode, nach einem Trauerfall oder einer anderen offensichtlichen Belastung auf.

Depression — eine Symptomliste

Hauptsymptome
- Gedrückte Stimmung
- Interesselosigkeit, Freudlosigkeit
- Antriebsminderung

Andere häufige Symptome
- Konzentrationsstörungen
- Abnahme des Selbstwertgefühls
- Schuldgefühle
- Hemmung oder Unruhe
- Schlafstörungen
- Appetitminderung
- Mangelnde Gefühlsbeteiligung
- Frühes Erwachen, Morgentief
- Gewichtsverlust
- Libidoverlust
- Gedanken an Suizid, Suizidimpulse oder Suizidhandlungen

Individuelle Faktoren der psychischen Gesundheit

2.5.2.3 Habe ich vielleicht eine Depression?

Die Depression betrifft nicht nur unsere Stimmung, sie ist eine „Ganzkörpererkrankung" und äußert sich in verschiedenen Dimensionen.

Dimensionen depressiver Symptome
Kognition
Konzentrationsstörungen
Gedächtnisstörungen
Grübelzwang
Depressive Kognitionen
Affekt
Depressive Stimmung
Anhedonie
Interesseverlust
Verhalten
Antriebsverlust
Psychomotorische Hemmungsphänomene
Angetriebenheit
Körper
Appetitverlust
Gewichtsverlust
Gestörte Tagesrhythmik
Libidoverlust und sexuelle Funktionsstörungen
Schlafstörungen
Früherwachen

Die Leitsymptomatik kann in jeder dieser verschiedenen Dimensionen beginnen und später dann vorherrschend ausgeprägt sein. Mit einer ganzen Reihe von Selbstbeurteilungsinstrumenten kann der Frage nachgegangen werden, ob eine Depression besteht und vielleicht schon professionelle Hilfe gesucht werden sollte. Ein gängiges Beispiel ist der etablierte Fragebogen der Weltgesundheitsorganisation, der lediglich 5 Fragen umfasst.

Testpsychologisches Verfahren zur Diagnostik

Der WHO-5-Fragebogen soll eine erste Orientierung geben. Verstärken sich dabei die klinischen Verdachtsmomente, stehen diverse Selbst- und Fremdbeurteilungsinstrumente zur Verfügung. Am besten eingeführt ist das Depressionsinventar nach A. Beck, das mittlerweile in einer neu überarbeiteten Version vorliegt. Es han-

Und wenn aus Burnout eine Depression wird?

delt sich dabei um einen Fragebogen, der die einzelnen Dimensionen depressiver Syndrome abbildet und je nach erreichtem Punktewert eine Einschätzung des Schweregrades einer Depression erlaubt.

WHO-5-Fragebogen

Die folgenden Aussagen betreffen Ihr Wohlbefinden in den letzten zwei Wochen. Markieren Sie bitte bei jeder Aussage mit einem „X" die Rubrik, die Ihrer Meinung nach am besten beschreibt, wie Sie sich in den letzten zwei Wochen gefühlt haben.

WHO-5-Fragebogen

	Die ganze Zeit	Meistens	Etwas mehr als die Hälfte der Zeit	Etwas weniger als die Hälfte der Zeit	Ab und zu	Zu keinem Zeitpunkt
… war ich froh und guter Laune	5	4	3	2	1	0
… habe ich mich ruhig und entspannt gefühlt	5	4	3	2	1	0
… habe ich mich voller Energie und aktiv gefühlt	5	4	3	2	1	0
… habe ich mich beim Aufwachen frisch und ausgeruht gefühlt	5	4	3	2	1	0
… war mein Alltag voller Dinge, die mich interessieren	5	4	3	2	1	0

Tab. 10: WHO-5-Fragebogen
Quelle: Psychiatric Research Unit, WHO Collaborating Center for Mental Health

Individuelle Faktoren der psychischen Gesundheit

Ihr persönlicher Punktwert kommt durch Addieren der Punkte aller Antworten zustande. Der Punktwert erstreckt sich von 0 bis 25. Ein Punktwert von 0 weist auf geringstes Wohlbefinden und niedrigste Lebensqualität hin. Ein Punktwert von 25 signalisiert größtes Wohlbefinden und höchste Lebensqualität. Den Prozentwert von 0 bis 100 erhält man durch Multiplikation mit 4. Der Prozentwert 0 bezeichnet das schlechteste Befinden, 100 das beste.

2.5.2.4 Einteilung der Depressionen nach Schweregrad

Während früher die Einteilung der Depressionen nach phänomenologischen Subtypen üblich war, etwa im Sinne

- einer agitierten Depression,
- einer gehemmten oder agitierten Depression,
- einer larvierten (maskierten) Depression, bei der körperliche Symptome ganz im Vordergrund stehen,
- oder aber mit psychosozialen Auslösern verknüpft wurde im Sinne
- einer Erschöpfungsdepression,
- einer Berentungsdepression,
- oder einer Invulotionsdepression,

ist heute eine Einteilung nach Verlauf und Schweregrad in den Vordergrund getreten. Auch ließ sich die frühere Einteilung in endogene und neurotische Subtypen der depressiven Störungen nicht aufrechterhalten, weil eine kategoriale Leitsymptomatik für die Subtypen nicht besteht.

Diagnostische Kriterien der depressiven Episode nach ICD-10[69]

Hauptsymptome
- Gedrückte Stimmung
- Interesselosigkeit, Freudlosigkeit
- Antriebsstörung

Zusatzsymptome (Auswahl)
- Konzentration und Aufmerksamkeit vermindert
- Selbstwertgefühl vermindert
- Alltagsaktivitäten vermindert
- Schuldgefühle, Wertlosigkeitsgefühl
- Negative, pessimistische Zukunftssicht
- Schlafstörungen
- Appetitverlust
- Suizidgedanken, Suizid schon versucht
- Selbstverletzung

Schweregrade (erfüllte Kriterien)
- Leicht (2 Hauptsymptome, 1 – 2 Nebensymptome)
- Mittel (2 Hauptsymptome, 3 – 4 Nebensymptome)
- Schwer (3 Hauptsymptome, mehr als 5 Nebensymptome)
  - ohne wahnhafte Symptome
  - mit wahnhaften Symptomen

2.5.2.5 Depressionen aus heiterem Himmel

Unabhängig vom oben Geschilderten gibt es aber auch Depressionen, die gleichsam aus heiterem Himmel auftreten und nicht mit einer belastenden Lebenssituation oder belastenden früheren Lebenserfahrungen verknüpft werden können; früher nannte man derartige Depressionen endogene Depressionen, heute nimmt man an, dass bei derartigen Formen der Depression genetische Faktoren entscheidend beteiligt sind.

Auch die Tatsache, dass bei gar nicht wenigen Hochleistungssportlern, die es gewohnt sind, an ihre Leistungsgrenzen zu gehen, Depressionen vorkommen, unterstreicht diese enge Verknüpfung von Erschöpfung und Depression. Wenn also von den oben genannten Symptomen die Mehrzahl besteht und wenn die Beschwerden schon länger als zwei bis drei Wochen anhalten, sollte rasch psychiatrische

---

[69] ICD 10 = International Classification of Diseases, ein WHO-Instrument

Hilfe in Anspruch genommen werden; leider warten immer noch viel zu viele Betroffene viel zu lange, bis sie erste Hilfen suchen und annehmen.

> **BEISPIEL: Unversehens in die Depression**
>
> Eigentlich war alles wie immer gewesen. Sicherlich war die Arbeitsbelastung in der letzten Zeit etwas stärker geworden, aber das war nichts Ungewöhnliches. Belastungsspitzen hatte es im Leben von Michael K. immer gegeben. Der wohlverdiente Urlaub war nah, wieder einmal war das Ziel eine vertraute griechische Insel. Die bisherigen Aufenthalte hatte er immer sehr genießen können. Doch schon nach der Ankunft merkte er, dass er sich nicht recht entspannen konnte. Versuche, ein Buch zu lesen, blieben Versuche, weil er sich nicht konzentrieren konnte. Früher hatte er sich immer auf die griechische Küche gefreut. Dieses Mal wollte das Essen nicht recht schmecken. Irgendetwas war anders geworden. In der dritten Nacht stellten sich Schlafstörungen ein. Zuerst dachte Michael K., dies habe mit der geringen Zeitverschiebung zu tun, aber die Schlafstörungen wurden stärker. Er wachte immer früher auf. Schließlich war die Nacht für ihn um drei Uhr morgens beendet. Er stand auf, wanderte auf der Terrasse des Ferienhauses herum und fühlte nur, dass irgendetwas mit ihm passierte.
>
> Ganz anders als bei sonstigen Urlauben sehnte er die Heimreise herbei und dachte, dass es ihm in der Arbeit schon wieder besser gehen würde. Dem war nicht so. Die Konzentrationsstörungen wurden stärker; anfänglich schob er seine niedergedrückte Stimmung auf die Unfähigkeit, etwas Sinnvolles zu tun. Sein Leistungsvermögen war massiv gemindert. Er schleppte sich nur noch in die Arbeit und nach und nach bekam er selbst die einfachsten Alltagsdinge nicht mehr geregelt. Sukzessive stellten sich auch körperliche Beschwerden ein. Er fühlte sich verspannt und seine Muskulatur schmerzte am ganzen Körper. Schließlich ging er zu einem Orthopäden, der ein offenes Ohr für ihn hatte. Erst nach vielen Wochen bekam er durch dessen Vermittlung fachkompetente Hilfe von einem Nervenarzt.

2.5.2.6 Depression und Stimmungsschwankungen

Jeder, der Niedergeschlagenheit und traurige Verstimmtheit kennt, meint zu wissen, was eine Depression ist. Aber: Depression hat mit unseren natürlichen Stimmungsschwankungen nichts zu tun. Unsere Stimmungsschwankungen benötigen wir, um Orientierung durch unsere Gefühlswelt zu bekommen. Unsere Gefühle bewerten Situationen, wir können zwischen angenehm und unangenehm nur über die gefühlhafte Bewertung von Situationen entscheiden. Depression ist eine Krankheit, neben den Angststörungen die häufigste seelische Erkrankung in der

Bevölkerung. Nicht wenige Experten halten Depressionen für stressbedingte Erkrankungen: Wenn es einem Menschen nicht mehr gelingt, mit einzelnen maximal belastenden Stresssituationen oder dem täglichen belastenden Kleinkram entsprechend umzugehen, kann sich die Situation für den Betroffenen so verändern, dass sich über ein Erschöpfungssyndrom eher eine depressive Störung entwickelt.

2.5.2.7 Vielfältige Ursachen

Menschen, die an einer Depression erkranken, berichten sehr häufig von akuten oder von länger andauernden psychosozialen Belastungen. Manchmal finden diese am Arbeitsplatz statt, aber auch andere psychosoziale Belastungen, wie Trennungs- und Verlusterlebnisse, sind oft in der Vorgeschichte von depressiven Zuständen zu finden.

Neben belastenden Lebensereignissen, Stressbelastungen, seien sie chronisch oder in Form schwieriger Lebensereignisse, sind bei der Entstehung von Depressionen genetische Faktoren, die individuelle Lebensgeschichte, insbesondere die sogenannte Lerngeschichte, das Vorhandensein von möglicherweise gleichzeitig bestehenden körperlichen Erkrankungen, Nebenwirkungen von Medikamenten und andere beteiligt. Bei Depressionen handelt es sich um biopsychosoziale Ereignisse und bis heute ist die Wissenschaft nicht in der Lage, einen einzelnen Faktor als wesentlich bei der Entstehung von depressiven Störungen auszumachen. Stress — und dies ist die wesentliche Beziehung zur Arbeits- und Erwerbswelt — stellt durchaus eine mögliche Hauptursache aus dem sozialen Bereich für die Entstehung von depressiven Erkrankungen dar. Dies läuft, wie wir oben gesehen haben, über die chronische Belastung mit dem Stresshormon Cortisol. Die Depression kann dann auch als natürlicher Schutzmechanismus verstanden werden, der Organismus wird heruntergeregelt, bevor er weiteren Schaden nehmen kann.

Aber auch andere genetisch bedingte Ursachen spielen bei der Entstehung depressiver Störungen eine wichtige Rolle. Zunehmend werden von Experten auch die genetisch vermittelten Ursachen depressiver Störungen diskutiert. So diskutiert man beispielsweise, dass depressive Menschen eine genetisch bedingte Eigenheit beim Transport des Neurotransmitters Serotonin, von Laien gerne als „Glückshormon" bezeichnet, in die Nervenzellen hinein aufweisen. Derartige Faktoren sind aber niemals allein für ein Krankheitsgeschehen verantwortlich, sie bestimmen vielmehr die individuell recht unterschiedliche Vulnerabilität, eine bestimmte Verletzlichkeit, für das Auftreten einer Depression. Depressionen können aber auch im Kontext anderer Erkrankungen auftreten.

2.5.2.8 Der Verlauf depressiver Störungen

Beim erstmaligen Auftreten einer Depression wissen Betroffene und ihre Behandler niemals, welchen Verlauf diese Erkrankung nehmen wird. Der Verlauf lässt sich in mehrere Grundtypen unterscheiden, kann aber ähnlich vielgestaltig sein wie die Symptomatik der Depression. Bei den Grundtypen unterscheidet man die unipolare Depression, die ein einziges Mal im Leben auftritt, häufig gebunden an Lebensereignisse belastender Art, oder biografische Schwellensituationen, wobei auch angenehme Schwellensituationen wie Heirat, Beförderung etc. eine depressive Symptomatik auslösen können.

Der häufigste Verlaufstyp der Depression ist die rezidivierende unipolare Depression. Bei dieser Art der Depression kommen im Lebenszyklus wiederkehrend depressive Episoden vor. Die Häufigkeit schwankt von zwei bis drei Episoden bis zu fast jährlich auftretenden Episoden. Die genaue Kenntnis dieser Verläufe ist auch im Blick auf die Behandlung (siehe unten) extrem notwendig, weil sich immer therapeutische Konsequenzen ergeben. Das Erkrankungsalter ist im Allgemeinen das mittlere Erwachsenenalter zwischen dem 30. und 45. Lebensjahr.

Davon unterschieden werden müssen die sogenannten dysthymen Entwicklungen. Früher bezeichnete man diesen Verlaufszyklus auch als neurotische Depression. Er tritt häufig in Verbindung mit einem belastenden Lebensereignis auf, bei diesem Verlaufstyp müssen nicht alle Symptome einer Major-Depression, einer typischen depressiven unipolaren Episode, ausgeprägt sein. Die Symptomatik kann sehr viel diskreter auftreten und manche Symptome wie beispielsweise Tagesschwankungen können völlig fehlen. Gleichwohl kann auch diese von der Symptomatik her leichter ausgeprägte Depression einen hohen Leidensdruck auslösen, weil sie zum einen sehr viel länger anhalten kann und zum anderen sich im Laufe der Zeit immer mehr in die Persönlichkeit eines betroffenen Menschen eingräbt und allmählich zum Bestandteil seines Charakters zu werden scheint. Auch bei diesen leichteren Verlaufsformen muss eine Behandlung durchgeführt werden.

Von diesen unipolaren Verläufen müssen bipolare Erkrankungen abgegrenzt werden. Bei diesen Erkrankungen treten Depressionen im Wechsel mit manischen oder hypomanen Zuständen auf. Diese bipolaren Erkrankungen sind wesentlich seltener als die unipolaren Depressionen. Sie verursachen in aller Regel bei Betroffenen und ihren Angehörigen erhebliche Verunsicherung und stellen oft eine deutliche Beeinträchtigung der Lebensqualität dar. Sie werden grundsätzlich anders behandelt als Depressionen, deswegen sind sie unter differenzialdiagnostischen Gesichtspunkten immer mit zu bedenken. Im Verlauf einer mittelschweren bis schweren depressiven Episode kann auch Arbeitsunfähigkeit eintreten. Überforderungen sind in dieser Zeit zu vermeiden. Da die Erkrankungen aber in aller Regel einer Behandlung gut zugänglich sind, ist eine Berufsunfähigkeit in den seltensten Fällen zu befürchten. Auch schrittweise Wiedereingliederungen und Rehabilitationsmaßnahmen sind ausgesprochen sinnvoll.

2.5.2.9 Die Behandlung depressiver Störungen

Die Wissenschaft geht bei depressiven Störungen von einem biopsychosozialen Krankheitsmodell aus. Das bedeutet, dass auf jeder der genannten Ebenen Interventionen notwendig werden können. Die biologische Dimension depressiver Störungen ist offenkundig. Zunehmend werden auch genetische Faktoren diskutiert bzw. nachgewiesen. Auf der biologischen Ebene steht an vorderster Front die Intervention mit Medikamenten, in erster Linie Antidepressiva. Hier gibt es eine Vielzahl von Medikamenten unterschiedlichster Substanzklassen. Hinsichtlich der medikamentösen Therapie gibt es auch eine Reihe von Ablaufempfehlungen im Sinne eines standardisierten Therapieplans. Auch eine entsprechende Leitlinie der Fachverbände liegt vor.

Die medikamentöse Therapie ist mittlerweile zu einer wesentlichen Säule der Therapie bei Depressionen geworden. Es herrscht Klarheit darüber, dass ein Verzichten auf diese Therapieoption den Gesamtverlauf negativ beeinflusst und dass Betroffene ungleich länger in ihrem depressiven Zustand verharren müssen. Immer noch herrschen Vorurteile zu Antidepressiva vor: Viele Betroffene meinen, dass diese Medikamente abhängig machen. Dies kann verneint werden. Im Gegensatz zu Beruhigungsmitteln, also den sogenannten Tranquilizern, machen Antidepressiva nicht abhängig. Beim Absetzen dieser Medikamente sind allerdings bestimmte Vorsichtsregeln einzuhalten. Auf keinen Fall dürfen diese Medikamente abrupt abgesetzt werden. Dies hat zur Fehlannahme geführt, dass eine Abhängigkeit erzeugt wird. Ein anderes Vorurteil besteht darin, dass Antidepressiva die Persönlichkeit verändern. Das Gegenteil ist der Fall: Die Depression verändert die Persönlichkeit eines Betroffenen, und zwar erheblich. Die medikamentöse Behandlung einer Depression kann Betroffene wieder die „Alten" werden lassen.

Ein weiteres Vorurteil betrifft die Dauer der Therapie. Entweder werden Behandlungszeiträume — wie häufig — zu kurz gewählt oder es existiert die Annahme, dass die Behandlung lebenslang erfolgen muss. Dem ist nicht so — nach einer durchgemachten ersten depressiven Episode sollte die Behandlung 6 bis 12 Monate nach Abklingen dieser Episode fortgesetzt werden, dann kann ein behutsamer Absetzversuch unternommen werden. Anders verhält es sich bei chronischen Verlaufsformen. Hier kann es tatsächlich so sein, dass Medikamente über Zeiträume von Jahren bis Jahrzehnten eingenommen werden müssen. Dies ist aber bei anderen Erkrankungen wie etwa beim Bluthochdruck auch der Fall. Eine weitere Fehlannahme besteht darin, dass Antidepressiva „Glückspillen" sind. Antidepressiva können kein Glück erzeugen, sie sind lediglich geeignet, einen krankhaft depressiven Zustand zu beseitigen. War jemand von seiner Primärpersönlichkeit immer schon eher nachdenklich und schwermütig, so können Antidepressiva aus diesem Charakterzug nicht das Gegenteil machen.

Weitere biologische Interventionsmöglichkeiten sind Stimulationsverfahren wie Magnetstimulation oder Elektrokonvulsionstherapie, beide sind in ihrer Wirksamkeit evidenzbasiert und stellen eine zusätzliche therapeutische Option dar. Die psychologischen Behandlungen sind psychotherapeutische Interventionen mit den etablierten und von den Kostenträgern vergüteten Therapieverfahren wie Verhaltenstherapie und tiefenpsychologische Therapie. Aus beiden Therapierichtungen gibt es mittlerweile auch spezialisierte störungsspezifische Therapien für depressive Störungen. Hier hat sich gezeigt, dass eine Psychotherapie nicht über Jahre ausgedehnt werden muss, sondern dass kurze therapeutische Interventionen, die Wochen bis Monate dauern, ebenso hilfreich sein können.

Die Psychotherapie ist besonders bei leichten bis mittelschweren Depressionen in ihrer Wirksamkeit den Medikamenten gleichzustellen. Bei leichten bis mittelschweren Depressionen kann auch ein Therapieversuch mit Psychotherapie alleine unternommen werden, wenngleich die Kombination der medikamentösen Therapie und der Psychotherapie in der Summe überlegen ist. Beim biopsychosozialen Krankheitsverständnis ist die 3. Interventionsebene die soziale Ebene. Dies betrifft sowohl die Beziehungsebene, das familiäre Umfeld als auch die Arbeitswelt von Betroffenen. Hier ist es unerlässlich, die sozialen Verhältnisse eines Betroffenen sehr genau zu kennen, auch die Angehörigen in die Therapie einzubeziehen und andere Konfliktfelder zu evaluieren. Der Arbeitsplatz ist davon nicht ausgenommen; häufig sind auch nicht lösbar scheinende Konflikte am Arbeitsplatz mitunter Ursache depressiver Störungen im Sinne von chronischen Belastungsfaktoren. Bei Interventionen in diesem Bereich müssen häufig Sozialdienste, betriebsärztliche Dienste und Vorgesetzte einbezogen werden. Insbesondere die Wiedereingliederung nach Überwinden der depressiven Symptomatik verdient Beachtung. Überschnelle Vollbelastung sollte nach dem Durchstehen einer depressiven Episode vermieden werden. Hier sind Wiedereingliederungsmaßnahmen etwa nach dem Hamburger Modell möglich.

> **! WICHTIG: Depression ist kein Lebensschicksal**
>
> Grundsätzlich gilt für alle therapeutischen Interventionen, dass depressive Störungen einer Behandlung gut zugänglich sind und dass die gesamthafte Prognose als gut einzuschätzen ist. Depression ist kein Lebensschicksal, Depression ist eine gut behandlungsfähige Erkrankung.

2.5.2.10 Die Häufigkeit depressiver Störungen

Depressionen gehören zu den häufigsten psychischen Störungen überhaupt. Die Punktprävalenz, also die Häufigkeit in der Bevölkerung zu einem bestimmten Messzeitpunkt, für die Major-Depression nach DSM (Diagnostic and Statistical Manual of Mental Disorders) — liegt nach Untersuchung der WHO bei Erwachsenen etwa zwischen 2 und 4 %.

Zur Lebenszeitprävalenz, also die Häufigkeit von Depressionen über die Lebensspanne, finden sich sehr unterschiedliche Angaben in der Literatur. Sie schwanken zwischen etwa 6 % bis zu Raten von 25 %. Dies hängt letztlich davon ab, wie hart diagnostische Kriterien entweder nach ICD-10 oder DSM IV eingehalten werden und inwieweit auch subsyndromale Formen der Depression bei epidemiologischen Betrachtungen berücksichtigt werden.

Die Häufigkeit von dysthymen Störungen oder chronischen Depressionen werden in der Literatur bei etwa 3 bis 4 % angegeben. Im Geschlechterverhältnis überwiegen Frauen. Das Verhältnis von betroffenen Frauen zu Männern ist etwa 2:1. Bezüglich des Risikos eines Wiederauftretens einer depressiven Episode nach einer erstmals durchgemachten Depression verwischt sich dieser Geschlechtsunterschied allerdings. Hier findet sich kein Unterschied zwischen Männern und Frauen.

Depressive Patienten haben ein hohes Risiko, gleichzeitig an einer anderen psychischen Störung zu leiden, diese Komorbidität ist häufig. Bei depressiven Patienten sind oft Angststörungen oder Substanzmissbrauch anzutreffen, vor allem von Alkohol und Beruhigungsmitteln. Eine besondere Rolle spielt die Depression bei körperlichen Erkrankungen.

2.5.2.11 Depression und andere psychische Störungen

Depressionen bestehen oft nicht allein, nicht selten kommen andere psychische Störungen im Verlauf der Erkrankung hinzu.

- Panikstörung 40 bis 80 %
- Generalisierte Angststörung > 50 %
- Zwangsstörung 3 bis 30 %
- Alkohol-/Medikamentenmissbrauch > 30 %

Daneben sind aber selbstverständlich depressive Verstimmungszustände auch als psychologische Reaktion auf belastende körperliche Erkrankungen bekannt. Dem-

Individuelle Faktoren der psychischen Gesundheit

zufolge ist die Häufigkeit von Depressionen in Hausarztpraxen und im allgemeinen Krankenhaus deutlich erhöht. Man nimmt ohnehin eine Prävalenz psychischer Störungen in der allgemeinärztlichen Praxis von 25 bis 30 % an. Ein Großteil dieser Betroffenen leidet an depressiven Störungen.

2.5.2.12 Nehmen Depressionen zu?

Manche Zahlen sind alarmierend: Beispielsweise hat die Frühberentung aus psychischen Gründen zwischen 1998 und 2009 deutlich zugenommen. Wir verzeichnen seit über 30 Jahren im nationalen und internationalen Bereich Berichte über ansteigende Raten depressiver Störungen. Die Diagnosehäufigkeit nimmt bei den Kostenträgern zu, die Leistungen durch Kostenträger für derartige Erkrankungen nehmen zu, die Kosten steigen ebenso. Allerdings sind hier deutliche Unschärfen zu verzeichnen, weil methodisch dieser Anstieg schwer zu erklären ist. So zeigt sich beispielsweise zwischen 1980 und 2005 kein wesentlicher Anstieg depressiver Erkrankungen in der Allgemeinbevölkerung. Grund dafür ist, dass die diagnostischen Kriterien sich über die Jahre ändern, dass nicht alle Fach- und Hausärzte depressive Erkrankungen vergleichbar gegenüber den Kostenträgern verschlüsseln und dass in den letzten Jahren die Stigmatisierung durch depressive Störungen offenbar abgenommen hat und auch im haus- und fachärztlichen Bereich häufiger statt Verlegenheitsdiagnosen die Diagnose Depression gestellt werden kann.

Unterschiedliche Untersuchungen bestätigen auch entweder einen Zunahmeeffekt depressiver Erkrankungen oder können diese Zunahme beispielsweise im angelsächsischen Bereich nicht bestätigen. In der Epidemiologie zeigt sich ein Anstieg besonders bei Frauen und mittlerweile auch bei Jugendlichen. Das Ersterkrankungsalter rückt offenbar ins jüngere Erwachsenenalter vor. Früherkrankte haben ein höheres Wiedererkrankungsrisiko und im gesamten Verlauf eine längere Dauer der jeweiligen Episoden. Insgesamt scheint es einen Anstieg depressiver Störungen von 1980 bis 2004 von 6,5 auf 9 % gegeben zu haben. Vor allem im Bereich sogenannter sekundärer Depressionen und nicht der früher so bezeichneten endogenen Depression. Unter sekundären Depressionen versteht man Depressionen, die beispielsweise im Zusammenhang mit Stress stehen. Mittlerweile scheinen sich aber die Erkrankungsraten eingependelt zu haben. Evidenz für einen weiteren Anstieg gibt es nicht (vgl. Wittchen 2001).

2.5.2.13 Die Ursachen der Depression

Für die Entstehung depressiver Störungen wird heutzutage ein multifaktorielles Krankheitsmodell, dem neurobiologische, psychologische und genetische Faktoren zugrunde liegen, angenommen. Genetische Faktoren sind in erheblichem Maße beteiligt, jedoch ist es bislang nicht möglich, bestimmte Formen der Depression mit einzelnen Genen zu verknüpfen.

Es häuft sich jedoch die Evidenz, dass das Risiko, an einer Depression zu erkranken, von diesen genetischen Faktoren sehr deutlich mit beeinflusst wird. Dies konnte in letzter Zeit besonders für das Serotonin-Transportergen gezeigt werden. Letztlich wird durch derartige Faktoren die neurochemische Inbalance besonders für die Neurotransmitter Serotonin und Noradrenalin im Zentralen Nervensystem mit verursacht, welche bei depressiven Patienten auf Transmitterebene die entscheidende Rolle spielt.

Man kann davon ausgehen, dass gerade diese beiden Neurotransmitter, aber auch andere wie Dopamin, bei depressiven Episoden in unzureichender Menge bereitgestellt werden. Trizyklische und moderne Antidepressiva greifen genau an dieser Stelle ein und gleichen diese neurochemische Inbalance aus. Serotonin ist im Zentralen Nervensystem zum einen für sensorische Prozesse zuständig, es hemmt unter anderem die Schmerzwahrnehmung, zum anderen für die Kontrolle unserer Emotionen, so hemmt Serotonin negative Emotionen, z. B. Angst und Depression. Daneben ist es bei kognitiven Prozessen, besonders bei der Gedächtnisfunktion, beteiligt. Darüber hinaus reguliert Serotonin im Hirnstamm den Schlaf-wach-Rhythmus und die Körpertemperatur zusammen mit Noradrenalin. Letzteres ist ebenfalls an der Regulation der Stimmung, der Fluchtbereitschaft und bei kognitiven Prozessen, insbesondere Aufmerksamkeit, Orientierung, und dem motivationalen Geschehen beteiligt. Daneben spielen bei der Entstehung von Depressionen aber auch psychologische Faktoren eine wichtige Rolle. Depressionen sind stressbedingte Erkrankungen. Chronischer Dauerstress ist wesentlich an der Entstehung dieser Erkrankungen beteiligt. Dabei spielen auch prämorbide Persönlichkeitsfaktoren durchaus eine Rolle.

Depressive Patienten werden häufig als eher dependent und wenig selbstsicher beschrieben. Auch zwanghaft pedantische Züge sind beim sogenannten Typus melancholicus häufig anzutreffen.

2.5.3 Der Verlauf depressiver Erkrankungen – Sonderformen

Depressive Erkrankungen können einen sehr vielfältigen Verlauf nehmen. Sie verlaufen entweder episodisch mit abklingenden Phasen oder aber wie beim dysthymen Verlauf primär eher chronisch und sich in einem freien Intervall wiederholend. Derzeit existieren keine Prädiktoren, ob ein Patient nach dem Durchleben einer ersten depressiven Episode in seinem weiteren Leben depressive Episoden erleiden wird oder nicht.

Sowohl die medikamentöse Behandlung der Depression als auch die Psychotherapie können die Episodendauer deutlich verkürzen. Allerdings ist nach dem Abklingen der depressiven Symptomatik noch für beide Therapieformen eine Erhaltungstherapie über einen gewissen Zeitraum (siehe unten) wichtig, um einen frühzeitigen Rückfall in die depressive Symptomatik zu verhindern. Die Episodendauer kann ausgesprochen unterschiedlich sein. Abhängig ist dies nicht zuletzt davon, ob ein rationaler Stufenplan in der Behandlung der Depression eingehalten wird oder nicht. Beispielsweise können sinnlose Umstellungen des medikamentösen Behandlungsregimes oder fehlindizierte Psychotherapieverfahren die Episodendauer zusätzlich verlängern. Auch ist ein Übergang aus einer akuten Episode in einen länger anhaltenden subsyndromalen Zustand mit geringer ausgeprägten depressiven Restsymptomen möglich.

2.5.3.1 Depression im Alter

Die Depression im Alter hat besondere Eigenheiten, die bei Diagnostik und Therapie Berücksichtigung finden müssen. Eine eigentliche Altersdepression als diagnostische Unterkategorie gibt es nicht. Auch sind im Alter depressive Störungen entgegen den üblichen Zuweisungen nicht häufiger; im engeren Sinne einer Major-Depression bestehen bei 70- bis 100-Jährigen bei etwa 5 % der Betroffenen Depressionen. Allerdings nimmt der Anteil bei Bewohnern von Seniorenheimen oder bei Krankenhauspatienten deutlich zu, je nach Untersuchung bis auf 25 bis 50 %.

Im Alter überschneiden sich körperliche Erkrankungen deutlich mit den somatischen Symptomen einer Depression und eine Unterscheidung der Syndromkomplexe ist oft nicht hinreichend möglich.

Ältere Menschen neigen auch im ärztlichen Gespräch dazu, affektive Symptome zu bagatellisieren und körperliche Symptome überzubetonen, sodass depressive Erkrankungen unter Umständen schwer zu erkennen sind. Im Alltag kann es auch zur deutlicheren Akzentuierung von Persönlichkeitseigenheiten kommen, was seinerseits wieder die Diagnose erschweren kann. Ebenso können die kognitiven Symptome einer Depression in Richtung beginnendes demenzielles Syndrom fehlgedeutet werden. Zu unterschätzen ist auch nicht der Einfluss von Suchtstoffen, insbesondere Alkohol und Beruhigungsmitteln, im höheren Lebensalter; hier hilft nur die gezielte Exploration weiter.

Ältere Patienten zeigen eine insgesamt höhere Suizidrate im Vergleich zu jüngeren Patienten; dabei ist besonders die Risikogruppe der einsamen und chronisch kranken alten Männer betroffen.

2.5.3.2 Die vaskuläre Depression – ein eigenständiges Krankheitsbild?

Seit Mitte der 90er-Jahre wird zunehmend das Syndrom der sogenannten vaskulären Depression in der wissenschaftlichen Literatur diskutiert. Dabei handelt es sich um späte Depressionen bei Patienten mit vaskulären Risikofaktoren, insbesondere einem lange nicht richtig behandelten Bluthochdruck. Hier schließt sich der Kreis: Eine Fehlregulation des Blutdrucks ist häufig mit Dauerstress verbunden.

Der nicht behandelte hohe Blutdruck führt zu feinsten Durchblutungsstörungen des Gehirns, die auch dann mit bildgebenden Verfahren, beispielsweise der Kernspintomographie, nachgewiesen werden können. Die Behandlung dieser Patienten ist oftmals nicht ganz einfach. Neben der antidepressiven Therapie, die häufig nicht so schnell wirksam wird wie bei anderen Formen der Depression, muss der Blutdruck medikamentös heruntergeregelt werden. Aber auch die oftmals gestörte Stoffwechsellage dieser Patienten muss normalisiert werden. Hier spielen Fettstoffwechselstörungen und Diabetes mellitus die entscheidende Rolle. Auch sollte dringend eine Beeinflussung des Lebensstils angestrebt werden. Bei allen depressiven Patienten, die nach dem 60. Lebensjahr erstmals an einer Depression erkranken, muss an diese Unterform der Depression gedacht werden.

2.5.3.3 Die Depression hat kulturelle Variationen

Die depressiven Symptome in Praxis oder Klinik bei hier sozialisierten Patienten zu erkennen ist oft schon sehr schwierig. Noch problematischer wird die Diagnostik psychischer Erkrankungen — im Vergleich z. B. zu chirurgischen, internistischen, dermatologischen oder orthopädischen Krankheitsbildern —, wenn Sprach- und damit Verständigungsprobleme hinzukommen.

Individuelle Faktoren der psychischen Gesundheit

Was oft nicht bedacht wird: Bei Patienten mit Migrationshintergrund liegt auch noch eine veränderte eigene Wahrnehmung der Symptome vor und somit wird die Erkrankung „Depression" von Patienten aus unterschiedlichen Kulturkreisen durchaus unterschiedlich erlebt. Deshalb variieren auch die Äußerungen von Symptomen dem Arzt gegenüber.

Die Symptomatik schwerer Depressionen ist in allen Kulturkreisen ähnlich. Bei den leichten und mittelschweren Formen sind allerdings erhebliche Unterschiede festzustellen. Oft ist bei diesen Patienten der Zugang über die körperlichen Symptome der Depression leichter; besonders die Schlafstörungen mit Früherwachen und die anderen tageszeitlichen Schwankungsphänomene erleichtern die Diagnose einer Depression. Der behandelnde Arzt sollte seinen Verdacht klar aussprechen; gleichwohl ist im Einzelfall zu bedenken, dass für Betroffene eine psychiatrische Diagnose extrem stigmatisierend wirken und einen Behandlungsabbruch bewirken kann. Hierzulande ist Depression kein Stigma mehr; bei Patienten mit Migrationshintergrund kann sich dies anders darstellen. Der Arzt muss deshalb versuchen, den Patienten in der Behandlung zu halten und mit ihm — vielleicht langsam — die Diagnose „Depression" zu erarbeiten.

> **ZWISCHENFAZIT**
>
> Die Depression ist eine Erkrankung mit vielen Gesichtern. Verschiedenste körperliche Symptome können im Vordergrund stehen und lange die Einsicht in die eigentliche Erkrankung, nämlich die psychische Dimension, verstellen. Depressive Störungen müssen von Stimmungsschwankungen unterschieden werden. Stressdauerbelastungen sind ein Risikofaktor für depressive Störungen, gleichwohl gibt es eine starke biologische Dimension der Erkrankung. Der Verlauf depressiver Störungen ist vielfältig. Es gibt praktisch alle Verlaufsformen — vom einmaligen Ereignis bis zu häufig wiederkehrenden Episoden. Die Behandlung ist mit vielfältigen Methoden möglich. Ausgehend von einem biopsychosozialen Krankheitskonzept kommen sowohl soziale Behandlungen im Umfeld als auch im betrieblichen Umfeld eines Betroffenen, psychologische Behandlungen bis hin zur Psychotherapie und biologische Interventionen im Sinne einer Medikamentenbehandlung oder eine Behandlung mit anderen biologischen Wirkfaktoren, infrage. Depressionen lassen sich gut behandeln, sie sind kein Lebensschicksal. Häufig sind depressive Störungen mit anderen psychischen Störungen verknüpft, insbesondere Angststörungen, aber auch Alkohol- und Medikamentenmissbrauch.

2.6 Depression und Arbeitswelt

Depressionen zählen zu den häufigsten psychischen Störungen in der Bevölkerung — deutlich häufiger sogar als die Volkskrankheit Diabetes mellitus. Sie gehören zu den Erkrankungen, die bei Betroffenen die mit Beeinträchtigung gelebten Lebensjahre am deutlichsten beeinflussen, erheblich mehr als beispielsweise beim Schlaganfall oder chronischen Gelenkserkrankungen.

Nach Schätzungen der WHO rangiert die unipolare Major-Depression derzeit auf Rang 3 aller Erkrankungen, die zu einer massiven Beeinträchtigung der Lebensqualität führen.

Die volkswirtschaftliche Belastung durch depressive Störungen ist enorm, wobei die indirekten Kosten durch Mortalität, Frühberentung, Krankschreibung etc. weit höher liegen als die direkten Kosten, die etwa nur ein Viertel der Gesamtkosten ausmachen. Bei den direkten Kosten sind die stationären Behandlungskosten mit 43 % führend.

In der Arbeitswelt sind depressive Störungen genauso häufig wie in der allgemeinen Bevölkerung. Dies bedeutet, dass mindestens 10 % aller Arbeitnehmer schon einmal wegen einer depressiven Symptomatik nicht gearbeitet haben. Wenn eine Depression bei einem betroffenen Arbeitnehmer auftritt, gehen im Durchschnitt mindestens 36 Arbeitstage durch eine einzige depressive Episode verloren. Der volkswirtschaftliche Effekt solcher langen Fehlzeiten ist evident. Das Problem der Depression in der Arbeitswelt betrifft Arbeitnehmer und Führungsebene gleichermaßen. Insbesondere in der Führungsebene berichten ein Drittel aller Führungskräfte, dass sie keinerlei Unterstützung haben, um adäquat auf depressive Arbeitnehmer eingehen zu können.

Die Depression am Arbeitsplatz ist ein wesentlicher Grund für eine verminderte Produktivität und kostet im europäischen Raum, eine Untersuchung der EDA (European Depression Association) zeigte dies, jedes Jahr Milliarden Euro. Tritt bei einem betroffenen Arbeitnehmer eine Depression auf, kann ein fataler Teufelskreis beginnen: Durch die depressive Symptomatik wird er arbeitsunfähig. Mit zunehmender Dauer der Episode wächst die Schwierigkeit, an den Arbeitsplatz zurückzukehren, ins gefühlt Unermessliche. In der Erholungsphase der Depression ist aber eine Rückkehr in die Arbeitswelt von entscheidender Bedeutung. Die Wiederaufnahme der beruflichen Tätigkeit wirkt sich günstig auf die depressive Symptomatik aus und kann dann am Ende der Episode dazu beitragen, die Depression zu überwinden. Es kommt also darauf an, in der Arbeitswelt Bedingungen zu schaffen, die es zum einen den Arbeitnehmern ermöglichen, arbeitsfähig und produktiv zu bleiben, auf der anderen Seite seelische Schwierigkeiten offen zu thematisieren und nach Beendigung einer depressiven Episode unter strukturierten Wiedereingliederungsbedingungen an den Arbeitsplatz zurückzukehren. Die Arbeitswelt ist weit davon entfernt, dies in allen Bereichen zu gewährleisten. Einige Unternehmen sind jedoch mittlerweile in der Lage, im Rahmen ihrer betrieblichen Gesundheitsvorsorge auch auf seelische Störungen adäquat einzugehen.

Depressionen am Arbeitsplatz werden hinsichtlich ihrer Bedeutung für die Mitarbeiter erheblich unterschätzt. Depressive Störungen verursachen Arbeitszeitausfälle und Produktivitätsverluste in hohem Maße. Ein aktueller Bericht der London School of Economics zeigt, dass depressive Störungen europäische Unternehmen jährlich etwa 95 Mrd. Euro kosten. In Europa wird davon auszugehen sein, dass 30 Mio. Menschen an einer behandlungspflichtigen Depression leiden. Dabei stellt sich immer deutlicher heraus, dass die Hauptrisikogruppe alleinlebende bzw. alleinerziehende, halbtags arbeitende Frauen sind.

20 bis 55 % der Erkrankten versuchen, sich eine Auszeit in der Arbeitswelt zu nehmen, vor allem Akademiker bevorzugen dies, um die Erkrankung zu bewältigen. Den Arbeitgebern und Führungspersonen wird dieser Grund jedoch nur selten mitgeteilt. Meist bleiben gegenüber dem Arbeitgeber die wahren Gründe einer Beurlaubung im Dunkeln. Es zeigt sich im europäischen Vergleich auch, dass manche europäische Länder schon viel entspannter mit der Diagnose Depression umgehen. In den skandinavischen Ländern sind Führungspersonen im Vergleich zu anderen europäischen Kollegen schon wesentlicher verständnisvoller in Bezug auf depressive Mitarbeiter.

IDEA-Studie

Die IDEA-Studie (Impact of Depression and work in Europe audit) wurde in sieben europäischen Ländern durchgeführt. Es nahmen insgesamt über 7.000 Personen im Alter von 16 bis 64 Jahren teil. Die Studie belegte, dass auch am Arbeitsplatz Depression die zweithäufigste psychische Erkrankung ist. Besonders kognitive Störungen, wie Konzentrationsschwäche, werden von den Betroffenen als erhebliche Belastung erlebt und führen häufig zum Arbeitszeitausfall. Publikationen auch von Krankenkassen konnten in den vergangenen Jahren zeigen, dass der Leistungsstress und der hohe gesellschaftliche Druck nicht erst im Arbeitsleben beginnen, sondern sich auch schon in der Schulzeit bemerkbar machen. Eine Untersuchung der DAK zu depressiven Stimmungen bei Schülerinnen und Schülern konnte beispielsweise nachweisen, dass bis zu jedem dritten Schüler schon in der Jugendzeit depressive Verstimmungen vorkommen können, ohne dass diese Verstimmungen das Vollbild der diagnostischen Kriterien einer Depression erfüllen würden, und auch im Studium setzt sich dies fort. Das mittlerweile stark verschulte System der Bachelor- und

Masterstudiengänge setzt fast zwei Drittel aller Studenten unter erheblichen Leistungsdruck und führt zu früh einsetzenden Überforderungsgefühlen. Das hohe Stressniveau kann dann als Auslöser für spätere Depressionen angesehen werden. Lern- und Leistungsstörungen sowie Konzentrationsstörungen werden häufig beklagt. Präventive Maßnahmen sind im Bildungssystem derzeit nicht sichtbar und es ist kein Wunder, dass sich dies dann in der Arbeitswelt fortsetzt. Der gefühlte Stress wird immer größer. So ermittelte auch die Technikerkrankenkasse bei einer Umfrage unter 1.000 Mitgliedern, die älter als 18 Jahre waren, dass gerade die sogenannte Sandwich-Generation zwischen Mitte 30 und Mitte 40 sich gesteigerten und weiter steigenden Herausforderungen gegenübergestellt sieht. Wichtig in dieser Umfrage ist, dass dies nicht nur am Arbeitsplatz erlebt wird, sondern auch die private Lebenssituation in diesen gesamthaft erlebten Leistungsdruck mit eingeht.

Dabei spielen sowohl hohe Anforderungen an sich selbst als auch die notwendige Vereinbarkeit von Familie und Beruf und zunehmende häusliche und private Pflichten, aber auch familiäre Konflikte und finanzielle Sorgen eine Rolle. Frauen fühlen sich in dieser Befragung deutlicher gestresst als Männer. Dieses Ergebnis deckt sich auch mit anderen Befragungen. 63 % der befragten Frauen bezeichneten sich als gestresst gegenüber 52 % der Männer. Allerdings nehmen Frauen sehr viel häufiger Leistungen des Gesundheitssystems, insbesondere psychotherapeutische Angebote, für sich an. In diesen Befragungen zieht sich die Selbsteinschätzung von vielen Betroffenen wie ein roter Faden durch. Die Menschen haben den Eindruck, dass das Leben in den letzten Jahren stressiger geworden ist, und dies ist besonders stark ausgeprägt bei jüngeren Probanden.

Das Stresserleben kann über den Lebenszyklus sehr unterschiedlich verteilt sein. In der normalen Lebensspanne durchlaufen wir Stadien höherer Stressbelastung, gefolgt von Stadien größerer Ruhe. Galt früher beispielsweise das Studentenleben als vergnügliche und bis auf die Examensphase eher entspannte Zeit, so ist jetzt durch die neuen Bachelor- und Masterstudiengänge und die damit verbundene starke Verschulung die erlebte Stressbelastung erheblich angewachsen. Eine Untersuchung unter österreichischen Medizinstudenten konnte beispielsweise zeigen, dass fast die Hälfte von ihnen nach dreijährigem Studium schon Burnout-Symptome beklagt. Auch die entsprechenden Einstellungen, wie sie bei Burnout-Betroffenen gefunden werden, wie Negativismus und Zynismus, ließen sich in dieser studentischen Gruppe schon nachweisen. Nicht wenige Studenten in den Bachelor-Studiengängen beklagen einen starken Leistungsdruck und chronische Überforderung durch permanente Prüfungen. Die Deutsche Angestellten-Krankenkasse stellte in ihrem Gesundheitsreport 2014 die sogenannte Rushhour des Lebens in den Mittelpunkt. Hier handelt es sich um die erlebte Stressbelastung mit den Auswirkungen auf die Gesundheit im Spannungsfeld von Arbeit, Karriereanforderungen und Familie.

Individuelle Faktoren der psychischen Gesundheit

In dieser Untersuchung wird die Hypothese aufgestellt, dass die Rushhour des Lebens der 25- bis 40-Jährigen eine hohe Anforderung in den Bereichen Beruf/Karriere und Kinder/Familie in einer vergleichsweisen kurzen Spanne der Lebenszeit bedeutet. Für viele Betroffene steht sowohl die Verwirklichung ihrer Familienplanung als auch ihrer Karrierewünsche, die üblicherweise bis zum 40. Lebensjahr ausformuliert sein müssen, in dieser Lebensspanne an. Wesentliche Entscheidungen sind zu treffen und gleichzeitig müssen Anforderungen in Beruf und Familie bewältigt werden. Hinzu kommt, dass Heirat und Geburt des ersten Kindes für viele Menschen an sich schon eine biografische Schwellensituation darstellen, die ein ganz eigenes Stresspotenzial in sich haben.

Beim Versuch, die Vereinbarkeit von beruflicher Entwicklung und Familienplanung zu meistern, sind Möglichkeiten des Gelingens und Misslingens im Sinne von Bewältigung vs. Überforderung enthalten. Entscheidend für diese Lebensphase ist auch, dass das durchschnittliche Erstgeburtsalter der Frauen in Deutschland mittlerweile bei 30 Jahren liegt, bis zum 40. Lebensjahr bekommen dann immer weniger Frauen das erste Kind. Die Mehrzahl der insgesamt über 3.000 befragten Probanden, nämlich rund die Hälfte der Frauen und 65 % der Männer, haben den Anspruch, Kinderwunsch und Karriereerwartungen zu vereinen. Stress und chronische Stressbelastung wurden in dieser Untersuchung mit einem standardisierten psychologischen Untersuchungsinstrument erfasst. Diese Untersuchungen zeigen für erwerbstätige Mütter höhere Belastung als für erwerbstätige Väter. Dem gegenüber auffällig war, dass bei jungen Erwachsenen, die kinderlos waren, keine erhöhte Stressbelastung beim Inventar für chronischen Stress vorgefunden werden konnte. Insgesamt lässt sich bei erwerbstätigen Eltern eine ungünstige Work-Life-Balance und ein ungünstigeres gesundheitsbezogenes Handeln feststellen. Die Autoren kommen zu dem Ergebnis, dass Arbeitgeber gerade für diese Zielgruppe entsprechende Gesundheitsangebote machen sollten, weil Überbeanspruchung in dieser Lebensphase häufig der Grund ist für spätere Erschöpfungssyndrome.

2.6.1 Wie sollten Arbeitnehmer am Arbeitsplatz mit seelischen Störungen umgehen?

Es ist schwierig, im betrieblichen Umfeld über Erkrankungen zu sprechen, dennoch kann es der einzige Weg sein, mit der Führungsebene diese Schwierigkeiten zu thematisieren. Als Arbeitsnehmer sollte man sich aber immer klar darüber sein, in welcher Weise in einem betrieblichen Umfeld mit psychischen Erkrankungen oder Behinderungen umgegangen wird. Hier ist das betriebliche Klima entscheidend dafür, ob derartige Schwierigkeiten offen thematisiert werden können. Es kann sinnvoll sein, beispielsweise zuvor ein Gespräch mit der Arbeitnehmervertretung zu suchen.

> **TIPP**
>
> Seitens der Führungsebene, seitens der Arbeitgeber ist es wichtig, mittelfristig im betrieblichen Umfeld ein Klima zu etablieren, das es möglich macht, auch über seelische Probleme der Mitarbeiter zu sprechen. Der Rahmen dafür muss immer diskret sein und ggf. auch außerhalb der Arbeitssituation oder der Arbeitszeit gefunden werden.

2.6.2 Welche Maßnahmen können für betroffene Arbeitnehmer hilfreich sein?

- Da bei depressiven Störungen häufig Tagesschwankungen typisch sind, sollte nach Möglichkeit über flexible Arbeitszeiten nachgedacht werden, so kann es für manche Arbeitnehmer sinnvoll sein, einen frühen Arbeitsbeginn zu vermeiden. In einer kritischen Phase sollte der Betroffene versuchen, Überstunden abzubauen oder befristete Teilzeitlösungen zu vereinbaren. Das Zeitmanagement sollte nach Möglichkeit im Sinne des Arbeitnehmers flexibler gestaltet werden.
- Das Umfeld sollte in dieser Phase behilflich sein. Der betroffene Arbeitnehmer muss unterstützt werden, seine Zeit besser einzuteilen und Prioritäten zu setzen. Neue Aufgaben sollten zurückhaltend übergeben werden. Die Gesamtbelastung sollte nach Möglichkeit in dieser Phase reduziert werden.
- Wenn vorhanden und wenn möglich, sollten Maßnahmen zur Stressreduktion und zum Stressmanagement ergriffen werden. Vielerorts gibt es auch Angebote der Krankenkassen, auf die betroffene Mitarbeiter hingewiesen werden sollten.

Keineswegs entsteht aus jedem Erschöpfungssyndrom eine Depression. Es sind auch andere Verarbeitungsformen möglich. Manche Betroffene verharren im Stadium 3 des Burnout-Syndroms, sie kommen in einen Zustand der Resignation, des Zynismus und der chronischen Verbitterung. Diese Gefühle kennt jeder: Nach ungerechten, enttäuschenden Erlebnissen oder nach Kränkungen ist Verbitterung ein zunächst völlig normaler menschlicher Affekt. Bei Betroffenen ist es nun in der Weise anders, als diese Verbitterungsgefühle sich im Laufe der Zeit nicht abschwächen, sondern anhalten und ggf. immer stärker werden. Diese Verbitterung ist in der Regel gepaart mit Enttäuschung über nicht erreichte Ziele, ganz ähnlich wie es im Stadium 1 des Burnout-Syndroms sich abspielt. Verbitterung ist eine Mischung aus Misstrauen, Angst, Verzweiflung, Niedergeschlagenheit, Beklemmung, verbunden mit kämpferischen Zügen wie Feindseligkeit; Betroffene sind besessen von der Idee, dass ihnen Unrecht geschehen ist. Nicht selten kommen Racheimpulse dazu. Die psychopathologische Dimension dieser Verbitterung ist erst in letzter Zeit ausreichend gewürdigt worden. „Er [der Betroffene] findet sich als Folge von Erlebnissen

Individuelle Faktoren der psychischen Gesundheit

sozialer Ungerechtigkeit, lang andauernder Arbeitslosigkeit und schwerwiegender Lebensereignisse im Rahmen einer extremen Traumatisierung" (nach Lieberei 2008, S. 17). Die von diesem Zustand betroffenen Menschen können sich nicht von den Vorstellungen über das erlittene Unrecht, über die erlittene Benachteiligung lösen. Sie spüren die Erschöpfung gleichwohl und wenden ihren Idealismus und ihr Engagement für ihre Arbeitswelt ins Gegenteil: Sie meinen, die Verursacher ihres Leidenszustandes erkannt zu haben. Die Kritik an ihren Arbeitsverhältnissen, an Vorgesetzten, an Kollegen wird immer radikaler, entwertender und maßlos.

2.7 Mobbing

Mobbing ist zunächst wie Stress ein Reizwort, dessen Bedeutung jeder zu kennen scheint. Die Meinungen darüber, bei welchem Führungsverhalten Mobbing beginnt, streuen weit. Mittlerweile ist der Begriff aber auch über diverse wissenschaftliche Studien durchaus operationalisiert und definiert. Insgesamt scheint Mobbing am Arbeitsplatz in den letzten Jahren deutlich zugenommen zu haben, und zwar weltweit. Die sozioökonomischen und medizinischen Konsequenzen kommen erst nach und nach zu Bewusstsein. Auch die WHO und die Internationale Arbeitsorganisation haben versucht, Mobbing zu definieren.

> **Mobbing — Definition**
> Wiederholtes oder anhaltendes offensives Verhalten mit rachsüchtigen, grausamen oder heimtückischen Angriffen, die dazu dienen sollen, einen Mitarbeiter oder eine Gruppe von Mitarbeitern zu erniedrigen und zu verunsichern.

Typische Mobbingformen

Mobbing am Arbeitsplatz hat einige typische Features. Typisch sind beispielsweise die soziale Isolation von Betroffenen, die anhaltende Störung ihrer Privatsphäre, verbal herabsetzende Attacken oder Nichtkommunikation sowie ständige Überforderung oder Versetzung in nicht kompetenzgerechte einfachere Tätigkeitsbereiche. Damit von Mobbing gesprochen werden kann, müssen derartige Verhaltensweisen mindestens einmal pro Woche stattfinden und mindestens über sechs Monate andauern. Mobbing scheint unabhängig von Branchen und Hierarchieebenen vorzukommen.

Mobbing kann eine Folge von gesundheitlichen Problemen sein oder aber gesundheitliche Probleme verursachen. Eine große Studie untersuchte den Einfluss von Mobbingerfahrungen auf die Gesundheit (Kostev et al. 2014). Dabei zeigte sich, dass Mitarbeiter, die innerhalb einer dreijährigen Beobachtungsperiode erkrankten und insgesamt eine höhere Krankheitsprävalenz aufwiesen, in dieser Beobachtungszeit häufiger Mobbingopfer wurden als im Vergleich zu nicht erkrankten Mitarbeitern. Die Art der Erkrankung war dabei nicht wesentlich. Auf der anderen Seite zeigte sich, dass von Mobbing betroffene Mitarbeiter signifikant häufiger an Erkrankungen aus dem neurologisch-psychiatrischen Formenkreis litten. Sie waren in erster Linie von Depressionen, Angststörungen, somatoformen Störungen und Schlafstörungen betroffen. Das höchste Mobbingrisiko bestand dabei für eine Erkrankung aus dem depressiven Störungsspektrum, das geringste für Schlafstörungen. Die Autoren dieser Studie schließen daraus, dass innerhalb betrieblicher Gesundheitsfürsorgemaßnahmen chronisch kranke Mitarbeiter vor Mobbing geschützt werden sollten und ein wichtiger Baustein in der Prävention von depressiven Störungen im Erkennen und Überwinden von Mobbingsituationen besteht. Kompetentes Führungsverhalten ist bei einer Häufung von psychischen Problemen bei Mitarbeitern äußerst wichtig.

2.8 Resilienz

Der Begriff Resilienz stammt eigentlich aus der Sprache der Bauingenieure. Er steht für die Eigenschaft eines Materials, eines Baustoffs, nach einer mechanischen Belastung in die ursprüngliche Form zurückzukehren. In der Natur ist etwa Bambus ein Material, das sich bei einem Sturm stark biegt, aber beim Nachlassen der einwirkenden Kräfte in die ursprüngliche Form zurückschnellt. In die Psychiatrie wurde der Begriff übernommen, um damit die seelische Widerstandfähigkeit eines Menschen zu bezeichnen.

Misslingende Führung verursacht mittelfristig soziale Konflikte im Unternehmen. Ein Beispiel aus letzter Zeit ist die Suizidhäufung bei der France-Telecom. Das Stichwort Mobbing steht für misslingende Führung, für eine Führung, die im Unternehmen dies zulässt oder sogar von der Führungsebene einfordert. Psychische Störungen sollten im Unternehmen nicht häufiger sein als in der Allgemeinbevölkerung. Kommt es zu Häufungen in Belegschaften, muss die Führung evaluiert werden. Für Führungspersonen ist es unerlässlich, die häufigsten psychischen Störungen und besonders den Einfluss von Stress auf derartige Störungen zu kennen. Nur dann ist beispielsweise Stressprävention im betrieblichen Geschehen implementierbar.

Individuelle Faktoren der psychischen Gesundheit

Resilienz ist ein zu weiten Teilen biologisch verankertes Merkmal. Resilienz kann man wahrscheinlich nur bedingt lernen, viele Ratgeber zu diesem Thema stellen Resilienz so dar, als könnte Resilienz in der Lebensspanne erlernt werden. In Wirklichkeit ist unsere Stressbelastungsgrenze zu hohen Anteilen vorgegeben und wir können allenfalls Techniken im Sinne der Science of Well-being erlernen. Es gibt persönliche Schutzmechanismen gegen Stresserleben. Auch unsere Persönlichkeit gibt vor, wie wir mit Stress umgehen können.

Grundsätzlich sind die üblichen Dinge, die uns sonst auch guttun, Schutzfaktoren vor übermäßigem Stress. Dies sind intakte soziale Beziehungen in Familien, Freundschaften und Arbeitswelt. Natürlich gehört auch die abgesicherte materielle Situation dazu, genauso wie Gesundheit. Wenn diese Dinge stimmen, sind wir sicherlich unanfälliger gegen Stress. Jeder kennt das Gegenteil, jeder weiß, dass Menschen, die beispielsweise in einer Trennungssituation sind, plötzlich berufliche Belastungen weniger gut ertragen, gereizt reagieren oder schnell unter Druck kommen oder auch krank werden.

Stressforscher haben sich immer wieder gefragt, was einzelne Menschen dazu befähigt, besser mit Stress fertigzuwerden. Den sogenannten resilienten Menschen gelingt es, angesichts von Stressfaktoren ohne bleibende körperliche, emotionale oder mentale Einbußen zu bewältigen; manche gehen aus einer solchen Belastung sogar gestärkt hervor. Es gibt biologische Faktoren, die bewirken, dass die Widerstandsfähigkeit gegenüber Stressoren höher wird, wie beispielsweise ein Gen, das regelt, wie Serotonin in die Nervenzelle kommt. Hier gibt es zwei verschiedene genetische Ausstattungen. Bei Menschen, die gut mit belastenden Lebensereignissen umgehen können, fand sich, dass sie sehr häufig mit einem dieser beiden Gene ausgestattet sind und dass bei Menschen, die schlechter mit Lebensereignissen umgehen konnten und mit Krankheit oder Depression auf diese reagierten, das andere Gen vorhanden war.

Aber es sind nicht nur biologische Faktoren, welche unser Stresserleben und unsere Stressverarbeitung bestimmen, auch unsere innere Einstellung trägt dazu bei. Dazu kommt dann noch der jeweilige Persönlichkeitstyp. Es hat sich gezeigt, dass realistische, optimistische Menschen, die eher extravertiert sind, besser mit Stress umgehen können. Dies sind auch Menschen, die über die sogenannten „3C" der Widerstandsfähigkeit verfügen: Menschen, die der Überzeugung sind, dass sie Situationen kontrollieren können (C steht hier für control), Menschen, die Anforderungen und Herausforderungen gerne annehmen und nicht als Bedrohung erleben (C steht hier für challenge), und Menschen, die Engagement zeigen bei dem, was sie tun, und versuchen, immer das Beste zu geben (C steht hier für commitment). Es hat sich gezeigt, dass sie besser belastende Lebenssituationen durchstehen, auch wenn sie länger andauern.

Resilienz

Persönlichkeitsfaktoren – Big 5

Big 5 ist eine Persönlichkeitstheorie, die relativ stabil die Grundzüge der menschlichen Persönlichkeit beschreibt und in gruppenüberdauernde Merkmale zusammenfasst, um Charakterisierungen von Personen zu erstellen. Das Persönlichkeitsmodell Big 5 zeigt fünf Faktoren oder Dimensionen auf, mit denen man Persönlichkeiten gut beschreiben kann.

1. Extraversion vs. Introversion

Der extravertierte Mensch ist eher gesellig, zugewandt, gesprächig, während der introvertierte Mensch eher in sich gekehrt ist, zurückgezogen ist und gelegentlich auch soziale Kontakte meidet.

2. Emotionale Labilität vs. emotionale Stabilität

Emotional labile Menschen lassen sich gern aus der Ruhe bringen, machen sich ständig Sorgen, leiden unter Angstzuständen, bewerten alles eher negativ, während emotional stabile Menschen einen realistischen Optimismus zeigen und an Selbstvertrauen manchmal nicht zu übertreffen sind.

3. Offenheit vs. Konventionalität

Offene Menschen sind wissbegierig, suchen neue Situationen und handeln in diesen neuen Situationen kreativ, während konventionelle Menschen eher Sicherheit im Hergebrachten finden und Neuigkeiten meiden.

4. Gewissenhaftigkeit vs. Nachlässigkeit

Gewissenhafte Menschen sind sehr pflichtbewusst, ordentlich, zerbrechen oft an den Anforderungen, die sie an sich selbst stellen. Nachlässige Menschen haben Mut zur Lücke, sind locker, manchmal auch unzuverlässig.

5. Verträglichkeit vs. Rücksichtslosigkeit

Verträgliche Menschen ordnen sich gut in Teams ein, sind in diesen Teams gern bereit, auch Hilfe zu leisten. Rücksichtslose Menschen haben ausgefahrene Rasierklingen an den Ellenbogen und sind ständig auf den eigenen Vorteil bedacht.

Diese Typologie der fünf Dimensionen hat sich in verschiedenen Variationen gegenüber anderen Persönlichkeitsmodellen durchgesetzt und findet weltweit Anwendung.

Was uns resilient macht

Da es nicht nur neurobiologische Faktoren sind, die unser inneres Gleichgewicht regulieren und bestimmen, kann Resilienz doch zu einem gewissen Grad erlernt werden. Ein wichtiger Beitrag zur Resilienz ist die Fähigkeit jedes Einzelnen, seine persönlichen Grenzen, beispielsweise bei der Stressbelastung, zu kennen. Ratgeber, die resiliente Menschen als „Stehaufmännchen" beschreiben und die Fähigkeit, ein „Stehaufmännchen" zu werden, lehren wollen, liegen wahrscheinlich falsch. Jeder Mensch hat eine unterschiedliche Belastbarkeit und nicht selten entstehen Probleme und gesundheitliche Schwierigkeiten dadurch, dass diese vorgegebenen Grenzen immer wieder überschritten werden bzw., wie im Dauerstress, dauerhaft überschritten werden. Wir haben gesehen, dass die Stressreaktion eine Mischung aus einer kognitiven Leistung, nämlich der Erkennung des Stressors, und einer emotionalen Leistung, nämlich der emotionalen Bewertung dieses belastenden Ereignisses, darstellt. In der emotionalen Bewertung eines belastenden Ereignisses liegt nun ein wesentlicher Faktor für die individuelle Resilienz.

Höhere Resilienz haben diejenigen Menschen, die zu emotional positiveren Bewertungen gelangen und mit bestimmten Grundeinstellungen an eine solche Bewertung herangehen. Diese „ewigen Optimisten" haben eine höhere Resilienz als Menschen, die von vornherein schwarzsehen und eher zu emotional negativen Bewertungen neigen. In dieser Bewertung liegen dann auch Lernvorgänge für künftige Ereignisse. Wenn ich von vornherein etwas negativ bewerte und in Stress gerate, dehnt sich diese Bewertung auf künftige Situationen aus, meine gesamthafte Stressbelastung wird eher steigen als abnehmen.

Diese Verhaltensressourcen der Optimisten, die durch kognitive und emotionale Faktoren entstehen, wirken sich dann auch auf künftige Ereignisse aus und helfen, diese besser zu überstehen. Über diese psychologischen Zusammenhänge hinaus und neben den Persönlichkeitsmerkmalen, die wir in die Verarbeitung von belastenden Situationen einbringen, gibt es weitere Faktoren, die unsere Resilienz erhöhen. Zu nennen sind hier die persönlichen Bewältigungsstrategien, die uns beispielsweise ermöglichen, ein positives Vermeidungsverhalten zu entwickeln im Blick auf künftige belastende Situationen. Vermeidungsverhalten ist nicht immer negativ. Ein wichtiger Punkt in Psychotherapien besteht darin, mit Menschen zu erörtern, wie gut sie „Nein" sagen können, wie gut sie sich persönlich abgrenzen können, wie gut sie ihre eigenen Grenzen erkennen und ihr Verhalten danach ausrichten. Aber auch soziale Faktoren wie persönliche Unterstützung in tragfähigen Beziehungen sind extrem wichtig. Es zeigt sich, dass Menschen in guten familiären und kollegialen Zusammenhängen wesentlich resilienter sind als etwa alleinstehende oder alleinerziehende Menschen.

Ein unterschätzter Faktor sind religiöse und spirituelle Dimensionen, die es ermöglichen, belastende Lebenssituationen genauso wie Alltagskleinigkeiten anders zu bewerten, niemals die Dinge als persönliche Schwäche zu sehen, sondern ständig die Herausforderung in solchen Situationen zu erkennen. Es hat sich gezeigt, dass religiöse Grundeinstellungen, aber auch nicht kirchlich gebundene spirituelle

Grundeinstellungen ein höheres Maß an Resilienz verschaffen; Religiosität und Spiritualität sind kognitive und emotionale Schutzfaktoren.

Die Resilienz schwankt im Verlauf des Lebens. Wir entwickeln bis ins Erwachsenenalter unsere typische Resilienz des erwachsenen Menschen, allerdings kann die Resilienz in der Lebensspanne wieder abnehmen. Insbesondere wenn negative Lebensereignisse wie Trennung, Scheidung, Tod eines Angehörigen zu verarbeiten sind oder andere belastende soziale Ereignisse wie Arbeitslosigkeit, sozialer Rückzug und Pensionierung. Auch zeigt sich immer wieder, dass Resilienz auch ein Merkmal von sozialen Gruppen sein kann. Resilienzforscher haben die Resilienz etwa in Familien beschrieben und bewiesen, dass tragfähige soziale Beziehungen eine ganze Gruppe belastbarer machen und die jeweilige notwendige soziale Unterstützung von besonders stark betroffenen Gruppenmitgliedern organisieren können. Resilienz trägt wesentlich zum individuellen Glückserleben bei, welches individuell sehr unterschiedlich ausgeprägt ist. Das Glückserleben ist im Extremfall auch im Fall von Abschied und Trauer möglich, wenn andere Bindungen, etwa spirituelle Bindungen, bestehen. Gleichwohl ist Resilienz im Normalfall sicherlich die Grundlage gelingenden Glückserlebens.

> **ZUSAMMENFASSUNG**
>
> Ein häufiger Grund für Lebensunzufriedenheit und sinkende Arbeitsleistung sind arbeitsplatzbezogene psychische Störungen und Probleme. Dieses Kapitel stellt dar, dass das individuelle Stresserleben und die individuelle Belastbarkeit für Stress eine wichtige Schlüsselstelle darstellen. Das Stresserleben wird nicht nur durch kritische Lebensereignisse verursacht, sondern auch durch eine Vielzahl eigentlich unterschwelliger Ereignisse, die sich in der Gesamtzahl zu einer chronischen Dauerstressbelastung auswachsen.
>
> Es gibt eine Vielzahl von stressbezogenen Erkrankungen. Auf psychischem Gebiet sind dies in erster Linie sinkende Belastbarkeit, Erschöpfung (Burnout) und schlussendlich depressive Störungen. Stress kann sich auch in vielfältigen körperlichen Erkrankungen äußern: Herz-Kreislauf-System, Bewegungsapparat, Immunsystem und andere Organsysteme können betroffen sein.
>
> Die modernen Behandlungsmöglichkeiten erreichen die allermeisten Betroffenen. Sie beinhalten gemäß einem biopsychosozialen Krankheitsmodell biologische Interventionen, also zumeist Medikamente oder Stimulationsverfahren, soziale Interventionen im Umfeld und psychotherapeutische Angebote. Führungskräfte müssen belastende Situationen am Arbeitsplatz identifizieren; besonderes Augenmerk ist Mobbing-Situationen zu schenken. Hier ist die allgemeine Achtsamkeit zu erhöhen. Derartige Situationen bleiben oft sehr lange unerkannt und können zu einer erheblichen psychischen Belastung einschließlich der oben beschriebenen Folgen führen.

Inhaltsverzeichnis

3	**Ideen und Lösungsansätze für den Führungsalltag**	**182**
	Andreas Haupt	
3.1	Fremdanforderungen und eigene Bedürfnisse meistern	183
	3.1.1 Stressfaktoren in der Arbeitswelt	187
	3.1.2 Lösungsansätze: Fehlbelastungen erkennen, persönliche Balance finden	190
3.2	So steigern Sie die Produktionsfähigkeit Ihres Unternehmens	192
	3.2.1 Demografische Ausgangssituation und geänderte Lebensumstände	193
	3.2.2 Lebensstil als Gesundheitsrisiko	199
	3.2.3 Betriebs- und volkswirtschaftliche Relevanzen	200
	3.2.4 Die aktuelle Situation von Führungskräften	202
	3.2.5 Die „hedonistische Tretmühle" und ihre Konsequenzen	205
	3.2.6 Gesundheit als Unternehmensressource	207
	3.2.7 Nutzen von betrieblichem Gesundheitsmanagement für das Unternehmen	211
	3.2.8 Den Gegenpol zur Geschwindigkeit der digitalisierten Welt schaffen	217
3.3	Führungsalltag in deutschen Unternehmen – so sieht's aus, so sollt's sein	223
	3.3.1 Arbeitsplatzkonflikte als Ursache psychischer Erkrankungen	224
	3.3.2 Grundlagen erfolgreicher Führung	233
	3.3.2.1 Erfolgreich kommunizieren mit sozialer Intelligenz	234
	3.3.2.1.1 Primäre Empathie	235
	3.3.2.1.2 Zugewandtheit	237
	3.3.2.1.3 Soziale Kognition	237
	3.3.2.1.4 Empathische Genauigkeit – empathische Details	239
	3.3.2.2 Kommunikation – Wirkungen und Konsequenzen	240
	3.3.2.3 Motivation als Führungselement	242
	3.3.2.3.1 (Selbst-)Motivation als Baustein für Leistungs- und Veränderungsfähigkeit	243
	3.3.2.3.2 Tipps zum Umgang mit Niederlagen, Tiefpunkten und Zukunftssorgen	256
	3.3.2.3.3 Tipps für mehr Gelassenheit	259
	3.3.2.3.4 Tipps zur Mitarbeitermotivation	260
	3.3.2.4 Kreativität als Führungs-, Motivations- und Problemlösungselement	272
	3.3.2.4.1 Was Sie unternehmen können, um Ihre kreativen Anlagen zu fördern	274
	3.3.2.4.2 Kreative Fähigkeiten, Verhaltensweisen und Denkstile	275
	3.3.3 Ethisches Führungshandeln als Richtschnur für Glaubwürdigkeit und Nachhaltigkeit	277
	3.3.4 Anforderungen an die Führungskräfte von morgen	278

3 Ideen und Lösungsansätze für den Führungsalltag

Von Andreas Haupt

> **MANAGEMENT SUMMARY**
>
> Aus den vorangegangenen Kapiteln wissen wir, was Menschen glücklich macht. Welche Faktoren notwendig sind, um ein selbstbestimmtes und glückliches Leben zu führen, Spaß an der Arbeit zu haben — bis hin zur Erfüllung. Wir haben uns auch damit beschäftigt, welche Gefahren auf dem Weg zu einem erfüllenden Beruf und einem erfüllenden Leben uns möglicherweise im Weg stehen, wie wir Resilienz entwickeln und mithilfe einer stabilen Psyche das Fundament zum Meistern der täglichen Herausforderungen des Alltags schaffen.
>
> Die Glücksforschung lehrt uns, was Menschen brauchen, um glücklich zu sein. Wir wissen, was Unternehmen tun können, um glückliche respektive zufriedene und loyale Mitarbeiter zu bekommen. Und wir wissen, wie wichtig die psychischen und psychologischen Aspekte dabei sind. Insofern ist nun noch herauszustellen, welche Bedeutung der fürsorgliche Umgang mit sich selbst sowie mit der Gesundheit der anvertrauten Mitarbeiter hat, um eine Unternehmenskultur zu entwickeln, die den Anforderungen unserer Zeit — Stichwort: demografischer Wandel und Fachkräftemangel — gerecht wird.
>
> In Kapitel 3 widmen wir uns daher nun ganz speziell dem Themenkomplex „Führung", „Motivation" und „Gesundheit". Was haben diese drei Bereiche gemeinsam? Betrachtet und lebt man alle drei als Einheit, führt dies unweigerlich zum Empfinden von Glück und mit sehr hoher Wahrscheinlichkeit auch zu erfolgreichem Arbeiten.
>
> Ein „Flow-Effekt" tritt dann ein, wenn Menschen in der höchsten Form von Konzentration und Spannung einen Zustand der Selbstvergessenheit erreichen und somit quasi „in ihrer Tätigkeit aufgehen". „Selbstvergessenheit" soll keineswegs bedeuten, dass die betreffende Führungskraft zu einer unantastbaren und weit distanzierten Kreatur mutiert. Vielmehr ist gemeint, dass eine Führungskraft, die sich ihrer Verantwortung und ihrer Gestaltungsmöglichkeiten nicht nur bewusst ist, sondern diese in einem Zustand höchstmöglicher intrinsischer Motivation ausübt, ideale Voraussetzungen mitbringt, um diese positive Energie auch auf die Menschen in ihrem Umfeld zu übertragen. Ist dies der Fall, ist der Boden bestellt, um gemeinsam produktiv zu sein und dabei Spaß zu haben. Wenn der Mensch nicht ausschließlich für die Arbeit, sondern die Arbeit für den Menschen da ist, weil sie ihm etwas gibt und im besten Falle sinnstiftend und

3 Fremdanforderungen und eigene Bedürfnisse meistern

> erfüllend ist, kann Arbeit gesundheitsfördernd statt gesundheitsgefährdend sein. Welche Voraussetzungen sind dafür nötig? Mit welchen Fragen sollte man sich ganz bewusst auseinandersetzen, um an den Punkt zu kommen, an dem Arbeit gesund für uns ist? Und — aus Sicht des Unternehmens: Welche Rolle spielt der Erwerb von Gesundheitskompetenz in Bezug auf die Produktivität? Zunächst ist es wichtig, zu erkennen und zu unterscheiden, welche Anforderungen von außen auf uns einwirken und welche eigenen Bedürfnisse zu befriedigen sind (3.1). Was ist mir wichtig im Leben? Habe ich diese Werte im Blick? Im Anschluss betrachten wir die Auswirkungen und Chancen, die ein gesundheitsorientierter Führungsstil mit sich bringt (3.2). Bei allen Idealen nicht zu vergessen: die Realität. Zwischen Wunsch und Wirklichkeit klaffen oftmals (noch) erhebliche Lücken. Diese wollen wir schließen! Wie? Mit Praxisbeispielen zur Mitarbeitermotivation und zur besseren Nutzung von Mitarbeiterenergie (3.3).

3.1 Fremdanforderungen und eigene Bedürfnisse meistern

Erinnern Sie sich noch an Ihren ersten Arbeitstag? Wissen Sie noch, wie Sie sich gefühlt haben, als Sie zum ersten Mal die neuen Kolleginnen und Kollegen kennenlernten? Oder als Sie Ihre erste Führungsposition antraten?

Sicher waren Sie ein bisschen aufgeregt, freudig angespannt und voller Neugier und Erwartung, wer und was Sie alles erwartet. In aller Regel werden Sie mit einer gewissen Vorfreude ans Werk gegangen sein und höchstwahrscheinlich haben Sie sich auch das eine oder andere vorgenommen. Im Falle des Beispiels der erstmaligen Ausübung einer Führungsposition hatten Sie vielleicht sogar negative Verhaltensmuster eines ehemaligen Chefs abgespeichert und wollten es nun, da Sie endlich selbst Chef sind, ganz anders machen. Besser. Gerechter. Erfolgreicher. Merken Sie etwas?

Sie haben schon damit begonnen, eigene Erwartungshaltungen an sich zu formulieren. Ganz unbewusst und unbemerkt. Der Druck beginnt bereits vor dem ersten Arbeitstag. Zunächst ganz unauffällig, denn alles Neue hat einen besonderen Reiz. Schon Hermann Hesse bemerkte: „Und jedem Anfang wohnt ein Zauber inne." Wie wahr!

Dieser Zauber gibt uns die Kraft und den Antrieb, voller Tatendrang und guter Vorsätze die neue Aufgabe anzugehen. Das ist grundsätzlich erst einmal gut. Zu den eigenen Anforderungen gesellen sich dann noch die anderer Personen dazu. Na-

Ideen und Lösungsansätze für den Führungsalltag

türlich erhofft sich Ihr Chef, dass Sie neue Ideen und Impulse einbringen. Dass Sie „den Laden wieder flott kriegen" und „beweisen, dass die Entscheidung, Ihnen diese Position zu übertragen, die richtige war". Und natürlich wollen Sie Ihren Chef nicht enttäuschen. Ebenso wenig wie Ihre Mitarbeiter. Schließlich wollen Sie der Chef sein, den Sie selbst vielleicht nie hatten.

Was mögen die Mitarbeiter von Ihnen denken? Wie war das, als Sie am Ende Ihres ersten Arbeitstages in Ihr Bett fielen? Haben Sie gut geschlafen? Oder haben Sie sich schon damit beschäftigt, was „die anderen" für einen (ersten) Eindruck von Ihnen haben? Sind Sie gut rübergekommen bei Ihrer Vorstellung? War die kleine Einstandsrede auch nicht zu kurz? Oder vielleicht zu lang? Warum hat Sie der ältere Mitarbeiter die ganze Zeit so kritisch beäugt? Fragen über Fragen …

Wenn Sie wollten, könnten Sie die Reihe endlos fortsetzen. Unter dem Strich können wir konstatieren:

1. Sie müssen die Verhältnisse so nehmen, wie sie sind.
2. Sie müssen eigene und fremde Erwartungen kennen und in Balance zueinander bringen.
3. Sie müssen sich im Vorfeld Ihrer Wirkung bewusst sein, um nach Berücksichtigung der ersten beiden Punkte die Verhältnisse zu schaffen, die Sie für richtig und notwendig halten.

Um dies bewältigen zu können, ist es von entscheidender Bedeutung, fit zu sein. Fit im Sinne von körperlich gesund, aber vor allem psychisch stabil, konzentriert, aufmerksam, motiviert und letztlich leistungsfähig.

Was könnte diese Art von Fitness gefährden bzw. was ist zu tun, um den Elan der Anfangsmotivation möglichst lange beizubehalten und mit den Erfahrungen, die im Laufe der Zeit hinzukommen, auch auf Dauer motiviert zu bleiben?

Das Wichtigste zuerst: Wenn es Ihnen gut geht, haben Sie die besten Chance, auch Ihre Ziele zu erreichen. Ihrer eigenen Gesundheit und Ihrer Lebenseinstellung kommt damit immer eine korrelative Bedeutung im Verhältnis zu erfolgreicher Arbeit zu. Blicken wir also auf potenzielle Präventivmaßnahmen, mit denen sich mögliche Stressoren frühzeitig identifizieren lassen.

Wie aus den folgenden Abbildungen 13, 14 und 15 zu erkennen ist, ist besonders auffällig der signifikante Anstieg der psychischen Erkrankungen und Verhaltensstörungen in den letzten Jahren. Erhebungen der Krankenkassen belegen die steigende Relevanz psychischer Erkrankungen.

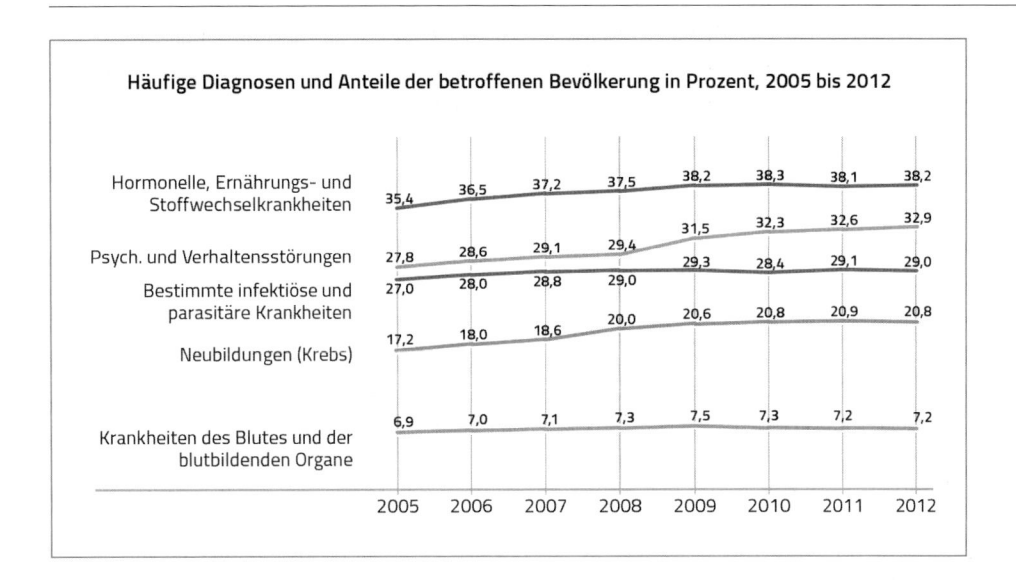

3 Fremdanforderungen und eigene Bedürfnisse meistern

Häufige Diagnosen und Anteile der betroffenen Bevölkerung in Prozent, 2005 bis 2012

	2005	2006	2007	2008	2009	2010	2011	2012
Hormonelle, Ernährungs- und Stoffwechselkrankheiten	35,4	36,5	37,2	37,5	38,2	38,3	38,1	38,2
Psych. und Verhaltensstörungen	27,8	28,6	29,1	29,4	31,5	32,3	32,6	32,9
Bestimmte infektiöse und parasitäre Krankheiten	27,0	28,0	28,8	29,0	29,3	28,4	29,1	29,0
Neubildungen (Krebs)	17,2	18,0	18,6	20,0	20,6	20,8	20,9	20,8
Krankheiten des Blutes und der blutbildenden Organe	6,9	7,0	7,1	7,3	7,5	7,3	7,2	7,2

Abb. 13: Krankheiten in Deutschland
Quelle: BARMER GEK Arztreport 2014. Veröffentlicht unter https://presse.barmer-gek.de/barmer/web/Portale/Presseportal/Subportal/Infothek/Studien-und-Reports/Arztreport/Arztreport-2014/BARMER-GEK-Arztreport-2014.html?w-cm=LeftColumn_t348846

Zahl der Krankenhaustage je 1.000 Versicherte mit Diagnose ...

Krankheiten des Kreislaufsystems (1990 bis 2012: −44 %): 380, 392, 371, 369, 371, 372, 371, 345, 362, 329, 311, 304, 291, 271, 252, 240, 241, 231, 224, 223, 220, 220, 219, 213

Psychische und Verhaltensstörungen (1990 bis 2012: +67 %): 175, 170, 186, 181, 182, 183, 193, 197, 194, 211, 222, 227, 227, 227, 221, 231, 225, 231, 253, 269, 277, 289, 293

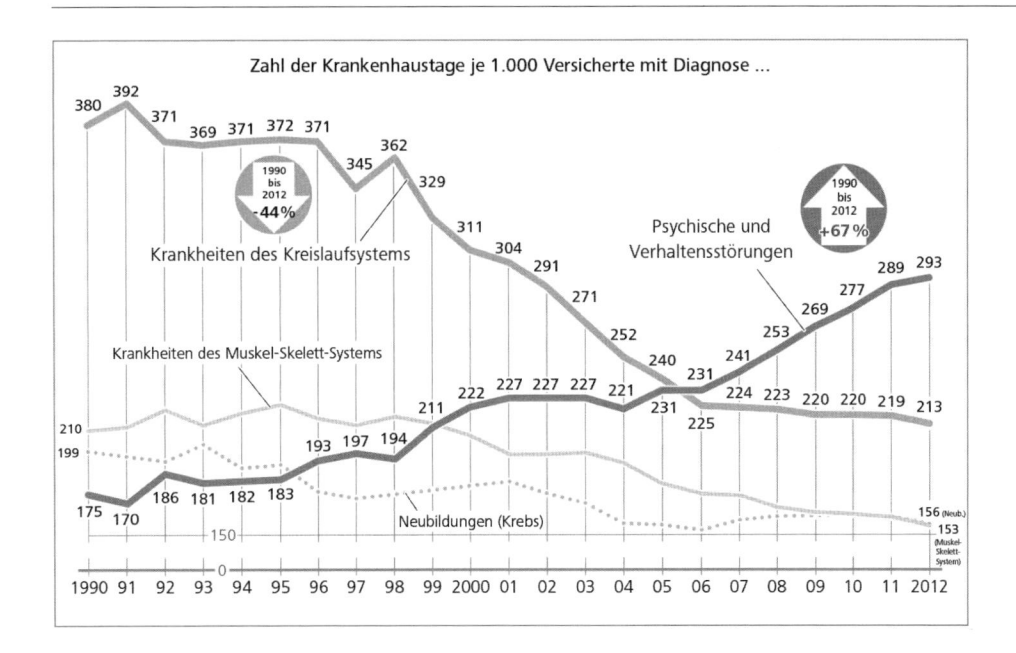

Krankheiten des Muskel-Skelett-Systems: 210, 199, ..., 153

Neubildungen (Krebs): 156

Abb. 14: Psychisch bedingte Krankenhausaufenthalte nehmen weiter zu
Quelle: BARMER GEK Report Krankenhaus 2013. Veröffentlicht unter https://presse.barmer-gek.de/barmer/web/Portale/Presseportal/Subportal/Infothek/Studien-und-Reports/Report-Krankenhaus/Krankenhausreport-2013/Report-Krankenhaus-2013.html?w-cm=LeftColumn_t371700

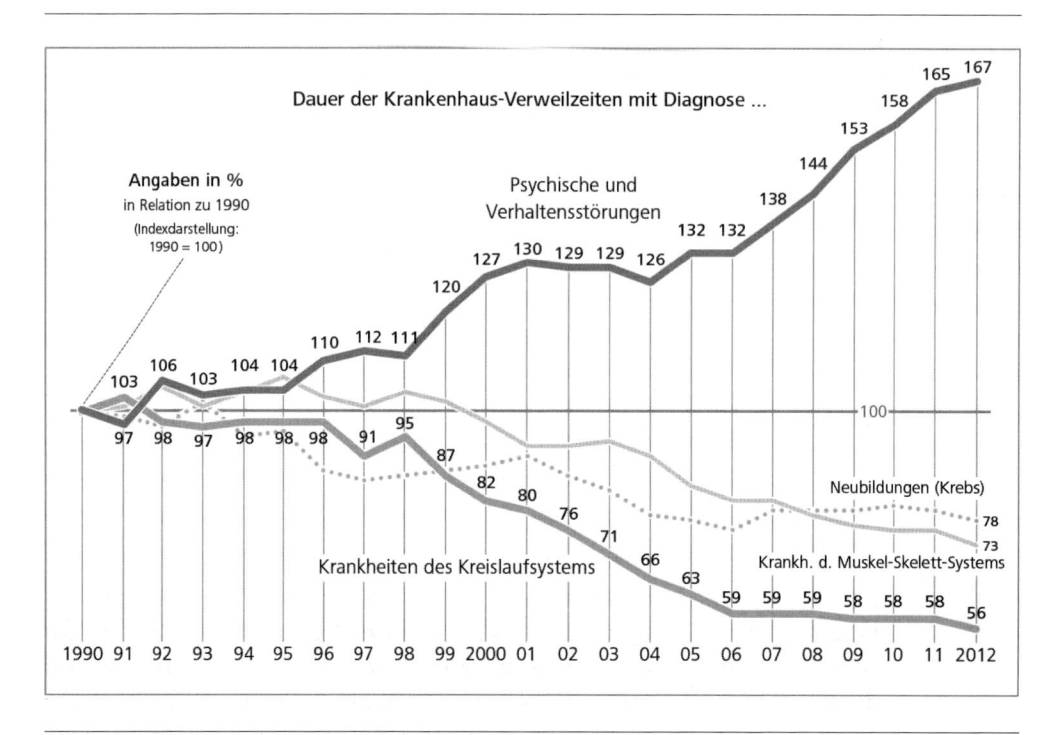

Ideen und Lösungsansätze für den Führungsalltag

Abb. 15: Deutlicher Zuwachs bei psychischen Störungen
Quelle: BARMER GEK Report Krankenhaus 2013. Veröffentlicht unter https://presse.barmer-gek.de/barmer/web/Portale/Presseportal/Subportal/Infothek/Studien-und-Reports/Report-Krankenhaus/Krankenhaus-report-2013/Report-Krankenhaus-2013.html?w-cm=LeftColumn_t371700

Seit Jahrzehnten ist die Zahl der Fehltage (Arbeitsunfähigkeitstage) wegen psychischer Erkrankungen deutlich angestiegen. Im Jahr 2012 wurden bundesweit rund 60 Mio. Arbeitsunfähigkeitstage aufgrund psychischer Erkrankungen registriert[70]. Ganz abgesehen von volkswirtschaftlichen (vgl. Tab. 11) und betriebswirtschaftlichen Schäden, bringen psychische Erkrankungen ein hohes Maß an persönlichem Leid für den Betroffenen und sein Umfeld mit sich.

Um gar nicht erst in die Burnout-Falle zu laufen, ist es wichtig, sich im Vorfeld darüber klar zu werden, wie man sich selbst (auch kurzfristig) in einen Zustand der Freude versetzen kann bzw. wo die persönlichen und individuellen Angriffsflächen liegen.

---

[70] Bundesministerium für Arbeit und Soziales und Bundesanstalt für Arbeitsschutz und Arbeitsmedizin: Sicherheit und Gesundheit bei der Arbeit 2012, 2013.

3 Fremdanforderungen und eigene Bedürfnisse meistern

Menschen reagieren unterschiedlich emotional. Während es in sich ruhende Persönlichkeiten gibt, die anscheinend nichts aus der Ruhe bringt (diese sind eher die Ausnahme), nutzen die meisten Menschen ganz unterschiedliche Entspannungsquellen.

> **BEISPIEL: Drei Menschen — drei unterschiedliche Entspannungsquellen**
>
> Ein hochrangiger *Politiker*, der ständig zwischen mehreren Orten unterwegs ist und für den Termindruck zum Tagesgeschäft gehört, antwortete mir kürzlich auf meine Frage, wie er es bei dem Dauerstress schaffe, die Übersicht zu behalten und Ruhe zu bewahren, dass er „sich jeden Tag nach dem Aufstehen eine halbe Stunde Zeit für die Stille nimmt", in der er „ungestört meditiert und den neuen Tag als Geschenk annimmt". Zur Verstärkung verbringt er darüber hinaus mindestens einmal im Jahr einige Tage der Stille in einem Kloster, im Gebirge oder in Indien.
>
> Eine *Atemtherapeutin* wiederum schwört darauf, sich mehrmals am Tag für jeweils eine Minute zurückzuziehen, die Augen zu schließen und absolut nichts zu tun und zu denken. Selbst wenn es im Tagesablauf manchmal nicht funktioniert, dass auf Knopfdruck 60 Sekunden lang keine Gedanken durch das Gehirn geistern, ist dennoch ein unmittelbarer Erholungseffekt nach Ablauf der Minute spürbar. Und noch ein kleiner Tipp der Expertin: Sich eine Minute zurückzuziehen funktioniert immer und überall. Zur Not auch auf der Toilette.
>
> Ein *Mentaltrainer* schwört auf die Methodik der Fantasiereisen. Augen schließen und sich in Gedanken an die schönsten Orte träumen. Dort für ein bis zwei Minuten verweilen, dann langsam wieder die Augen öffnen und zurückkehren in die Realität. Übrigens: Kinder beherrschen dies ganz unbewusst und intuitiv. Wenn es ihnen zu viel wird, träumen sie einfach ein paar Minuten vor sich hin, um dann mit neuen Kräften neue Abenteuer zu erleben.

Wie auch immer — persönliche kleine und schnell wirksame Entspannungsquellen zu entdecken ist der erste Schritt, um innere Ruhe auch im Alltag zu bewahren.

3.1.1 Stressfaktoren in der Arbeitswelt

Nun zu den vorher bereits erwähnten „Angriffsflächen": Darunter ist zu verstehen, dass es bestimmte auslösende äußere Bedingungen gibt, die Menschen in Stress geraten lassen. Über diese persönlichen Stressoren sollte man sich im Klaren sein, um bewusst darauf zu achten, sich dadurch (künftig) nicht mehr unter Druck zu setzen. Klassische Beispiele hierfür: Kritik, Streit, das Erledigen mehrerer Dinge gleichzeitig usw.

Im nächsten Schritt ist zu beleuchten, welche körperliche und seelische Reaktion auf den Stressor erfolgt. So kann es z. B. sein, dass ein „unverdautes" Kritikgespräch zu Kopfschmerz und Übelkeit, in der folgenden Nacht möglicherweise zu schlechtem Schlaf führt. Das gleichzeitige Erledigen mehrerer Dinge und die dadurch entstandene Hektik führen oft zu Nervosität oder Unwohlsein. Andere Reaktionen sind z. B. Aggressivität, Hektik oder Fehleranfälligkeit. Wie gesagt: Menschen reagieren unterschiedlich emotional und infolgedessen auch andersgeartet in ihrer körperlichen und seelischen Reaktion auf die entsprechende Belastung.

Schritt drei ist die Identifikation der persönlichen Stressverstärker, um herauszufinden, mit welchen eigenen Erwartungen, Einstellungen und Motiven der Stress noch verstärkt wird. Auch hierzu ein Beispiel aus der Praxis:

▶ **BEISPIEL: Aus der Praxis**

Eine Führungskraft, nennen wir sie der Einfachheit halber Frau Müller, grundsätzlich gut organisiert und strukturiert, kommt zur Arbeit und macht sich sodann über ihren Tagesplan. Unvorhergesehenerweise kommt der Chef ins Büro und bittet Frau Müller darum, sehr kurzfristig eine Rentabiliätsberechnung für eine Filiale zu erstellen, da gegen Mittag eine Telefonkonferenz mit dem Vorstand stattfindet. Die gewissenhafte Frau Müller macht sich sofort an die Arbeit, recherchiert, erstellt die ersten Statistiken und ist gerade in das „Sonderprojekt" für ihren Chef vertieft, als der Qualitätsmanager zur Tür hereinkommt.
„Frau Müller, haben Sie einen Moment Zeit, nur ganz kurz …" Die nette Frau Müller, die ihre Tür für ihre Mitarbeiter schon aus Prinzip immer geöffnet hat („… ich bin immer für Sie da, Sie können sich jederzeit an mich persönlich wenden …"), hört ihrem Kollegen zu. Dummerweise dauert es doch etwas länger als nur „ganz kurz". Frau Müller spürt bereits ein leichtes Grummeln in der Bauchgegend, will aber nicht unhöflich sein und hört weiter geduldig zu. Ein Telefonat unterbricht das Gespräch. „Einen Moment bitte", sagt Frau Müller, nimmt das Gespräch entgegen und versichert dem Anrufer, dass sie gleich zurückrufe, im Moment aber noch in einem persönlichen Gespräch sei. Der Qualitätsmanager wird nun noch den Rest seiner wichtigen Angelegenheiten los und verschwindet schließlich. Die Zeit für die Fertigstellung des Chef-Auftrags wird immer kürzer, doch der Rückruf ist auch noch zu erledigen, man ist ja zuverlässig. Wieder meldet sich der Bauch von Frau Müller, diesmal kommt auch ein bisschen Schwitzen dazu. Frau Müller möchte, dass der Chef zufrieden mit ihr ist, deshalb arbeitet sie noch schneller, denn für das Gespräch mit dem Vorstand erwartet der Boss sicher eine tadellose Vorlage.
In der Hektik passiert ein Fehler. Frau Müller ärgert sich über sich selbst, denn jetzt darf sie einen Großteil wieder korrigieren und die Zeit wird noch knap-

Fremdanforderungen und eigene Bedürfnisse meistern 3

per. Was für ein blöder Tag! Am Ende dieses Tages lässt Frau Müller sich erschöpft ins Bett fallen. Zu allem Überfluss kann sie nicht richtig einschlafen. „Wie konnte bloß der Fehler passieren?!", fragt sie sich. „Und warum habe ich nicht die Tür geschlossen und meinen Mitarbeitern mitgeteilt, dass ich bis mittags nicht gestört werden will?! Jetzt ist auch noch der Chef sauer, weil meine Vorlage unvollständig war. Wie konnte mir das bloß passieren?! Ich bin so enttäuscht von mir!"

Bis Frau Müller endlich einschlafen kann, vergehen noch zwei Stunden. Der Körper ist zwar todmüde, doch der Kopf will einfach nicht abschalten. Am nächsten Morgen fühlt sie sich wie erschlagen. Doch es hilft ja nichts: Zum Ausruhen bleibt keine Zeit, wichtige Verpflichtungen stehen an …

Haben Sie die Stressoren von Frau Müller und ihre körperlichen und seelischen Reaktionen darauf bemerkt? Und wodurch sie sich selbst unter Druck gesetzt und die Situation dadurch noch verschlechtert hat? Haben Sie sich vielleicht selbst erkannt?

Wichtig ist also, seine persönlichen Stressoren zu kennen, sie sich bewusst zu machen, um bei den ersten Signalen frühzeitig einzugreifen.

Werden diese Signale ignoriert und Eigen- und Fremderwartungen sozusagen „unkontrolliert" sich selbst überlassen, entwickelt sich negativer Stress (Distress). Dieser wirkt sich, wenn er dauerhaft stattfindet, in Form von Schmerzen, Schlafproblemen, erhöhtem Infektionsrisiko, Lustlosigkeit bis zur Depression oder durch Süchte aus. Nicht selten mündet dies in einem Burnout.

Betrachtet man die Phasen eines Burnouts, stehen am Beginn der Entwicklung zunächst starker Leistungseinsatz und überdurchschnittliche Leistungen in Verbindung mit den eigenen oder fremd auferlegten Ansprüchen. Oftmals stehen der eigene Perfektionismus bzw. der hohe oder überhöhte Anspruch an sich selbst, an die eigenen Ideale und Werte im Weg. Um all dem gerecht zu werden, werden die eigenen Bedürfnisse verdrängt, Probleme verleugnet und Signale des Körpers ignoriert (z. B. Herzrasen, Schlaflosigkeit, innere Unruhe, Nervosität, Appetitlosigkeit). Die Erschöpfung nimmt zu, die Motivation bzw. die Identifikation mit dem, was man tut, dagegen ab.

Nicht selten wird das Handy gar nicht mehr ausgeschaltet, denn mit einem Auge ist man ständig auf dem Display und kann sofort auf alle Mails, SMS etc. reagieren. Der Geist ist rund um die Uhr, solange der Körper durchhält, unter Dauerstrom. Soziale Kontakte und das Leben außerhalb der Arbeit werden zunehmend vernachlässigt, bis eines Tages Selbstzweifel kommen, soziale Entfremdung eintritt und der Bezug zum eigenen Leben Zug um Zug abhanden kommt.

Ideen und Lösungsansätze für den Führungsalltag

Es beginnt eine Erschöpfungsspirale aus Müdigkeit, Konzentrationsstörungen, abnehmender Leistungsfähigkeit, der Unfähigkeit, sich zu erholen und Spaß zu haben, bis hin zu Schlafstörungen und weiteren somatischen Reaktionen.

3.1.2 Lösungsansätze: Fehlbelastungen erkennen, persönliche Balance finden

Um der Erschöpfungsspirale zu entgehen, ist es notwendig, die eigenen Stressoren frühzeitig zu erkennen, ebenso wie Fehlbelastungen. Ein Glückstagebuch, in das regelmäßig die schönsten Momente des Tages notiert werden, kann dabei helfen, am Ende des Tages seinen Frieden mit dem Tag zu machen und die positiven Erscheinungen des Tages bewusst wahrzunehmen. Ebenso kann es helfen, Ziele zu definieren und Belohnungen für sich auszuloben. Was spricht dagegen, sich selbst Anerkennung und Wertschätzung auszusprechen und sich hin und wieder für gelungene Aktionen selbst auf die Schulter zu klopfen, falls es sonst niemand tut? Nichts! Nichts spricht dagegen.

Des Weiteren hilft die „Brunnen-Metapher" zur Verdeutlichung, wie wichtig das Auffüllen von Reserven ist. Stellen Sie sich einen Dorfbrunnen vor, der viel Wasser beinhaltet und dieses Tag für Tag den Menschen, die zu ihm kommen, spendet. Der Brunnen wäre eines Tages leer und würde versiegen, würde man ihm nicht immer wieder neues Wasser zuführen. Im übertragenen Sinne: Die eigenen Ressourcen müssen regelmäßig aufgefüllt und die individuellen Kraftquellen aktiviert werden. Kontinuierliches Ausschöpfen von Freiräumen ist dabei ebenso erforderlich, um dauerhaft in Balance zu bleiben. Hierbei hilft die Reflexion des Umgangs mit sich selbst sowie eine „gesunde Achtsamkeit". Darunter ist zu verstehen, auf sich selbst zu achten, beginnend bei der Sprachwahl. Wer sich selbst beschimpft oder mental herabsetzt („Ich bin so blöd!"), beschädigt sein Selbstbewusstsein und schwächt sich sukzessive.

Gerade Führungskräfte sollten sich immer wieder vor Augen führen, dass sie auch nur Menschen sind und keine Übermenschen. Ein „Ich darf das!" oder ein „Das habe ich gut gemacht!" haben nichts mit Egozentrik zu tun, sondern damit, die Konditionierung auf positive Verhaltens- und Denkmuster zu unterstützen. Soziale Kontakte, gesunde Ernährung und Bewegung sowie regelmäßige Erholung durch ausreichend Schlaf runden den verantwortungsvollen Umgang mit sich selbst ab. Dies erfordert nicht automatisch viel Zeit, oftmals sind es schon Kleinigkeiten, die Stress verhindern und Erholung ermöglichen, wie z. B., das Handy für einige Zeit auszuschalten, einen Spaziergang in der Mittagspause in der Natur, das Zwitschern der Vögel zur Begrüßung des Frühlings bewusst wahrzunehmen. Eine halbe Stunde

Fremdanforderungen und eigene Bedürfnisse meistern   3

Mittagsschlaf bringt mehr, als sich drei Stunden am Schreibtisch mit Kaffee wach zu halten. Ebenso wie eine Zeit der Stille und Ruhe in einem „Ruheraum" näher an die Lösung einer Aufgabe führt als stundenlange Besprechungen mit krampfhaftem Lösungsfindungszwang.

In diesem Zusammenhang sei auch verwiesen auf den selbst gemachten Freizeitstress, wie in Kapitel 2.2.5 beschrieben. Sich selbst Freiräume zu schaffen ist eine Sache — diese Freiräume dann auch gesund zu nutzen und den Stress nicht auch noch in der Freizeit fortzuführen, eine andere.

Bevor wir uns also damit beschäftigen, wie Führungskräfte erfolgreich für ihr Unternehmen tätig sein können, muss klar sein, dass der verantwortungsvolle Umgang mit der eigenen Gesundheit die Grundlage dafür ist, um überhaupt sich selbst und andere dauerhaft erfolgreich führen zu können und somit langfristig produktiv zu sein. Die erste und vorrangige Aufgabe von Führungskräften ist, sich um ihre eigene Energie zu kümmern und dann dabei zu helfen, die Energie der ihr anvertrauten Mitarbeiter und Kollegen nutzbar zu machen.

ZWISCHENFAZIT

Machen Sie sich bewusst, dass Sie andere nur dann erfolgreich führen können, wenn es Ihnen selbst gut geht. Ebenso, welch hohe Bedeutung der fürsorgliche Umgang mit sich selbst sowie mit anvertrauten Mitarbeiter hat.
Arbeit sollte nicht gesundheitsgefährdend, sondern gesundheitsfördernd wirken. Um diesen Idealzustand zu erreichen, benötigen Sie ein ausreichendes Maß an Gesundheitskompetenz und -verständnis, um zu begreifen, welche Zusammenhänge zwischen den Signalen, die Ihnen Ihr Körper durch bestimmte Reaktionen (z. B. Bauchschmerzen, schlechter Schlaf etc.) sendet, und Ihrer aktuellen Lebenssituation bestehen.
Arbeit, die gesundheitsfördernd wirkt, schafft Leistungsfähigkeit und somit im Ergebnis ein höheres Maß an Produktivität.
Die psychischen Erkrankungen in Deutschland nahmen in den letzten Jahren signifikant zu. Die Auswirkungen für die Volkswirtschaft sind verheerend. Als Führungskraft sollten Sie sich im Klaren darüber sein, dass die Unternehmenskultur, insbesondere der wertschätzende Umgang mit den Mitarbeitern, erheblichen Ausfluss auf deren Motivation und Leistungsfähigkeit hat. Auch hier führt der erste Weg zu Ihnen selbst: Gehen Sie gut mit sich selbst um, indem Sie Ihre persönlichen Stressoren frühzeitig erkennen und gegensteuern. Ein Ignorieren führt zu negativem Stress.
Erkennen Sie Ihre eigenen Kraftquellen und aktivieren Sie diese regelmäßig. Reflektieren Sie den Umgang mit sich selbst und entwickeln Sie eine gesunde Achtsamkeit für sich und Ihre Mitmenschen.

Ideen und Lösungsansätze für den Führungsalltag

> Konditionieren Sie sich mit positiven Verhaltens- und Denkmustern und unterstützen Sie diese durch soziale Kontakte, gesunde Ernährung, Bewegung und regelmäßige Erholung.
> Gehen Sie verantwortungsvoll mit sich und Ihrer Gesundheit um. Dies ist die Grundlage, um sich selbst und andere dauerhaft erfolgreich führen zu können und langfristig produktiv zu sein. Die Energie, die Sie selbst in sich tragen, kann Ihnen helfen, die Energie der Ihnen anvertrauten Mitarbeiter und Kollegen nutzbar zu machen.

3.2 So steigern Sie die Produktionsfähigkeit Ihres Unternehmens

Unabhängig davon, ob man eine Führungsaufgabe ausübt oder nicht: Die eigene Gesundheit spielt zweifelsfrei immer eine entscheidende Rolle für die persönliche Leistungsfähigkeit. Im Falle der Führungskraft wirken sich der Umgang mit der eigenen Gesundheit und die individuelle Motivation aber nicht nur auf die eigenen Leistungen aus. Mitarbeiter orientieren sich an ihrer Führungskraft. Wie glaubwürdig ist ein Vorgesetzter, der Raubbau mit der eigenen Gesundheit treibt und von seinen Mitarbeitern Höchstleistungen verlangt?

Altkanzler Helmut Schmidt sagte in einem Interview[71] auf die Frage, ob Menschen Helden brauchen: „Die Welt braucht keine Helden, Menschen brauchen Vorbilder."

Natürlich orientieren sich Mitarbeiter am eigenen Chef. Und somit liegt darin für jede Führungskraft auch die große Chance, um einer ihrer wichtigsten Aufgaben überhaupt nachzukommen: Mitarbeiter zu entwickeln! Sie im Laufe der Zeit in dem, was sie tun, besser zu machen und somit dem Unternehmen einen Prozess der Wertschöpfung zu ermöglichen. Wie? Zum einen durch das Vorleben eines gesundheitsgerechten Führungsstils, zum anderen durch wertschätzendes Verhalten (vgl. Kapitel 1). Wertschätzung führt zu Wertschöpfung.

---

[71] „Helmut Schmidt" – Interview in der ARD vom 23.12.2013.

3.2.1 Demografische Ausgangssituation und geänderte Lebensumstände

Bevor wir uns mit gesundheitsgerechter Führung beschäftigen, werfen wir einen Blick auf die Notwendigkeit derselben. Betriebe, die heute agieren und auch in Zukunft eine Rolle auf dem Markt spielen wollen, kommen nicht umhin, sich mit der Thematik des demografischen Wandels zu beschäftigen. Dieser muss in alle strategischen Entscheidungen der Gegenwart einkalkuliert werden.

Seit Anfang der Siebzigerjahre ist die Altersstruktur in Deutschland dadurch gekennzeichnet, dass die Mortalität (Sterberate) höher ist als die Geburtenrate. Dadurch verliert die Bundesrepublik Deutschland insgesamt an Bevölkerung. Durch die höhere Lebenserwartung der Bevölkerung und gleichzeitig rückläufiger Geburtenrate steigt der Anteil älterer Menschen gegenüber dem Anteil jüngerer. Heute zählt die deutsche Erwerbsbevölkerung zwischen 20 und 64 Jahren etwa 50 Mio. Menschen. Im Jahr 2060 werden es nur noch 33 bis 36 Mio., also 27 % bis 34 % weniger sein.[72]

Es würde an dieser Stelle zu weit führen, alle im Kontext mit dem demografischen Wandel stehenden Konsequenzen (z. B. Auswirkungen auf das Rentenniveau, Attraktivität des Wirtschaftsstandortes Deutschland etc.) zu betrachten. Wir konzentrieren uns mit Blick auf die Notwendigkeit eines gesundheitsgerechten Führungsstils auf einige wesentliche Aspekte, welche das zwingende Erfordernis verdeutlichen sollen.

---

[72] Quelle: Booz & Company, New Demographics Study; Statistisches Bundesamt, Bevölkerung 2060. 12. koordinierte Bevölkerungsvorausberechnung, 2009.

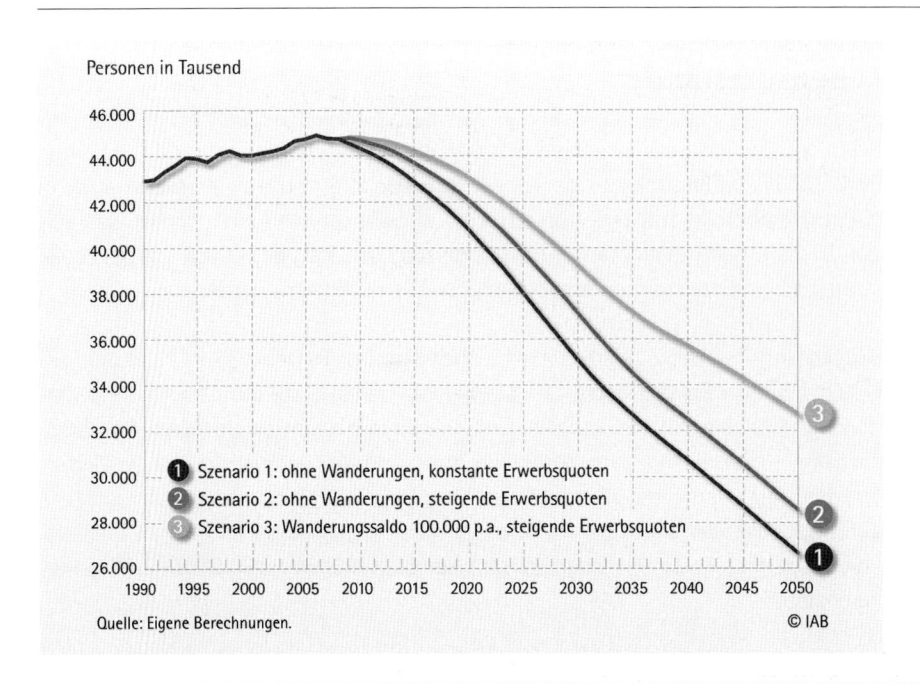

Ideen und Lösungsansätze für den Führungsalltag

Personen in Tausend

① Szenario 1: ohne Wanderungen, konstante Erwerbsquoten
② Szenario 2: ohne Wanderungen, steigende Erwerbsquoten
③ Szenario 3: Wanderungssaldo 100.000 p.a., steigende Erwerbsquoten

Quelle: Eigene Berechnungen. © IAB

Abb. 16: Szenarien zur Entwicklung des Erwerbspersonenpotenzials bis 2050
Quelle: Institut für Arbeitsmarkt- und Berufsforschung, IAB Kurzbericht 16/2011, Seiten 2, http://doku.iab.de/kurzber/2011/kb1611.pdf

Die Tatsache, dass wir Deutschen immer älter werden und innerhalb der Altersentwicklung den geburtenstarken älteren Generationen gleichzeitig immer weniger Jüngere auf dem Arbeitsmarkt gegenüberstehen, bringt die Bundesrepublik in ein doppeltes demografisches Dilemma, nämlich die Kombination aus Fachkräftemangel und einer älteren Belegschaft.

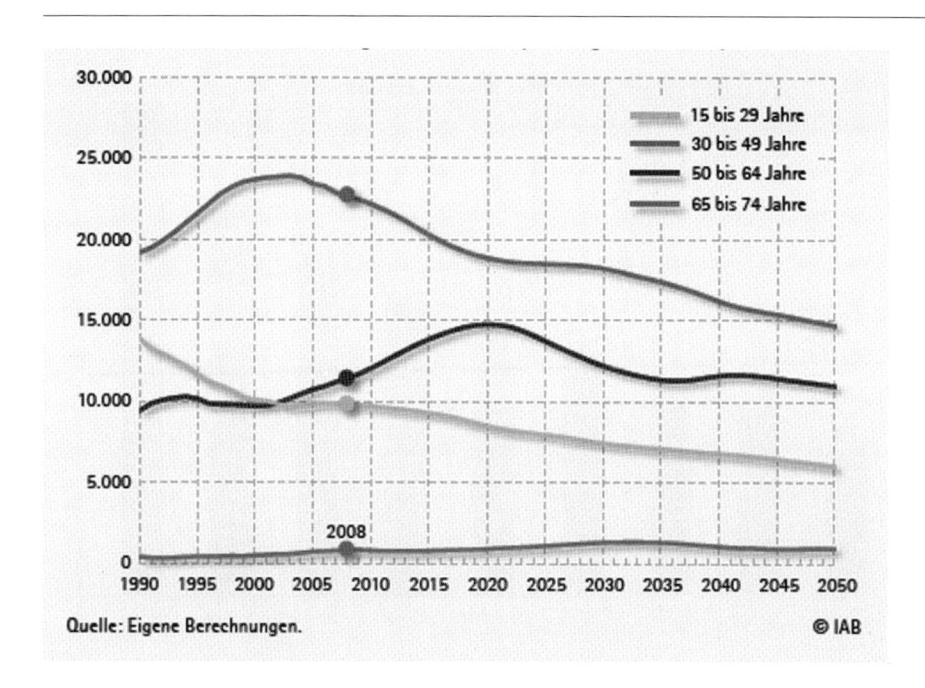

So steigern Sie die Produktionsfähigkeit Ihres Unternehmens 3

Abb. 17: Altersstruktur des Erwerbspersonenpotenzials bis 2050
Quelle: Institut für Arbeitsmarkt- und Berufsforschung, IAB Kurzbericht 16/2011, Seiten 5, http://doku.iab.de/kurzber/2011/kb1611.pdf

Rein demografisch bedingt würde das potenzielle Arbeitskräfteangebot, das der deutschen Wirtschaft zur Verfügung steht, ohne Zuwanderungen, zwischen 2008 und 2025 um 6,7 Mio. abnehmen. Setzen sich diese Trends nach 2025 fort, geht das Arbeitskräfteangebot im Prognosezeitraum 2008 bis 2050 um insgesamt 12 Mio. Personen zurück (vgl. Abb. 16). Wie Abbildung 17 verdeutlicht, geht gleichzeitig die Zahl der Arbeitskräfte jüngeren und mittleren Alters deutlich zurück, die der älteren nimmt bis 2020 dagegen noch zu (IAB-Kurzbericht 16/2011).

Neben der demografischen Prognose ist die Tatsache zu beachten, dass aktuell mehr ältere Arbeitnehmer auch mehr Arbeitsunfähigkeitstage beanspruchen (vgl. Abb. 18). Im Jahr 2024 wird die Gruppe der 50- bis 65-Jährigen über 40 % der deutschen Erwerbsbevölkerung ausmachen. Besonders in diesem Altersabschnitt ist der Anteil bestimmter Indikationen extrem hoch, wie Abbildung 19 verdeutlicht.

AU-Tage je Fall nach Alter, Deutschland 2011

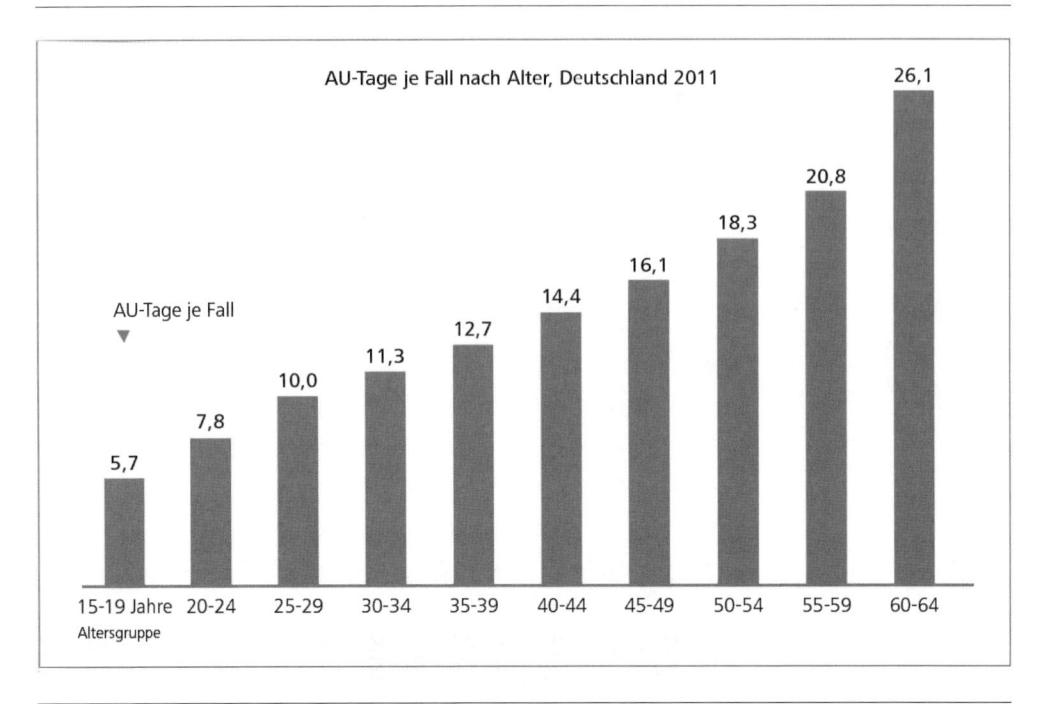

Altersgruppe	AU-Tage je Fall
15-19 Jahre	5,7
20-24	7,8
25-29	10,0
30-34	11,3
35-39	12,7
40-44	14,4
45-49	16,1
50-54	18,3
55-59	20,8
60-64	26,1

Abb. 18: Von 6 auf 26 Tage – mit dem Alter steigt die Krankheitsdauer
Quelle: BARMER GEK Gesundheitsreport 2012. Veröffentlicht unter https://presse.barmer-gek.de/barmer/web/Portale/Presseportal/Subportal/Infothek/Bildmaterial/Infografiken/Gesundheitsreport-2012/Infografiken-Gesundheitsreport.html?appInstanceId=432452&appView=showImageListView&webflowTraceContainerToken=139487747104997&w-cm=CenterColumn_t307682&w-prv=search

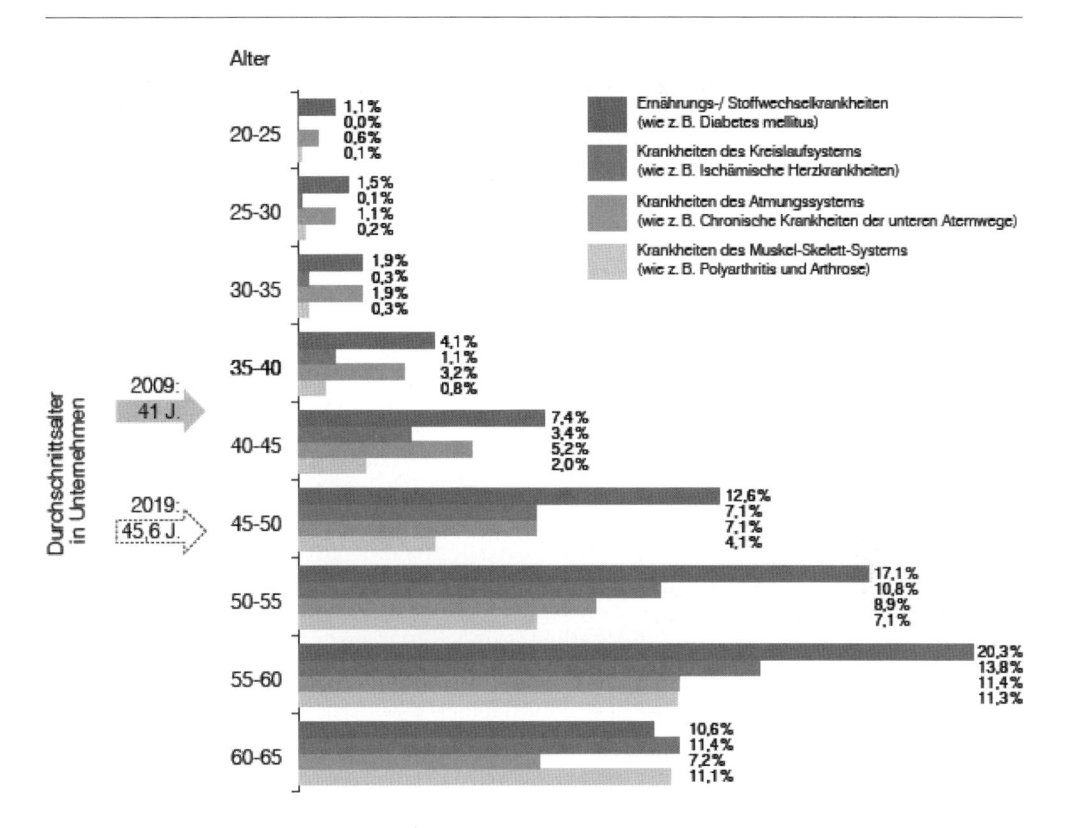

3 So steigern Sie die Produktionsfähigkeit Ihres Unternehmens

Quelle: Statistisches Bundesamt (2009): Diagnosedaten der Patienten und Patientinnen in Vorsorge- oder Rehabilitationseinrichtungen - Fachserie 12 Reihe 6.2.2: Ausgewählte Beispiele chronischer Krankheiten aus unterschiedlichen Krankheitsklassen. EUPD Research (2010): Gesundheitsmanagement 2010, Booz & Company Analyse

Abb. 19: Das durchschnittliche Alter der Erwerbstätigen steigt in den nächsten Jahren stark an – mit Auswirkungen auf die Häufigkeit bestimmter Krankheiten
Quelle: Studie „Vorteil Vorsorge – Die Rolle der betrieblichen Gesundheitsvorsorge für die Zukunftsfähigkeit des Wirtschaftsstandortes Deutschland", Booz & Company im Auftrag der Felix-Burda-Stiftung, S. 5.

Wie der in Abbildung 18 dargestellten Grafik aus dem BARMER GEK Gesundheitsreport 2012 zu entnehmen ist, steigen die Ausfallzeiten aufgrund von Arbeitsunfähigkeit mit zunehmendem Alter an. Weniger Arbeitstage bedeuten zwangsläufig auch weniger produktive Zeiten und somit eine Schwächung der Wettbewerbsposition.

Um also die Arbeitsunfähigkeitszeiten möglichst gering zu halten, ist für Führungskräfte der Erwerb von Gesundheitskompetenz im weitesten Sinne und die Umsetzung in Form einer gesundheitsorientierten und wertschätzenden Unternehmenskultur von eminenter Bedeutung. Führungsqualitäten haben also nicht mehr nur mit fachlichem Know-how oder mit Erfahrungen im Führungsalltag zu tun, sondern vor allem mit einer innovativen Führungsphilosophie.

Der Terminus „innovativ" kann dabei auf kreative Art und Weise definiert und gelebt werden. Im Wesentlichen kommt es darauf an, auf Mitarbeiter einzugehen, präsent zu sein, ein gegenseitiges Aufeinander-Achten zu etablieren und durch eine ausgeprägte Kultur der Wertschätzung ein homogenes Miteinander zu schaffen, in der leistungsstarke Belegschaften wachsen können.

Waren in der Vergangenheit familiäre Pflichten oder der Alterungsprozess mit seinen körperlichen Auswirkungen eher Defizite im beruflichen Fortkommen, muss sich nun der Blick ganz gezielt darauf richten, die Potenziale der Beschäftigten zu erkennen und diese durch flexible Arbeits(zeit)modelle in den verschiedenen Lebenslagen zu unterstützen. Dies macht einen attraktiven Arbeitgeber aus: Erworbenes Wissen von erfahrenen Mitarbeitern wird erhalten, ebenso schafft die Vereinbarkeit von Familie und Beruf einen Anreiz für junge Mütter und Väter, in diesem Unternehmen Karriere zu machen. Das in den Nachwuchs investierte Kapital kann sich weiterentwickeln und wandert nicht zum Mitbewerber.

ACHTUNG

Nicht zu vergessen: Die Mitarbeiter und Führungskräfte der „mittleren Generation" (35 bis 50-Jährige), die meist noch belastbar sind, über viel Erfahrung verfügen und daher für das Unternehmen besonders wertvoll sind, befinden sich oftmals mit ihrer Generation in der „Sandwichposition", das heißt, dass diese Altersgruppe sich häufig sowohl um die eigenen Kinder als auch um die eigenen Eltern kümmern muss. Unter dem Strich kann die multifunktionale Anforderung, Kindererziehung, Pflege der Eltern und Schwiegereltern, dazu der eigene Beruf, Haushalt, eigene und Ehegattenbedürfnisse, unter einen Hut zu bringen, enorme psychische Belastungen auslösen.

Die Rolle der Führungskraft erfordert somit immer mehr das Geschick, sowohl als Leistungsträger und Multiplikator Einfluss auf das Betriebsklima und das Wohlbefinden der Beschäftigten zu nehmen als auch auf dem Weg dorthin als Gestalter und Moderator zu fungieren. Welche konkreten Aktionen und Handlungsmöglichkeiten sich dabei anbieten, wird im Kapitel 3.3.2.3.4 näher erläutert.

Wie kam es überhaupt dazu, dass sich Unternehmen heute mit neuen Unternehmenskulturen, mit einem Wertebewusstsein und einem damit einhergehenden Wertewandel beschäftigen müssen? Warum sollten Unternehmen, um ihre Attraktivität zu steigern, als Dienstleister für ihre Beschäftigten agieren?

So steigern Sie die Produktionsfähigkeit Ihres Unternehmens

Die Antwort liefern zwei wesentliche Erkenntnisse:

1. Unser Lebensstil hat sich mittlerweile zu einem Gesundheitsrisiko entwickelt, der sich auf die Leistungsfähigkeit der Arbeitnehmer unmittelbar auswirkt.
2. Die volks- und betriebswirtschaftlichen Auswirkungen: Durch Arbeitsunfähigkeitstage entgehen den deutschen Unternehmen jährlich ca. 46 Mrd. Euro, die auf krankheitsbedingte Produktionsausfallkosten zurückzuführen sind, sowie rund 80 Mrd. Euro an ausgefallener Bruttowertschöpfung (vgl. Tab. 11).

Ausfall durch Arbeitsunfähigkeit

36.625 Tsd. Arbeitnehmer x 12,6 Arbeitsunfähigkeitstage • 460,6 Mio. Arbeitsunfähigkeitstage, beziehungsweise 1,3 Mio. ausgefallene Erwerbsjahre
Schätzung der Produktionsausfallkosten anhand der Lohnkosten (Produktionsausfall) 1,3 Mio. ausgefallene Erwerbsjahre x 36.200 € durchschnittliches Arbeitnehmerentgelt • ausgefallene Produktion durch Arbeitsunfähigkeit 46 Mrd. € • Produktionsausfall je Arbeitnehmer 1.247 € • Produktionsausfall je Arbeitsunfähigkeitstag 99 € • Anteil am Bruttonationaleinkommen 1,8 %
Schätzung des Verlustes an Arbeitsproduktivität (Ausfall an Bruttowertschöpfung) 1,3 Mio. ausgefallene Erwerbsjahre x 63.000 € durchschnittliche Bruttowertschöpfung ausgefallene Bruttowertschöpfung 80 Mrd. € Ausfall an Bruttowertschöpfung je Arbeitnehmer 2.171 € Ausfall an Bruttowertschöpfung je Arbeitsunfähigkeitstag 173 € Anteil am Bruttonationaleinkommen 3,1 %

Tab. 11: Schätzung der volkswirtschaftlichen Produktionsausfallkosten und der ausgefallenen Bruttowertschöpfung durch Arbeitsunfähigkeit 2011
Quelle: BAuA 2011, S. 41

3.2.2 Lebensstil als Gesundheitsrisiko

Von Prof. Dr. Thomas Wessinghage, Ärztlicher Direktor und ehemaliger Spitzensportler, stammt die schockierende Feststellung[73]: „Der deutsche Büroangestellte geht im Schnitt zwischen 400 Metern und 700 Metern am Tag, verbringt im Schnitt aber rund dreieinhalb Stunden am Tag vor dem Fernseher." Daran wird deutlich, wie sehr sich biologische Grundmuster bzw. Grundprinzipien in den vergangenen Jahrzehnten geändert haben. Während die Deutschen in den 40er-Jahren des letz-

---

[73] BARMER GEK Gesundheitsdialog am 1.3.2012 in Nürnberg.

ten Jahrhunderts rund 20 Kilometer täglich zu Fuß zurücklegten, ist der heutige Wert ein klares Indiz dafür, dass es uns an Bewegung mangelt. Der menschliche Körper ist nicht dafür geschaffen, nur zu sitzen oder herumzulümmeln.

Nicht umsonst nehmen (chronische) Schmerzen und Herz-Kreislauf- und Stoffwechsel-Erkrankungen Spitzenplätze in der Liste der Volkskrankheiten ein. Während früher die Menschen in Ermangelung eines eigenen Kraftfahrzeuges noch zu Fuß zur Arbeit gingen und dort oftmals körperliche Tätigkeiten ausübten, sind es heute in der Überzahl Büroberufe bzw. überwiegend sitzende und bewegungsarme Tätigkeiten. Die ständige Erreichbarkeit bzw. der eigene Anspruch zum Multitasking, der für viele zur selbst auferlegten Pflicht geworden ist, tut ihr Übriges dazu, dass der Deutsche im Jahr 2014 ein Bewegungsmuffel ist und somit auch anfällig für Erkrankungen, die auf Trägheit zurückzuführen sind. In Kombination mit den demografischen Voraussetzungen — einer Bertelsmann-Studie[74] zufolge nimmt die Zahl der 45- bis 65-Jährigen bis 2025 um 1,4 Mio. zu, während sich die Zahl der Erwerbstätigen im Alter von 25 bis 45 Jahren um 3,7 Mio. reduziert — ergibt sich folgender Schluss:

Ältere Arbeitnehmer werden für Betriebe immer wichtiger. Insofern sorgt der Betrieb für morgen vor, der heute damit beginnt, seine Beschäftigten möglichst lange fit, motiviert und leistungsfähig zu halten und die Gesundheitskompetenz und das Gesundheitsbewusstsein seiner Mitarbeiter zu stärken.

Fazit: Gesundheit wird künftig eine der wichtigsten Unternehmensressourcen überhaupt werden.

3.2.3 Betriebs- und volkswirtschaftliche Relevanzen

Der Erwerb von Gesundheitskompetenz wird speziell für Führungskräfte eine der Sozialkompetenzen „neuerer Prägung" werden, die maßgeblichen Einfluss darauf haben, wie Führungskräfte die Produktivität ihrer Arbeitnehmer positiv beeinflussen können. Der vermeintliche Kostenfaktor Gesundheit wird künftig der entscheidende Produktionsfaktor für die Wirtschaft. Auch hierzu einige Fakten, die für sich sprechen:

---

[74] Bertelsmann-Studie zur demografischen Entwicklung. Online im Internet: http://www.bertelsmann-stiftung.de/cps/rde/xchg/SID-51C2120F-8817A29E/bst/hs.xsl/nachrichten_115533.htm

3 So steigern Sie die Produktionsfähigkeit Ihres Unternehmens

Wie das Bundesarbeitsministerium im Dezember 2011 unter der damaligen Ministerin Ursula von der Leyen bekannt gab[75],

- entstehen durch psychische Erkrankungen am Arbeitsplatz Kosten von rund 27 Mrd. Euro jährlich;
- haben sich die Krankheitstage durch psychische Erkrankungen in den vergangenen 15 Jahren beinahe verdoppelt;
- sind psychische Erkrankungen inzwischen der Hauptauslöser für die Frühverrentung: Jeder dritte Frührentner scheidet wegen einer psychischen Erkrankung aus dem Arbeitsleben aus (Durchschnittsalter: Mitte 40, somit enorme Ausfallkosten für Gesellschaft, Staat und Wirtschaft).

Im Januar 2013 legte das Bundesarbeitsministerium neue Zahlen vor.[76] Laut *Stressreport 2012*

- wurden 2011 bundesweit 59,2 Mio. Arbeitsunfähigkeitstage aufgrund psychischer Erkrankungen registriert.
- Das ist ein Anstieg um mehr als 80 % in den letzten 15 Jahren.
- 41 % aller Neuzugänge zur Rente wegen verminderter Erwerbsfähigkeit waren auf psychische Störungen zurückzuführen.
- Die Belastung durch „starken Termin- und Leistungsdruck", „sehr schnell arbeiten müssen" und „detailliert vorgeschriebene Arbeitsdurchführung" hat zugenommen.
- Ein Drittel der Befragten lässt Pausen wegen zu viel Arbeit ausfallen.
- Gesundheitliche Beschwerden durch psychische Belastungen (langfristige Beanspruchungs- und Stressfolgen) nehmen zu. Dazu gehören Beschwerden in Schulter, Nacken, Rücken etc. genauso wie psychovegetative (Müdigkeit, Mattigkeit, Erschöpfung, Schlafstörungen etc.).
- Knapp 17 % der Beschäftigten fühlten sich häufig während der Arbeit sowohl körperlich als auch emotional erschöpft.

Die Alarmmeldungen, die das Bundesarbeitsministerium also bereits vor einigen Jahren als flammenden Appell zur aufmerksamen Identifikation von Frühsignalen (z. B. Konflikte am Arbeitsplatz, Monotonie, fehlender Respekt) an die deutschen Unternehmen sandte, hatten schon 2011 eine starke Tendenz zu den psychischen

---

[75] DIE WELT vom 19.12.2011, Seite 9, Ressort Wirtschaft, Autoren: von Borstel, Gesermenn, Wisdorff.

[76] Pressemitteilung des Bundesministeriums für Arbeit und Soziales vom 29.01.2013. Veröffentlicht unter http://www.bmas.de/DE/Service/Presse/Pressemitteilungen/psychische-gesundheit-veranstaltung-2013-01-29.html

Erkrankungen. Keine andere Erkrankungsform verzeichnete in den vergangenen Jahren derart beunruhigende Steigerungsraten (vgl. Abb. 13 bis 15 in Kapitel 3.1).

Umso deutlicher stellt sich die Frage, welche Faktoren zur gegenwärtigen Situation führ(t)en.

Wie bereits im oberen Teil erwähnt, spielt der geänderte Lebensstil, den wir im 21. Jahrhundert pflegen, eine wesentliche Rolle. Die hohe Arbeitsverdichtung, die immer enger werdende Taktung von Produktionsprozessen und Arbeitsabläufen, Informations- und Reizüberflutung durch neue Medien sowie ständige Erreichbarkeit über Handy oder per Mail nehmen dem Menschen die innere Ruhe und fördern das Entstehen von Negativstress (Distress). Äußerlich ist dies leicht zu beobachten: Denken Sie z. B. an einen ursprünglich zur Entspannung gedachten Besuch im Restaurant Ihrer Wahl, bei dem im Gegensatz zu der erwünschten ruhigen Atmosphäre ständig das Surren oder Klingeln des Mobiltelefons vom Nachbartisch zu hören ist. Ein Blick auf die anderen Gäste verrät noch mehr von dieser ständigen Unruhe. Permanentes Warten auf neue Mails, sofortiges Reagieren und die geteilte Aufmerksamkeit statt der Ruhe und ungeteilten Aufmerksamkeit im Hier und Jetzt.

3.2.4 Die aktuelle Situation von Führungskräften

Einer Kienbaumstudie aus 2007[77] ist u. a. zu entnehmen, dass

- 83 % der Ansicht sind, die Arbeitsbelastung habe in den letzten fünf Jahren zugenommen,
- 59 % jeden Tag mehr als 10 Stunden physisch am Arbeitsplatz präsent sind,
- 51 % ständig unter Zeitdruck arbeiten,
- 63 % zwischen 51 und 60 Stunden/Woche arbeiten,
- 40 % am Wochenende zwischen fünf und zehn Stunden arbeiten.

Bedenkt man, dass nur eine gesunde und motivierte Führungskraft auf Dauer leistungsfähig ist und entsprechend glaubwürdig in ihrer Vorbildfunktion gegenüber den Mitarbeitern agieren kann, stimmen diese Zahlen bereits nachdenklich. Was ist seit der Veröffentlichung der Kienbaumstudie im Jahre 2007 passiert?

---

[77] Kienbaum-Studie zur Situation von Führungskräften: Online im Internet: http://www.kienbaum.de/Portaldata/3/Resources/documents/downloadcenter/studien/andere_studien/Worklife-Balance_von_Top-Managern_final.pdf

3 So steigern Sie die Produktionsfähigkeit Ihres Unternehmens

Betrachtet man die Befragungsergebnisse des *Stressreport 2012* der Bundesanstalt für Arbeitsschutz und Arbeitsmedizin, dessen Interviews rund fünf Jahre nach der Kienbaumstudie geführt wurden, muss leider konstatiert werden, dass sich die wesentlichen Fakten, wie z. B. „ständiges Arbeiten unter Zeitdruck" (Kienbaum 2007: 51 %, Lohmann-Haislah 2012: 52 %) nicht gebessert haben.

Die Tätigkeit von Führungskräften[78] ist gemäß der BBIB/BAuA-Erwerbstätigenbefragung im Vergleich zu der von Mitarbeitern ohne Führungsverantwortung mit erhöhten Arbeitsanforderungen verbunden. Die drei häufigsten von Führungskräften angegebenen Anforderungen sind „Störungen und Unterbrechungen bei der Arbeit", „starker Termin-und Leistungsdruck" sowie die „gleichzeitige Betreuung verschiedenartiger Aufgaben". Je größer die Führungsspanne ist, desto häufiger werden diese Anforderungen genannt (Lohmann-Haislah 2012).

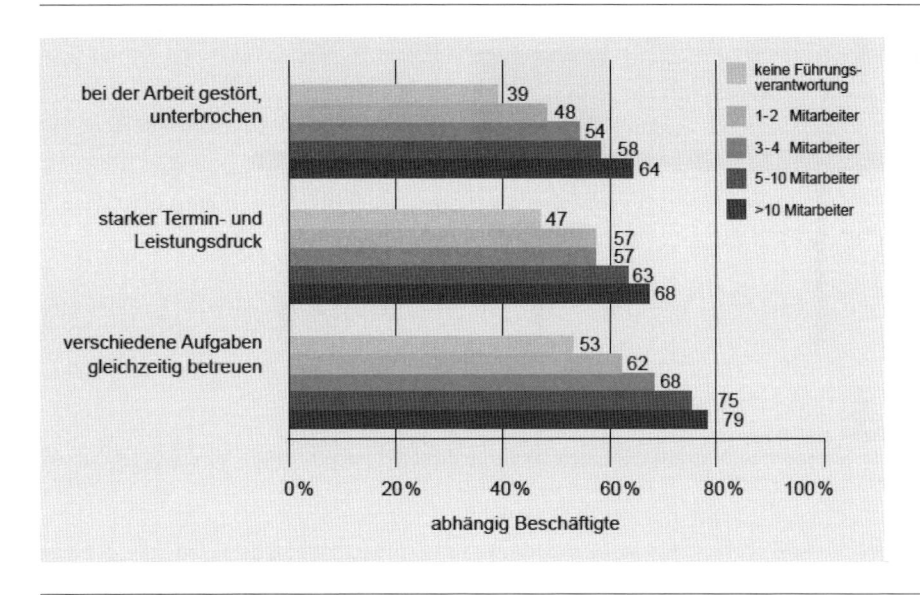

Abb. 20: Ausgewählte Arbeitsanforderungen und Anzahl der geführten Mitarbeiter
Quelle: BAuA, Stressreport 2012. Veröffentlicht unter: http://www.baua.de/de/Publikationen/Fachbeitraege/Gd68.html

---

[78] Als Führungskräfte werden hier Beschäftigte definiert, die Führungsverantwortung für Mitarbeiter haben. Grundlage für die Auswertung ist die Frage aus der BIBB/BAuA Erwerbstätigenbefragung: „Haben Sie Mitarbeiter und Mitarbeiterinnen, für die Sie der/die direkte Vorgesetzte sind?"

Ideen und Lösungsansätze für den Führungsalltag

Auch die Arbeitszeit wird mittlerweile von Beschäftigten und Führungskräften als Belastung wahrgenommen. 30 % der Beschäftigten gaben an, länger als 40 Stunden in der Woche zu arbeiten. Für 38 % gehört das Arbeiten an Sonn- und Feiertagen zur Normalität. Außerdem verzichten 26 % der Erwerbstätigen häufig auf ihre Pausen, um den Anforderungen am Arbeitsplatz gerecht zu werden. Führungskräfte stehen dabei unter besonderem Druck: 73 % der Chefs arbeiten am Samstag und 46 % der Führungskräfte haben Probleme, Beruf und Privatleben zu vereinen (Lohmann-Haislah 2012).

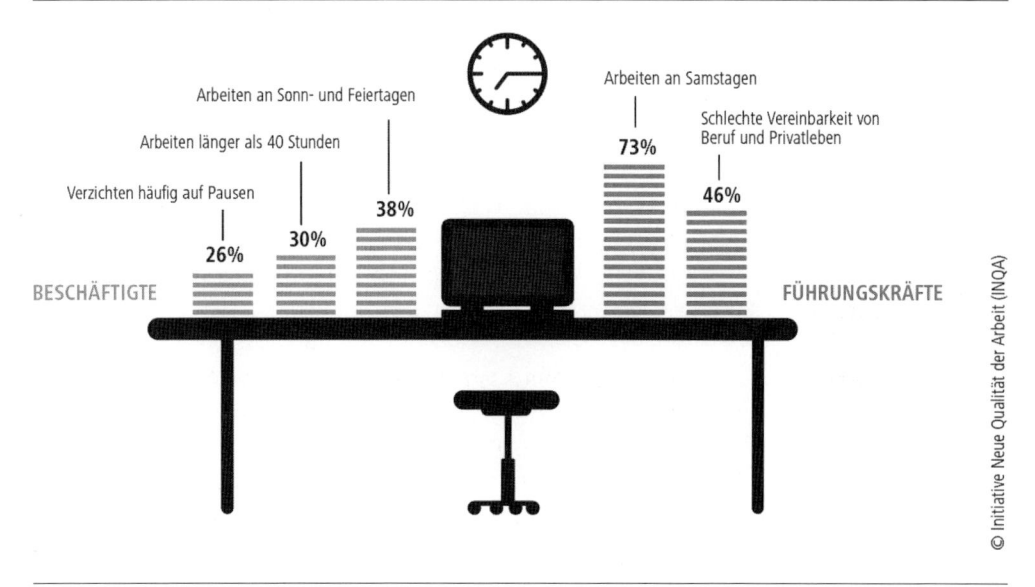

Abb. 21: Arbeitszeit als Belastung
Quelle: BAuA, Stressreport 2012. Grafik: Initiative Neue Qualität der Arbeit (INQA). Veröffentlicht unter: http://psyga.info/presse/#c330

Nach all den Zahlen nun zurück zur Ausgangssituation: Betrachtet man die aktuelle Situation von Führungskräften, stellt sich unweigerlich die Frage: Wofür das alles?

Die Frage nach dem Wofür gilt sowohl für die Bewertung der persönlichen Situation als auch für die Klassifizierung des unternehmerischen Nutzens unter Betrachtung etwaigen Optimierungspotenzials. Beginnen wir zunächst mit einem Blick auf die persönlichen Konsequenzen (3.2.5) und im Anschluss auf das unternehmerische Potenzial (3.2.6).

3.2.5 Die „hedonistische Tretmühle" und ihre Konsequenzen

Was verbirgt sich hinter diesem eigenartigen Begriff? Unter „Hedonismus" versteht man kurz gesagt das Streben nach Genuss und Lust. Aus der Glücksforschung wissen wir, dass mit steigendem Einkommen auch die Ansprüche steigen, sodass daraus per se keine größere Zufriedenheit erwächst. Wer sich also in der Arbeit „abrackert", um aufzusteigen, einen höheren sozialen Status und mehr Einkommen zu erzielen, bedenkt oftmals nicht, dass dies nicht zwangsläufig zur Steigerung der persönlichen Lebensqualität führen muss.

Ganz im Gegenteil. Mehr Arbeit bedeutet in der Regel weniger Freizeit, weniger Zeit für Familie, Freunde und weitere soziale Kontakte und oftmals auch weniger Zeit für die eigene Gesundheit. Der Inhalt und der ideelle Wert einer Tätigkeit (Wie sinnstiftend und erfüllend ist meine Tätigkeit für mich ganz persönlich?) ist als „Währung" härter als der materielle Teil. Beruflicher Aufstieg und eine höhere Position machen nicht zwangsläufig glücklicher. Vielmehr gilt es, eine Arbeit auszuüben, die Sinn stiftet, Spaß macht und den eigenen Neigungen und Eignungen entspricht.

Die Konsequenzen aus der „hedonistischen Tretmühle" sind also: Der Mensch muss im Mittelpunkt stehen, nicht die Sache. Die Bedürfnisse der Menschen sind unterschiedlich. Der amerikanische Kommunikations- und Motivationstrainer Dale Carnegie (1888 bis 1955) stellt in seinem Bestseller „Sorge Dich nicht, lebe!" sehr treffend die berechtigte Frage: „Kann man noch von Erfolg sprechen, wenn ein Angestellter eine Beförderung mit Magengeschwüren oder Schlaflosigkeit bezahlt?"

In Bezug auf die Führungskraft heißt das auch, diese Erkenntnisse für sich selbst ebenso wie für den Umgang mit den Mitarbeitern zu berücksichtigen. Gerade in Prozessen des Wandels, wenn Unternehmen organisatorische und somit auch personelle Veränderungen vornehmen, gilt es zu berücksichtigen, dass die oft geforderte Flexibilität und Mobilität heutzutage auch unter dem Kontext zu bewerten sind, dass unsere Gesellschaft zum Teil nicht mehr aus den gleichen Motiven arbeitet wie noch vor einigen Jahrzehnten.

Erinnern wir uns: Nach dem Zweiten Weltkrieg musste Deutschland wieder aufgerichtet werden. Viele Familien waren arm und hatten gut zu tun, um ihre Existenzbedürfnisse zu befriedigen. Zwischenzeitlich leben wir in einer Wohlstandsgesellschaft, in der existenzielle Not im Allgemeinen eher selten ist (ohne dabei die Frage der sozialen Gerechtigkeit und sozialer Missstände zu bagatellisieren). Die meisten Menschen in Deutschland beschäftigt die Frage, wohin der Urlaub des Jahres gehen soll, oftmals mehr als die Frage, ob die Familie ein Dach über dem Kopf und zu essen hat. Arbeit erfüllt in den meisten Fällen nach wie vor die Funktion, durch die Ausübung einer Erwerbstätigkeit den eigenen Lebensunterhalt zu sichern. Dennoch ist der soziale Wohlstand in Deutschland so hoch, dass z. B. Hungersnot ein eher singuläres Thema für eine kleine Minderheit darstellt. Die Folge: Arbeit erhält eine andere Bedeutung als in früheren Jahren. Von einem modernen Arbeitsplatz erwartet man heutzutage, dass er attraktiv ist, dass man sich mit den Werten des Arbeitgebers identifizieren kann und dass Unternehmen Sozialleistungen bieten, die den heutigen (Wohlstands-)Ansprüchen gerecht werden. Arbeit ist, wie wir in Kapitel 1 umfassend beleuchtet haben, ein wichtiger Glücksfaktor. Dies erkennen auch immer mehr Menschen. Insbesondere die „Generation Y" hinterfragt kritisch den Wert einer Arbeitsstelle, indem nicht allein das erzielbare Einkommen oder Statusmerkmale entscheidend sind, sondern die ideale Vereinbarkeit von Beruf und persönlichen Bedürfnissen. Die Generation Y hat andere Wertvorstellungen als frühere Jahrgänge. Einerseits ist diese Generation zwar bereit, im Job viel zu leisten. Andererseits stellt sie auch hohe Anforderungen an ihren Beruf. Er soll sinnvoll sein, Entwicklungsperspektiven bieten und Spaß machen. Gleichzeitig legen viele Wert auf ein Leben außerhalb der Arbeit. Für die Karriere auf eine Partnerschaft oder die Familie zu verzichten kommt für viele nicht infrage. Dies schränkt die Mobilität und Flexibilität deutlich ein. Vielmehr legt die Generation Y viel Wert auf eine gute Work-Life-Balance. Vielen ist bewusst, dass sie wegen des demografischen Wandels sehr lange arbeiten müssen. Und da der Fachkräftemangel von Jahr zu Jahr zunimmt, stellen bereits heute viele Berufsanfänger Forderungen.

Employer Branding

Während es noch in den 80er-Jahren als undenkbar galt, dass Bewerber Ansprüche stellen, stehen heute die Personalchefs vor der Herausforderung, das eigene Unternehmen im Wettbewerb um die richtigen Mitarbeiter so attraktiv zu gestalten, dass sich der Bewerber für diesen Betrieb entscheidet (Stichwort: „employer branding"). Der Wettlauf um fähige und geeignete Mitarbeiter erfordert Kreativität und die Erkenntnis, wie Arbeit als Faktor für Glück bestmöglich funktionieren kann.

Eine vorbildliche Führungskraft, die den harten Produktionsfaktor Arbeit zu einem weichen und auf innere Erfüllung ausgerichteten gestalten will, zeichnet sich vor allem dadurch aus, dass es ihr gelingt, gute soziale Beziehungen zu ihren Mitmenschen aufzubauen und sich für die Bedürfnisse ihrer Mitarbeiter auf ehrliche Art zu interessieren. Auf diese Weise entsteht ein Klima des Vertrauens und des Miteinanders, ein gruppendynamischer Prozess, der den Teammitgliedern hilft, die in sie gesetzten (auch wirtschaftlichen) Erwartungen zu erfüllen. Positiv gestimmte Mitarbeiter bringen nun mal deutlich bessere Leistungen als nervöse oder ängstliche. Sozialkompetenzen werden immer wichtiger und im Falle von Führungskräften, die in der schnelllebigen Zeit ihre Mitarbeiter regelmäßig durch verschiedenste Marktströmungen, Reorganisationsprozesse und Unternehmenserwartungen führen sollen, einen wichtigeren Stellenwert einnehmen als etwa Fachkompetenzen.

Womit wir wieder bei der Bedeutung der Erhaltung und Förderung von Gesundheit für Führungskräfte und Mitarbeiter sind und Gesundheit als Unternehmensressource begreifen müssen.

3.2.6 Gesundheit als Unternehmensressource

Bei einer Diskussion mit Führungskräften stellte mir ein erfahrener Abteilungsleiter eines Industriebetriebes folgende Frage: „‚Gesundheit als Unternehmensressource' hört sich zwar gut an. Doch was kann ich dafür, wenn meine Mitarbeiter krank sind und mir einfach nicht zur Verfügung stehen?". Eine interessante Frage, die allerdings schon im Denkansatz vermuten lässt, dass diese Führungskraft möglicherweise „das Pferd von der falschen Seite aufzäumt". Gesundheit im Unternehmen hat weniger mit medizinischen Aspekten, sondern vielmehr mit Führung zu tun.

Wie lässt sich eine Unternehmenskultur entwickeln, die Gesundheit als wertschöpfende Ressource begreift? Die erkennt, dass es in erster Linie die Führungskultur im Unternehmen ist, die Arbeitsunfähigkeitszeiten von Mitarbeitern beeinflusst, und dass es eben nicht genügt, hin und wieder (ohne nachhaltigen Ansatz) Gesundheitsmaßnahmen zu initiieren? Nachfolgend lesen Sie über die Möglichkeiten und Voraussetzungen dazu. Daneben erhalten Sie praktische Beispiele zur konkreten Umsetzung.

Gestalterische Möglichkeiten zur Stärkung der Gesundheitskompetenz

Um Arbeit zu einem Glücksfaktor im eigenen Unternehmen zu machen, ist ein wichtiger Prozessteil die Stärkung der Gesundheitskompetenz. Unter Gesundheitskompetenz ist die Fähigkeit zu verstehen, Gesundheit zu erhalten und zu fördern sowie Krankheiten zu vermeiden und zu bewältigen. Entscheidend für die betriebliche Gesundheitsförderung ist die Ausübung personaler und organisationaler Gesundheitskompetenz[79].

---

[79] BARMER GEK Gesundheitsreport, Internetstudie Gesundheitskompetenz.

Ideen und Lösungsansätze für den Führungsalltag

Personale Gesundheitskompetenz

Darunter ist zu verstehen, aufgrund individueller Erfahrungen, Erwartungen und Fähigkeiten gesundheitlichen Beschwerden und Erkrankungen aktiv und wirksam zu begegnen und die Gesundheit durch geeignete Maßnahmen zu erhalten und zu fördern. Im Ergebnis führt dies zu besserer Bewältigung von beruflichen Anforderungen und Belastungen. Durch die Stärkung verhaltenspräventiver Maßnahmen wird die personale Gesundheitskompetenz gestärkt.

Beispiele: Stressbewältigungstraining, Ernährungskurse, Bewegungsprogramme etc.

Organisationale Gesundheitskompetenz

Dies ist die Fähigkeit einer Organisation, durch systematisches Management der Bedingungen und Ressourcen die Gesundheit ihrer Mitglieder zu erhalten und zu fördern. Dabei ist zu beleuchten, ob Gesundheit als Unternehmensressource im Betrieb anhand sichtbarer Strukturen und bekundeter Werte verankert ist, um den Wert der Mitarbeitergesundheit deutlich zu machen. Dies kann z. B. erfolgen, indem (je nach Betriebsgröße) ein Mitarbeiter als Gesundheitsbeauftragter (dessen Aufgaben gehen deutlich über die eines Beauftragten für den Arbeitsschutz hinaus) installiert wird. In Zusammenarbeit mit Krankenkassen, Leistungserbringern und weiteren Gesundheitsdienstleistern kümmert sich dieser um Maßnahmen des betrieblichen Gesundheitsmanagements. Dieses umfasst die Entwicklung integrierter und nachhaltiger betrieblicher Strukturen, Prozesse und Verhaltensweisen, welche die gesundheitsförderliche Gestaltung der Arbeitstätigkeit und Arbeitsorganisation, die Entwicklung der Gesundheitskultur sowie der Gesundheitskompetenz der Führungskräfte und Beschäftigten zum Ziel haben.

Dazu zählen zum einen die unter dem Punkt „Personale Gesundheitskompetenz" erwähnten Beispiele zur Verhaltensprävention, zum anderen auch der gesamte Bereich der Verhältnisprävention. Also die Arbeitsbedingungen, die im Unternehmen vorliegen, gemeinsam mit Fachkräften (z. B. Betriebsarzt oder externe Fachkräfte) zu analysieren und zu optimieren (z. B. Ergonomie der Arbeitsplätze im Hinblick auf Rückenfreundlichkeit). Des Weiteren kann der Gesundheitsbeauftragte die Führungskräfte des Unternehmens aktiv unterstützen und bei gezielten Maßnahmen begleiten. Exemplarisch seien an dieser Stelle genannt:

- Schaffung und Umsetzung einer Betriebsvereinbarung kontra „Sucht"
- Schaffung und Umsetzung einer Betriebsvereinbarung zur Vereinbarkeit von Beruf und Familie

3 So steigern Sie die Produktionsfähigkeit Ihres Unternehmens

- Schaffung und Umsetzung einer Betriebsvereinbarung zur Vereinbarkeit von Beruf und Pflege
- Schaffung und Umsetzung einer Betriebsvereinbarung für flexible Arbeitszeiten (z. B. auch mit der Möglichkeit, sich längere Auszeiten zur Regeneration zu nehmen)

Mit Blick auf die Ausführungen unter 3.2.3 und 3.2.4 sowie die Abbildungen 14, 15 und 16 wird an dieser Stelle insbesondere empfohlen, betriebliche Maßnahmen zur psychischen Gesundheit zu ergreifen. Dies könnten z. B. die nachfolgend exemplarisch genannten Angebote sein:

- Interne Gesundheitstage mit dem Themenschwerpunkt „Psychische Gesundheit"
- Einrichtung eines Ansprechpartners (intern oder extern) für psychosoziale Gesundheit für die Mitarbeiter
- Seminarangebote für Führungskräfte und für Mitarbeiter zur Stärkung der Gesundheitskompetenz, zum Erkennen und Umgang mit psychischen Erkrankungen sowie hohen emotionalen Belastungen
- Installierung eines E-Learning-Tools für Führungskräfte zur Förderung der psychischen Gesundheit

Zur Verdeutlichung des Wertes von Gesundheit im Unternehmen dienen nicht nur die beispielhaft genannten Betriebsvereinbarungen und Informationsangebote, sondern auch ein Unternehmens- und Führungsleitbild, in dem die Gesundheitskultur als fester Bestandteil dokumentiert ist. Somit wird das Vorleben und Begleiten durch die Führungskraft zu einem Ziel- und Erwartungswert. Entscheidend ist, wie die Unternehmensleitung und die Führungskräfte in der Praxis damit umgehen. Ein Papier, das Gesundheitsmaßnahmen ermöglicht, ist nur Theorie. Die Gesundheitskultur wird also maßgeblich durch gemeinsame Gefühle, Denk- und Handlungsmuster, Verhaltensweisen sowie durch ein kollektives Wertebewusstsein und grundsätzliche Einstellungen dazu geprägt.

Führungskräfte haben viele Möglichkeiten, um die Aufgabengestaltung und Arbeitsorganisation ihrer Mitarbeiter positiv zu beeinflussen. So kann etwa bei der Gestaltung der Arbeitsbedingungen darauf geachtet werden, dass

- störungsfreies Arbeiten möglich ist bzw. wenig Arbeitsbehinderungen vorliegen,
- das jeweilige Tätigkeitsprofil eines Mitarbeiters nicht monoton, sondern durch vielfältige und abwechslungsreiche Inhalte geprägt ist,

Ideen und Lösungsansätze für den Führungsalltag

- Mitarbeiter innerhalb des Betriebes ausreichende Kommunikationsmöglichkeiten (z. B. durch Sozialräume, Entspannungszimmer) vorfinden,
- Mitarbeiter innerhalb ihrer Tätigkeit Entscheidungs-, Handlungs- und Zeitspielräume haben.

Ein gesundheitsorientierter Führungsstil ist auch gekennzeichnet durch mitarbeiterzentrierte Führung im Sinne sozialer Unterstützung, Erkennen von individuellen Stärken und Schwächen sowie Förderung und Entwicklung der Mitarbeiter, aktiver Feedbackkultur und emotionaler Unterstützung bei den verschiedensten Herausforderungen. Führungskräfte sollten sich und ihren Umgang mit ihren Mitarbeitern regelmäßig reflektieren und sich fragen, ob sie in ihrem Verantwortungsbereich eine Kultur des Aufeinander-Achtens fördern, ob im Unternehmen eine offene und enttabuisierte (das Tabu, auf keinen Fall über Erschöpfungssyndrome oder depressive Verhaltensmuster zu sprechen) Kommunikationskultur existiert, die es Mitarbeitern erlaubt, Probleme vertrauensvoll anzusprechen, ohne betriebliche Konsequenzen fürchten zu müssen. Überzeugend kann dies nur sein, wenn der Theorie auch praktische Beispiele folgen, die glaubwürdig sind und auf Dauer Vertrauen schaffen (z. B. ein aus der Psychotherapie zurückkehrender Mitarbeiter wird nicht an einen minderwertigen Arbeitsplatz versetzt, sondern offen in seinem Team willkommen geheißen). Für die verantwortungsvolle Führungskraft zählt in diesem Kontext auch das Verständnis für Probleme sowie die Motivation zu einem gesundheitsbewussten Lebensstil. Der letztgenannte Punkt verdient besondere Aufmerksamkeit.

Der zwischenmenschliche Kontakt zu Mitarbeitern beschränkt sich in der Regel auf Begegnungen während der Arbeitszeit. In manchen Teams organisieren die Kollegen auch Aktivitäten in der Freizeit, doch unsere Konzentration gilt zunächst der fixierten gemeinsamen Zeit im Unternehmen.

Ganz provokant gefragt: Was nützt es, wenn eine Führungskraft sich voller Elan und Hingabe darum bemüht, einen glücklichen und zufriedenen Mitarbeiter zu „erziehen", wenn dieser außerhalb der Arbeitszeit massiven Raubbau mit der eigenen Gesundheit treibt, um z. B. nach langen durchzechten Nächten am Montag die Krankmeldung zu mailen?

Eine Führungskraft hat nur begrenzte Einflussmöglichkeiten auf die Gesamtpersönlichkeit ihrer Mitarbeiter. Insofern ist die Wunschvorstellung von glücklichen, motivierten und arbeitsbeflissenen Mitarbeitern in Reinkultur zunächst eher theoretischer Natur. Andererseits ist das aber kein Grund, von vornherein die Flinte ins Korn zu werfen. Rom ist bekanntlich auch nicht an einem Tag erbaut worden.

3 So steigern Sie die Produktionsfähigkeit Ihres Unternehmens

Ziel ist, eine Arbeitskultur zu schaffen, die es uns erlaubt, im Beruf gesund alt zu werden. Je eher und je besser dies gelingt, desto mehr werden die psychosomatischen Leiden und somit auch die Arbeitsunfähigkeitszeiten zurückgehen.

3.2.7 Nutzen von betrieblichem Gesundheitsmanagement für das Unternehmen

Eine motivierte Führungskraft sollte sich nicht entmutigen lassen, wenn der Plan, Mitarbeiter zu gesundheitsbewussten und stets arbeitsfähigen Mitarbeitern zu machen, nicht funktioniert. Nur durch langfristig angelegtes und nachhaltig betriebenes betriebliches Gesundheitsmanagement kann es gelingen, Menschen dauerhaft zur Einsicht und zu einem Grundverständnis für den sorgsamen Umgang mit der eigenen Gesundheit zu bewegen. Nicht die Erwartungshaltung sollte dominieren, sondern die sinnvolle Nutzung der zur Verfügung stehenden gemeinsamen Zeit. Jedes positive Erlebnis festigt das Ziel, Mitarbeitern einen gesundheitsorientierten Lebensstil näherzubringen.

▶ **BEISPIEL: Aus der Praxis**

Ein Unternehmen bietet seinen Mitarbeitern jeden Mittwoch in einem eigens dafür vorgesehenen Raum mit ansprechender Atmosphäre die Möglichkeit eines mittäglichen Entspannungstrainings. Unter fachlicher Anleitung entspannt sich eine Gruppe von Kollegen aus den unterschiedlichsten Abteilungen gemeinsam. Das regelmäßige Gemeinschaftserlebnis fördert nicht nur den Zusammenhalt innerhalb der Gruppe, sondern sorgt für mehr innere Ruhe beim Einzelnen. Der sonst übliche mittägliche Tiefpunkt wird genutzt, um gezielt zu entspannen. Die Mitarbeiter schätzen diese Möglichkeit, da es eine willkommene Abwechslung im Tagesgeschäft ist, soziale Kontaktpunkte unter Kollegen bietet und zudem den zeitlichen Aufwand innerhalb des wertvollen Feierabends subtrahiert (falls ein Mitarbeiter bei Nicht-vorhanden-Sein des Angebotes tagsüber nach der Arbeit Zeit aufwenden müsste). Der Arbeitgeber subventioniert die Maßnahme mit einer Zeitgutschrift und signalisiert damit, dass dies auch im Interesse des Betriebes ist. Das regelmäßige gemeinsame Entspannen fördert das Betriebsklima und stärkt die Attraktivität der Arbeitgebermarke.

Selbst wenn bis hierher alle Ausführungen plausibel erscheinen: Woran liegt es, dass trotz des hohen Handlungsdrucks und der offensichtlichen Vorteile bisher nur eine Minderzahl der deutschen Unternehmen die Potenziale des betrieblichen Gesundheitsmanagements (BGM) nutzt und BGM noch nicht im Mittelstand etabliert ist?

Ideen und Lösungsansätze für den Führungsalltag

Der Hauptgrund: Häufig fehlt es noch am Wissen. „Zu teuer", „zu zeitintensiv", „zu uneffektiv" — das sind die häufigsten Vorurteile, mit denen der Einführung des Gesundheitsmanagements von vornherein der Weg versperrt wird.

Hierzu einige Fakten:

- Wer glaubt, Gesundheitsmanagement verursache ausschließlich Kosten, sollte die Perspektive wechseln. Im Jahr kostet der krankheitsbedingte Ausfall eines Mitarbeiters seinen Arbeitgeber statistisch gesehen rund 1.200 Euro (Bundesanstalt für Arbeitsschutz und Arbeitsmedizin 2013).
- Die Bundesanstalt für Arbeitsschutz und Arbeitsmedizin geht davon aus, dass 30 bis 40 % der Arbeitsunfähigkeitszeiten durch eigene Maßnahmen des Unternehmens vermieden werden können.[80]
- Jeder Euro, der für Gesundheitsmaßnahmen durch das Unternehmen eingesetzt wird, wird sich auf volkswirtschaftlicher Ebene mit ca. 5 Euro als Mindestnutzen auszahlen (vgl. Abb. 22.)

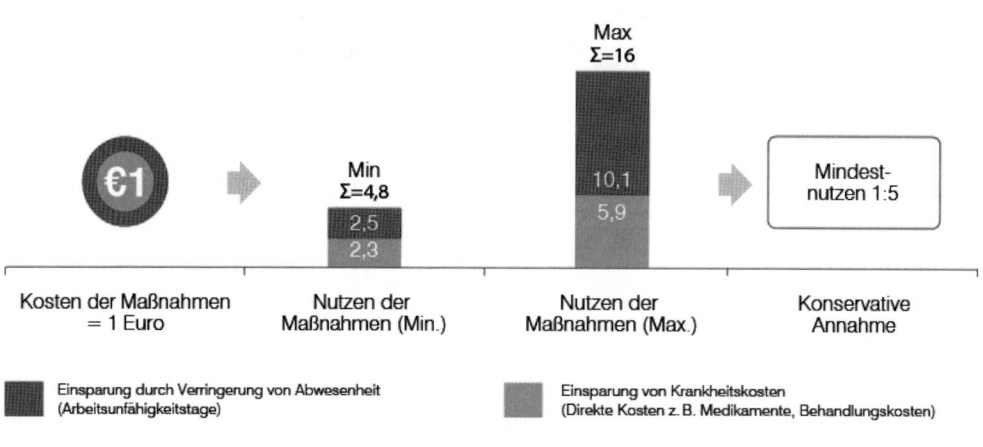

Abb. 22: Kosten-Nutzen-Vergleich betriebliches Gesundheitsmanagement
Quelle: Felix-Burda-Stiftung. Veröffentlicht unter: http://www.felix-burda-stiftung.de/presseportal/felix-burda-stiftung/bildmaterial/grafiken-zur-studie-vorteil-vorsorge/index.php?
Grafik: Booz & Company; Steven Aldana, Financial Impact of Health Promotion Programs, 2001

---

[80] Thiehoff, Rainer: Rechnet sich Arbeitsschutz im Betrieb? In: Thiehoff, R. (Hrsg.): Arbeitsschutz und Wirtschaftlichkeit (S. 1-6). Dortmund: Bundesanstalt für Arbeitsschutz und Arbeitsmedizin.

3 So steigern Sie die Produktionsfähigkeit Ihres Unternehmens

Auf die Themen „Fachkräftemangel" und „Demografie" wurde bereits im vorigen Kapitel verwiesen, so dass deutlich wird, dass künftig mehr Fürsorge seitens des Arbeitgebers für seine Beschäftigten erforderlich ist. Betriebliches Gesundheitsmanagement kann dazu einen wertvollen Beitrag liefern.

Die meisten Vorbehalte hinsichtlich der Etablierung von Maßnahmen des betrieblichen Gesundheitsmanagements herrschen nach wie vor in Bezug auf den Einrichtungs- und Erhaltungsaufwand. Dabei ist es gar nicht zwingend erforderlich, alles selbst zu machen. Die gesetzlichen Krankenkassen unterstützen fachkompetent bei der Installation und können mit Fachkräften, z. B. bei regelmäßigen Gesundheitszirkeln, auch moderierend tätig sein. Eine Nachfrage bei den ortsansässigen Kassen lohnt auf alle Fälle.

Tatsache ist, dass die Investition in gesunde Mitarbeiter immer auch eine Investition in das Humankapital des Unternehmens mit langfristiger Auswirkung ist. Im folgenden Abschnitt wird näher beleuchtet, welche Missstände nach wie vor in deutschen Unternehmen bezüglich der Führungskultur herrschen und welche gesundheitlichen und letztlich auch betriebswirtschaftlichen Auswirkungen die in der Folge entstehenden (langfristigen) Arbeitsunfähigkeitszeiten nach sich ziehen.

Es ist unbestritten, dass neben dem Produktivitätsverlust, der entsteht, wenn Mitarbeiter arbeitsunfähig sind, auch weitere Negativeffekte bei Fehlzeiten entstehen. Der entstehende organisatorische Mehraufwand durch Vertretungsregelungen und Ablaufänderungen zum Beispiel. Oder Reibungsverluste durch ineffiziente Arbeitsorganisation bis hin zu gefrusteten Kollegen, die ersatzweise die Arbeit zusätzlich zur eigenen übernehmen müssen. Kurzfristig mag dies zumutbar sein. Langfristig jedoch leidet das Betriebsklima. Es besteht die Gefahr, dass die verbliebenen Leistungsträger durch die dauerhafte Mehrbelastung an Motivation und Leistungsfähigkeit verlieren.

Ein Unternehmen sollte nicht davor zurückschrecken, seinen Krankenstand selbstkritisch einer Analyse und ggf. einem Branchenvergleich zu unterziehen. Unter Konsultation von Fachkräften (z. B. Arbeitsmediziner oder Experten von Krankenkassen aus dem Bereich des betrieblichen Gesundheitsmanagements) kann dabei festgestellt werden, wo die spezifischen Schwachstellen im Unternehmen liegen und an welchen Stellschrauben künftig gedreht werden muss, um die Arbeitsunfähigkeitszeiten zu reduzieren.

Ideen und Lösungsansätze für den Führungsalltag

> **BEISPIEL: Aus der betrieblichen Praxis:**
> Bei der Analyse der Arbeitsunfähigkeitszeiten eines Betriebes im Branchenvergleich fällt auf, dass insbesondere der Bereich der psychischen Erkrankungen und der Atemwegsinfekte zu überdurchschnittlichen Arbeitsunfähigkeitszeiten führte. Ein Lösungsansatz könnte nun sein, mit Blick auf die psychischen Erkrankungen zu betrachten, welche Führungs- und Unternehmenskultur vorherrscht, ob und ggf. welche Maßnahmen zur gesundheitsgerechten Führung ergriffen wurden. Wurden Befragungen zur Mitarbeiterzufriedenheit durchgeführt, und falls ja, welche Initiativen wurden daraufhin ergriffen? Waren diese Maßnahmen einmalig oder auf Dauer angelegt? Können Mitarbeiter ihre beruflichen und familiären Bedürfnisse miteinander vereinbaren?

Dies ist nur eine Reihe ausgewählter Fragen, die in einem derartigen Analyseprozess zu stellen sind. Mit Blick auf die Atemwegserkrankungen im vorgenannten Beispiel würde ein spezifischer Blick auf die Arbeitsbedingungen helfen. Sind die Mitarbeiter ausreichend geschützt, wenn sie z. B. in einer Produktionshalle tätig sind? Welche Feststellungen haben sich bei der letzten Arbeitsplatzbegehung des Arbeitsschutzes ergeben und was wurde daraufhin unternommen?

Wie gesagt, dies ist nur ein kleiner Auszug. Wichtig ist eine sachgerechte Diagnose, um anschließend gezielte Maßnahmen zur Mitarbeitergesundheit zu ergreifen. Gesundheit ist dabei übrigens mehr als nur körperliche Unversehrtheit. Der Krankenstand eines Unternehmens bildet oftmals nur die berühmt-berüchtigte „Spitze des Eisbergs" ab. Um bei dieser Allegorie zu bleiben, ist insbesondere ein Blick darauf zu werfen, was unter der sichtbaren Fläche des Eisberges, also im Verborgenen (unter Wasser), liegt. Dabei ist zu beachten, dass der größte Teil des Eisberges nicht der sichtbare, sondern der unter Wasser liegende ist. Das heißt, dass es dieser Teil ist, der den Eisberg so gefährlich macht, da man ihn nicht sieht.

Absentismus und Präsentismus

Vergleicht man den Krankenstand mit der sichtbaren Eisbergspitze, wäre das darunter liegende Verborgene das nicht eingebrachte Potenzial der anwesenden Mitarbeiter. Auf diese Mitarbeiter ist ein besonderes Augenmerk zu richten. Nur weil sie, oberflächlich betrachtet, „immer da" sind, heißt das nicht zwangsläufig, dass diese Mitarbeiter bereits ihr volles Potenzial zur Entfaltung bringen. Ein Mitarbeiter, der „nicht krank" ist, ist nicht automatisch „gesund". Arbeitgeber übersehen oftmals, dass ein Mitarbeiter, der arbeitsunfähig krankgeschrieben ist, zwar formell belegt krank ist, jedoch ein Mitarbeiter, der arbeitsfähig ist, nicht automatisch gesund sein muss.

So steigern Sie die Produktionsfähigkeit Ihres Unternehmens 3

So gehen etwa aus Angst um den Arbeitsplatzverlust Mitarbeiter statt zum Arzt zur Arbeit, obwohl sie eigentlich krank sind. Die Arbeitsmedizin nennt dieses Verhalten „Präsentismus" (Gegenteil: Absentismus). Auch dieses Verhalten ist betriebs- und volkswirtschaftlich schadhaft (vgl. Abb. 23), da durch Präsentismus ebenfalls die Produktivität sinkt — und dies sogar im Verhältnis 2/3 zu 1/3 gegenüber dem Fernbleiben von der Arbeit (Absentismus). So leiden z. B. die Konzentrationsfähigkeit und die individuelle Belastbarkeit deutlich unter der körperlichen und geistigen Beeinträchtigung. Dies führt zu Fehlern und oftmals auch zu schlechter Stimmung im Team. Abgesehen davon können verschleppte oder nicht auskurierte Krankheiten zu chronischen oder schwerwiegenden Erkrankungen führen, die eine wesentlich längere Arbeitsunfähigkeitszeit nach sich ziehen.

Auslöser dafür können z. B. fehlende Anerkennung, hohe Belastung, Angst oder ein fehlendes Selbstbewusstsein sein. Eine aufmerksame Führungskraft sollte also bei dafür typischen Symptomen wie anhaltende Nervosität, Angespanntheit oder zurückgezogenes, teils sogar apathischem Verhalten sensibilisiert sein. Hier ist es ratsam, auf den betreffenden Mitarbeiter zuzugehen und nachzufragen.

Auch wenn Mitarbeiter ihrem Chef vielleicht nicht gleich alle ihre Lebensprobleme anvertrauen, wissen es die meisten dennoch zu schätzen, dass der Chef ein echtes Interesse an ihrer Person hat und Hilfe anbietet.

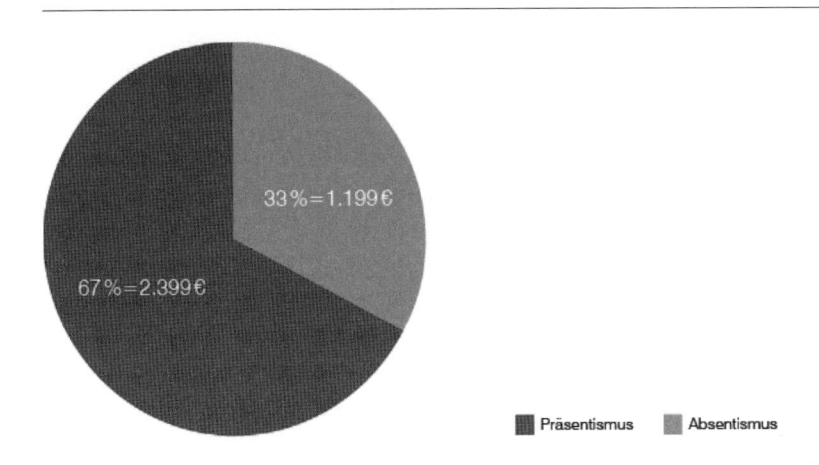

Abb. 23: Volkswirtschaftlicher/Betriebswirtschaftlicher Schaden durch Absentismus und Präsentismus
Quelle: Felix-Burda-Stiftung. Veröffentlicht unter: http://www.felix-burda-stiftung.de/presseportal/felix-burda-stiftung/hintergrundtexte/index.php?
Grafik: Booz & Company; Statistisches Bundesamt: Inlandsproduktberechnung 2009, BMAS 2009: Gesundheit und Sicherheit bei der Arbeit 2009, S. 86; Stewart et al, 2003; Collins, Base, 2005; Miriam Wagner, 2010; Fabian Wolfgang Wallert, 2007.

Ideen und Lösungsansätze für den Führungsalltag

Präsentismus und Absentismus sind zwei Seiten der Arbeits- und Gesundheitsmünze: Sind Beschäftigte krank, bleiben sie zu Hause und/oder sie gehen trotz Erkrankung zur Arbeit. Es gibt einen hohen Anteil von Beschäftigten, die, wenn sie krank sind, zur Arbeit gehen und sich nicht bzw. nicht sofort krankschreiben lassen. Präsentismus ist kein Randphänomen, sondern tritt mindestens ebenso häufig auf wie Absentismus. Gehen Beschäftigte krank zur Arbeit, weil ihr Unternehmen sich in einer schlechten wirtschaftlichen Lage befindet oder die Arbeitslast zu hoch ist, steigt der bisher nur durch die Arbeitsunfähigkeitsdaten gemessene Krankenstand nicht. So erhält man ein unvollständiges „falsch positives" Bild, denn ohne die Erfassung und Auswertung von Präsentismusdaten scheint die Belegschaft gesünder und produktiver, als sie ist. Auch aus wirtschaftlicher Sicht lohnt sich die Berücksichtigung von Präsentismus. Ging man bisher davon aus, dass nur krankheitsbedingte Abwesenheiten zu hohen Produktivitätsverlusten führen, so zeigen vorliegende Untersuchungen, dass auch Präsentismus zu betrieblichen Kosten führt (Lohmann-Haislah 2012, S. 141–142).

Wie in Abbildung 23 dargestellt, betragen die Ausfallkosten für einen Mitarbeiter, welcher der Arbeit krankheitsbedingt fernbleibt (Absentismus) pro Jahr im Schnitt 1.200 Euro, während der Schaden durch Anwesenheit in der Arbeit trotz Krankheit (Präsentismus) in etwa doppelt so hoch ist. Jeder Euro, der in betriebliche Prävention investiert wird, zahlt sich auf volkswirtschaftlicher Ebene mit 5 bis 16 Euro aus — je nach Art und Umfang der Maßnahme. Diese Summe setzt sich zusammen aus Einsparungen durch die Verringerung von Abwesenheit (Arbeitsunfähigkeitstage) und Einsparung von Krankheitskosten (direkte Kosten wie etwa Medikamente oder Behandlungskosten). Die Hälfte bis zwei Drittel der Ersparnis sind in dieser Berechnung auf die Senkung von Abwesenheitszeiten zurückzuführen.

Auch anwesende, aber kranke Mitarbeiter sind nicht voll leistungsfähig. In diesem Zusammenhang sind insbesondere finanzielle Anreizsysteme, die auf individueller und kollektiver Ebene Arbeitsunfähigkeitszahlen verringern sollen, zu hinterfragen. Es besteht die Möglichkeit, dass insbesondere Beschäftigte mit geringem Einkommen oder hohen finanziellen Belastungen trotz ihrer Erkrankung zur Arbeit gehen, um die Zahlung des Bonus nicht zu gefährden (Lohmann-Haislah 2012, S. 141–142).

3 So steigern Sie die Produktionsfähigkeit Ihres Unternehmens

> **Auf einen Blick: Der Nutzen von betrieblichem Gesundheitsmanagement**
>
> Zusammenfassend ist festzustellen, dass eine Stärkung und Sensibilisierung der Gesundheitskompetenz im Unternehmen dabei hilft,
> - Fehlzeiten zu verringern und somit die Produktivität und Wettbewerbsfähigkeit zu steigern,
> - die Motivation, Identifikation und Leistungsfähigkeit der Mitarbeiter zu erhalten und auszubauen,
> - die Kommunikationskultur im Unternehmen zu verbessern,
> - die sozialen Kompetenzen der Mitarbeiter zu fördern,
> - Mitarbeiter für die eigene Gesundheit zu sensibilisieren, deren Wissen über Gesundheit zu erweitern und somit zu einer Verringerung von Belastungen, Beschwerden und Erkrankungen beizutragen,
> - die Lebensqualität am Arbeitsplatz zu steigern,
> - das Betriebsklima und die Arbeitszufriedenheit zu verbessern,
> - durch weniger Arbeitsunfähigkeitstage letztlich auch die Kosten für die Gehaltsfortzahlung zu senken.

3.2.8 Den Gegenpol zur Geschwindigkeit der digitalisierten Welt schaffen

Im Rahmen eines Unternehmerforums[81] hatten es bereits die ersten Worte, die Jens Monsees, Industry Leader Automotives bei Google, an sein Publikum richtete, in sich: „Machen Sie es sich bequem, lehnen Sie sich zurück. Nie mehr wird die Welt langsamer sein als jetzt. Die Geschwindigkeit, mit der das Internet unser Leben verändern wird, wird rasanter sein, als wir uns dies heute vorstellen können."

Die Digitalisierung von Informations- und Kommunikationsprozessen hat in den letzten 15 Jahren zu einer Informationsexplosion geführt. Der Haupttreiber allen voran ist die Entwicklung des Internets und dessen Technologien.

Die internationale Forschung zu Lebensqualität und Lebenszufriedenheit zeigt, dass die Lebenswelt des Menschen — trotz vielfältiger Lebensentwürfe und unterschiedlicher Lebensumstände — letztlich in sieben Lebensbereiche aufgefächert werden kann. Zum Leben zählen der Austausch mit Freunden und Familie, Freizeit und Wohlbefinden, Arbeiten und Lernen, materielle und finanzielle Aspekte, Gesundheit, Gesellschaft und Gemeinschaftsleben sowie das Thema Sicherheit mit all

---

[81] Vortrag am 17.10.2013 beim puls-Unternehmerforum in Roth.

Ideen und Lösungsansätze für den Führungsalltag

seinen Facetten. Studienergebnisse zeigen, dass Digitalisierung und Vernetzung schon heute in vielen dieser Lebensbereiche alltäglich sind. Gleichzeitig machen die Ergebnisse deutlich, dass sich diese Trends in den kommenden Jahren noch weiter fortsetzen werden[82].

ACHTUNG: Auswirkungen der Digitalisierung

Im Rahmen der Internet World Messe in München wurde am 25./26.2.2014 eine Studie[83] zur Digitalisierung der Gesellschaft vorgestellt. Demnach sehen die meisten Befragten im Bereich der Arbeitswelt sehr starke Auswirkungen der Digitalisierung. Doch nicht nur im Arbeitsalltag, auch privat wird immer mehr Zeit online verbracht. Neben den vielen positiven Effekten dürfen auch die Nachteile nicht außer Acht gelassen werden.

Wie stark sich den Studienteilnehmern zufolge die Digitalisierung und die damit verbundenen rasanten Entwicklungen auf gesellschaftliche Bereiche auswirken, verdeutlicht Abbildung 24: Die meisten Befragten sehen in der Arbeitswelt sehr starke Auswirkungen, während die wenigsten starke Auswirkungen bei der persönlichen Gesundheit sehen. Dieses Ergebnis ist umso erstaunlicher, wenn man sich noch Abbildung 25 ansieht: 69 % sprechen von konkreten Nachteilen, die eine zunehmende Digitalisierung mit sich bringt. Dabei tauchen Attribute wie „permanenter Zeitdruck", „körperliche und gesundheitliche Probleme" oder „Erwartungshaltung einer ständigen Erreichbarkeit" auf. Gerade darin liegt die Gefahr: Die Risiken der Digitalisierung und deren Auswirkungen auf die Gesundheit werden möglicherweise (noch) unterschätzt.

---

[82] LIFE-Studie zur Informations- und Telekommunikationsbranche. Online im Internet: http://www.studie-life.de/life-studien/digitales-leben/digitalisierung-und-vernetzung/

[83] Studie „Digitalisierung der Gesellschaft", Quelle: ibi research an der Universität Regensburg im Auftrag der Internet World Messe. Online im Internet: http://www.ibi.de/neue-studie-digitalisierung-der-gesellschaft.html

3 So steigern Sie die Produktionsfähigkeit Ihres Unternehmens

	sehr starke Auswirkungen	2	3	4	keine Auswirkungen
Arbeitswelt	61%	30%			7%
Wirtschaft	60%	30%			
Globalisierung	64%	26%			2%
Mobilität	49%	29%			5%
Bildung (Bildungsniveau)	29%	42%	21%		6%
Bildungswesen	27%	39%	24%		8%
Politik	15%	33%	33%	17%	1%
Kultur (gestalterisch, künstlerisch)	14%	31%	32%	20%	2%
Gesundheitswesen	12%	33%	34%	20%	2%
Gesundheit (persönliche Gesundheit)	10%	23%	37%	25%	4%

Die wenigsten Befragten sehen starke Auswirkungen im Bereich der persönlichen Gesundheit.

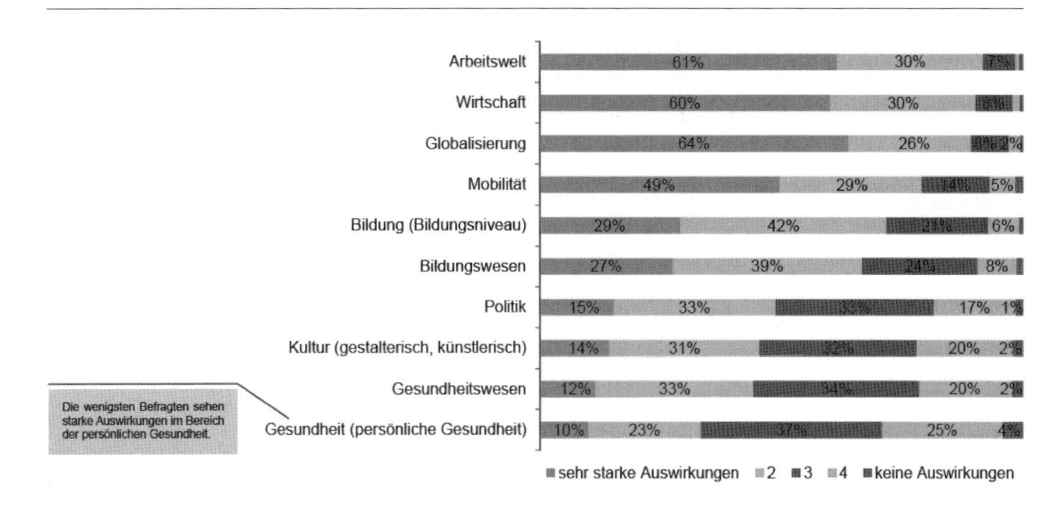

Abb. 24: Gesellschaftliche Auswirkungen der Digitalisierung
entnommen aus der Studie „Digitalisierung der Gesellschaft", Quelle: ibi research an der Universität Regensburg im Auftrag der Internet World Messe, Veröffentlicht unter: http://www.ibi.de/neue-studie-digitalisierung-der-gesellschaft.html

Nein 31%
Ja 69%

Ausgewählte Kommentare
- Permanenter Zeitdruck
- Erwartungshaltung einer ständigen Erreichbarkeit
- Weniger persönlicher Kontakt
- Körperliche und gesundheitliche Probleme
- Urheberrechtsprobleme
- Informationsüberflutung
- Sinkendes Bildungsniveau
- Abkopplung nicht vernetzter Gesellschaftsteile

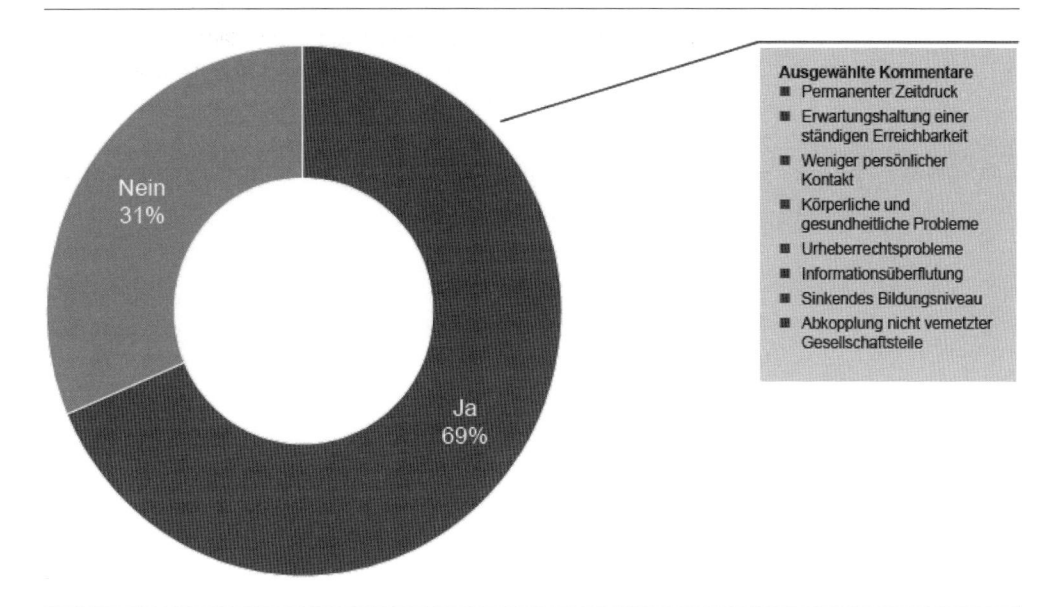

Abb. 25: Konkrete Nachteile der zunehmenden Digitalisierung
entnommen aus der Studie „Digitalisierung der Gesellschaft", Quelle: ibi research an der Universität Regensburg im Auftrag der Internet World Messe. Veröffentlicht unter: http://www.ibi.de/neue-studie-digitalisierung-der-gesellschaft.html

Ideen und Lösungsansätze für den Führungsalltag

Betrachtet man einige Zitate der 69 %, die konkrete Nachteile der zunehmenden Digitalisierung benennen, wird sehr schnell deutlich, dass zu erwartende negative gesundheitliche Auswirkungen in Reichweite sind, sollte der verantwortungsvolle Umgang sich selbst gegenüber nachlässig betrieben werden. So äußerten Befragte u. a.:

- *„Digitalisierung scheint die Welt schneller drehen zu lassen!"* — Digitalisierung wirkt als Zeitfresser, sorgt für Hektik und permanenten Zeitdruck.
- *„Viele Menschen unterhalten sich kaum noch, sondern sind auch in Cafes und Bars immer am Smartphone."* — Das Menschliche geht verloren, es findet weniger Kommunikation auf persönlicher Ebene statt.
- *„Man merkt sich nichts mehr, sondern googelt es einfach." „Es gibt kaum mehr Bereitschaft für das geduldige Erfassen komplexer Zusammenhänge."* — Folgen: sinkendes Bildungsniveau, Banalisierung.
- Sucht nach Information, Angst etwas zu verpassen, Abhängigkeit von Funknetzen.
- Informationsüberflutung: Kein Erkennen und keine Konzentration auf das Wesentliche, Trend zur Oberflächlichkeit.

Neben den konkreten (gesundheitlichen) Nachteilen verändern die digitalen Medien auch die Unternehmenskulturen bzw. das Verhalten im Arbeitsalltag.

Auch hierzu einige ausgewählte Teilnehmerstimmen aus der Studie zur Digitalisierung der Gesellschaft. Die Frage „Welche Veränderungen am Verhalten im Arbeitsalltag sind konkret bemerkbar?" wurde u. a. wie folgt beantwortet:

- „Die Nutzung sozialer Netzwerke am Arbeitsplatz nimmt immer mehr zu, ohne dass die entsprechenden Kollegen zu verstehen scheinen, dass Privates von der Arbeit getrennt werden sollte."
- „Keine Kommunikation, z. B. in der Pause, weil jeder mit dem Smartphone beschäftigt ist. Während der Arbeitszeit „mal eben bei Facebook schauen, bei eBay bieten."
- „Die Du-Form wird als selbstverständlich angesehen, mangelnde Konzentration und Aufmerksamkeit, Druck, ständig up to date zu; wenn ich arbeite, verpasse ich etwas bei Facebook & Co."
- „Lockerer Umgangston, kein direkter Respekt vor der Person."
- „Höflichkeiten fehlen, Texte sind unverständlich bzw. mehrdeutig formuliert, keine Entscheidungsfähigkeit. Zuverlässigkeit und Konzentration gehen immer mehr verloren. Bei allen Altersgruppen feststellbar, bei jüngeren aber am meisten."
- „Teilweise unangebrachte Umgangsformen."

3 So steigern Sie die Produktionsfähigkeit Ihres Unternehmens

Wie bereits mehrfach in diesem Buch erwähnt, haben sich die Lebensumstände, die Arbeitsorganisation sowie die Taktung und Verdichtung von Arbeitsprozessen in den vergangenen Jahren stark verändert. Die digitalen Medien wachsen in atemberaubender Geschwindigkeit. Mit ihnen auch die Möglichkeit, immer und überall erreichbar zu sein. Dies hat viele Vorteile, birgt aber auch (gesundheitliche) Risiken. In Kapitel 2 wurde bereits näher ausgeführt, dass Stress nicht nur im Beruf, sondern auch in der Freizeit gefährliche Folgen haben kann. Ständige Erreichbarkeit und sich selbst unter Druck zu setzen sind Störfaktoren für innere Ruhe.

Insofern ist es nicht unerheblich, sich bewusst zu machen, dass im Sog der Dynamik digitaler Medien das Schaffen eines Gegenparts zum Ausgleich dieser Geschwindigkeit von immenser Bedeutung ist. Unter Gegenpart ist innere Ruhe zu verstehen. Ruhe und Ausgeglichenheit als Kraftfelder, um die psychische Stabilität zu erzeugen, mit der wir in der Lage sind, die Geschwindigkeit in unserem Lebensumfeld zu managen.

Es darf spekuliert werden, was passiert, wenn die digitale Kommunikation immer mehr Zeit einnimmt. Wenn Menschen immer und überall erreichbar an fast jedem Ort der Welt arbeiten können. Mit relativ hoher Wahrscheinlichkeit werden auch die realen zwischenmenschlichen Begegnungen zugunsten virtueller sozialer Kontakte abnehmen.

Ein Arbeitsplatz ist auch ein wichtiger sozialer Kontaktpunkt. In der Konsequenz wird es also für Unternehmen eine Rolle spielen, wie Kommunikation im Unternehmen gelebt und organisiert wird. Auf die Bedeutung des Kommunikationsverhaltens und dessen Auswirkungen auf den Führungsstil wird in den Kapiteln 3.3.1.2 und 3.3.2.2 näher eingegangen.

An dieser Stelle sei nochmals an die Ausführungen zur Gesundheitskompetenz erinnert, die maßgeblichen Einfluss auf die Unternehmenskultur hat. Die Sensibilisierung von Führungskräften für Maßnahmen des betrieblichen Gesundheitsmanagements sollte mit Blick auf die zunehmende Geschwindigkeit der digitalisierten Arbeitswelt auf jeden Fall verhaltenspräventive Maßnahmen beinhalten, deren Ziel der Aufbau individueller und sozialer Fähigkeiten zur Bewältigung von Stresssituationen ist. Die Erfahrung, im Kollegenkreis entsprechende Programme gemeinschaftlich zu erleben, stärkt die Verbundenheit zum Betrieb und gibt auch (tätigkeitsbedingt) isolierten Mitarbeitern, die wenig soziale Kontakte zu Kollegen pflegen, die Möglichkeit, am Zusammengehörigkeitsgefühl teilzuhaben.

Ideen und Lösungsansätze für den Führungsalltag

Beispiele:

- Autogenes Training
- Meditation
- Yoga
- Progressive Muskelentspannung
- Achtsamkeitstraining
- Rhythmisierung des Lebens (Pausen)

Darüber hinaus ist die Schaffung von Ruheräumen zu empfehlen. Durch die Zunahme kommunikativer Anforderungen sind ausgleichende Ruhepole nützlich, um, z. B. nach mehrstündiger mündlicher Konversation, im Zustand der Ruhe oder des Schlafes die eigenen „Batterien" wieder aufzuladen.

ZWISCHENFAZIT

- Mitarbeiter orientieren sich an ihren Führungskräften. Die Art und Weise, wie Sie als Chef handeln und was Sie vorleben, wirkt sich immer auf Ihre Mitarbeiter aus. Die Glaubwürdigkeit Ihrer Aussagen geht aus Ihrem Handeln hervor.
- Ihre Hauptaufgabe als Führungskraft ist, Mitarbeiter zu entwickeln und somit dem Unternehmen einen Prozess der Wertschöpfung zu ermöglichen. Am besten gelingt dies mit einem gesundheitsgerechten Führungsstil, einer innovativen (Führungs-)Philosophie und wertschätzendem Verhalten. Auf Dauer führt Wertschätzung zu Wertschöpfung.
- Das künftige demografische Dilemma der Bundesrepublik Deutschland ergibt sich aus der Kombination von Fachkräftemangel und einer älteren Belegschaft als heute. Studien belegen, dass mit dem Alter auch die Krankheitsdauer steigt. Dies würde ohne Gegensteuerung, zwangsläufig zu (noch) mehr Arbeitsunfähigkeitszeiten und somit auf Dauer zu niedrigerer Produktivität führen.
- Die Rolle der modernen Führungskraft erfordert immer mehr das Geschick, sowohl als Leistungsträger und Multiplikator Einfluss auf das Betriebsklima und das Wohlbefinden der Beschäftigten zu nehmen als auch auf dem Weg dorthin als Gestalter und Moderator zu fungieren.
- Durch geänderte Lebensumstände ist unser Lebensstil zum Gesundheitsrisiko geworden. Mit dem bereits heute bekannten Wissen, dass unsere künftige Belegschaft immer älter und wichtiger für Unternehmen wird, sorgt der Betrieb für morgen vor, der heute damit beginnt, seine Beschäftigten möglichst lange fit, motiviert und leistungsfähig zu halten, und das Gesundheitsbewusstsein seiner Mitarbeiter stärkt.

- Mit steigendem Einkommen steigen in der Regel auch die Ansprüche, wodurch per se keine größere Zufriedenheit erwächst. Logische Konsequenz ist also das Bewusstsein, dass es das Ziel ist, eine Arbeit auszuüben, die Sinn stiftet, Spaß macht und den eigenen Neigungen und Eignungen entspricht. Dieses Bewusstsein ist wichtig, um für sich zu erkennen, welche Arbeit wirklich gut und welche eher schädlich für die eigene Gesundheit und somit für die Lebensqualität ist.
- Arbeit kann zu einem Glücksfaktor werden, indem Initiativen gestartet werden, die Gesundheit erhalten und begünstigen bzw. Gesundheitsschäden vermeiden. Die Förderung der innerbetrieblichen Gesundheitskultur sowie das Vorleben und Begleiten der Führungskraft wird zu einem Ziel- und Erwartungswert des Unternehmens.
- Betriebliches Gesundheitsmanagement unterstützt und fördert die vorgenannten Ziele. Eine Investition in gesunde Mitarbeiter ist eine Investition in das Humankapital des Unternehmens mit langfristiger Auswirkung.
- Der in den vergangenen Jahrzehnten geänderte Lebensstil sowie die Digitalisierung der Gesellschaft machen eine komplexere Betrachtung der heutigen Lebensumstände erforderlich. Speziell die Digitalisierung von Informations- und Kommunikationsprozessen hat zu einer Informationsexplosion geführt, mit der es umzugehen gilt. Mit Blick auf die Geschwindigkeit dieser Entwicklung sind Störfaktoren für innere Ruhe programmiert. Das Schaffen eines Gegenparts in Form von innerer Ruhe und Ausgeglichenheit ist ein wichtiges Kraftfeld zur Erzeugung psychischer Stabilität. Gezielte Entspannungsmethoden sollten innerhalb und außerhalb des Betriebes regelmäßig praktiziert werden.

3.3 Führungsalltag in deutschen Unternehmen – so sieht's aus, so sollt's sein

Auf die (einführenden) Erläuterungen unter Kapitel 3.2.4 sei an dieser Stelle nochmals verwiesen. Dabei wird aus Sicht der Führungskraft die Belastungssituation deutlich. In diesem Kapitel soll noch ein weiterer Blickwinkel eingenommen werden. Nämlich ein Blick in die harte Realität des Führungsalltags in zahlreichen deutschen Unternehmen. Alles, was in diesem Buch bisher beschrieben wurde, mag zum Teil die Reaktion ausgelöst haben, „dass das doch selbstverständlich ist" (z. B. Mitarbeitern Anerkennung und Wertschätzung zukommen zu lassen). Aus eigener Erfahrung kann ich jedoch versichern, dass ein mitarbeiter- und gesundheitsgerechter Führungsstil in vielen Unternehmen definitiv noch keine Selbstverständlichkeit ist.

3.3.1 Arbeitsplatzkonflikte als Ursache psychischer Erkrankungen

Aus den Kontakten mit vielen Langzeiterkrankten entstanden die folgenden fünf Beispiele. Sie machen deutlich, dass durch eklatante Führungsfehler Arbeitsplatzkonflikte entstehen, die oftmals die Ursache für (langwierige) psychische Erkrankungen und Arbeitsunfähigkeitszeiten sind.

> **BEISPIEL 1**
>
> *Führungsfehler: Mangelnder Respekt, mangelndes Vertrauen*
> Eine alleinerziehende Witwe, 33 Jahre alt, die als Verkäuferin in einem Schuhgeschäft tätig ist, wird von ihrer neuen Vorgesetzten tagtäglich für ihr äußeres Erscheinungsbild gerügt, das in den Augen der Chefin „nicht sexy" und somit nicht verkaufsfördernd genug ist. Der bisherige Vorgesetzte, der aufgrund nicht erreichter Umsatzziele durch die Geschäftsleitung an einen anderen Standort mit anderem Aufgabenfeld versetzt wurde, war stets mit ihr zufrieden. Die Verkäuferin arbeitete gern für ihren Arbeitgeber, war selten krank und gab keinen Anlass zur Kritik. Die junge, dynamische und sehr adrette neue Chefin möchte „neuen Wind in diesen angestaubten Laden" bringen und formuliert dabei auch, was sie von ihren Angestellten erwartet: „Sex sells …". In dieses Bild passen keine (aus ihrer subjektiven Sicht) unattraktiven Mitarbeiter/innen. Stattdessen kritisiert die neue Chefin die Frisur, die Figur, die Haut, den Dialekt, Make-up und Kleidung der Verkäuferin.
> Nach einiger Zeit verschärft sich die Situation, indem die Chefin der Verkäuferin erklärt, sie sei „für die Kundenbetreuung nicht geeignet". Stattdessen beauftragt sie sie, ab sofort Regale mit neuen Schuhen einzuräumen und „wenigstens das ordentlich zu machen". Die Schikanen sind damit noch nicht zu Ende. Zentimetergenau müssen bestimmte Schuhe an bestimmten Plätzen stehen, penibel genau kontrolliert die Vorgesetzte, verstellt, kritisiert und lässt ihrer subjektiven Unzufriedenheit über die Verkäuferin vor der im Raum stehenden Kundschaft freien Lauf.
> Die ständige Kritik an ihrer Person und der mangelnde Respekt machen dem Selbstwertgefühl der Verkäuferin immer mehr zu schaffen. Die Reaktionen sind vielfältig: Angefangen von Wut über Enttäuschung, Unsicherheit, Frust und zunehmend auch immer mehr Angst vor dem Zusammentreffen mit der Chefin und neuen Schikanen, plagen sie Panikattacken. Körperliche Symptome sind Magenkrämpfe, Übelkeit, Kopfschmerzen, Schlaflosigkeit und Appetitlosigkeit. Als es immer schlimmer wird und die Mutter von zwei Kindern depressiv wird, wendet sie sich an einen Arzt. Eine Psychotherapie soll ihr helfen, ihr inneres Gleichgewicht wieder zu finden, wieder gesund zu werden und wieder in Beruf und Gesellschaft zurückzukehren.

3 Führungsalltag in deutschen Unternehmen – so sieht's aus, so sollt's sein

Die alleinerziehende Frau hat die ständigen Spannungen am Arbeitsplatz nicht mehr ertragen und ihren Job nach 14-jähriger Betriebszugehörigkeit gekündigt. Sie lebt heute von ihrer kleinen Witwenrente und geringem Arbeitslosengeld. (Die Arbeitsagentur hatte in den ersten drei Monaten eine Sperrzeit aufgrund der eigenen Kündigung verhängt. In dieser Zeit „griff" Hartz IV.) Derzeit absolviert sie eine Verhaltenstherapie und hofft, in einem anderen Unternehmen wieder in ihren erlernten Beruf zurückkehren zu können.

Analyse: Wäre diese Entwicklung vermeidbar gewesen, wenn die Führungskraft sich anders verhalten hätte? Selbstverständlich. Das Beispiel macht deutlich, dass erst durch das Verhalten der Führungskraft das Selbstwertgefühl der Mitarbeiterin zunehmend zerstört wurde und Auslöser für den sozialen und gesellschaftlichen Abstieg war. Hätte sich die neue Chefin respektvoll und wertschätzend verhalten und bei Übernahme der Filialleitung den Mitarbeitern ihre Ängste genommen und ihnen neues Selbstvertrauen gegeben, wären Änderungen im Geschäftsbetrieb ohne persönliche Schäden machbar gewesen. Gegenseitiges Vertrauen, der gemeinsame Ehrgeiz, wieder „schwarze Zahlen" zu schreiben und mit einem aufgepeppten Konzept der Filiale neuen Schwung zu geben, wäre die bessere Alternative gewesen. Hinzu kommt, dass durch das Beispiel der Verkäuferin auch deren verbleibende Kollegen verunsichert wurden („…hoffentlich geht's mir nicht genauso…"). Dass die noch im Betrieb tätigen Kollegen stolz auf ihren Arbeitgeber sind und diesen Stolz und diese Freude auf die Kunden übertragen, ist äußerst unwahrscheinlich. Die Art und Weise, wie Führungskräfte mit ihren Mitarbeitern umgehen, ist ein Seismograf für die Unternehmenskultur. Guter Führungsstil führt fast immer zu guter Unternehmenskultur. Schlechter Führungsstil führt zu Konsequenzen in die andere Richtung.

▶ **BEISPIEL 2**

Führungsfehler: unverhältnismäßige Taktung von Arbeitsprozessen, fehlende Weiterbildung und mangelnde Fürsorge
Eine ehemalige Krankenschwester wechselt in den Pflegebereich, wo sie als Pflegerin für einen ambulanten Pflegedienst tätig ist. Dort betreut sie überwiegend ältere, senile Menschen. Der Leiter des Pflegedienstes, der betriebswirtschaftlich hart kalkuliert und sein Unternehmen auf Gewinnmaximierung ausrichtet, kürzt den Personalbedarf bei gleichzeitig steigender Anzahl zu betreuender Pflegebedürftiger. Die Pflegerin, um die es in diesem Praxisbeispiel geht, ist eine von vielen in ihrem Beruf, die diesen aus sozialer Überzeugung und mit Hingabe betreibt. Besonders anspruchsvoll ist die Tätigkeit auch deshalb, weil der zu betreuende Patientenstamm aufgrund der Senilität viel Geduld, Nervenstärke und Ruhe erfordert. Erschwerend kommt hinzu, dass der ständige Umgang mit dem Sterben von anvertrauten Personen erhebliche

psychische und moralische Stärke erfordert. Trotz dieser besonderen Härte verzichtet der Arbeitgeber aus wirtschaftlichen Gründen auf Fort- und Weiterbildungsmaßnahmen für seine Pflegekräfte.

Der Dienst an den pflegebedürftigen alten Menschen erfordert die ganze Kraft der Pflegerin. Am Ende ihrer Arbeitstage hat sie den Wunsch, abzuschalten, die Füße hochzulegen und auf andere Gedanken zu kommen. Der Job schlägt ihr immer mehr aufs Gemüt. Sie ist unruhig, fühlt sich gestresst und schläft immer schlechter. Um besser „runterzukommen", hilft ihr am Abend ein Gläschen Rotwein. Aus dem anfänglichen „Gläschen" werden im Laufe der Zeit immer mehr. Es bleibt nicht beim abendlichen Konsum. Auch tagsüber greift die Pflegerin immer häufiger zu Alkohol – bis zur Alkoholabhängigkeit. Die traurige Abwärtsspirale findet ihr Ende, als sie mit erheblichem Alkoholpegel im Blut während des Dienstes auf dem Weg zu einem Patienten einen Verkehrsunfall hat. Dabei verletzt sie sich auch selbst und ist für mehrere Wochen arbeitsunfähig. Der Betrieb zieht sofort die Konsequenzen und kündigt fristlos (Grund: Alkohol im Dienst). Von einem Tag auf den anderen hat die Pflegerin kein Einkommen mehr, die Arbeitsagentur verweigert die Zahlung von Arbeitslosengeld (Sperrzeit durch selbst verschuldete Arbeitslosigkeit), die Krankenkasse die Zahlung von Krankengeld wegen selbst verschuldeter Arbeitsunfähigkeit. Aktuell ist die Pflegerin in einer Alkoholentwöhnungsmaßnahme (zuvor fand bereits eine Entgiftung statt). Aufgrund ihres Krankheitsbildes (alkoholabhängige Krankenpflegerin) ist sie derzeit nicht vermittelbar und lebt während der Sperrzeiten von Erspartem. Anschließend kann sie Leistungen von der Agentur für Arbeit beanspruchen, die allerdings deutlich niedriger als das bisherige Einkommen sind.

Analyse: Auch an dieser Stelle wieder die Analyse des Führungsstils. Zu Beginn wieder die Frage: Wären Alkoholabhängigkeit und Absturz vermeidbar gewesen?

Antwort: Ja! Auch hier trifft die Führungskraft eine Mitschuld. Kostendruck hin oder her: In einem Beruf, in dem es um den Umgang mit Menschen geht, noch dazu, wenn diese in der Endphase ihres Lebens sind, ist eine besondere und über das „Normalmaß" hinausgehende Fürsorge des Arbeitgebers nötig. Im vorliegenden Fall wurden die Pfleger weder durch Fort- und Weiterbildung für den Umgang mit den Patienten sensibilisiert noch wurde ihnen eine Hilfestellung für den Umgang mit der eigenen Gesundheit gegeben.

3 Führungsalltag in deutschen Unternehmen – so sieht's aus, so sollt's sein

> **BEISPIEL 3**
>
> *Führungsfehler: mangelnde Sozial- und Führungskompetenzen, schlechte Arbeits(platz)bedingungen*
>
> Eine 53-jährige Frau ist als Arbeiterin im Schichtbetrieb für eine große regionale Wäscherei an der Bügelpresse tätig. Seit längerer Zeit leidet sie unter massiven und stetig zunehmenden Rückenbeschwerden. Als die Schmerzen eines Tages extrem stark sind, beschließt sie, die Arbeit niederzulegen und nach Hause zu gehen. Als sie sich beim Chef abmelden will, reagiert dieser sehr heftig und beschimpft sie. Die Arbeiterin beißt daraufhin die Zähne zusammen und macht unter Schmerzen weiter. Am nächsten Tag sind die Beschwerden so heftig, dass sie einen Arzt aufsucht. Eine eingehende Untersuchung ergibt einen Bandscheibenvorfall im Hals-Wirbelsäulen-Bereich. Es folgen Operation, Rehabilitation sowie eine mehrmonatige Arbeitsunfähigkeit.
>
> Als die Mitarbeiterin nach mehreren Monaten wieder in den Betrieb zurückkehrt, muss sie gleich zu Schichtbeginn zum Chef. Erneut beschimpft sie dieser („Sie sind nicht belastbar", „… glauben Sie, ich habe nie Rückenprobleme? Gehe ich deshalb gleich zum Arzt?!…Sie müssen wissen, was Ihnen Ihr Job wert ist …!", „Wenn Sie keine Leistung bringen, brauche ich Sie nicht mehr!", „Ihr müsst doch dankbar sein, dass ich euch überhaupt Arbeit gebe", usw.).
>
> Ihr Vorgesetzter versetzt sie in die Nähe der Eingangstüre und kürzt den Lohn. Am neuen Arbeitsplatz herrscht ganzjährig Zugluft. Um erkältungsbedingten Arbeitsausfällen vorzubeugen, untersagt der Chef die Zufuhr frischer Luft. Die Fenster in der Wäscherei bleiben verschlossen, wodurch im Sommer eine beinahe unerträgliche Hitze herrscht. Durch die hohe Luftfeuchtigkeit innerhalb der Wäscherei, der Zugluft am Eingangstor sowie der Kälte im Winter nehmen die Erkältungen und Kreislaufbeschwerden der Arbeiterin stattdessen zu. Die ständigen Beschimpfungen ihres Vorgesetzten, die körperlich harten Arbeitsbedingungen, der Akkord und Leistungsdruck sowie die Herabsetzung in ihrer Tätigkeit machen ihr nicht nur physisch, sondern auch psychisch immer mehr zu schaffen. Sie ist frustriert, unzufrieden und immer häufiger krank. Vor der Arbeit hat sie zunehmend Angst.
>
> Da die Personalpolitik des Betriebes darauf ausgerichtet ist, viele kurzfristige Beschäftigungsverhältnisse zu schließen, ist es der Belegschaft beinahe unmöglich, Teamgeist und ein gutes Betriebsklima zu entwickeln. Auch eine Interessenvertretung der Arbeitnehmer in Form eines Betriebsrates findet nicht wirklich statt. Ständig wechselnde und unterschiedlich motivierte Kollegen verhindern Konstanz und gruppendynamische Motivationseffekte. Die Mitarbeiterin hat den Bezug zu ihrem Arbeitgeber längst verloren.

Ideen und Lösungsansätze für den Führungsalltag

Analyse: Dass es heute noch diktatorische Führungsstile gibt, erscheint zwar undenkbar, jedoch sind diese in der Realität immer noch öfters vorhanden, als dies auf den ersten Blick vorstellbar erscheint. Das vorliegende Beispiel basiert wie die vorangegangenen auf wahren Begebenheiten. Passiert und aufgegriffen zwischen Herbst 2013 und Frühjahr 2014.

Im vorliegenden Beispiel führten die schlechten Arbeitsbedingungen und das ständige Traktieren des Vorgesetzten zu psychosomatischen Krankheitsbildern. Selbst als die Mitarbeiterin infolge einer dauerhaften Arbeitsunfähigkeit — rein betriebswirtschaftlich betrachtet — als Arbeitskraft einen Produktivitätsausfall bedeutete und, noch schlimmer, als Mensch an den Folgen der schlechten Unternehmenskultur zu leiden hatte, zeigte die Führungskraft weder Einsicht noch die Absicht, etwas zu ändern.

Stattdessen statuierte der Vorgesetzte an der Mitarbeiterin ein Exempel, um anderen Beschäftigten zu verdeutlichen, welche Folgen Arbeitsunfähigkeit in diesem Betrieb nach sich zieht. Die Machtdemonstration ist sowohl menschlich verwerflich als auch im betriebswirtschaftlichen Sinne fatal. Glückliche/zufriedene und leistungsfähige Mitarbeiter können in diesem Betrieb nicht gedeihen, wodurch die volle Produktionsfähigkeit nie erreicht werden kann.

Ein genauerer Blick auf die Person des Vorgesetzten hat ergeben, dass dieser den Betrieb vom Vater geerbt hat und seitdem als Inhaber geschäftsführender Gesellschafter ist. Bis zum Zeitpunkt der Übernahme der Wäscherei vom Vater war er weder im Betrieb tätig noch hatte er Erfahrungen und Kompetenzen zur Führung eines Betriebes, inklusive der Führung der Mitarbeiter. Die fehlenden Sozial-, Fach- und Führungskompetenzen des Inhabers wirken sich unmittelbar auf die Mitarbeiter und letztlich auf den Unternehmenserfolg aus.

▶ **BEISPIEL 4**

Führungsfehler: mangelnde Sozialkompetenz, gesundheitsgefährdender Führungsstil, Ignorieren von Schutzmaßnahmen
Der 60-jährige Direktor einer großen Firma, bekannt und gefürchtet für seine cholerischen Anfälle, persönlichen Diskriminierungen und Herabsetzungen, erhält die Kündigung seines Chauffeurs. Kurzerhand ernennt er einen bis dahin im Fuhrpark der Firma tätigen 46-jährigen Kfz-Mechaniker zu seinem neuen Chauffeur. Der Kfz-Mechaniker, dessen bisherige Aufgabe die Reparatur und Instandsetzung sämtlicher (technischer) Gerätschaften und Fahrzeuge (Autos, Putzmaschinen, Rasenmäher etc.) war, wird von heute auf morgen als neuer Fahrer eingesetzt. Seine bisherige Tätigkeit, die er gern und zuverlässig absolvierte, ist damit notgedrungen beendet.

3 Führungsalltag in deutschen Unternehmen – so sieht's aus, so sollt's sein

Der neue Job bereitet ihm von Beginn an Probleme. Ständige Beleidigungen und Repressalien gehören nun zur Tagesordnung. Im Gegensatz zum bisherigen, weitgehend selbstbestimmten und erfüllten Arbeiten ist er nun fremdbestimmt. Der Direktor verlangt ständige Erreichbarkeit rund um die Uhr und beansprucht den Fahrer bisweilen auch mitten in der Nacht. Des Öfteren kommt es vor, dass der ehemalige Kfz-Mechaniker sich verfährt, zu spät abbiegt oder auf Druck des Chefs, schneller zu fahren, in eine Radarkontrolle gerät. Zum Alltag des neuen Chauffeurs gehört es, für die täglichen „Verfehlungen" heftige Beschimpfungen und Beleidigungen sowie immer neue Schikanen zu ertragen. Die Rechnung für die Radarkontrolle muss er ebenso selbst bezahlen wie den hohen Preis, dass seine Gesundheit zusehends unter dem täglichen Druck leidet. Pausen gesteht ihm sein Chef nicht zu, stattdessen nehmen die Anforderungen und Erwartungen ständig zu.

Psychosomatische Reaktionen wie Angst, Panikattacken, sobald die Telefonnummer des Chefs im Display auftaucht, Magen-Darm-Beschwerden, Schlaflosigkeit und Erschöpfung sind mittlerweile an der Tagesordnung. Der Mann leidet, stellt sich aber dennoch der Situation, da die Ehefrau schwer krank ist und er alleine den Lebensunterhalt für die Familie verdient. Als die Ehefrau stirbt und er den Direktor um Freistellung für den Tag der Beerdigung bittet, genehmigt der Chef lediglich drei Stunden. Am Grab der Ehefrau erleidet der 46-Jährige einen Zusammenbruch.

Nach einem Aufenthalt im Bezirksklinikum und mehrmonatiger Arbeitsunfähigkeit kehrt der fortan allein erziehende Vater einer 14-jährigen Tochter wieder in den Betrieb zurück. Sein Chef versetzt ihn unter Reduzierung der Bezüge als Küchenhilfe in die Betriebskantine, wo er einfachste Tätigkeiten wie Spülen oder Schälen von Gemüse verrichtet.

Analyse: „Warum hat der Mann nicht längst gekündigt?" mag man an dieser Stelle fragen. Vielleicht auch, wie es passieren kann, dass ein gelernter Kfz-Mechaniker sich ständig verfährt. Was der Chef nicht wusste und sein Mitarbeiter ihm aus Schamgefühl nie mitteilte, ist die Tatsache, dass er Analphabet ist. Die Doppelbelastung in Beruf und Familie, die Sorge um die todkranke Ehefrau sowie die ständigen Schikanen, die er über sich ergehen ließ, ertrug er seiner Familie zuliebe. Er selbst ging dabei beinahe zugrunde. Kein einziges Mal ging sein Chef der Auffälligkeit auf den Grund, warum sich sein neuer Fahrer so oft verfuhr. Er zeigte kein Interesse an dem Menschen. Entweder das Privatleben des Kfz-Mechanikers interessierte ihn nicht oder er ignorierte die Probleme des Mannes konsequent. Die ungeheuerliche menschliche Kälte beim Tod bzw. der Beerdigung der Ehefrau taten ihr Übriges zum Zusammenbruch. Wie im Beispiel zuvor mangelt es auch diesem Vorgesetzten nicht nur auf eklatante Weise an Mitgefühl, Einsicht und Einfühlungsvermögen, sondern selbst nach der langen Arbeitsunfähigkeit gingen die Herabsetzungen weiter, als er seinen ehemaligen Fahrer in die Betriebskantine versetzte.

Einen bisher zuverlässigen und in seiner zuvor ausgeübten Tätigkeit qualifizierten Mitarbeiter entwickelte der Chef sozusagen „nach unten". Die Folgen der Führungsunfähigkeit des Direktors gehen sowohl zulasten des Mitarbeiters (gesundheitlich und finanziell geschädigt, im sozialen Status degradiert, demoralisiert und frustriert) als auch des Unternehmens (Mitarbeiterfluktuation, „Verbrennen" einer qualifizierten Kraft, Verunsicherung weiterer Mitarbeiter, Förderung einer von Angst und Verunsicherung geprägten Unternehmenskultur).

▶ **BEISPIEL 5**

Führungsfehler: Desinteresse des Arbeitgebers an persönlicher Situation und Verschärfung durch bewusste Verschlechterung der Arbeitsbedingungen

Eine 31-jährige unverheiratete Lehrerin pflegt in ihrem Heimatort ihre schwerkranke Mutter. Als der Staat sie innerhalb ihres Bundeslandes rund 300 Kilometer versetzt, sucht sie das Gespräch mit der Behörde. Sie erklärt, dass sie die einzige noch lebende Verwandte ihrer Mutter ist und die Pflege übernimmt. Die Behörde ignoriert das Anliegen der jungen Lehrerin, besteht auf der Versetzung oder stellt es der Frau frei, zu kündigen.

Die Lehrerin, die als Alleinverdienerin auf ihr Einkommen angewiesen ist, nimmt daraufhin die Versetzung an. An ihrem neuen Arbeitsort nimmt sie sich eine Wohnung, wird dort aber nicht heimisch, da sie wenigstens an den Wochenenden nach Hause zu ihrer pflegebedürftigen Mutter fährt. Soziale Kontakte zu Freunden reduzieren sich auf ganz wenige Ausnahmen. Am Arbeitsort gibt es außer den Kontakten zu Kollegen kaum Anschluss. Zu Hause widmet sie einen Großteil ihrer Zeit ihrer Mutter und dem gemeinsamen Haushalt.

Die Leistungen, die die gesetzliche Pflegekasse für den ambulanten Pflegedienst aufbringt, der sich unter der Woche um die alte Frau kümmert, reichen nicht aus. Einen Teil ihres Einkommens verwendet die Lehrerin für die Pflegekosten ihrer Mutter. Große Sprünge kann sie sich mit dem verbleibenden Geld nicht leisten. Neben den Pflegekosten zehren nicht nur der Unterhalt für die Mutter, die Mietkosten für die Wohnung am Arbeitsort und die hohen Benzinkosten für die wöchentlichen Heimfahrten am Geldbeutel der Frau. Eine fortschreitende soziale Entfremdung belastet sie ebenso wie ihr Gewissen, sich zu wenig um die Mutter zu kümmern. Dazu das ständige Hin und Her, Staus auf der Autobahn, Termindruck, wenig Freizeit, kaum noch Kontakt zu Freunden und auch kein Lebenspartner.

Auch bei der Lehrerin stellen sich psychosomatische Symptome und schließlich eine fortschreitende Verschlechterung des Gesundheitszustandes ein. Als sie der Schulbehörde ihre Situation schildert und einen Antrag auf Rückversetzung in eine heimatnah gelegene Schule stellt, wird dieser Antrag abgelehnt. Stattdessen versetzt ihr Dienstherr sie auf eine andere Schule, die als sozialer Brennpunkt innerhalb der Großstadt bekannt ist. Der Pädagogin wird dies alles zu viel. Sie erkrankt und ist nur noch sporadisch in der Schule. An einem der Tage, an denen sie fern der Heimat unterrichtet, stirbt die Mutter. Sie beginnt, sich noch mehr Vorwürfe zu machen. Das Gefühl, der schwerkranken Mutter nicht beigestanden, sondern sie in ihren letzten Stunden allein gelassen zu haben, lässt sie nicht mehr los. Sie kündigt ihre Stellung als Lehrerin und begibt sich in psychiatrische Behandlung.

Mittlerweile ist sie wieder berufstätig. Trotz ihres Studienabschlusses arbeitet sie „nur" noch in einer Teilzeitbeschäftigung als Hausaufgabenbetreuerin. Die deutlichen finanziellen Einschnitte nimmt sie hin, da sie froh ist, wieder nach Hause zurückgekehrt zu sein. Sie kehrt in das soziale Leben zurück, hat zwischenzeitlich einen Lebenspartner und ist mit weniger Geld glücklicher als zuvor. „Meine Lebensqualität", sagt sie im Gespräch, „ist nicht abhängig von der Summe, die ich verdiene. Wieder zu Hause zu sein in der Heimat, umgeben von Freunden und langjährigen Weggefährten, bedeutet mir mehr."

Analyse: Das Beispiel der jungen Lehrerin verdeutlicht die Erkenntnisse aus der Glücksforschung. Geld und sozialer Status wiegen weit weniger als Harmonie, intakte soziale Beziehungen und ein Leben in Übereinstimmung mit den eigenen Idealen. Betrachtet man die Führungsfehler, die ihrer Dienststelle zuzuschreiben sind, hätte es sicher vermieden werden können, dass eine junge, ambitionierte Nachwuchspädagogin ihr Lehramtsstudium nicht im Schuldienst nutzt. Ihr Arbeitgeber ging zu keiner Zeit auf die persönlichen Bedürfnisse, in erster Linie also auf die Vereinbarkeit von Pflege und Beruf, ein. Wäre die Behörde bereit gewesen, die Lehrerin in zumutbarer Entfernung zu beschäftigen, hätte sich die Angelegenheit mit hoher Wahrscheinlichkeit ganz anders entwickelt.

Gerade in der Situation, als die Mitarbeiterin ihre Vorgesetzten am meisten braucht, entziehen sich diese der Verantwortung und verschlimmern die Situation. Ein klares Bekenntnis und eine Fürsprache für die Lehrerin hätte es ihr ermöglicht, sich weiter um die Pflege der Mutter zu kümmern. Die Verbundenheit mit einem Arbeitgeber, der Rücksicht auf die Belange der Mitarbeiter nimmt, führt in der Regel zu einem Loyalitätswachstum und fördert das Engagement. Im vorliegenden Fall haben dies die Vorgesetzten nicht erkannt und stattdessen eine Fachkraft verloren. Was die Dienststelle daraus lernen sollte, ist, schnellstmöglich einen Modus zur Vereinbarung von Beruf und Familie sowie zur Vereinbarung von Beruf und Pflege zu finden und ggf. flexible Arbeitszeitmodelle anzubieten. Dies mag im Lehrberuf nicht einfach, allerdings auch nicht unmöglich sein.

Ideen und Lösungsansätze für den Führungsalltag

Sind Mütter besonders fleißige Bienen?

Ein ergänzendes, sehr positives und spezielles Beispiel für die Nutzung von Mitarbeiterenergie in Bezug auf Mütter liefert das folgende Exempel.

> **BEISPIEL: Hoch motivierte und gut organisierte Mütter**
>
> Der geschäftsführende Gesellschafter eines Finanzdienstleisters beschäftigt eine beträchtliche Anzahl teilzeitbeschäftigter Mütter. Zuvor waren die meisten davon in Vollzeitanstellung, ehe die Tätigkeit durch eine Babypause unterbrochen wurde. Nach der Elternzeit bietet der Geschäftsführer den Müttern ihre ursprünglichen Stellen wieder an. Die meisten davon wählen ein Teilzeitmodell. Gefragt, ob dies denn funktioniere, antwortet der Firmeninhaber, dass er besonders gern mit Müttern arbeite, da diese in der Regel „top organisiert" seien. „Sie managen zu Hause ein kleines Familienunternehmen, kümmern sich um Haushalt, Kinder, Ehemann. Diese Frauen können besser mit Zeitdruck und Terminvorgaben umgehen, weil sie es tagtäglich praktizieren: pünktlich den Wecker stellen, die Kinder aufwecken, sie rechtzeitig an den Frühstückstisch bringen, in der Zwischenzeit die Pausenbrote schmieren und dafür sorgen, dass die Kinder den Schulbus erwischen." „Mütter", so der Chef von ca. 250 Mitarbeitern, „schaffen oft in den fünf Stunden, die sie am Arbeitsplatz verbringen, annähernd das Pensum so manches Vollzeitbeschäftigten, sind hoch motiviert, gut organisiert und zeigen eine außergewöhnliche Verbundenheit zum Unternehmen, weil wir durch das Angebot an flexiblen Arbeitszeitmodellen die Möglichkeit schaffen, auch während der Zeit der Kindererziehung sich beruflich weiterzuentwickeln."

Analyse: Dieser Betrieb hat das spezielle Potenzial, das Mütter mit sich bringen erkannt und fördert dies. Die offen zum Ausdruck gebrachte Anerkennung sorgt zudem für einen Loyalitätsgewinn. Ein weiterer positiver Aspekt: Die Investition des Unternehmens in das Wissen, das den Angestellten vor der Babypause vermittelt wurde, kehrt auf diese Weise wieder in die Firma zurück. Ergänzt um wichtige Lebenserfahrungen (Familienorganisation, Verantwortung) und der Lust, zu arbeiten.

Führungsalltag in deutschen Unternehmen – so sieht's aus, so sollt's sein

3.3.2 Grundlagen erfolgreicher Führung

Im vorigen Kapitel wurde speziell darauf eingegangen, was Arbeitsplatzkonflikte auslöst, wie falsch ausgeübte Führungsverantwortung sich auswirkt und welche negativen Schlüsse sich für Arbeit als Glücksfaktor ergeben können. In den Händen der Führungskraft liegen die Schlüssel, ob es gelingt Mitarbeitern zu vermitteln, dass Arbeit Spaß machen, lebensbereichernd sein und glücklich machen kann. Im Folgenden sollen nun die Positiv-Faktoren betrachtet werden, mittels deren Führungskräfte in der Lage sind, sich und andere erfolgreich zu führen. Bereits unter 3.1 und 3.2 wurde darauf eingegangen, wie wichtig der Umgang mit der eigenen Gesundheit ist und welche Bedeutung ein gesundheitsgerechter Führungsstil hat. Nun geht es noch um einige Details. Was macht darüber hinaus erfolgreiche Führungskräfte aus? Wie können Führungskräfte in dem, was sie tun, glücklich sein, sich vom Erfolg beflügeln und von Misserfolg nicht aus der Bahn werfen lassen? Im Wesentlichen sollen vier wichtige Grundlagen die Basis hierfür schaffen: soziale Intelligenz, Kommunikation, (Selbst-)Motivation und Kreativität.

Vom gefühlten Glück in der Arbeit oder, anders gesagt, der subjektiven Zufriedenheit profitieren Arbeitnehmer und Arbeitgeber. Führungskräfte können mit der Art, wie sie kommunizieren, ganz erheblich darauf einwirken.

Kommunikation verbindet Menschen. Gut durchdachte Strukturen für eine effektive Kommunikation stärken das Gemeinschaftsgefühl. Dabei geht es nicht nur darum, das Richtige zur rechten Zeit von oben nach unten zu sagen. Ebenso wichtig ist es, die Kommunikation innerhalb der Teams und der Teams untereinander zu verbessern sowie die Kommunikation von unten nach oben zu stimulieren. Wenn Menschen sicher sind, dass man ihnen zuhört, haben sie eher den Mut, das auszusprechen, was ihnen am Herzen liegt. Der Trend zur Kommunikation über digitale Geräte nimmt zu. Deshalb sollte ein Arbeitgeber dafür sorgen, dass die Kommunikation von Angesicht zu Angesicht nicht verloren geht. Sie bleibt ein wichtiges Instrument, um die Beziehungen unter den Kollegen zu stärken und ein Gemeinschaftsgefühl zu vermitteln (vgl. Stepstone – Studie zum Glück am Arbeitsplatz 2012/2013).

Der Beziehungsaspekt einer Kommunikation ist dem Inhaltsaspekt grundsätzlich übergeordnet.

Paul Watzlawick

Das Zitat zielt darauf ab, dass in erster Linie das Kümmern um den Mitarbeiter und die Art der Kommunikation eine größere Bedeutung einnimmt als beispielsweise der fachliche Teil.

Insbesondere in Zeiten des Wandels, wenn Umstrukturierungs- oder Rationalisierungsmaßnahmen anstehen, spielt die Art und Weise, wie Führungskräfte kommunizieren, eine Schlüsselrolle für das Gelingen des Vorhabens. Gerade wenn Mitarbeiter in Sorge sind, Gerüchte durch das Unternehmen schleichen und die Verunsicherung sich auch auf die Produktivität auswirkt, sind empathische Führungskräfte gefragt. Empathie hat zwar primär mit Einfühlungsvermögen zu tun, jedoch wirkt die Art und Weise, wie dieses nach außen kommuniziert wird, unmittelbar auf den Empfänger. Die Art, wie z. B. eine Nachricht übermittelt wird, beeinflusst immer auch den Empfang und somit die darauffolgende Auswirkung.

Bevor konkrete Beispiele für richtiges Kommunikationsverhalten als Treiber für motivierte und glückliche/zufriedene Mitarbeiter genannt werden, soll im Vorfeld Empathie näher betrachtet werden.

3.3.2.1 Erfolgreich kommunizieren mit sozialer Intelligenz

Empathie ist Teil der sozialen Intelligenz. Damit Führungskräfte optimal kommunizieren und ihrer Vorbildfunktion nachkommen können, ist es erforderlich, dass sie sich in sozialen Situationen richtig bzw. angemessen verhalten. Tun sie das nicht, leiden die Mitarbeiter unter der sozialen Inkompetenz ihrer Führungskraft. Dies kann z. B. in Fehlinterpretationen oder Missverständnissen münden, die Mitarbeitern aufs Gemüt schlagen und mangelnde Arbeitsleistungen zur Folge haben.

Soziale Intelligenz besteht sowohl aus sozialen Kompetenzen respektive sozialem Bewusstsein als auch aus emotionaler Kompetenz respektive sozialen Fertigkeiten. Auch im Feld der bereits näher betrachteten gesundheitsgerechten Führung spielt die soziale Intelligenz eine prägende Rolle im Hinblick auf den Erfolg in der Umsetzung.

Das soziale Bewusstsein ist die Fähigkeit, emotionale Informationen zu erkennen und zu verstehen (Emmerling/Boyatzis 2012, S. 8). Es ist die Voraussetzung für das Verständnis der Gefühlswelt anderer Personen (Goleman 2006, S. 134). Goleman definiert „soziales Bewusstsein" als ein Gebilde aus vier wesentlichen Elementen:

- Primäre Empathie
- Zugewandtheit
- Soziale Kognition
- Empathische Genauigkeit

3.3.2.1.1 Primäre Empathie

Die primäre Empathie beschreibt die Fähigkeit, sich in das Innenleben einer fremden Person hineinzuversetzen und über nonverbale Signale Emotionen zu erkennen. Jeder Mensch sendet etwa durch eine flüchtige Mimik verschiedene Signale über seinen Gefühlszustand. Wenn man diese Mimik richtig interpretiert, kann man viel über die aktuellen Gefühle seines Gegenübers lernen. Man kann primäre Empathie als eine Begabung ansehen, die es ermöglicht, die Emotionen anderer Menschen zu begreifen und deren Sichtweisen nachzuvollziehen. Dieser Vorgang der primären Empathie läuft eher schnell und automatisch ab, entwickelt sich mit der Zeit und wird von den Lebensumständen geprägt (Goleman 2006, S. 135–137).

> **BEISPIEL: Aus der Praxis**
>
> Aufgrund diverser Zentralisierungsmaßnahmen, von denen sich ein Unternehmen Synergien und Einspareffekte erhofft, kommt es zu einer Kürzung der Personalressourcen in dezentralen Einheiten, die das operative Geschäft abwickeln. Der verantwortliche Bereichsleiter teilt seinen Führungskräften die genauen Kennzahlen sowie die Zeitspanne mit, in der Personal freigesetzt bzw. verlagert werden soll. Eine der dabei angesprochenen Führungskräfte führt daraufhin erste Gespräche mit ihren Mitarbeitern, um die Versetzungsbereitschaft innerhalb des Teams zu klären. Eine 49-jährige Mitarbeiterin, die aus gesundheitlichen Gründen nicht im gleichen Maße belastbar ist wie die Kollegen, macht sich massive Sorgen, dass sie diejenige sein könnte, die ihr Chef für eine Versetzung auswählt. Ihr Kopf lässt ihr keine Ruhe, seit sie von ihrem Chef erfahren hat, welche Überlegungen im Gange sind. Selbst nachts, wenn sie müde ist, wacht sie auf, ihr Kopf schaltet sich ein und raubt ihr den wertvollen Schlaf. Zuletzt war sie schon beim Arzt und fiel drei Tage aus.
> Anlässlich eines Termins am Ort der Filiale, in der die besagte Mitarbeiterin tätig ist, nimmt sich der Bereichsleiter auch die Zeit, dieser Geschäftsstelle einen Besuch abzustatten. Er möchte sich ein Bild über die Stimmung im Team, die allgemeine Motivationslage und die Arbeitsorganisation machen sowie in einem Gespräch mit dem Filialleiter darüber und über die aktuellen Ergebnisse sprechen. Im Vorfeld kündigt der Bereichsleiter seinen Besuch an und lässt über den Filialleiter ausrichten, dass er den Mitarbeitern sowohl für Einzelgespräche als auch im Team zur Verfügung steht.
> Bei der persönlichen „Handschlag-Begrüßung" fällt ihm die 49-jährige Mitarbeiterin auf. Gerade weil sie dem Bereichsleiter als besonders kommunikativ und vertriebsorientiert in Erinnerung ist, gewinnt er bereits beim Blick in die trüb wirkenden Augen, dem ausweichenden Blick und dem etwas kraftlosen Händedruck den Eindruck, dass die stets zuverlässige Angestellte Kummer hat. Der Name der Mitarbeiterin stand nicht auf der Liste der angemeldeten Einzelgespräche. Der Bereichsleiter spricht sie daraufhin freundlich und mit einem

aufmunternden Lächeln an und erkundigt sich, wie es ihr geht. Die Mitarbeiterin zögert einen Moment, ob sie offen sprechen und sich offenbaren soll. Sie hat Angst, dass ihr ihr Kummer als Schwäche und der momentane Arbeitsstress, der ihr zu schaffen macht, bei offener Aussprache als „nicht belastbar und somit wegzurationalisieren" ausgelegt werden könnte.

Der Bereichsleiter bemerkt ihr Zögern und fragt sie zunächst, wie es ihrer Tochter im Studium geht. Er möchte ihr Vertrauen gewinnen und spricht zunächst über ein Thema, von dem er weiß, dass es die Mitarbeiterin mit Stolz erfüllt. In der Tat vergisst die Angestellte für diesen Moment ihre Sorge und berichtet, dass ihre Tochter gut vorankomme und schon im nächsten Jahr ihr Staatsexamen mache. In ihren Augen ist in diesem Moment der Glanz einer stolzen Mutter sichtbar. Der Bereichsleiter nutzt die Gelegenheit, drückt seine Freude über die „prima Entwicklung der Tochter" und das „beneidenswerte Verhältnis zwischen Mutter und Tochter" aus und lächelt die Mitarbeiterin an. Als sich dabei ihre Blicke treffen, fasst sie den Mut, ihm zu sagen, dass sie schon etwas auf dem Herzen habe. Der Bereichsleiter nickt ihr zu und bittet sie höflich, mit ihm in den Besprechungsraum zu gehen. Dort führen beide ein Vier-Augen-Gespräch. Er hört ihr geduldig zu, unterbricht sie nicht und bringt ihr Verständnis entgegen. Er erklärt ihr die Hintergründe der Notwendigkeit von Veränderungen im Unternehmen sowie die Auswirkungen auf die jeweiligen Organisationseinheiten. Auch auf die Rolle der Mitarbeiterin im Speziellen geht er ein und macht ihr ihren Wert innerhalb des Unternehmens deutlich. Im Laufe des Gespräches werden der Mitarbeiterin Zusammenhänge klar, und obwohl sie nach wie vor gern in dieser Filiale mit diesen Kolleginnen und Kollegen zusammenarbeiten möchte, merkt sie dennoch, wie sie Verständnis für die Sicht des Bereichsleiters und die wirtschaftliche Notwendigkeit für das Unternehmen entwickelt.

Es ist ein offenes, vertrauensvolles und von gegenseitigem Respekt geprägtes Gespräch. Die Mitarbeiterin ist dem Bereichsleiter sehr dankbar für die Zeit, die er sich für sie nimmt. Sie kehrt nicht völlig frei von Sorge, dafür aber mit einem „viel besseren Gefühl" zurück an ihren Arbeitsplatz und verabschiedet sich von dem Bereichsleiter mit den Worten: „Vielen Dank, das hat mir sehr gutgetan, dass ich mir das einmal von der Seele reden konnte und es Ihnen nicht egal ist, was mit mir ist."

Analyse: Aus dem Beispiel wird deutlich, wie primäre Empathie wirkt. Der empathische Vorgesetzte hat durch sein Führungsverhalten bewirkt, dass die durch Ängste verunsicherte und bereits mit den ersten Fehltagen belastete Mitarbeiterin den Sinn der Umstrukturierungsmaßnahmen besser versteht und wieder motiviert ihrer Arbeit nachgeht. Durch das Erkennen der nonverbalen Signale (trübe Augen, ausweichender Blick, kraftloser Handschlag), die zugewandte und interessierte Haltung ist die Führungskraft in der Lage, sehr feinfühlig auf die Mitarbeiterin einzugehen und im folgenden Gespräch weitere Zusammenhänge zu rekonstruieren.

Führungsalltag in deutschen Unternehmen – so sieht's aus, so sollt's sein

Auch die äußeren Bedingungen stimmen. Der Bereichsleiter sorgt für eine ruhige und vertrauliche Gesprächsatmosphäre, indem er die Mitarbeiterin in einen separaten Raum zum Dialog einlädt. Dort schenkt er ihr seine volle Aufmerksamkeit, argumentiert sachlich einerseits, anderseits beinhaltet das Gespräch auch emotionale Momente. Er versetzt sich in die Gefühls- und Gedankenwelt der Mitarbeiterin, bringt ihr durch die Verdeutlichung, welchen Wert ihre individuelle Leistung für das Unternehmen hat, Wertschätzung entgegen und geht auf die Bedürfnisse der Mitarbeiterin (von der Seele reden, eigene Lebenssituation verdeutlichen) ein.

Im Ergebnis fördert der Bereichsleiter durch sein empathisches Verhalten das Vertrauensverhältnis zwischen Mitarbeiterin und Vorgesetztem und schafft damit gleichzeitig auch eine höhere emotionale Bindung ans Unternehmen. Darüber hinaus beugt er der Burnout-Spirale (vgl. vorhergehende Kapitel) vor und sorgt stattdessen dafür, dass die Mitarbeiterin erleichtert und mit dem gewohnten Elan an ihren Arbeitsplatz zurückkehrt. Ein weiterer Nebeneffekt ist zudem, dass auch die unmittelbare Führungskraft durch die verstärkenden Elemente des Bereichsleiters wieder von der Arbeitskraft der angeschlagenen Mitarbeiterin profitiert.

3.3.2.1.2 Zugewandtheit

In dem unter 3.3.2.1.1 aufgezeigten Beispiel berücksichtigt der Bereichsleiter auch die Fähigkeit des Zugewandtseins. Diese Fähigkeit beschreibt das aktive Zuhören, bei dem man seinem Gesprächspartner volle Aufmerksamkeit schenkt (Goleman 2006, S. 138). Konzentriert auf sein Gegenüber kommt dies äußerlich zum Ausdruck, indem etwa durch ein Kopfnicken oder einen zustimmenden oder mitfühlenden Laut dem anderen signalisiert wird, dass man „bei ihm" ist. Durch das Hineinversetzen in die Gefühls- und Gedankenwelt entwickelt die Führungskraft ein besseres Verständnis, bringt seinem Gegenüber Wertschätzung entgegen und fördert das Vertrauensverhältnis und somit den Loyalisierungsprozess zwischen Führungskraft (Unternehmen) und Mitarbeiter.

3.3.2.1.3 Soziale Kognition

Darunter ist der geschickte Umgang mit Erkenntnissen, wie die soziale Welt funktioniert, zu verstehen. Mithilfe dieser Fähigkeit kann man einschätzen, was in verschiedenen sozialen Situationen von einem erwartet wird. Mangelt es an sozialer Kognition, kann beispielsweise nicht eingeschätzt werden, warum eine Person von etwas peinlich berührt ist oder warum eine Person von einer nebensächlichen Bemerkung einer dritten Person verletzt wird.

> **BEISPIEL: Aus der Praxis**
>
> Eine erfahrene Personalleiterin beobachtet die Entwicklung einer neuen Führungskraft. Neben den eigenen Kontakten und Berührungspunkten zu diesem neuen Teamleiter nimmt sie auch die Reaktion der Kollegen auf die schon etwas ältere und erst seit wenigen Wochen im Unternehmen tätige Führungskraft wahr. Während der Mittagspause kommt es zu einem Gespräch mit einer Mitarbeiterin, die dafür bekannt ist, kein „Blatt vor den Mund" zu nehmen.
> „Dieser neue Teamleiter", beklagt sich die Kollegin, „ist ganz schön arrogant! Vor Kurzem kam er mir in der Mittagspause draußen auf der Fleischerbrücke entgegen. Ich habe ihn angesehen und ihm zugenickt, doch er hielt es nicht mal für nötig, mich anzusehen, geschweige denn zurückzugrüßen!"
> Die Personalleiterin gibt zunächst keine Wertung ab, behält die Informationen für sich und spricht wenig später mit dem neuen Teamleiter. Sehr einfühlsam tastet sie sich vor, indem sie sich erkundigt, wie er sich eingelebt hat in der neuen Stadt, wie es ihm mit der Arbeit und den Kollegen geht und ob sie etwas für ihn tun könne. Als er ihr berichtet, dass er sich soweit gut eingelebt hat und die Arbeit „an und für sich kein Problem darstellt", fragt die Personalchefin nach, was er unter „an und für sich" versteht. Der Teamleiter zögert einen Moment, beschreibt ihr dann aber sein Empfinden, dass manche Mitarbeiter sich ihm gegenüber distanzierter verhalten, als er dies aus der Vergangenheit kenne. „Ich sage in der Früh freundlich ‚Guten Morgen', versuche, die Mitarbeiter wertschätzend zu behandeln, und trotzdem habe ich bei manchen das Gefühl, dass sie mich am liebsten meiden würden", klagt er.
> Die Personalleiterin fragt nach, ob er sich vorstellen kann, woran das liegen könnte. Im Laufe des Gespräches erzählt sie ihm anonymisiert von der Wahrnehmung einer Kollegin, die wohl nicht die Einzige ist, die er außerhalb des Betriebsgebäudes, wenn er Kollegen begegnet, nicht grüßt. Es stellt sich heraus, dass der ältere Kollege unter einer stark ausgeprägten Kurzsichtigkeit leidet. Innerhalb des Firmengebäudes kommt er mit seiner Brille zurecht. Da die Abstände zu den Menschen um ihn in den Büros und Gängen gering sind, ist es ihm dort möglich, die Kollegen zu grüßen. Im Freien, noch dazu wenn er nicht darauf eingestellt ist, an welchem Ort er auf welche Kollegen treffen könnte und sich zudem der Blickkontakt innerhalb weniger Sekunden(bruchteile) abspielt, kann er aufgrund seiner Sehschwäche nicht rechtzeitig erkennen, wer ihm entgegenkommt.
> Die Personalleiterin versteht nun, warum es zu dem Missverständnis kam. Sie rät ihm, offen damit umzugehen, um die Arbeitsatmosphäre nicht durch Unkenntnis und Fehleinschätzung seiner Person zu belasten.

Führungsalltag in deutschen Unternehmen – so sieht's aus, so sollt's sein

Analyse: Durch ihre Fähigkeit der sozialen Kognition identifizierte die Personalleiterin das Missverständnis zwischen dem Teamleiter, der die emotionale Distanzierung einiger Kollegen nicht verstand, und den Kollegen andererseits, die nicht nachvollziehen konnten, warum der neue Vorgesetzte außerhalb der Firma fast nie grüßt. Somit erkannte die Personalleiterin (noch) rechtzeitig drohendes Konfliktpotenzial und wirkte zum Wohl aller Beteiligten hilfreich entgegen.

3.3.2.1.4 Empathische Genauigkeit – empathische Details

Wie wichtig die Empathie beim Führungsverhalten im Allgemeinen ist und welche Auswirkungen sie in Bezug auf die Kommunikation hat, wurde bereits beschrieben. Im zweiten Schritt soll Empathie noch genauer betrachtet werden. Empathische Genauigkeit ist spontan von der Situation und der Motivation abhängig. Es können zwei Arten von Empathie unterschieden werden: affektive Empathie und kognitive Empathie.

Die *affektive Empathie* beschreibt die wechselseitige und intuitive soziale Einstimmung auf andere Menschen (Bauer 2006, S. 70). Beispielhaft genannt sei die Situation, dass wir gähnen müssen, wenn ein anderer gähnt, dass wir das Gesicht verziehen und Schmerz nachvollziehen können, wenn ein anderer Schmerzen fühlt, oder wir zurücklächeln, wenn wir angelächelt werden.

Die *kognitive Empathie* hingegen beschreibt den Zustand des Hineinversetzens in die Absichten des Gegenübers. Dadurch kann besser eingeschätzt werden, was das Gegenüber zu tun beabsichtigt. Hierfür ist eine hohe gedankliche (kognitive) Leistung notwendig (Goleman 2006, S. 142; Hübener 2011, S. 62). Erfolgreiche Schachspieler beispielsweise besitzen oftmals ein hohes Maß an kognitiver Empathie, indem sie antizipieren, also den oder die nächsten Züge des Gegners gedanklich vorwegnehmen. Bezogen auf Führungskräfte hilft beim Kommunizieren das Hineinversetzen in das Gegenüber, um den weiteren Verlauf des Gespräches in die richtige Richtung zu lenken. Eine Führungskraft mit sozialer Intelligenz ist in der Lage, Gefühlsregungen von Mitarbeitern zu dekodieren und durch das Entschlüsseln dieser Informationen aktiv auf den Mitarbeiter einzuwirken, um positive Energie zu erzeugen.

> **! WICHTIG**
>
> Empathie beeinflusst den Führungserfolg sowohl für den Einzelnen als auch das Kollektiv.

3.3.2.2 Kommunikation – Wirkungen und Konsequenzen

Von Führungskräften wird viel verlangt: Loyalität zum Unternehmen, Rückendeckung für die Mitarbeiter, Ergebnis- und Zielorientierung, sich selbst und die Mitarbeiter motivieren, Ziele erreichen, und, und, und …

Aus Kapitel 1, in dem die wichtigsten Erkenntnisse aus der Glücksforschung beschrieben werden, wissen wir, was Führungskräfte unternehmen sollten, um glückliche und zufriedene sowie leistungsfähige Mitarbeiter zu fördern. Ob es nun darum geht, einen höflichen und respektvollen Umgang zu pflegen, Feedback und Informationen zu geben, Weiterbildung zu fördern oder auch ein Vorbild zu sein — all diese Verhaltensweisen haben eines gemeinsam: Die Art und Weise, wie die Führungskraft kommuniziert, hat entscheidenden Einfluss auf die Wirkung.

> **BEISPIEL: Aus der Praxis**
>
> Eine Führungskraft des mittleren Managements hat das neu entwickelte Unternehmensleitbild und die Unternehmensziele aus den Händen seines Vorgesetzten erhalten. Seine Aufgabe ist es nun, die Inhalte daraus in verständlicher, motivierender und ansprechender Form an die ihm anvertrauten Führungskräfte zu vermitteln. Damit verbunden ist der Arbeitsauftrag, dass die Führungskräfte Leitbild und Unternehmensziele mit ihren Mitarbeitern besprechen und sich innerhalb einer bestimmten Frist Gedanken und Ideen zur konkreten Umsetzung machen.
> In der Auftaktveranstaltung leitet die Führungskraft mit folgenden Worten ein:
> „Liebe Kolleginnen und Kollegen, wie Sie wissen, war ich letzte Woche bei der Managementtagung. Dabei ging es auch um unser neues Unternehmensleitbild und die neuen Ziele. Eines kann ich gleich vorwegnehmen: Niedriger sind die Ziele nicht geworden, ganz im Gegenteil. Aber abgesehen von der harten Realität stellt sich der Vorstand vor, dass wir jetzt Workshops einberufen sollen, in denen wir unsere Ziele transparent darstellen, uns bewusst machen, wie wir diese erreichen wollen und wie wir Zielkonflikte gemeinsam lösen. Den Rest können Sie im Leitbild nachlesen. Ach ja: Es gibt auch eine Frist. Bis zum 30.6. müssen die Workshops terminiert, bis 31.7. abgeschlossen sein. Sie müssen dann in einem Formular mit Ihren Mitarbeitern ausfüllen, was Sie künftig besser machen wollen. Die ausgefüllten Blätter geben Sie also bis spätestens 31.7. bei mir ab.
> Also — egal, was Sie jetzt davon halten: Arbeitsauftrag ist klar! Lesen Sie das neue Leitbild und die Unternehmensziele, führen Sie fristgerecht Ihre Workshops durch und geben Sie Ihre Protokolle fristgerecht bei mir ab. Noch Fragen?"

Analyse: Welche Chancen räumen Sie dem Vorhaben des Unternehmens ein, dass mit dem neuen Leitbild die Unternehmensziele von den Mitarbeitern gelebt werden?

Die Führungskraft hat durch die Art ihrer Kommunikation den Grundstein für das Scheitern der Mission gelegt. Die gelangweilt bis genervt wirkende Vortragsweise signalisiert den Mitarbeitern, dass die Führungskraft selbst nicht dahintersteht und es „gemacht werden muss". Ein Muss ist in diesem Falle eine verpasste Gelegenheit, den Anlass dafür zu nutzen, um mit den Mitarbeitern darüber zu sprechen, was tatsächlich besser gemacht werden kann. Im neuen Leitbild stecken wichtige Botschaften, welche die Führungskraft als Motivationsinstrument nutzen kann. Das A und O ist das eigene Vorleben, die eigene Überzeugung durch Körpersprache, Mimik und rhetorische Klarheit zu demonstrieren. Die Wirkung ist fatal, zumal davon auszugehen ist, dass die Führungskräfte der nächsten Ebene ebenso wenig überzeugt sind und am Ende eine Welle der Demotivation säen, statt einen Ruck durchs Unternehmen gehen zu lassen.

Einige Grundregeln der wirkungsvollen Kommunikation sind zu beachten, um im Ergebnis zu reüssieren:

> **WICHTIG: Grundregeln wirkungsvoller Kommunikation**
> - Achten Sie auf Ihre Körpersprache, Ihre Mimik und Gestik. Ihre innere Überzeugung sollte auch authentisch zum Ausdruck kommen. Stimmen körpersprachliche Signale und gesprochenes Wort nicht überein, verfehlen Sie die Wirkung und verkehren das Ergebnis ins Gegenteil. Zudem verlieren Sie an Glaubwürdigkeit. Es bedarf also stets eines engagierten und überzeugenden Ausdrucks in Wort und Körpersprache.
> - Wählen Sie Formulierungen und Redewendungen, die zu Ihnen und zu Ihrer ganz persönlichen Art passen. Achten Sie bei der Reaktion Ihres Gegenübers darauf, ob es Sie versteht. Sich mit Fremdwörtern oder Fachausdrücken zu schmücken, kann Ihnen einen „Bärendienst" erweisen. Sprechen Sie die Menschen in der Sprache an, die sie verstehen und die ihnen liegt.
> - Seien Sie ehrlich: zu sich und zu Ihren Mitarbeitern. Das ist viel überzeugender, als ständig auf Worte und Handlungen zu achten, nur um nichts Falsches zu sagen. Sie sind, wie Sie sind: unverwechselbar und keine Mogelpackung.
> - Lassen Sie sich nicht auf Klatsch und Tratsch ein und machen Sie niemals hinter dem Rücken anderer negative Aussagen. Dazu zählt auch, sich nicht an Lästereien zu beteiligen. Sie zeigen Größe, wenn Sie die Stärken anderer Menschen anerkennen.

- Um mit Ihrer Persönlichkeit als Führungskraft vollends zu überzeugen, brauchen Sie Souveränität. Diese erreichen Sie, indem Sie voll bei der Sache sind. Konzentrieren Sie sich auf das, was Sie gerade tun, bzw. auf die Menschen, zu denen Sie gerade sprechen. Lassen Sie sich durch nichts und niemanden ablenken. Das hat auch etwas mit Respekt zu tun. Widmen Sie Ihrem Gesprächspartner Ihre volle Aufmerksamkeit, bürgt dies für einen respektvollen Umgang.
- Lassen Sie sich nicht aus der Ruhe bringen. Auch dann nicht, wenn Sie Gegenwind spüren. Bleiben Sie gelassen, wenn Ihr Mitarbeiter (noch) nicht so will wie Sie. Durch Ihren überzeugenden, sympathischen und souveränen Auftritt schaffen Sie die beste Ausgangsposition, um Ihre Mitarbeiter zu überzeugen.
- Bedenken Sie, dass die Art, wie Sie eine Nachricht übermitteln, den Empfang beeinflusst. Um sicherzugehen, ob Sender und Empfänger wirklich das gleiche Bild davon entwickelt haben, was in welcher Lage zu tun ist, ist eine gezielte Nachfrage oder die inhaltliche Wiederholung wichtig.

Wie bereits ausgeführt, bildet das Führungsverhalten einen der wichtigsten Einflussfaktoren auf die Arbeitszufriedenheit und die Gesundheit der Mitarbeiter. Das kommunikative Verhalten der Führungskraft sollte darauf ausgerichtet sein, Mitarbeiter partizipieren zu lassen, indem Hintergründe erläutert, Ziele und Nutzen verdeutlicht und die Ideen, Anregungen und Bedürfnisse der Mitarbeiter ernst genommen werden. Kommunikationsprozesse sind keine Einbahnstraße, sondern sollten bilateral fruchtbar sein.

Mangelnde Kommunikation fördert Fehler und Missverständnisse. Diese können in fachlicher Hinsicht ebenso entstehen wie in Form unterschiedlicher Interpretationen und in der Folge falscher Anwendungen.

3.3.2.3 Motivation als Führungselement

Eine Stelle ist mehr als nur ein Job. Das gilt gleichermaßen für Führungskräfte wie für Mitarbeiter. Arbeit ist ein Glücksfaktor, wenn der Mensch einer Arbeit nachgeht, die ihm Sinn gibt und ihn erfüllt. Und Erfüllung wiederum ist ein Motivationsfaktor, der Menschen zum Arbeiten bewegt. Somit ist dem Bereich der Motivation, also der Art und Weise, wie sich Führungskräfte selbst motivieren können, um im Anschluss diese Energie auf ihre Mitarbeiter zu übertragen, besondere Beachtung zu schenken. In aller Regel möchten Mitarbeiter Verantwortung für ihre Arbeit übernehmen und daran wachsen.

Sie möchten stolz auf die eigenen Ergebnisse sein. Um diesen Zustand zu erreichen, braucht es kommunikative und motivierte Führungskräfte. Der wichtige Erfolgsfaktor der sozialen Intelligenz wurde bereits unter 3.3.2.1 näher betrachtet, sodass sich die folgenden Punkte im Wesentlichen mit (Selbst-)Motivation beschäftigen. Dazu zählt auch, mögliche Störfaktoren zu identifizieren, um die eigene Motivationsfähigkeit nicht zu gefährden. Wie wichtig in diesem Kontext Resilienz ist, wurde bereits in Kapitel 2 ausgeführt.

3.3.2.3.1 (Selbst-)Motivation als Baustein für Leistungs- und Veränderungsfähigkeit

Motivation funktioniert in den wenigsten Fällen allein durch Lesen motivierender Botschaften. Nicht jeder Mensch reagiert auf Motivationsanreize gleich. Insofern sollen die folgenden Denkanstöße dabei helfen, für sich selbst herauszufinden, welche Botschaften die eigenen Vorstellungen am treffendsten ansprechen.

Resignation vernichtet Motivation. Besonders dort, wo sich Mitarbeiter von ihrer Umgebung und ihren Chefs schlecht behandelt und informiert fühlen. Die Art, wie Menschen in der Arbeit miteinander umgehen, kann sie krank machen (Händeler 2012, S. 42). Um als Führungskraft gleichermaßen den eigenen wie auch den Anforderungen des Unternehmens gerecht zu werden, bedarf es der Fähigkeit, sich selbst immer wieder aufs Neue zu motivieren. Bei den vielfältigen Anforderungen, die Führungskräfte zu bewältigen haben, dürfen zwei wichtige Kernaufgaben des Führens nicht aus den Augen verloren werden: Mitarbeiter besser zu machen (Mitarbeiter zu „entwickeln"), um die Leistungs- und Produktionsfähigkeit zu erhöhen, und die Flexibilität der Mitarbeiter für Change-Prozesse zu fördern. Bei häufig und vor allem schnell wechselnden Marktströmungen ist es wichtig, ebenso schnell und flexibel zu reagieren, um dauerhafte Wettbewerbsfähigkeit zu erlangen. Ein Unternehmen, das jahrelang mit verkrusteten Strukturen gearbeitet hat und plötzlich „alles umschmeißen" möchte, muss mit erheblichen Widerständen aus der eigenen Belegschaft und einem Scheitern des Projekts rechnen.

Die ruhigen Zeiten (falls es diese überhaupt gibt) müssen stets dafür genutzt werden, sich bewusst zu machen, dass nach dem Change vor dem Change ist. Flexible Mitarbeiter sind wertvolles Kapital, das Unternehmen im Wettbewerb den entscheidenden Vorsprung einbringen kann. Um also die Zeit zwischen (großen) Restrukturierungsprozessen effektiv zu nutzen, bedarf es einer Reihe von Aktivitäten. Eine der wichtigsten ist neben der fachlichen Qualifizierung und kontinuierlichen Förderung von Führungsqualitäten das Arbeiten an der Motivationsfähigkeit der Führungskräfte. Wie ist das möglich?

Ideen und Lösungsansätze für den Führungsalltag

Zum einen, indem Führungskräfte Grund erhalten, stolz auf ihren Arbeitgeber zu sein („employer branding"), um aus diesem Stolz heraus Freude und Motivation auszustrahlen und zu übertragen. Mitarbeiter werden so zu Markenbotschaftern und dauerhaft für die Interessen des Unternehmens gewonnen.

Das Verinnerlichen und Umsetzen eines von Freude geprägten Lebensstils und -gefühls sind Schlüsselfaktoren, um sich selbst und andere motivieren zu können. Im ersten Schritt sollte man sich bewusst machen, dass man ausschließlich selbst für sich verantwortlich ist. Den Grund, wenn etwas nicht läuft, auf andere Menschen oder die Umstände zu schieben, bedeutet zwangsläufig, Verantwortung aus der Hand zu geben. Verantwortungsbewusstsein ist aber auf jeden Fall notwendig, um überhaupt motivationsfähig zu sein.

Führungskräfte sollten also nicht von anderen (Vorgesetzten, Kollegen, Mitarbeiter) erwarten, dass es deren Aufgabe ist, sie zu motivieren. Schön, wenn es andere tun. Erwartungshaltung: NEIN. Erwartungen führen höchstens zu Enttäuschungen, wenn sie nicht erfüllt werden. Insofern: keine Erwartungshaltung gegenüber Mitmenschen, stattdessen Freude über schöne Überraschungen.

Damit es Führungskräften selbst gut geht, sollten sie für sich reflektieren,

1. was sie belastet und
2. was ihnen Freude macht (sie also entlastet).

Hierzu ein schönes Zitat des 1982 verstorbenen deutsch-österreichischen Schauspielers Curd Jürgens:

Es ist wichtiger, den Jahren mehr Leben zu geben, als dem Leben mehr Jahre.

Die Zeit, die wir miteinander verbringen, auch die gemeinsame Zeit während der Arbeit, ist dazu da, etwas Erfüllendes und Sinnstiftendes zu tun. Im Idealfall Zeit mit Menschen zu verbringen, die man gerne um sich hat. Natürlich kann man sich gerade im Berufsleben nicht immer aussuchen, mit wem man zu tun hat. Dennoch schadet es nichts, sich zu fragen, was man selbst zu einer angenehmen Unternehmenskultur beiträgt. Unabhängig davon, ob es sich um den Teamleiter oder die Mitarbeiter handelt. Achtet man auf den Kollegen, wenn er entgegen sonstiger Gepflogenheiten, nicht „gut drauf" ist? Spricht man ihn an und kümmert sich um ihn? Eine von gegenseitiger Achtsamkeit und von gegenseitigem Respekt geprägte Unternehmenskultur bietet den besten Boden, um motivierte Mitarbeiter wachsen zu sehen. Mitarbeiter wachsen in einem fruchtbaren Umfeld an ihren Aufgaben.

Führungsalltag in deutschen Unternehmen – so sieht's aus, so sollt's sein 3

Auch das zeichnet glückliche Mitarbeiter aus, dass ihnen der Teamgeist hilft, ihren Wert innerhalb einer Gruppe von Menschen zu erkennen und als vollwertiger Mensch wahrgenommen zu werden. Im Gegensatz zu Mitarbeitern, die sich nur als „Produktionsfaktor Arbeit" vorkommen, wenn es an zwischenmenschlicher Wertschätzung mangelt. Fairness und Offenheit innerhalb eines Teams, bei dem die Teammitglieder einschließlich des Vorgesetzten aufeinander achten und sich schätzen, ermöglichen den Aufbau einer starken Gemeinschaft, aus der ein starkes Zusammengehörigkeitsgefühl und eine hohe emotionale Verbindung mit dem Arbeitgeber erwachsen.

Wem dies bewusst ist, der weiß, dass Arbeit ein echter Glücksfaktor im eigenen Leben sein kann. Arbeit kann selbstverständlich Spaß machen. In diesem Buch wurde mehrfach auf die Gefahren von Arbeit und die daraus erwachsenden Risiken (z. B. Burnout) hingewiesen. Sinn und Zweck ist es aber, glücklich zu sein bei dem, was man bei der Arbeit tut. Besonders Führungskräfte haben das Glück, mit ihrem Wirken auf andere Menschen etwas zu deren Glück beitragen zu können. Zum Beispiel indem eine erfahrene Führungskraft als Mentor für einen jungen talentierten und aufstrebenden Mitarbeiter eine „Vater-Figur" einnimmt, ihm mit Rat und Tat zur Seite steht, ihn auf seinem Weg begleitet und ihn fördert. Schon in der Bibel steht das weise Wort „Geben ist seliger denn Nehmen". Wer anderen Menschen etwas gibt, erlebt auch selbst Glücksgefühle.

Somit sind wir schon tief in den Bereich der Motivation eingedrungen: Arbeit und Glück schließen sich nicht gegenseitig aus. Ganz im Gegenteil. Eine erfüllende Arbeit, welche die individuellen Stärken und Fähigkeiten berücksichtigt, wird mit hoher Wahrscheinlichkeit Spaß und somit Glück bringen, den Betreffenden stark machen und ihm die richtige Portion Motivation geben.

Aus dieser Erkenntnis ergibt sich eine wichtige Frage, die sich Führungskräfte stellen sollten, wenn sie sich mit den individuellen Persönlichkeits- und Motivationsstrukturen innerhalb ihres Teams beschäftigen: Sind alle Mitarbeiter am richtigen Platz, also ihren individuellen Stärken und Fähigkeiten entsprechend eingesetzt?

Falls nein, könnte eine Umsetzung von Nutzen für den Mitarbeiter und das Unternehmen sein. Erik Händeler meint dazu: „Die eigentliche Aufgabe einer modernen Führungskraft liegt darin, Ressourcen und Informationsfluss zu moderieren, die Menschen mit ihren Stärken und Schwächen zu analysieren und passend einzusetzen. Und viel nachzufragen: ,Was braucht ihr, um diese Aufgabe optimal zu lösen? Wie wirkt sich das bei euch und beim Kunden eigentlich aus, wenn wir uns in der Geschäftsleitung so entscheiden?'" (Händeler 2012, S. 44).

Ein passender Vergleich dazu findet sich beim Schach. Jede Figur hat bestimmte Fähigkeiten. Ebenso bestimmte Limitierungen. So kann zum Beispiel ein Läufer alle Diagonalfelder seiner Farbe erreichen und somit theoretisch das Schachbrett in seiner gesamten Diagonale passieren. Limitiert ist dieser Läufer jedoch für alle Felder der anderen Farbe sowie für Züge in andere Richtungen. Die Kunst des Schachspielers besteht also darin, den Läufer entsprechend seinen individuellen Möglichkeiten am besten einzusetzen. Er muss wissen, für welche Strategie er welche Figur verwendet. Die besten Fähigkeiten nützen jedoch nichts, wenn die Figur in einer Stellung gefesselt ist und von dort aus nicht zum Einsatz ihrer Fähigkeiten kommt.

Dieses Prinzip gilt auch für Führungskräfte. Um Mitarbeiter in Bewegung zu bringen, muss sich eine umsichtige und empathische Führungskraft sehr genau mit den individuellen Stärken und Schwächen ihrer Mitarbeiter beschäftigen. Gelingt es der Führungskraft, Menschen dort einzusetzen, wo ihr persönliches Potenzial am stärksten zum Tragen kommt, ist ein Höchstmaß an Leistung möglich. Diese Mitarbeiter sind zudem leichter zu motivieren, da sie sich wohl und sicher fühlen, wenn sie einer Tätigkeit nachgehen, die ihren individuellen Fähigkeiten entspricht.

„Der kleine Hedonist in mir ..."

Unter 3.2.5 wurde bereits auf die „hedonistische Tretmühle" eingegangen. Im Kontext mit Selbstmotivation greifen wir an dieser Stelle den Terminus des Hedonismus noch einmal auf.

Die Definition von Hedonismus, also das Streben nach Genuss und Lebenslust, weckt bei moraltreuen Menschen durchaus kritische Gedanken, schließlich kann das eigene Streben nach Genuss auch zum Nachteil anderer Menschen sein. Davon ist hier nicht die Rede. Vielmehr soll der „kleine Hedonist in Ihnen" geweckt werden, der Ihnen als Führungskraft die Voraussetzungen für Glück und ein gutes Leben mitgeben soll. Achten Sie auf sich, nicht nur auf die Erwartungen anderer Menschen an Sie. Genussfähigkeit beinhaltet die Fähigkeit, Sinneserfahrungen positiv zu erleben und damit das subjektive Wohlbefinden zu steigern. Dies steigert die Erlebnisintensität zugunsten positiver und sinnlicher Erfahrungen anstelle einer Erlebnisquantität. Das Wahrnehmen an sich steht im Vordergrund.

Um ausdrücklich klarzustellen: Es geht nicht darum, die Bedürfnisse anderer Menschen zu ignorieren, geschweige denn, sich selbst auf Kosten anderer Menschen zu bereichern. Sie müssen nicht zwangsläufig ein notorischer Egoist sein, um Ihre eigenen Bedürfnisse befriedigen zu können. Es macht natürlich Spaß, Zeit mit den

3 Führungsalltag in deutschen Unternehmen – so sieht's aus, so sollt's sein

Kindern, dem Partner oder Freunden zu verbringen. Es gibt aber auch Momente, da verlangt Ihr Innerstes Zeit von Ihnen für sich selbst. Für diese Zeit möchte ich Sie gewinnen. Wie unter 3.1 beschrieben, ist es gerade für Führungskräfte wichtig, sich ihrer eigenen Bedürfnisse bewusst zu werden und sich auch die Zeit hierfür zu gönnen. Vernachlässigt eine Führungskraft dies dauerhaft, geht die eigene Kraft zur Motivation anderer verloren.

▶ **BEISPIEL**

Ein sehr motivierter und belastbarer 41-jähriger fest angestellter Leiter einer Versicherungsagentur hat seit längerer Zeit Probleme mit seinem 20-köpfigen Team. Seit bekannt wurde, dass im Laufe der nächsten Monate ein umfangreicher Restrukturierungsprozess im Unternehmen durchgeführt wird, sorgen ständige Diskussionen und Gerüchte unter den Mitarbeitern für Unruhe. Darunter leiden auch die Leistungen. Der Agenturleiter versucht mit den verschiedensten Mitteln, motivierend auf das Team einzuwirken. Einzel- und Gruppengespräche, ein gesundes Frühstück zur Stärkung der Gemeinschaft, eine Einladung zum gemeinsamen Volksfestbesuch, sachliche und emotionale Argumentation, ja sogar die Einladung eines Abteilungsleiters aus der Zentrale zu einer Teambesprechung zeigen nicht die erwünschte Wirkung. Rund die Hälfte der Gruppe arbeitet auf dem erwünschten Niveau, bleibt auch bei Stress kundenfreundlich und hält das Geschäft am Laufen. Die andere Hälfte hingegen scheint immun gegen sämtliche vernünftige Argumentationen und motivierende Aktivitäten zu sein. Die Führungskraft ist ratlos. Mittlerweile arbeitet der Agenturleiter zusätzlich zu seinen Führungsaufgaben auch noch in der Sachbearbeitung mit, um dem Team zu helfen. Überstunden lässt er „unter den Tisch" fallen. Als sich der Negativ-Trend im Team weiter verschärft und sich die Teammitglieder untereinander angiften (die „Gruppe der Leistungsträger" wirft der „Gruppe der Frustrierten" unsolidarisches Verhalten vor), sucht der Agenturleiter das Gespräch mit der Geschäftsleitung.
Er legt die Probleme dar und spricht offen über seine Verzweiflung. „Ich habe ein breites Kreuz, bin auch bereit, selbst mitzuhelfen, Überstunden zu machen, und tue wirklich alles dafür, dass wir wieder auf ein normales Ergebnisniveau zurückkommen, aber ich weiß einfach nicht mehr, was ich noch tun soll", erzählt er.
Seine Chefin hört ihm die ganze Zeit geduldig zu, gibt ihm durch zwischenzeitliches Nicken das Signal, dass sie ihm aufmerksam zuhört und beginnt danach, durch gezielte Rückfragen zu ergründen, seit wann und wie das Auseinanderklaffen im Team zustande kam. Sie erklärt dem Agenturleiter, dass er alle wesentlichen Führungsinstrumente, die ihm zur Verfügung stehen, eingesetzt habe und er ihr vollstes Vertrauen genieße. Sie verspricht ihm Rückendeckung, falls es notwendig ist, Sanktionen zu ergreifen. Angesichts der bevorstehen-

den Reorganisation wird es auch zu Stellenabbau kommen. Eine Möglichkeit zur Motivation der Leistungsträger ist es, ihren Einsatz auch in schwierigen Zeiten zu würdigen, indem deren Leistungen anerkannt werden und bei der Neugestaltung der Teams Berücksichtigung finden. Die Geschäftsführerin macht ihm auch klar, dass der Umgang bei der „emotionalen Achterbahn", welche die Menschen durchlaufen, wenn die Nachricht von Stellenabbau oder Versetzungen kommt, Geduld erfordert. Sie skizziert ihm die verschiedenen Phasen der „emotionalen Achterbahn" (Selbstgefälligkeit — Verneinung — Zorn — Depression — Akzeptanz — Integration) und erklärt, dass es völlig normal ist, dass Mitarbeiter den Wandel unterschiedlich intensiv durchlaufen. Wichtig ist, das Team in Bewegung zu halten. Selbst Meinungsverschiedenheiten können einen reinigenden Charakter haben. Solange ein Austausch stattfindet, werden Apathie und Stillstand vermieden. So wird es für den Agenturleiter auch verständlich, warum ein Teil des Teams anscheinend „innerlich gekündigt" hat und ein anderer Teil den Großteil der Arbeit verrichtet. Gemeinsam besprechen Agenturleiter und die Geschäftsführerin das weitere Vorgehen.

Dem Agenturleiter ist nun die Erleichterung anzumerken. Einen wichtigen Punkt hat sich seine Chefin für den Schluss aufgehoben. Sie macht ihm deutlich, dass bei allem Verständnis für die herausfordernde Situation und das fleißige Bemühen des Agenturleiters, selbst noch mehr Arbeitsleistung einzubringen, auf Dauer damit weder dem Team geholfen ist noch ihm selbst. „Eine gewisse Zeit", erklärt sie, „können Sie sich das zumuten. Dass Sie fleißig und belastbar sind, haben Sie schon bewiesen. Ich möchte aber nicht, dass Sie sich hier zugrunde richten. Wir brauchen Sie! Wann haben Sie das letzte Mal etwas mit einem guten Freund unternommen? Wann haben Sie zuletzt gelacht, wann das letzte Mal früher Feierabend gemacht, weil Sie noch etwas Schönes vorhatten? Wann haben Sie sich im Alltag einen Moment der Stille gegönnt und wann ausreichend Ruhe? Achten Sie besser auf sich und auf Ihre Gesundheit. Sie sind ein toller Chef! Wir wissen, was wir an Ihnen haben. Und Ihr Team weiß es auch. Auch wenn es die Menschen nicht immer zum Ausdruck bringen. Nehmen Sie sich wieder mehr Zeit für sich. Haben Sie kein schlechtes Gewissen. Das hat nichts mit Egoismus zu tun. An den Tagen, an denen Sie Bäume ausreißen könnten, arbeiten Sie, solange Sie können und es Ihnen Spaß macht. An den Tagen, an denen Sie merken, dass es Ihnen nicht gut geht, fragen Sie sich: ‚Was brauche ich jetzt, damit es mir gut geht?' Und: ‚Was brauche ich heute, damit es mir (wieder) gut geht?'. Und dann nehmen Sie sich das vom Leben, was Sie brauchen. Ohne schlechtes Gewissen. So wie ich Sie einschätze, glaube ich nicht, dass Sie deswegen weniger engagiert sind. Aus der Sachbearbeitung sollten Sie sich sukzessive wieder zurückziehen. Zum einen, um sich Ihren Führungsaufgaben wieder mehr zu widmen, zum anderen, weil es Menschen in Ihrem Team geben wird, die noch weniger leisten,

wenn sie wissen, dass der Chef ihre Arbeit mit übernimmt. Als letzten Rat, falls Sie jetzt noch glauben, dass Sie keine Zeit dafür haben, dazwischen etwas für sich zu tun, will ich Ihnen noch eine kleine Geschichte erzählen:
Ein Spaziergänger geht durch den Wald und begegnet einem Waldarbeiter, der hastig und mühselig damit beschäftigt ist, einen bereits gefällten Baumstamm in kleinere Teile zu zersägen. Der Spaziergänger tritt näher heran, um zu sehen, warum der Holzfäller sich so abmüht, und sagt dann: ‚Entschuldigen Sie, aber Ihre Säge ist ja total stumpf! Wollen Sie sie nicht einmal schärfen?' Darauf erwidert der Waldarbeiter mit einem Stöhnen: ‚Dafür habe ich keine Zeit, ich muss sägen!'"

Analyse: Die Geschäftsführerin hat es geschafft, den Agenturleiter zu motivieren, indem sie ihn beruhigte, ihm aktiv zuhörte und ihm in mehrerlei Hinsicht Erleichterung verschaffte. Unter anderem dadurch, dass er mehr für seinen eigenen Lebensgenuss, seine persönliche Lebensqualität tun solle. Der Agenturleiter konnte seine Probleme offen besprechen, obwohl es ihn viel Überwindung gekostet hat. Seine Chefin hat sich viel Zeit für ihn genommen. Während des gesamten Gespräches hat sie kein einziges Mal auf ihre Uhr oder ihr Handy geschaut. Sie war ganz bei ihm und hat ihm ihre volle Aufmerksamkeit geschenkt. Sie hat ihm klargemacht, dass es Situationen gibt, in denen manche Menschen vorübergehend nicht für Motivationsanreize erreichbar sind, und ihm die Zusammenhänge dazu erklärt. Sie hat ihn in seinem Handeln bestärkt und ihn motiviert, seinen Weg weiter zu gehen und das Team in Bewegung zu halten, um Stillstand zu vermeiden. Auch an die Leistungsträger hat die Chefin gedacht, um zu vermeiden, dass aus der 50:50-Situation eine negative Asymmetrie entsteht. Das Wichtigste aber war das „Freisprechen" von dem eigenen Anspruch, immer noch mehr und noch mehr tun zu müssen. Die Geschäftsführerin schenkte dem Agenturleiter Vertrauen in seine Person und forderte ihn auf, guten Gewissens etwas für sich zu tun und sich etwas zu gönnen. Und zwar gerade dann, wenn er selbst glaubt, dafür überhaupt keine Zeit zu haben, obwohl er es gerade dann am nötigsten hat. Die Geschäftsführerin nutzt die Verunsicherung des Agenturleiters als Gelegenheit zur Motivation. Sie wandelt sozusagen Verunsicherung in Motivation um und erzeugt damit neue Mitarbeiterenergie.

Führungskräfte sollten also, um ihre eigene Leistungs- und Motivationsfähigkeit zu erhalten und auch in Zeiten besonderer Belastungen noch Motivationssignale auszusenden, konsequent darauf achten, die eigenen Bedürfnisse nicht zu kurz kommen zu lassen.

Manchmal hilft es auch, sich bewusst zu machen, wie gut es uns tatsächlich geht. Es ist ein Privileg der Freiheit, ohne Zwang zwischen verschiedenen Möglichkeiten auswählen und entscheiden zu können. Machen Sie sich klar, dass Sie kein Getriebener sind (auch wenn Sie sich vielleicht manchmal so fühlen), sondern ein freier Mensch in einem freien Land. Wählen Sie selbst, wägen Sie den Preis für Ihre Entscheidungen ab und tun Sie, was Ihnen guttut. Auf diese Weise erreichen Sie Ihren höchstmöglichen persönlichen Stärkegrad, der in der Konsequenz dazu führt, dass Sie ein Maximum Ihres individuellen Leistungs- und Motivationsvermögens abrufen können.

Extrinsische und intrinsische Motivation

Extrinsische Motivation bezieht sich auf einen Zustand, bei dem wegen äußerer Gründe, das heißt wegen der Konsequenzen der Handlungsergebnisse (z. B. positive Personalbeurteilung, Gehaltssteigerung, Prämie für Vertriebserfolg etc.), gehandelt wird (Gabler Wirtschaftslexikon).

Intrinsische Motivation bezieht sich auf einen Zustand, bei dem wegen eines inneren Anreizes, der in der Tätigkeit selbst liegt, z. B. im Empfinden des Flow-Erlebens, gehandelt wird. Eine hohe intrinsische Motivation wird oft als Voraussetzung für kreative Leistung angesehen. Früher war man der Auffassung, dass die intrinsische Motivation durch Anreize bzw. Belohnungen (z. B. Geld) vermindert würde. Der negative Einfluss von Anreizen auf die intrinsische Motivation tritt aber nur unter ganz bestimmten Bedingungen auf, die leicht vermieden werden können: Nur wenn Personen *allein* für die Ausführung einer Tätigkeit *ohne* Bezug zu einem Leistungskriterium belohnt werden, vermindert sich die intrinsische Motivation für diese Tätigkeit. Maßnahmen zur Steigerung der intrinsischen Motivation liegen z. B. darin, Motivatoren verfügbar zu machen oder das Motivationspotenzial der Tätigkeit zu erhöhen (Gabler Wirtschaftslexikon).

Der Grad der Motivation, ob nun von außen (extrinsisch) oder von innen (intrinsisch) kommend, ist immer stark an Erfolg bzw. Erfolgserlebnisse gekoppelt. Erfolg per se kann motivierend sein, klar. Erfolg kommt aber nicht aus heiterem Himmel, sondern muss (hart) erarbeitet werden. Erfolg ist also kein Zufallsprodukt, sondern das Ergebnis einer langfristig schlüssigen Erfolgsidee.

Diese hängt im Wesentlichen von persönlichen Fähigkeiten und persönlicher Weiterentwicklung ab. Beschäftigen wir uns daher zunächst mit Ihnen als Persönlichkeit. Welche persönlichen Eigenschaften machen Sie stark und helfen Ihnen, eine motivierende Aura für sich selbst und für andere, wie z. B. Ihre Mitarbeiter, zu entwickeln?

3 Führungsalltag in deutschen Unternehmen – so sieht's aus, so sollt's sein

Sie sind eine starke Persönlichkeit!

Meiner Überzeugung nach ist die wichtigste aller Voraussetzungen für ein starkes Ich, dass Sie im Einklang mit Ihren inneren Überzeugungen sind. Die Kraft für den eigenen Erfolg heißt also: Authentizität.

Das bedeutet, dass Sie sich nicht so verhalten müssen, wie andere es von Ihnen erwarten, sondern wie Sie es für richtig halten (sollten Fremd- und Selbsterwartungen übereinstimmen, schließt sich dies natürlich nicht aus).

Alt-Bundeskanzler Helmut Schmidt bemerkte einst: *„Ich bin nur mir und meinem Gewissen verpflichtet."* Dies ist ein starker Satz, da Schmidt sich dadurch von der Erwartungshaltung der Gesellschaft emanzipiert. Helmut Schmidt war und ist ein Paradebeispiel für eine sehr starke Persönlichkeit. Jemand, der nach gesundem Menschenverstand handelt, volle Verantwortung für sein Tun übernimmt und (kalkulierte) Risiken in Kauf nimmt. Ein Mann der Tat, dessen Wille stärker ist als alle Widerstände.

Für Führungskräfte ist das Bewusstsein dieser Erkenntnis besonders wichtig, da von ihren Entscheidungen immer auch andere Menschen betroffen sind. Eine starke Führungspersönlichkeit in diesem Sinne zu sein heißt nicht, egoistisch und narzisstisch „sein Ding durchzuziehen". Vielmehr können starke Führungspersönlichkeiten ihren Mitarbeitern Halt, Orientierung und Sicherheit geben. Menschen fühlen sich wohler, wenn sie sich in der Obhut starker Figuren befinden. Eine ähnliche Rollenverteilung findet sich innerhalb der Familie, wenn Kinder die Geborgenheit und den Schutz der Eltern suchen (bewusst oder unbewusst).

Im Wort „Führungskraft" steckt nicht ohne Grund das Wort „Kraft". Führende sollen Kraft ausstrahlen. Dazu gehört auch, für die eigenen Überzeugungen einzutreten, im Konfliktfall Stärke zu zeigen, indem die Führungskraft Verantwortung für ihr Tun übernimmt und nicht in falsch verstandener Loyalität zu allem „Ja und Amen" sagt. In einer Kultur von Ja-Sagern kann sich kein Unternehmen weiterentwickeln. Mitarbeiter sollten sich auf das Wort ihres Vorgesetzten ebenso verlassen können wie die höhere Führungsebene.

Bei allen Argumenten für einen kooperativen und teamorientierten Führungsstil: Wenn die Führungskraft durch wankelmütiges Verhalten das schwächste Glied in der Kette ist, kann sich keine Energie und keine wirkungsvolle Motivation entfalten. Im Zweifelsfall kann es sogar sein, dass Mitarbeiter lieber einen autokratisch agierenden Chef bevorzugen, weil sie bei ihm wissen, woran sie sind. Betriebswirtschaftlich betrachtet muss also nicht zwangsläufig ein autoritärer Führungsstil zu schlechteren Ergebnissen führen. Zumindest kurzfristig nicht. Langfristig betrachtet liefern die Erkenntnisse der Glücksforschung jedoch starke Argumente dafür, dass glückliche und zufriedene Mitarbeiter, die am Teamergebnis partizipieren und in einer Kultur humanen Miteinanders arbeiten, sowohl ihre kreativen Fähigkeiten besser entfalten als auch mit höherer Wahrscheinlichkeit mehr Eigenverantwortung und selbstständige Arbeitsweisen entwickeln. Das Entwicklungs- und Motivationspotenzial eines Teams hängt also sehr von der Stärke der Führungskraft und ihrer Persönlichkeit ab.

Zur Verstärkung dieser These finden sich zahlreiche Beispiele. Denken Sie z. B. an bekannte Fußballtrainer wie Pep Guardiola oder Jürgen Klopp. Beide sind sehr starke Persönlichkeiten, die ihre Motivationskraft dank ihrer Aura und ihres starken Ichs entfalten und auf ihre Mannschaften übertragen können. Sowohl ihre Spieler als auch ihre Vorgesetzten wissen, woran sie sind. Beide lassen ihre Spieler an ihren Ideen partizipieren, gehen auf die einzelnen Charaktere ein, ohne das übergeordnete Wohl des Kollektivs aus den Augen zu verlieren. Der Erfolg der Mannschaft dominiert alle Entscheidungen. Beide sprudeln vor Ideen, arbeiten akribisch daran, die Schwächen der eigenen Mannschaft zu erkennen und abzustellen, entwickeln eine eigene Philosophie und sind bekanntermaßen geniale Motivatoren, deren Erfolg für sie spricht. Meist erkennt man die Anerkennung in einem Nachahmungsprozess anderer Marktteilnehmer. Das unverwechselbare Original bleibt aber einzigartig. Trotz aller genannten Gemeinsamkeiten ist Pep Guardiola kein besserer oder schlechterer Jürgen Klopp und Jürgen Klopp kein besserer oder schlechterer Pep Guardiola. Beide sind, um den Marketingjargon zu verwenden, ihre eigenen Marken.

TIPP: Starke Persönlichkeiten in Ihrer Nähe

Wenn Sie einen Moment nachdenken, finden sich bestimmt auch in Ihrer Vita Menschen, in deren Nähe Sie gern arbeiteten, weil sie „das gewisse Etwas" haben, nämlich Stärke, Persönlichkeit und ihre ganz eigene und höchstwahrscheinlich unverwechselbare Art, andere Menschen für sich zu gewinnen.

Zurück zu Ihrer Persönlichkeitsentwicklung: Unter Punkt 3.3.2.4 wird später noch näher ausgeführt, dass Selbstvertrauen und Selbstbewusstsein gute Nährböden für Kreativität sind. Als Führungskraft werden, wie zuletzt ausgeführt, Stärke und aktives Vorangehen von Ihnen erwartet. Diese Stärke haben Sie und dürfen sich dieser auch bewusst sein, indem Sie sich auf sich selbst verlassen, indem Sie wissen, was Sie können, und indem Sie nach bestem Wissen und Gewissen handeln. Sie sind mit sich selbst im Reinen und stehen zu dem, was Sie sagen und tun. Fehler, die Ihnen unterlaufen, ignorieren Sie nicht, sondern erkennen diese und arbeiten ganz gezielt daran, wie Sie es beim nächsten Mal besser machen können. Sie begreifen Ihre

3 Führungsalltag in deutschen Unternehmen – so sieht's aus, so sollt's sein

Fehler als Mosaiksteine in Ihrer persönlichen Weiterentwicklung. Bilden Sie sich fort und machen Sie etwas aus Ihren Stärken. Glauben Sie an sich, an Ihren Erfolg und an den Erfolg Ihres Teams! Gehen Sie auf die Charaktere in Ihrem Team individuell ein und sagen Sie jedem Teammitglied, was es auszeichnet und besonders wertvoll für das Team macht. Bedanken Sie sich und loben Sie regelmäßig. Genießen und feiern Sie gemeinsame Erfolge — und haben Sie gemeinsam Spaß am Erfolg, das verbindet!

Warum also sollten Sie keine starke Führungskraft sein …?

Wenn Sie die oben genannten Hinweise beachten, können Ihnen noch drei „Killer" im Weg stehen:

1. Überheblichkeit
2. Gier
3. Persönliche Unfähigkeit

Gehen Sie also konzentriert, aufmerksam und mit einer gesunden Portion Demut und Respekt an Ihre Führungsaufgabe. Hüten Sie sich vor Arroganz und Intoleranz und arbeiten Sie stetig an sich und Ihrer Erfolgsidee. Auf Dauer können Sie Erfolg nicht verhindern, wenn Sie fleißig sind und die oben genannten Grundsätze beachten.

An starken Persönlichkeiten kann man sich orientieren und sich in Ruhe fragen: „Wie hat der-/diejenige es geschafft, so zu werden, wie er/sie ist? Was fasziniert mich an dieser Person?" Oder auch: „Was macht den Champion zum Champion?"

An dieser Stelle will ich Ihnen von einem Erlebnis aus dem Oktober 2012 erzählen. Durch Zufall hatte ich die Gelegenheit, den Schwergewichts-Boxweltmeister Wladimir Klitschko bei einer Trainingseinheit, die er in Vorbereitung auf den wenige Wochen später anstehenden WM-Kampf gegen den Polen Mariusz Wach absolvierte, zu beobachten. Wir waren eine kleine Gruppe von ca. 20 Personen und nur wenige Meter vom Ring entfernt. Das Training fand in einer Tennishalle statt, in der Klitschko den am Rande gelegenen Platz 1 zu einem Box-Trainingsplatz hatte umgestalten lassen, während auf den Plätzen 2 und 3 hübsche junge Damen Tennis spielten. Dieses Detail wird erwähnt, da es bei der Analyse später eine Rolle spielen wird.

Die Frage, die ich mir also stellte, war, ob man anhand einer (Routine-)Trainingseinheit irgendwelche Schlüsse ziehen kann, was einen (mehrfachen) Champion auszeichnet. Was unterscheidet den Champion von der Allgemeinheit? Welche Parallelen lassen sich ziehen in „unsere Welt" und im Idealfall: Was können Führungskräfte ggf. davon für sich ableiten?

Ideen und Lösungsansätze für den Führungsalltag

Um es vorwegzunehmen: Ja, es ist möglich, selbst aus der bloßen Beobachtung eines (Routine-)Trainings des Champions Schlüsse zu ziehen, die sich auf Führungskräfte, die Erfolg haben möchten, übertragen lassen. Hier nun die Quintessenzen:

- **Absolute Konzentration auf das (große) Ziel:** Bereits beim Einmarsch in die Halle (es war nur ein Training von noch vielen ausstehenden!) war Klitschko total fokussiert. Was anfangs wie Ignoranz und Arroganz wirkte, stellte sich später als totale Konzentration auf das Ziel heraus.
  Parallele zum Führungsverhalten: Steht bei Ihrem Führungsverhalten das große Unternehmensziel über allem? Haben Sie dieses im Blick? Verstehen Ihre Mitarbeiter Ihr Verhalten?
- **Konzentration und Fokussierung liegen in jeder noch so kleinen Teilübung:** Der Champion lässt sich durch nichts ablenken, auch nicht, wenn am Nebenplatz die Tennisbälle fliegen, junge hübsche Damen zu sehen sind oder die Trainingsgäste über ihn (Klitschko) sprechen. Jede noch so kleine Bewegung ist Teil des großen Ganzen und wichtig. Selbst ein banales Sandsacktraining wird mit Konzentration zelebriert. Alle Aktivitäten sind währenddessen ausschließlich darauf gerichtet.
  Parallele zum Führungsverhalten: Lassen Sie sich während der Arbeit ablenken? Arbeiten Sie mit Unterzielen und sind auf diese konzentriert? Achten Sie darauf, wie Ihre Mitarbeiter arbeiten? Lässt sich durch die Konzentration auf das im Moment Wesentliche höhere Produktivität erreichen?
- **Man muss seinen Gegner kennen und sich darauf einstellen:** Am Boxring waren an drei der vier Seitenflächen Monitore angebracht. Auf jedem liefen Kämpfe des nächsten Gegners. Wenn Klitschko im Ring trainierte, blieb er immer auf seinen kommenden Gegner eingestellt. Er prägte sich dessen Art zu boxen ein und richtete seine Aktivitäten danach aus.
  Parallele zum Führungsverhalten: Was wissen Sie über Ihre Mitbewerber? Stellen Sie Ihre Mitarbeiter darauf ein, mit welchen Stärken Ihr Unternehmen den Konkurrenten besiegen kann?
- **Bereits beim Training war klar zu erkennen: Alles baut aufeinander auf, ist strukturiert und hat seinen Sinn:** Das Training war schlüssig aufeinander aufgebaut und wurde durch alle Beteiligten (verschiedene Trainer und Wladimir Klitschko) von der ersten bis zur letzten Minute professionell durchgeführt.
  Parallele zum Führungsverhalten: Erkennen Sie, ob das, was Sie tun, einen Sinn hat und Ihnen hilft, Ihr Ziel zu erreichen? Achten Sie auch bei Ihren Mitarbeitern darauf? Arbeiten Sie strukturiert und kennen und verstehen Ihre Mitarbeiter die Hintergründe von Entscheidungen?
- **Alles zu seiner Zeit:** Wenn Training – dann Training. Vom Betreten der Halle bis zur letzten Trainingssekunde war der Champion ausschließlich darauf konzentriert. Außenstehende wurden anscheinend nicht wahrgenommen. Auch nicht einige Kinder, die mit großen Augen ihrem Idol zusahen. Anfangs wirkte das ignorant und arrogant. Kaum war das Training beendet, ging Klitschko sofort zu den Kindern,

3 Führungsalltag in deutschen Unternehmen – so sieht's aus, so sollt's sein

später auf die Erwachsenen zu, sprach mit ihnen, ließ sich mit ihnen fotografieren und zeigte sich sehr offen und freundlich.

Parallele zum Führungsverhalten: Konzentrieren Sie sich immer nur auf eines, auf das aber zu 100 %! Wenn Arbeit, dann Arbeit. Wenn Pause, dann Pause. Wenn gemeinsam gesellig sein, dann gemeinsam gesellig sein. Mitarbeiter müssen sich am Chef orientieren können, der vermitteln sollte, wann es wofür Zeit ist. Und bei aller Arbeit nicht vergessen, Mensch zu sein, auf seine Mitarbeiter zuzugehen und diese teilhaben zu lassen.

- **Jeder im Team wusste genau, was er zu tun und zu lassen hat. Jeder war auf dem richtigen Fleck und genau dort eingesetzt, wo er am besten helfen konnte. Die Autorität des Champions war unantastbar und zu jeder Zeit spürbar im Raum:** Wenn es so etwas wie spürbare Aura gibt: Wladimir Klitschko besitzt sie und strahlt sie aus. Vielleicht ist dies nur verständlich, wenn man es selbst erlebt hat. Sicher kennen Sie aber auch außergewöhnliche Menschen, deren Aura Sie spüren können und die Sie allein durch ihr Auftreten beeindrucken.

  Parallele zum Führungsverhalten: Stellen Sie sich in regelmäßigen Abständen die Frage: „Bin ich sicher, dass jeder in meinem Team am richtigen Platz ist, dass die Talente und Fähigkeiten dort am besten zur Geltung kommen? Weiß jeder, was er zu tun und zu lassen hat? Bin ich als Chef präsent? Was kann ich tun, um positive Energie auszustrahlen?" — Jede Führungskraft sollte sich diese Fragen selbstkritisch stellen. So kann ein aktiver Weiterentwicklungsprozess stattfinden.

- **Der Champion trainiert hart und selbstdiszipliniert gegen sich selbst. Er schenkt sich nichts und ist bereit, sich zu quälen, weil er alles für seinen Erfolg tut**: Wladimir Klitschko hat sich, wie gesagt, durch nichts ablenken lassen und in der zur Verfügung stehenden Zeit alles gegeben. Auch wenn es nur ein Training war.

  Parallele zum Führungsverhalten: Können Sie das? Tun Sie das? Hart gegen sich selbst und gegen die Verlockungen der Bequemlichkeit arbeiten? Die eigenen Interessen dem Erfolg unterordnen? Sie müssen sich nicht gleich quälen wie ein Spitzensportler. Zumindest aber in Ihrem Job das Beste geben und Ihren Mitarbeitern vorleben, dass Sie das, was Sie von Ihren Mitarbeitern verlangen, auch selbst praktizieren. Tun Sie's, dann orientieren Sie sich an einem der Erfolgsrezepte des Weltmeisters!

- **Der Champion weiß, dass er ein Champion ist**: Hört sich auf den ersten Blick überheblich an. Die Ausstrahlung Klitschkos war spürbar und beeindruckend. Ohne während des Trainings auch nur ein Wort zu sagen, war das Selbstbewusstsein für alle im Raum Anwesenden spürbar. Eine starke Persönlichkeit überzeugt durch ihre gesamte Körpersprache.

  Parallele zum Führungsverhalten: Wollen Sie in Ihrem Job Ihre Talente und Fähigkeiten nutzen, um zu den Besten zu zählen? Glauben Sie an sich und machen Sie sich Ihre Erfolge bewusst? Strahlen Sie dieses Erfolgsbewusstsein auf andere aus, dann werden Sie andere Menschen für sich gewinnen! Selbstbewusst ist nicht arrogant.

- **Der Champion hat eine Vision und Selbstbewusstsein**: Wladimir Klitschkos Vision war die erneute Titelverteidigung des Schwergewichts-WM-Titels. Seine Vorbereitung war äußerst professionell und sein Selbstbewusstsein spürbar. Seinen Gegner hatte er vor Augen — auch daraus zieht er seine Motivation und gewinnt die Kraft, um immer wieder in den Ring zu steigen und Schmerzen anzunehmen.
  Parallele zum Führungsverhalten: Es geht bei dieser Parallele nicht um das Aushalten von körperlichen Schmerzen. Gerade als Führungskraft sind Sie oft in der „Sandwichposition", müssen also Erwartungshaltungen von oben (Chef) und unten (Mitarbeiter) erfüllen. Dies erzeugt psychischen Druck, der auch Schmerzen verursachen kann. Auf das wichtige Thema der Widerstandsfähigkeit (Resilienz) wurde bereits in Kapitel 2 dieses Buches ausführlich eingegangen. Halten Sie sich auch vor Augen, was Sie erreichen wollen. Sehen Sie Ihren Erfolg vor Ihrem geistigen Auge und machen Sie sich bewusst, was Sie schon alles erreicht haben. Seien Sie stolz darauf und arbeiten Sie weiter hart an sich und Ihren Stärken und Schwächen. Suchen Sie die Herausforderung und besonders schwierige Situationen. Daraus ziehen Sie Ihren Antrieb und Ihre Kraft, um sich gerade dadurch auszuzeichnen, die schwersten Gegner zu besiegen, sprich: auch die schwierigen Aufgaben und Herausforderungen zu bewältigen.
- **Nach Niederlagen/Niederschlägen wieder aufstehen**: Auch ein Wladimir Klitschko ging schon zu Boden und verlor. Er glaubte an sich, trainierte hart und konzentriert, kam zurück und ist nicht zufällig dort, wo er heute ist.
  Parallele zum Führungsverhalten: Verlieren Sie nicht die innere Ruhe, wenn Tiefschläge kommen. Sie haben die Kraft, wieder aufzustehen und zurückzukommen. Das zeichnet den Champion aus!

3.3.2.3.2 Tipps zum Umgang mit Niederlagen, Tiefpunkten und Zukunftssorgen

Wenn wir uns mit Motivation als Führungselement beschäftigen, müssen wir auch auf die Schattenseiten blicken. Wie gesagt, Erfolg muss in den meisten Fällen hart erarbeitet werden. Insofern hilft es nichts, nur durch die „rosarote Brille" zu schauen, die Realität zu ignorieren oder Schönfärberei zu betreiben. Mitarbeiter haben ein Gespür dafür, ob ihr Vorgesetzter glaubwürdig oder aufgesetzt zu ihnen spricht. Auch Führungskräfte dürfen Fehler machen. Und selbstverständlich dürfen auch Führungskräfte mal einen schlechten Tag haben oder sich Sorgen machen. Auch Führungskräfte sind Menschen.

Trotz aller theoretischen Kenntnisse kann es vorkommen, dass es nicht (mehr) läuft, der Druck anscheinend immer größer wird und Sie das Gefühl haben, direkt in die Krise zu schlittern. Was tun?

3 Führungsalltag in deutschen Unternehmen – so sieht's aus, so sollt's sein

In Kapitel 2 wurde auf das Thema Resilienz näher eingegangen. An dieser Stelle ergänzend dazu noch einige praktische Tipps zum Umgang mit Niederlagen, Tiefpunkten und Zukunftssorgen.

Bedenken Sie, dass z. B. bei betrieblichen Restrukturierungsmaßnahmen der Erfolg der Umsetzung erheblich vom Verhalten der Führungskräfte beeinflusst wird. In der Regel besteht die größte Herausforderung darin, die Führungskräfte, die selbst betroffen sind, dennoch zu motivieren, den Wechsel zu managen und ihre Mitarbeiter für den Change zu gewinnen. Dies ist zweifelsfrei eine schwierige Aufgabe, insbesondere je höher die eigene Betroffenheit ist. Gerade in dieser Zeit orientieren sich Mitarbeiter an ihrer Führungskraft. Wenn Sie als Führungskraft optimistisch und mit spürbarer Aufbruchstimmung zu Werke gehen, beeinflussen Sie ihre Mitarbeiter ebenso, wie wenn Sie Ihren Kollegen mit gefüllten Tränensäcken und ständig gerunzelter Stirn gegenübertreten. Im einen Falle positiv, im anderen negativ.

Es stellt sich also die Frage, wie Führungskräfte in kritischen Situationen Ruhe bewahren und in unaufgeregter Manier Souveränität ausstrahlen können. Der Schlüssel liegt in der Betrachtungsweise. Das Ereignis an sich ist nicht das Problem. Erst der Umgang damit kann es zu einem Problem werden lassen. Die Tatsache, dass z. B. eine Führungskraft mit der Aufgabe betraut wird, Personal zu reduzieren und Prozesse zu optimieren, hat natürlich zur Folge, dass unangenehme und menschlich nahegehende Personalgespräche bevorstehen.

Das ist der kritische Punkt. Die Tatsache, dass diese Führungskraft aber dafür ausgewählt wurde, den Wechsel selbst aktiv mitzugestalten und mitwirken kann, das Unternehmen zu modernisieren, wäre die positive Herangehensweise. Bekanntlich hat jede Medaille zwei Seiten.

Auch schlechte Nachrichten und Niederlagen haben gute Seiten, wenn sie näher analysiert und mit etwas Abstand betrachtet die richtigen Schlüsse daraus gezogen werden. Man weiß nach einer Niederlage z. B., wie es nicht klappt. Oder wie es Thomas Edison formulierte, nachdem er die Erfindung der Glühbirne endlich erfolgreich abgeschlossen hatte: „Ich habe nicht versagt. Ich habe mit Erfolg zehntausend Wege entdeckt, die zu keinem Ergebnis führen."

Hilfreich ist es zudem, sich in einer ruhigen Minute die Zeit zu nehmen, sich wieder positiv zu programmieren und aus dem Tief aufzurichten. Dies funktioniert zum Beispiel mit einem Blick in das Glückstagebuch (vgl. Kapitel 3.1.2) oder indem man sich notiert, welche Tiefpunkte in der Vergangenheit bereits überwunden, welche Erfolge erzielt wurden und welches die eigenen Top-Fähigkeiten sind. Wichtig ist, nicht an Selbstvertrauen zu verlieren, sondern aufrecht anzunehmen, was nicht zu ändern ist, und sich bewusst zu machen, dass es schon öfters im Leben kritische Situationen gab, aus denen man letztlich gestärkt hervorging und an denen man als Persönlichkeit gewachsen ist. Selbstvertrauen und Resilienz zu erlangen bedeutet auch, nicht an sich zu zweifeln, sondern immer an sich zu glauben.

Der „große Bruder" von Niederlagen: Zukunftssorgen

Eine weitere Facette, die dazu führen kann, dass Sie als Führungskraft keine motivierende Ausstrahlung haben und vielleicht auch weniger erfolgreich sind, als Sie sein könnten, sind Zukunftsängste, die Sie plagen.

Grundsätzlich ist es nicht zu verhindern, dass uns Informationen erreichen, die uns verunsichern. Manchmal sind es sogar Nicht-Informationen, die bei Menschen Sorgen auslösen („Wieso hört man denn so lange nichts davon?!") und die Sie als Führungskraft beschäftigen. Wie auch im Umgang mit Niederlagen ist hier nicht die Information an sich negativ, sondern wie Sie damit umgehen.

Auch wenn es ein sehr emotionales Thema ist, das Sie vielleicht berührt — betrachten wir es für einen Moment in aller Sachlichkeit:

Sorgen schwächen Sie und erschweren durch das damit verbundene Misstrauen auch die Lösung. Sorgen behindern Sie am konstruktiven Gestalten Ihres Lebens und in der Ausübung Ihrer Gestaltungsfähigkeit als Führungskraft. Sorgen sind also völlig destruktiv und bringen nichts außer schlechter Stimmung. Am allerwenigsten lösen Sorgen Probleme.

Vieles von dem, was Sie wahrnehmen, ist lediglich Ihr subjektiver Eindruck, der nicht zwangsläufig der objektiven Wahrheit entsprechen muss. Bei Zukunftsängsten/-sorgen reagieren Sie also nicht automatisch auf die Realität, sondern auf Ihre Gedanken, Ihre Fantasie. Sie haben Angst vor Ihrer persönlichen Horrorvision, nicht vor der Realität. Die Zukunft existiert noch gar nicht, wir leben in der Gegenwart. Ihre Sorgen sind also nichts weiter als Hypothesen, Annahmen dessen, was passieren könnte.

> **! WICHTIG: Der Umgang mit verunsicherten Mitarbeitern**
>
> Machen Sie sich das auch in Mitarbeitergesprächen bewusst und kommunizieren Sie es, wenn Sie im Gespräch mit verunsicherten Mitarbeitern sind, denen Sie wieder Kraft schenken möchten. Ein Leben ohne Angst kann es nicht geben. Akzeptiert. Die Frage muss also lauten: Welche Möglichkeiten gibt es, sinnvoll damit umzugehen?

3.3.2.3.3 Tipps für mehr Gelassenheit

Versuchen Sie, sich anzugewöhnen, ruhig und gelassen auf alle An- und Herausforderungen zu reagieren. Lassen Sie sich nicht verunsichern, wenn Sie mit Gerüchten und Spekulationen konfrontiert werden. Halten Sie sich an die Fakten. Selbst wenn die Tatsachen hart sind, haben Sie die größten Chancen, das Beste daraus zu machen, wenn Sie unaufgeregt und konzentriert bleiben.

Auslöser für Ängste ist oftmals das eigene innere Anspannungsniveau. Je niedriger es ist, umso eher werden Sie in der Lage sein, durchdachte Entscheidungen zu treffen. Sie können Ihr inneres Anspannungsniveau am besten dadurch senken, indem Sie sich regelmäßig etwas Gutes tun. Regelmäßig ebenso wie situativ. Hauptsache, es geht Ihnen gut! Wie bereits ausgeführt, profitieren auch Mitarbeiter von einer souverän agierenden und in schwierigen Zeiten Ruhe bewahrenden Führungskraft. Die Führungskraft kann allein durch ihr überzeugtes und optimistisches Auftreten Signalwirkung für die Mitarbeiter haben und so manche Angst nehmen.

Zur Förderung von innerer Ruhe und Gelassenheit ist die unter 3.1.2 beschriebene innere Balance wichtig. Ebenso, Dinge, die nicht zu ändern sind, hinzunehmen: *„Es ist, wie es ist. Ich akzeptiere, wie es ist. Und nun gehe ich den nächsten Schritt."*

In diesem nächsten Schritt ist es wichtig, Vertrauen in sich und die Fähigkeit zur eigenen Lösungsfindung zu haben. Hierzu hilft es, sich bewusst zu machen, welche schwierigen Situationen man in der Vergangenheit bereits erfolgreich bewältigt hat. Was will ich jetzt? Welches ist mein konkretes Ziel? Was kann ich jetzt als Erstes tun? So bleiben Sie in Aktion und resignieren nicht.

Gelassenheit ist erforderlich, um den Überblick zu behalten und aus einer Position der inneren Ruhe heraus die richtigen Entscheidungen zu treffen. Was können Sie also tun, um Ihre „Gelassenheitsfähigkeit" zu trainieren?

> **WICHTIG: So werden Sie gelassener**
>
> Ein ängstlicher Mensch kann nicht gelassen reagieren. Versuchen Sie daher, sich das Gegenteil davon anzutrainieren, nämlich Zuversicht. Gehen Sie zuversichtlich in den Tag, glauben Sie an sich und daran, dass es ein guter Tag wird. Gelassene Menschen zeichnen sich auch dadurch aus, dass sie auf die unterschiedlichsten Herausforderungen souverän reagieren. Um souverän zu reagieren, ist eine aggressive Sprache weder hilfreich noch souverän. Bewahren Sie besser die Ruhe und einen klaren Kopf und verzichten Sie auf Schimpfwörter. So vermeiden Sie auch, in einem unbedachten Moment außer Kontrolle zu geraten und sich möglicherweise um Kopf und Kragen zu reden.

Ein wichtiger Baustein, um gelassener zu werden, ist Ihre Selbstkonditionierung. Via Autosuggestion können Sie sich in entspannten Momenten selbst programmieren, um künftig ruhig und gelassen zu reagieren: „Ich reagiere in allen Situationen ruhig und gelassen."

Andere Formen der Autosuggestion (suchen Sie sich Ihre Lieblingsformulierung aus) könnten lauten:

- Ich mache eins nach dem anderen.
- Immer mit der Ruhe.
- Du schaffst, was du willst!

Neben innerer Ruhe und Gelassenheit spielen auch in diesem Prozess Ihr Selbstwertgefühl und Ihr Selbstvertrauen eine wichtige Rolle. Selbst wenn Sie in bestimmten Dingen anderer Meinung sind als Ihr Gegenüber, können Sie dennoch dessen Meinung respektieren und aus einer Position der eigenen Überzeugung heraus selbstbewusst Ihre Sicht der Dinge artikulieren. Auch dies, nämlich die Entwicklung der Fähigkeit, sich mit anderen Meinungen zu arrangieren, indem man sie respektiert, ohne dabei sein Gesicht zu verlieren und seinen Standpunkt nach Selbstüberprüfung zu korrigieren oder aufrechtzuhalten, kann langfristig zu mehr Gelassenheit führen.

Behaupten Sie sich selbst, indem Sie vor sich selbst bestehen und für sich und Ihre Interessen eintreten.

Im Übrigen ist „Druck" im eigentlichen Sinne nicht real. Sie selbst entscheiden, wie viel von dem Druck, den andere oder Sie selbst sich aufbürden, Sie annehmen. Sie entscheiden, welcher Stress für Sie positiv ist und Sie glücklich macht. Somit ist nicht das Ereignis an sich entscheidend, sondern Ihre Reaktion darauf. Wichtig ist, dass Sie sich bei allem, was Sie tun, wohlfühlen. So entsteht Gelassenheit, aus der wiederum Führungsstärke erwachsen kann.

3.3.2.3.4 Tipps zur Mitarbeitermotivation

Im Verlauf dieses Buches wurde ausgeführt, was Menschen im Allgemeinen glücklich macht, und im Besonderen, wie sich Arbeit als Glücksfaktor etablieren lässt. Motivation, Kommunikation, soziale Intelligenz und Resilienz sind Ihnen mittlerweile vertraut. Sie kennen die Bedeutung und deren Wirkung. Um die eigene und die Mitarbeiterenergie optimal nutzen zu können, wurde auf die Vorteile von betrieblichem Gesundheitsmanagement eingegangen (3.2.6, 3.2.7) und dargestellt, wie wichtig eine stabile Psyche und eine starke Persönlichkeit für eine Führungskraft sind. In diesem Kapitel soll nun in Ergänzung zu den bereits beschriebenen

3 Führungsalltag in deutschen Unternehmen – so sieht's aus, so sollt's sein

Beispielen der Mitarbeitermotivation im Rahmen des Gesundheitsmanagements und des mitarbeiterorientierten Führungsverhaltens anhand weiterer Praxisbeispiele verdeutlicht werden, wie Mitarbeiter aktiviert und motiviert werden können.

Bevor wir uns damit beschäftigen, mit welchen Maßnahmen Sie Ihre Mitarbeiter überraschen und motivieren können, blicken wir auf die Ausschöpfung der Mitarbeiterenergie. In einer Studie der puls Marktforschung im Auftrag der BARMER GEK wurden hierzu in 1.020 Interviews Arbeitnehmer ab 18 Jahren in Deutschland befragt. Folgende Kernthesen und Ergebnisse wurden im Oktober 2013 im Rahmen eines Unternehmerforums vorgestellt:

1. Unternehmen nutzen die berufliche Energie ihrer Mitarbeiter nur zum Teil

Gefragt wurde: „Warum wenden Sie weniger Energie in Ihrem Beruf auf als möglich?" Die Antworten auf diese Frage waren vielseitig. Von „Weniger reicht auch" über „Fehlende Motivation", „Brauche noch Energie für zu Hause", „Stress und zu hohe Arbeitsbelastung", „Arbeit macht keinen Spaß" bis zum Eingeständnis „Bin unterfordert bzw. nicht ausgelastet". Im Ergebnis stellte sich heraus, dass 26 % der in einem Unternehmen vorhandenen Mitarbeiterenergie nicht ausgeschöpft wird. Im Umkehrschluss bedeutet dies, dass jede bezahlte vierte Arbeitsstunde mangels Motivation nicht genutzt wird. Alleine 47 % der Arbeitnehmer gaben an, sich häufig unterfordert zu fühlen. Der Leiter der Studie, puls-Geschäftsführer Dr. Konrad Weßner, rät daher Unternehmen „teure Boni oder anderweitige Vergünstigungen zu sparen und stattdessen zu versuchen, mehr Entwicklungsmöglichkeiten für die Mitarbeiter anzubieten, sodass sie sich entlang ihren Talenten verwirklichen können". Und weiter: Nicht die Menge der Arbeit macht unzufrieden, sondern die falsche Art der Arbeit sei es, welche die steigende Entwicklung psychischer Erkrankungen vorantreibt.

2. Nicht zu viel Arbeit macht krank, sondern zu wenig Identifikation, Anerkennung und Handlungsspielräume

- 35 % der Arbeitnehmer geben an, unzureichendes Feedback zu erhalten.
- 32 % der Mitarbeiter identifizieren sich unzureichend mit den Werten und Strategien des Arbeitgebers.
- 35 % sind auf ihren Arbeitgeber (eher) nicht stolz.

Was bedeuten diese Zahlen nun in der Konsequenz? Zum einen, dass es für die Ausschöpfung von Mitarbeiterenergie entscheidend auf das Führungsverhalten ankommt, zum anderen auf Mitarbeiterpartizipation und eine Verwendung des Mitarbeiters, die den Stärken, Neigungen und Eignungen entspricht. Zudem spielt

Ideen und Lösungsansätze für den Führungsalltag

die Identifikation mit dem eigenen Unternehmen ebenfalls eine wichtige Rolle für den Grad des individuellen Engagements.

Erfolgsfaktoren der Mitarbeiterenergie

Als Erfolgsfaktoren der Mitarbeiterenergie wurden identifiziert:
- Anerkennung
- Handlungsspielraum
- Gemeinschaftsgefühl
- Freude an der Arbeit
- Work-Life-Balance
- Identifikation mit Werten und Strategien des Arbeitgebers

Mögliche Maßnahmen, um anhand der gemessenen Erfolgsfaktoren einerseits und der identifizierten Schwachstellen andererseits Mitarbeiter besser zu motivieren und deren Energie besser zu nutzen:
- Handlungsspielräume von Mitarbeitern erweitern
- Mitarbeitern (mehr) Verantwortung und selbst gewählte Projekte übertragen
- Persönliche Ziele vereinbaren und Entwicklungsperspektiven aufzeigen
- Regelmäßige Feedback- und Entwicklungsgespräche führen
- Konflikten mit Mitarbeitern nicht ausweichen, sondern konstruktiv gemeinsam lösen und als Chance zur Weiterentwicklung sehen
- Werte und Strategien des Unternehmens transparent machen, nach innen „verkaufen" und auf das Tagesgeschäft übertragen
- Regelmäßige Herausstellung der Besonderheiten, attraktiven Unterschiede und Wettbewerbsvorteile des eigenen Unternehmens
- Bereits bei der Personalauswahl auf den Charakter achten: Passt der Bewerber zu den Werten des Unternehmens?
- Regelmäßig deutlich machen, dass jeder Einzelne und jedes Team wichtig für den Erfolg des Unternehmens sind, im Idealfall noch verdeutlichen, was die Arbeitsleistung des Einzelnen und des Teams für einen konkreten Nutzen für das Unternehmen hat
- Auf die Work-Life Balance der Mitarbeiter achten, Vorteile des betrieblichen Gesundheitsmanagements nutzen

Neben den konkreten Handlungsempfehlungen aus der genannten Studie werden nun noch erfolgreich in der Praxis angewandte Beispiele genannt, mit denen Führungskräfte ihre Mitarbeiter motivieren bzw. überraschen können. Der Überraschungseffekt spielt ebenfalls eine wichtige Rolle. Wenn ein Mitarbeiter gegenüber seinem Chef ein erstauntes „Das habe ich gar nicht von Ihnen erwartet!" äußert, kann es einen positiven oder negativen Anlass dafür geben. Wir konzentrieren uns natürlich auf den positiven Effekt. Die Erwartungshaltung von Mitarbeitern gegenüber ihren Führungskräften mag in Nuancen abweichen.

3 Führungsalltag in deutschen Unternehmen – so sieht's aus, so sollt's sein

Im Kern geht es um eine vertrauensvolle Zusammenarbeit, ein faires Miteinander sowie um Förderung individueller Entwicklungsmöglichkeiten und Perspektiven im Unternehmen. Führungskräfte, die es schaffen, die allgemeine Erwartungshaltung ihrer Mitarbeiter zu übertreffen, gewinnen Mitarbeiter für sich. „Ein Mann ist nur so stark wie die Frau, die hinter ihm steht" ist ein gern verwendetes Zitat. (Mein ehemaliger Vorstand sprach diese Worte bei meiner Amtseinführung zu meiner Frau!). Sinngemäß lässt sich dieser Ausspruch auch auf die Arbeitswelt übertragen: „Ein Chef ist nur so stark wie das Team, das hinter ihm steht." Vielleicht haben Sie selbst schon diese Erfahrung gemacht, dass Sie sich für Ihren Chef „zerreißen", weil er und Ihr Team Ihnen wichtig sind. Es bedeutet Ihnen etwas, gerade hier und in dieser Gemeinschaft zu arbeiten. Gerade dann ist Ihr Leistungs- und Motivationslevel besonders hoch. Heißt im Umkehrschluss: Führungskräfte, welche die Erwartungshaltung ihrer Mitarbeiter übertreffen, schaffen die besten Voraussetzungen für Produktivität.

Strategien zur Mitarbeitermotivation

- Bei Übernahme einer neuen Führungstätigkeit **persönliche Vorstellung bei den Mitarbeitern**, ggf. auch einen persönlichen Brief schreiben.
- **Als Führungskraft präsent sein**. Mitarbeiter **sollten nicht das Gefühl haben, ihren Chef** nur aus Mails oder der Mitarbeiterzeitung zu kennen. Wie soll Motivation ohne Präsenz und Vorleben funktionieren? Das Herz eines Mitarbeiters gewinnt ein Chef am ehesten, indem er sich als Führungskraft öffnet und mit „hörendem Herz" bei seinen Mitarbeitern ist. Was beschäftigt und besorgt meine Mitarbeiter gerade? Wie kann ich als Chef unterstützen und Lösungen finden? Vor allem in schwierigen Zeiten zeigt sich, was ein guter Chef wert ist. Taucht er ab und wartet in seinem Büro, bis sich der Sturm wieder gelegt hat, oder packt er mit an, geht er dorthin, wo es am meisten brennt, und stellt sich seiner Verantwortung? Führungskräfte, die Respekt, Loyalität und Motivation ernten wollen, verstecken sich nicht hinter Problemen, sondern kümmern sich um die Lösung und stellen sich vor ihre Mitarbeiter.
- **Gemeinsam lachen**. Gute Sekretärinnen nutzen die Gunst der Stunde: Der Chef betritt am Morgen das Büro. Bereits am Tonfall des „Guten Morgen" und am Gesichtsausdruck lässt sich erahnen, ob es besser ist, den Chef in Ruhe zu lassen oder die günstige Gelegenheit zu nutzen, gleich einen Tag Freizeitausgleich zu beantragen. Als Führungskraft sollten Sie bedenken, dass sich Mitarbeiter an Ihnen orientieren und Sie mit allem, was Sie tun, Signale aussenden. Ein lächelnder und entspannter Chef am Morgen sendet ebenso ein Signal aus wie ein Griesgram. Die Wirkung beeinflusst das Verhalten der Mitarbeiter. Besonders gut für die eigene Gesundheit und motivierend für die Mitarbeiter ist

ein freundliches „Guten Morgen" (mit Namensnennung) und/oder Anlässe, bei denen man gemeinsam lacht. Das verbindet, überträgt gute Laune, fördert den Spaß bei der Arbeit, macht menschlich und sympathisch.

- **Nicht nur bei der Weihnachts- oder Jahresabschlussfeier, sondern auch unterjährig persönliche Worte für die Mitarbeiter finden.** Keine Floskeln, sondern ehrliche Wünsche. Falls möglich individuell. Wie? Über das Jahr kann die Führungskraft zu jedem Mitarbeiter persönliche Informationen sammeln, z. B. als der Mitarbeiter begeistert von seinem Segeltörn im Sommer erzählt hat. Oder davon, dass endlich der Sohn seinen Schulabschluss erfolgreich absolviert hat. In einem persönlichen Weihnachtsschreiben, das einen „Grundtext" für alle Mitarbeiter enthält, werden dann die individuellen Bausteine aus den unterjährig gesammelten Informationen eingearbeitet. So erhält der Brief ein sehr persönliches Profil, das den Mitarbeiter positiv überraschen wird (vorausgesetzt, der Text ist auch persönlich und gut formuliert).
- **Teilhaben an persönlichen Anlässen und Erfolgen**. Dies kann eine Beileidsbekundung bei einem Trauerfall ebenso sein wie z. B. der persönliche ausgesprochene Geburtstags-, Heirats-, Geburts- oder Beförderungsglückwunsch. Persönliche Erfolge des Mitarbeiters, z. B. wenn er einen großen Auftrag für die Firma an Land gezogen oder verhindert hat, dass ein Großkunde „abspringt", oder außergewöhnliches Engagement, wie z. B. ein Wochenendeinsatz, bieten ebenfalls exzellente Gelegenheiten für die Führungskraft, sich persönlich beim Mitarbeiter zu bedanken und ihm gegenüber Wertschätzung und Anerkennung zum Ausdruck zu bringen.
- **Unterstützung bei gesundheitlichen Problemen**. Damit ist nicht ausschließlich das klassische „Wiedereingliederungsgespräch" gemeint, sondern das ehrliche Interesse am Menschen und seiner persönlichen Befindlichkeit, verbunden mit dem Angebot, ihn zu unterstützen (z. B. durch Vermittlung oder Empfehlung eines Arztes).
- **Bei Kleinigkeiten großzügig sein**, z. B. an Ostern ein paar Schokoladenhäschen für die Mitarbeiter verstecken oder „einfach so" im Sommer ein Eis spendieren. Wichtig ist der Überraschungseffekt. Also nicht unmittelbar vor oder nach einem Kritikgespräch, sonst könnte es als Beschwichtigung aufgefasst werden. Besser dann, wenn der richtige Zeitpunkt gekommen ist, um die Alltagsroutine zu unterbrechen.
- **Arbeitsaufträge abwechslungsreich und kreativ gestalten**. So kann z. B. die neueste Statistik über die Ergebnisse der letzten Kundenzufriedenheitsanalyse statt, wie in den letzten Jahren üblich, als Folienpräsentation mit nackten Zahlen besser in Form eines Schauspiels dargeboten werden. Dazu werden besonders kommunikative und mit darstellerischen Fähigkeiten begabte Mitarbeiter gebeten, z. B. aus den Ergebnissen der aktuellen Kundenzufriedenheitsanalyse die wichtigsten Erkenntnisse (z. B. Kunde beschwert sich über Unfreundlichkeit

und lange Bearbeitungsdauer) in Form eines Schauspiels darzustellen. Hierzu werden lebendige Szenen nachgespielt. Gern auch überspitzt und mit Humor gewürzt. In einer Mitarbeiterveranstaltung werden diese dann in Form eines Schauspiels präsentiert. Erfahrungsgemäß sind bereits mit der Auswahl der „schauspielernden Mitarbeiter" die Vorfreude (auch die Neugier) und das Interesse der Kollegen so hoch, dass sie bei der Veranstaltung dem Thema deutlich mehr Aufmerksamkeit schenken als bei herkömmlichen Präsentationen. Ein weiterer Vorteil: Durch die aufgelockerte Art der Darbietung wird im Anschluss auch konstruktiver und lebendiger diskutiert. Die Aufarbeitung der Mängel erfolgt offener und die Mitarbeiter haben die Kernbotschaften deutlich länger in Erinnerung als bei bloßer Betrachtung diverser Balken- und Kreisdiagramme. Augenscheinlich macht bereits die Vorbereitung den Beteiligten sehr viel Spaß und sorgt für hohe Motivation und ein gutes Gemeinschaftsgefühl.

- **Sportliche Betätigungsmöglichkeiten für zwischendurch zur Förderung der Gemeinschaft.** Ob nun eine Einladung zum gemeinsamen Mittagsspaziergang oder die Anschaffung eines Tischkickers: Kleine Bewegungselemente für zwischendurch ermöglichen zum einen einen Energieausgleich (z. B. Mitarbeiter ist durch Kundenbeschwerde sehr erregt und muss sich abreagieren, ein Mittagsduell beim Kickern gegen den Kollegen kann Abhilfe und Auflockerung verschaffen), zum anderen stärkt dies auch das Gemeinschaftsgefühl, Kollegen lernen sich besser kennen und haben gemeinsam Spaß. Der hierarchische Rang innerhalb der Firma spielt dabei keine Rolle. Im Übrigen sei dem Mitarbeiter das Erfolgserlebnis gegönnt, den Chef beim Kickern zu schlagen …

- **Gesundheitstage für Mitarbeiter.** Ergänzend zu den Ausführungen unter 3.2.6 und 3.2.7 zum betrieblichen Gesundheitsmanagement sorgen Gesundheitstage im Unternehmen für die Stärkung der persönlichen Gesundheitskompetenz und liefern ggf. auch präventive Hinweise, rechtzeitig bei Erkrankungsrisiken gegenzusteuern. Eine Anfrage bei den vor Ort ansässigen Krankenkassen lohnt sich. Meist stellen diese qualifizierte Mitarbeiter kostenfrei zur Gestaltung und Umsetzung zur Verfügung und organisieren gemeinsam mit geeigneten Leistungserbringern entsprechende Veranstaltungen. Das Unternehmen signalisiert den Mitarbeitern zudem die hohe Bedeutung, die deren Gesundheit für die Firma hat. Falls es innerhalb der Firma einen Gesundheitsbeauftragten gibt, gehören Gesundheitstage für Mitarbeiter zu dessen regelmäßigen Aufgaben. An dieser Stelle sei davor gewarnt, an eine einmalige Veranstaltung zu hohe Erwartungen zu knüpfen. Es wäre nur ein Tropfen auf den heißen Stein, wenn Gesundheitsaktionen für Mitarbeiter nicht regelmäßig angeboten würden. Zudem stärken regelmäßige Aktionen die Glaubwürdigkeit und die Inanspruchnahme.

Ideen und Lösungsansätze für den Führungsalltag

- **Azubis aktiv werden lassen.** Firmenchefs, die betrieblichem Gesundheitsmanagement und gesunder Führung zugetan sind, sind oftmals enttäuscht, dass trotz zahlreicher guter Konzepte und Maßnahmen die Mitarbeiterbeteiligung geringer als erwartet ist. Ein Geheimrezept ist daher die Idee, die eigenen Azubis aktiv mit einzubinden. Die Auszubildenden erhalten dabei den Auftrag, einen Gesundheitstag (alternativ: Bewegungstag, Aktivtag, Ernährungstag etc.) im Betrieb zu gestalten. Als Ansprechpartner sollte entweder ein Gesundheitsbeauftragter aus der Personalabteilung oder ein anderer geeigneter Mitarbeiter begleitend und beratend zur Verfügung stehen. Es müssen keine klassischen Präventionsmaßnahmen wie Rückenschulen oder Ernährungsberatung sein. Wichtig ist, die Mitarbeiter zu Bewegung zu animieren, am besten mit einer großen Portion Spaß. Ob nun Torwandschießen, ein Kicker- oder Tanzwettbewerb, ein Wettkochen zwischen den Teams — den Azubis sind in ihrer Fantasie keine Grenzen gesetzt. Ist der Aktionstag fertig organisiert, geht es in die Vermarktungsphase. Die Auszubildenden lernen dabei nicht nur, wie Aktionen organisiert, abgestimmt und gestaltet werden, sondern auch, wie dies optimal nach innen und außen vermarktet wird. Erfahrungsgemäß nehmen Mitarbeiter viel lieber an Aktivitäten teil, wenn sie von ihrem Azubi und nicht von ihrem Chef dazu eingeladen werden. Wer kann der jungen, noch lernenden Kollegin schon den Wunsch abschlagen, an ihrem Projekt teilzunehmen ...
- **Veranstalten Sie eine „Büroolympiade".** Dies weicht deutlich von sonst üblichen Gemeinschaftsveranstaltungen ab und bleibt lange im Gedächtnis. Auch dies ist eine Möglichkeit, sowohl etwas für die Gesundheit als auch für die Teamgemeinschaft zu tun. Wie beim olympischen Gedanken zählt: Dabei sein ist alles. Keine verkrampften und überehrgeizigen Ziele ausgeben, sondern einen sportlich-kurios-kreativ-fair gestalteten Wettkampf zwischen den Teams zu veranstalten. Erfahrungsgemäß entwickelt sich der Wettkampfgedanke zwischen den Teams mit großem Ehrgeiz. Im Vorfeld der Büroolympiade kann jede Einheit des Unternehmens ein „olympisches Team" ins Rennen schicken. Dieses wird unter einem selbst ausgedachten Teamnamen angemeldet. Die Siegerehrung, bei der jedes teilnehmende Team eine Urkunde und die besten drei Teams selbstverständlich eine Gold-, Silber- und Bronzemedaille erhalten, kann z. B. in die Jahresabschlussfeier integriert werden. Um der Büroolympiade besonderen Wert zu verleihen, kann diese, wie im richtigen Leben, alle vier Jahre veranstaltet werden. Kritiker mögen einwenden, dass Mitarbeitermotivation nicht mit Mitarbeiterbespaßung zu verwechseln ist. Die Gegenfrage lautet: Warum sollten Mitarbeiter mit ihrer Arbeitsstätte und ihren Kollegen nicht auch Spaß und freudige Gemeinschaftserlebnisse verbinden? Wenn die Folge eine bessere Teamgemeinschaft und ein Gemeinschaftserlebnis ist, das abteilungsübergreifend wirkt — was wäre daran auszusetzen? Die zeitliche Investition in eine Büroolympiade ist überschaubar. Circa zwei Stunden für die Durchführung, dazu

noch einige Arbeitsstunden für Vor- und Nachbereitung. Der positive Effekt wirkt aber Jahre. Aus eigener Erfahrung kann ich berichten, dass die Urkunden und Medaillen auch Jahre später noch die Büros ihrer stolzen Besitzer zieren.

- **Als Führungskraft erlebbar und charismatisch sein und seinen Mitarbeitern etwas hinterlassen**. Dies mag sich auf den ersten Blick etwas mystisch oder pathetisch anhören. Dahinter verbirgt sich, dass charismatische Führungskräfte wissen, dass die Zeit, die sie mit ihren Mitarbeitern verbringen, dazu genutzt wird, etwas bleibendes Individuelles zu hinterlassen. Minimum: einen guten Eindruck. In erster Linie aber, Mitarbeiter wirklich in dem, was sie tun, besser zu machen. Spürbar besser, sodass auch der Mitarbeiter merkt, durch diese (besondere) Führungskraft besser geworden zu sein. Das erfordert soziale Intelligenz, wie unter 3.3.2.1 beschrieben. Teamzusammensetzungen ändern sich. Ebenso wechseln Führungskräfte. Es ist eine begrenzte Spanne an Zeit, die eine Führungskraft in einer bestimmten Periode mit ihren Mitarbeitern verbringt. In dieser Zeit hat sie die Chance, mit ihren Erfahrungen und individuellen Stärken auf die Mitarbeiter positiv einzuwirken. Ein äußeres Zeichen einer „Hinterlassenschaft" kann z. B. ein selbst gestaltetes (Foto-)Buch für das Team oder die gebundene Version eines besonderen Vortrages oder Seminares sein, das der Vorgesetzte für sein Team gehalten hat. Je nach Teamgröße variieren die Möglichkeiten. Charismatische Führungskräfte motivieren ihre Mitarbeiter zu hohen Leistungen, u. a. dadurch, dass sie als sinnstiftendes Vorbild wahrgenommen werden, von dem sich Mitarbeiter angespornt fühlen und das Bedürfnis verspüren, dieser Führungskraft zu folgen und sich für sie anzustrengen. Zudem inspirieren charismatische Führungskräfte mit Ideen, geben Halt und Zuversicht und schaffen Identifikation mit dem Unternehmen. Besonders in Zeiten des Umbruchs sind diese Führungskräfte für Unternehmen wertvoll. Wesentliche Persönlichkeitsmerkmale charismatischer Führungskräfte sind Wissensvermittlung, Empathie, Ausstrahlen von Zuversicht, aktives Anpacken, Souveränität und geschickte kommunikative und rhetorische Fähigkeiten.

- **Entspannungsmöglichkeiten schaffen**. Das kann ein regelmäßiges Entspannungsangebot in der Mittagspause sein (z. B. jeden Mittwoch von 12 bis 12.30 Uhr gemeinsames autogenes oder Atemtraining mit einer Trainerin) oder ein Rückzugsraum für Mitarbeiter. Gerade bei oder nach schwierigen Gesprächen bieten Ruhe- und Rückzugsräume die Möglichkeit, emotional wieder „runterzufahren". In einem geschützten Raum, der entsprechend eingerichtet ist (z. B. bequeme Couch, helle Farben, Entspannungsmusik, guter Duft), haben Mitarbeiter die Möglichkeit, sich aus der Alltagsroutine auszublenden und einen Kurzurlaub für die Seele zu genießen.

- **Gemeinsame Fotoaktion**. Bilder sagen bekanntlich mehr als Worte. Und verbinden. Ein gemeinsames Teamfoto oder vielleicht sogar die Porträts aller Mitarbeiter auf einem Großplakat vereint — allein die Wucht dieses Bildes vermittelt Gemeinschaft, Stärke und Zusammenhalt. Vor allem aber signalisiert es: Wir gehören zusammen! Unser Unternehmen ist unser gemeinsames Dach über dem Kopf, das uns miteinander verbindet.

- **Jahresfeedbackgespräche.** Dass Feedbackgespräche ein probates Mittel in der Personalentwicklung sind, steht unstreitig fest. Darüber hinaus nutzen besonders engagierte Führungskräfte die Methode des Jahresfeedbackgespräches, bei dem es keinerlei formelle Vorgaben oder Dokumentationen gibt, sondern die Führungskraft dem Mitarbeiter ihre Eindrücke zu dessen Entwicklung im ablaufenden Jahr (idealerweise zum Jahresende führen) schildert. Gleichzeitig kann der Mitarbeiter seine Sicht reflektieren: Wie ging es ihm in diesem Jahr? Konnte er die zu Jahresbeginn gesteckten Ziele erreichen? War es ein gutes Jahr für ihn? Ggf. warum ja oder nein? Wie war die bilaterale Zusammenarbeit? Hat aus seiner Sicht sein Vorgesetzter seine Erwartungen erfüllt? Und: Hat der Mitarbeiter besondere Wünsche und Ideen bezüglich der weiteren Entwicklung im neuen Jahr? Jahresfeedbackgespräche schaffen ein Band des Vertrauens zwischen Führungskraft und Mitarbeiter. Die Führungskraft nimmt sich bewusst Zeit für das Vier-Augen-Gespräch und geht ganz individuell und persönlich auf die Bedürfnisse und die Entwicklung des Mitarbeiters ein. Dies ist ein echter Mehrwert für den Mitarbeiter und verstärkt den Ansatz, als Führungskraft erlebbar zu sein und dem Mitarbeiter etwas zu schenken (in diesem Falle Zeit, Feedback, Wertschätzung).

- **Spontane Feedbackgespräche.** Neben fest anberaumten Feedback-Gesprächen gilt es vor allem, spontane Situationen als Gelegenheiten für Motivation zu nutzen. Führungskräfte, die den regelmäßigen Austausch mit ihren Mitarbeitern bewusst suchen, werden auch herausfinden, welche Faktoren bei welchen Personen besonders motivierend wirken. Definitiv ist ein spontanes Feedback gut geeignet, um situativ Anerkennung und Wertschätzung auszusprechen. Machen Sie Ihrem Mitarbeiter deutlich, welchen positiven und wertvollen Beitrag seine ganz persönliche Leistung (z. B. neuen Kunden gewonnen oder durch geschicktes Verhandlungsergebnis Preisnachlass bei Lieferanten erzielt) auf das Gesamtergebnis hat. Warten Sie damit nicht bis zum Jahresfeedbackgespräch, da dies nur ein Mosaikstein ist, das spontane Gespräch aber ein willkommener Anlass zur Sofortmotivation. Ein zur richtigen Zeit und ehrlich gemeinter Schulterklopfer, ob nun physisch oder verbal, vermittelt eine positive Rückmeldung über das Handeln und somit auch Verhaltenssicherheit für die Zukunft.

- **Konzertierte Führungskräfteaktion für die Mitarbeiter.** Gerade in schwierigen Zeiten zeigen sich wahre Freundschaften. Es müssen nicht gleich Freundschaften zwischen Führungskräften und Mitarbeitern sein, die hier gemeint sind. Es geht vielmehr darum, dass Führungskräfte ein gemeinsames Zeichen pro Mitarbeiter senden, indem sie sich zusammentun und gemeinsam helfen. Beispiel: Ein Team gerät durch die Einführung einer neuen Software und gleichzeitigen Ausfall wichtiger Arbeitskräfte durch Langzeitarbeitsunfähigkeit in große Rückstände. Die Situation belastet alle Teammitglieder so sehr, dass einzelne „kein Licht am Horizont mehr sehen" und ihnen der tägliche Stress zusehends zu schaffen macht. Ein Zeichen der Führungskräfte könnte es nun sein, einfachere Tätigkeiten, die kaum fachliches Know-how erfordern, zu bündeln und diese in einer freiwilligen Aktion außerhalb der normalen Arbeitszeit zu erledigen. Meist sind es die speziellen Konstellationen, die mehr Zeit und Kenntnisse zur Bearbeitung erfordern, während es die allgemeinen sind, die die Masse der Arbeit abbilden. Indem also die Führungskräfte große Teile dieser Masse beseitigen, entsteht ein psychologischer Effekt. Der „Berg" an Arbeit nimmt ab, die Mitarbeiter „sehen wieder Land". Noch wichtiger: Die Führungskräfte signalisieren: Wir kümmern uns und lassen euch nicht allein. Wir sind uns nicht zu schade für einfache Arbeiten. In einem Zitat von Jacques Tati heißt es: „Wer sich zu groß fühlt, um kleine Aufgaben zu erfüllen, ist zu klein, um mit großen Aufgaben betraut zu werden."

- **Führungskräfte- und Mitarbeiterbefragungen.** Beide Varianten sollten in regelmäßigen Abständen durchgeführt, ausgewertet und die wichtigsten verbessernden Erkenntnisse daraus umgesetzt werden. So partizipieren alle an der Weiterentwicklung des Unternehmens. Mitarbeiter werden von Betroffenen zu Beteiligten und können aktiv an der Gestaltung mitwirken.
- **Einladung zum „Quartalskaffee".** Gerade in höheren Führungsebenen geht schnell der Kontakt zur Basis verloren. In den gängigen Besprechungen mit den Führungskräften der unteren und mittleren Führungsebene erhält das Top-Management oftmals geschönte oder verharmloste Kritik. „Alles ist in Ordnung", nur ja keinen politischen Selbstmord begehen, lautet oftmals die selbst gesteckte Überlebensdevise. Der Haken daran: 1. kann sich das Unternehmen ohne konstruktive Kritik nicht weiterentwickeln und 2. entspricht die Meinung der Führungskräfte nicht zwangsläufig der Meinung und dem Stimmungsbild im Gesamtunternehmen. Insofern ist eine Einladung zum „Quartalskaffee" eine gute Möglichkeit für Führungskräfte der oberen Ebene, um wenigstens einmal pro Vierteljahr eine beliebige Anzahl von Mitarbeitern aus den unterschiedlichsten Unternehmensbereichen und aus den verschiedensten Funktionen (keine Führungskräfte!) auf einen Kaffee (oder gern auch ein gemeinsames Frühstück) einzuladen und dabei „mit der Basis" ins Gespräch zu kommen. Nach meinen eigenen Erfahrungen dauert es einige Zeit, bis die anfangs durchaus skeptischen und zurückhaltenden Mitarbeiter („Was will bloß der Chef von mir?") die anfänglichen Zweifel über Bord werfen und sich öffnen. Im Laufe des Gesprächs gibt sich das und die Führungskraft erfährt interessante Impulse und andere Blickwinkel. Voraussetzung ist, dass die offen geführte Diskussion vom Chef vertraulich behandelt wird und der Mitarbeiter, der „den Mund aufgemacht

hat", nicht im Nachhinein von seinem direkten Vorgesetzten sanktioniert wird, weil er „dem Chef was gesteckt hat". Der Top-Manager muss also die Erkenntnisse, die er beim Quartalskaffee gewinnt, mit Fingerspitzengefühl verwerten. Der zweite positive Effekt lässt nicht lange auf sich warten. Wenn Mitarbeiter spüren, dass durch ihre offen vorgetragene Meinung sich etwas im Unternehmen bewegt, animiert dies die Mitarbeiter der nachfolgenden Quartalsrunden, ebenfalls offen ihre Meinung zu sagen. Führungskräfte, welche die Bodenhaftung nicht verlieren, sondern von sich aus auf Mitarbeiter zugehen, gewinnen deren Vertrauen und deren Loyalität.

- **Aufwertung von (Führungskräfte-)Tagungen durch Abwechslung und externe Blickwinkel.** Das Schlechteste, das passieren kann, nachdem der Chef zu einer Tagung eingeladen hat, ist, wenn Mitarbeiter im Nachhinein von „verschwendeter Zeit" sprechen. In diesem Falle ist es nicht nur schade um die Zeit, sondern auch um den Produktivitätsverlust und die entgangene Chance zur Motivation. Wer sagt, dass Tagungen immer im Sitzen und nach Regeln ablaufen müssen, die „schon immer" so waren? Sorgen Sie für Abwechslung, indem z. B. ein gemeinsamer Mittagsspaziergang absolviert wird und/oder Diskussionsthemen an Stehtischen abgehalten werden. Das lockert auf, schafft Bewegung und in der Regel eine höhere Diskussionsbeteiligung als im Sitzen. Zudem wertet ein externer Referent jede Tagung auf. Zum einen erhalten die eigenen Mitarbeiter einen neutralen Blick von außen, zum anderen bringen externe Referenten meist Know-how und Fremdimpulse mit, welche die Veranstaltung bereichern. Noch mehr Abwechslung entsteht, wenn Sie die Tagung statt im eigenen Haus in eine gänzlich andere Umgebung verlagern. Das kann im Freien sein, im Konferenzraum eines befreundeten Unternehmens (eventuell mit Betriebsbesichtigung) oder auch im Rotationsprinzip in verschiedenen Filialen, welche die Gelegenheit nutzen können, für die Besonderheiten ihrer Region zu werben. Tagungen sollten Höhepunkte sein, die für zusätzliche Motivation sorgen und nicht „Ausfalltage".

- **Veranstalten Sie mit Ihren Führungskräften eine Kommunikations- und Kreativtagung.** Auf die Bedeutung der Kommunikation wurde bereits eingegangen (3.3.2.2), die der Kreativität folgt im Anschluss (3.3.2.4). Ein ausgezeichnetes Instrument, um Führungskräfte zu motivieren, neues geistiges und kreatives Potenzial „herauszukitzeln", dazu das Gemeinschaftsgefühl zu stärken und weiterzuentwickeln, bietet eine Kommunikations- und Kreativtagung. Diese sollte viele überraschende Elemente enthalten, auf neutralem Terrain (z. B. in einer Burgruine, im Wald, einer Berghütte oder einem Naturfreundehaus) stattfinden und ganz anders als übliche Tagungen ablaufen. Mit kreativen Einzel- und Gruppenaufgaben sollen sowohl die Zusammengehörigkeit gefördert werden als auch die individuellen Stärken jedes Einzelnen hervorgehoben und für das Team nutzbar gemacht werden. Die Kommunikations- und

Kreativtagung fördert kommunikative Fähigkeiten, motiviert alle Beteiligten auf ganz natürliche und eigene Weise und schenkt allen Teilnehmern Wertschätzung und Respekt.

- **Familien an der Arbeitswelt teilhaben lassen.** Gerade Führungskräfte plagt oft ein schlechtes Gewissen, zu wenig Zeit für die Familie zu haben, wenn Überstunden, (Sonder-)Projekte und „dringende Angelegenheiten" so viel Zeit beanspruchen, dass die Karriere wieder einmal vor der Familie steht. Laden Sie die Kinder Ihrer Mitarbeiter oder Führungskräfte ein, Mama oder Papa am Arbeitsplatz zu besuchen. Auf diese Weise werden so manche Namen, von denen die Eltern zu Hause erzählen, lebendig. Kinder können sich besser in die Situation hineinversetzen, wo Mama oder Papa so viel Zeit verbringen. Ein geeigneter Tag ist z. B. der alljährliche „girls & boys day", an dem Ihr Unternehmen nicht nur ein Schnupperangebot für Jugendliche, sondern auch einen Familientag initiieren kann. Ebenfalls eignen sich Tage wie der Buß- und Bettag, an dem meist Schulen und Kindergärten geschlossen haben, jedoch in den meisten Bundesländern kein Feiertag ist und die Betriebe geöffnet haben. Unabhängig von einem „Arbeitsplatz-Kennenlern-Tag" bietet sich zudem ein Familientag als Alternative zum klassischen Betriebsausflug an, an dem gemeinsam mit Familienangehörigen und Kollegen gefeiert wird. Ziel ist, dass weder die Familie die berufliche Tätigkeit noch der Beruf die Rolle innerhalb der Familie einschränkt.

- **Kümmern Sie sich um Ihre Führungskräfte und Mitarbeiter.** Mit „kümmern" ist mehr gemeint als nur die gängige Fürsorgepflicht als Arbeitgeber. Machen Sie Ihren Führungskräften ein Gesprächsangebot, das ein Zeitpaket beinhaltet, bei dem Ihr Mitarbeiter das Thema bestimmt. Worüber möchte Ihr Mitarbeiter mit Ihnen reden? Worin erhofft er sich Unterstützung durch Sie? Welchen Rat möchte er gerne von Ihnen? Öffnen Sie sich für das, was der Mensch, der tagtäglich für Sie arbeitet, wirklich auf dem Herzen hat. Ob Ihr Mitarbeiter Ihr Angebot beansprucht oder nicht — er wird registrieren, dass er Ihnen wichtig ist, Sie ihm Ihre Zeit anbieten und er keine „Nummer" ist, sondern ein Mensch, der Ihnen am Herzen liegt. Neben dem Einzelgesprächsangebot, können Sie Ihren Führungskräften und Mitarbeitern in Veranstaltungen oder Ausstellungen im Unternehmen Gesundheitsthemen wie Entspannung, psychische Gesundheit, Umgang mit Stress und Arbeitsbelastung, Motivation für Chefs und Mitarbeiter etc. anbieten. Dadurch signalisieren Sie Ihre Hilfsbereitschaft und Ihr Interesse am Wohlbefinden Ihrer Mitarbeiter. Auch hier eignen sich besonders externe Referenten, um den Blick von außen mit in die Firma zu bringen und neue Impulse zu setzen.

3.3.2.4 Kreativität als Führungs-, Motivations- und Problemlösungselement

Das Empfinden von Glück am Arbeitsplatz steht in kausalem Zusammenhang mit der Möglichkeit, Kreativität ausleben zu können. Je zufriedener ein Mensch mit seiner Arbeit ist, desto höher ist die Wahrscheinlichkeit, dass er kreative Ansätze findet. Wer eine kreative Lösung gefunden hat, ist glücklich. Und davon profitieren Unternehmen. Sowohl im Tagesgeschäft, wenn es darum geht, bessere Lösungen als andere Marktteilnehmer zu finden, als auch in Zeiten interner Restrukturierungsprozesse kann Kreativität ein Schlüsselfaktor zur erfolgreichen Umsetzung sein. Ein Argument dafür ist, dass kreative Menschen in der Lage sind, auf neue Herausforderungen flexibel zu reagieren. Geistige Flexibilität entsteht aus Kreativität. In der Psychologie spricht man in diesem Kontext von der „Fähigkeit, mehrgleisig zu denken". Kreativität entsteht nicht auf Knopfdruck, sondern in der Regel als Frucht geistigen Freischwebens.

Wie erreichen Sie als Führungskraft diesen Zustand bzw. wie können Sie diesen Zustand bei Ihren Mitarbeitern fördern?

Nehmen Sie sich bewusst Zeit für kreative Denkmodelle und schenken Sie diese Zeit und diese Freiräume auch Ihren Mitarbeitern. Die Firma Google macht es vor: Dort haben die Mitarbeiter eine bestimmte Zeit zur Verfügung, um sich mit eigenen Ideen und Projekten zu beschäftigen. So kalkuliert Google die Kosten für Arbeitsplätze, indem diese auf den einzelnen Mitarbeiter umgelegt und im Anschluss den Mitarbeitern in Form einer errechneten Summe als Budget zur Verfügung gestellt werden. Jeder Mitarbeiter kann dann sein Büro, also sein Arbeitsumfeld, innerhalb seines Budgetrahmens selbst gestalten. Jens Monsees[84], Industry Leader Automotives bei Google: „Das kostet uns nicht mehr, doch der Mitarbeiter fühlt sich wohler, wird kreativ und identifiziert sich mehr mit dem Unternehmen." Aus den Zeiten, die Google den Mitarbeitern für kreative Ideen zur Verfügung stellt, entstanden schon zahlreiche Innovationen, die für das Unternehmen bares Geld bedeuteten.

Die Wichtigkeit von Kreativität untersuchte auch eine Studie[85] der Firma IBM, die im Zeitraum von Oktober bis November 2009 1.500 Führungskräfte aus 33 Branchen und 60 Ländern befragte. Das Ergebnis: Führungskräfte, die kreativ sind, finden schneller neue Wege und gewinnbringende Lösungen. Stillstand ist für sie tabu; Innovation und Weiterentwicklung hingegen sind für sie ein Muss.

---

[84] Vortrag am 17.10.2013 beim puls-Unternehmerforum in Roth.
[85] IBM-Studie, online im Internet: http://www-935.ibm.com/services/de/ceo/ceostudy2010/pdf/ceostudy2010-sum-de.pdf

Führungsalltag in deutschen Unternehmen – so sieht's aus, so sollt's sein

Kreativität gedeiht am besten dort, wo Mitarbeiter gut zusammenarbeiten und gegenseitiges Vertrauen herrscht, denn dort werden Ideen und Einfälle offen und freimütig ausgetauscht. Oder im Umkehrschluss: Dort, wo Mitarbeiter sich ständig unter Druck gesetzt fühlen, wo Ellbogenmentalität und konkurrierendes Denken vorherrschen, wo Arbeit nur um ihrer selbst willen, aber ohne echte Hingabe erledigt wird und keinen Spaß macht, dort können Innovationen und Kreativität nur schwer gedeihen. Ein gutes Arbeitsklima und eine Kultur des Respekts und der Wertschätzung sind die besten Nährböden für Kreativität. Das ist eine der wichtigsten Voraussetzungen, damit sich Kreativität im beruflichen Umfeld überhaupt entfalten kann.

Diese These unterstreichen auch die Erkenntnisse der Glücksforschung (vgl. Kapitel 1) sowie der amerikanischen Kreativitätsforscherin Teresa Amabile, die an der Harvard Business School als Professorin für Business Administration tätig ist:

So kann sich Kreativität entfalten

Das Arbeitsumfeld ist entscheidend. Es ist die innere Einstellung zur Arbeit, die verantwortlich ist für ein Mehr an Kreativität und Leistungsfähigkeit. Positive Gefühle sind sehr wichtig für eine gesunde Innovationskultur. Hierzu gehören auch ein netter Umgangston und eine offene Einstellung. Aber auch gegenseitiger Respekt und Anerkennung zwischen Mitarbeitern und Führungskräften unterstützen die Kreativität und führen so zu entscheidenden Innovationen.

Was können Führungskräfte konkret tun, um Mitarbeiter zu motivieren? Professor Amabile sagt: Mitarbeiter fühlen sich am wohlsten, wenn sie etwas erreichen können und vorwärtskommen. Dabei macht es keinen Unterschied, ob es sich um den großen Durchbruch auf dem Weg zur Problemlösung handelt oder ob zunächst nur kleine Fortschritte realisiert werden.

Was für den Einzelnen gilt, gilt auch für das Team. Der menschliche Umgang ist wichtig. Vielfalt im Team ist förderlich. Wie so oft macht es auch hier die Mischung. Menschen aus unterschiedlichen Kulturen und Fachgebieten bringen allerlei Interessen und Ansichten mit in den Dialog, der für die kreative Ideenfindung unerlässlich ist. So entstehen oft völlig neue Sichtweisen und wertvolle Ergebnisse.

3.3.2.4.1 Was Sie unternehmen können, um Ihre kreativen Anlagen zu fördern

Wie bereits erwähnt, entsteht Kreativität nicht auf Knopfdruck, sondern in erster Linie durch das Abschweifen der Gedanken. Vielleicht erinnern Sie sich an eine Begebenheit, in der sich Ihre Gedanken weiterentwickelten, je intensiver Sie über etwas nachdachten, und sich dabei quasi selbstständig machten. Plötzlich fiel Ihnen etwas ein, auf einmal kam eine Idee. Ganz unverhofft und ungeplant. Kreative Lösungen dürfen und können nicht erzwungen werden. Ein gesundes Maß an Neugier an der Umwelt, Selbstvertrauen sowie konzentriert und aufmerksam bei der Sache sein fördern das Entstehen von kreativen Denkprozessen. Vielleicht haben Sie selbst schon die Erfahrung gemacht, dass Sie „nicht richtig bei der Sache" waren, als Sie mehrere Dinge gleichzeitig erledigen wollten. Oder, dass Sie sich gerade körperlich betätigten, z. B. als Sie durch den Wald joggten, als Ihnen plötzlich eine gute Idee kam. Beide Beispiele sind symptomatisch: Multitasking schadet, Bewegung fördert das Entstehen kreativer Gedanken.

Kreative Führungskräfte sind oftmals in der Lage, die stets wechselnden Herausforderungen des Alltags sowie den psychischen Druck, der auf ihnen lastet, besser zu kompensieren und stattdessen in Energie zu verwandeln, weil sie Probleme als kreative Herausforderung betrachten, die es zu meistern gilt. Dabei vertrauen sie auf ihre kreativen Fähigkeiten und die damit verbundene Problemlösungskompetenz. Aus der Führungskraft wird eine Führungspersönlichkeit, die in der Lage ist, Chancen und Risiken aus neuen Blickwinkeln zu betrachten. Somit ergibt sich für Unternehmen die Herausforderung bzw. der Auftrag, Wege zu finden, in zukünftigen Führungskräften nicht nur Fähigkeiten für ein effektives Management zu wecken, sondern auch für die Entwicklung kreativer Lösungen.

In einer von IBM 2010 durchgeführten Studie, die auf der Befragung von mehr als 700 Chief Human Resources Officers (CHROs) weltweit basiert, wurde festgestellt, dass für den Aufbau eines beweglichen, reaktionsschnellen Unternehmens Führungskräfte benötigt werden, die fähig sind, sich flexibel auf rasant wechselnde Rahmenbedingungen einzustellen. Sie müssen in der Lage sein, über unterschiedliche Kulturen, Generationen und Kommunikationsstile hinweg zu verhandeln. Kreativität wurde dabei als wichtigste Führungsqualität der kommenden Jahre genannt (IBM Global CHRO Study 2010, S. 24).

Kreatives Handeln setzt eine Auseinandersetzung mit der Umwelt, aber auch mit der eigenen Person voraus. Kreative Menschen sollten ihr Wahrnehmungsvermögen trainieren, da es für verschiedene Stufen des kreativen Prozesses notwendig ist. Wahrnehmung wird genauer und umfassender, wenn man sich bewusst auf die Umgebung, auf Menschen, Objekte und Geschehnisse konzentriert (Preiser/Buchholz 2008, S. 23 ff.).

Zudem sind kreative Menschen in der Lage, vom langfristigen Planen abzusehen, spontan zu handeln und zu reagieren. Sich nur an den eigenen Prinzipien und Gewohnheiten zu orientieren und nicht auch an äußeren Regelungen und Veränderungen in der Umwelt „bedeutet Erstarrung und Verzicht auf Lebendigkeit" (Preiser/Buchholz 2008, S. 48).

Eine wichtige Rolle im Kontext zur Entfaltung von Kreativität spielen Selbstvertrauen und innere Unabhängigkeit — Selbstvertrauen bedeutet, seinem Selbst zu vertrauen, sich etwas zuzutrauen; Selbstbewusstsein heißt, sich über sein Selbst bewusst zu sein. Wer sich über sich selbst bewusst ist, geht Schwierigkeiten nicht aus dem Weg, kann Konflikte ertragen und wird sich nicht kritiklos anpassen, sondern versucht, Gegebenheiten unvoreingenommen und unabhängig von anderen Menschen zu beurteilen. Unabhängigkeit äußert sich oft in nonkonformen und selbstsicheren Verhaltensweisen. Sie fördert konstruktiv-kritische Denkansätze und unterstützt die Überwindung konventioneller Barrieren und Denkblockaden (Pohl 2012, S. 33).

3.3.2.4.2 Kreative Fähigkeiten, Verhaltensweisen und Denkstile

Welche Fähigkeiten notwendig sind, um kreative Ideen zu entwickeln, definierten Preiser/Buchholz 2008 in einem Katalog: [86]

> **Relevante kreative Fähigkeiten**
>
> - *Aktives Problembewusstsein* — ist die Fähigkeit, Probleme zu erkennen. Voraussetzung dafür ist eine offene, kritische Haltung, die Veränderungen gegenüber aufgeschlossen ist und auch Bestehendes infrage stellen kann. Das Bewusstsein für Verbesserungsmöglichkeiten wird geschärft. Ein gutes Beispiel dafür ist die Mitarbeit beim betrieblichen Vorschlagswesen.
> - *Einfalls- und Denkflüssigkeit* — ist die Fähigkeit, zu einem Thema in kurzer Zeit möglichst viele Gedanken und Ideen zu entwickeln. Diese Fähigkeit ist typisch für kreatives Denken.
> - *Flexibilität* — ist die Fähigkeit, in unterschiedliche Richtungen zu denken, unterschiedliche Kategorien zu nutzen, ein Problem aus verschiedenen Perspektiven zu beleuchten.

---

[86] Preiser/Buchholz 2012, S. 32ff.

- *Originalität* — entsteht, wenn unkonventionelle und innovative Lösungen gefunden werden. Gefragt sind einmalige, seltene, ausgefallene oder besonders treffende, clevere Einfälle.
- *Umstrukturierung* — ist die Fähigkeit, Gegenstände, Informationen und Ideen in völlig neuer Weise zu sehen, anzuordnen und zu nutzen. Auch die Fähigkeit, neue Zusammenhänge herzustellen oder den Gebrauchswert von Gegenständen zu ändern, ist damit verbunden. Der Blick für neue Ordnungen und Sichtweisen wird geschärft.
- *Ausarbeitung* — damit ist das Anpassen der Ideen an die Realität gemeint; die Idee in einen konkreten und realistischen Plan umzusetzen (Detailreichtum, Einbindung von Wissen, Unterscheidung guter und schlechter Ideen, Anstrengungsbereitschaft, Energieeinsatz).
- *Durchdringung* — ist die Fähigkeit, ein Problemgebiet in Gedanken gründlich zu analysieren. Intensität führt zum Kern des Problembereichs.

Voraussetzung für das Entwickeln von kreativer Kompetenz ist zunächst das Erkennen von Stärken und Schwächen, die Sie in Bezug auf die oben genannten Kreativitätsfähigkeiten aufweisen. Kreative Kompetenz ist die Fähigkeit, gute und möglichst neuartige Lösungen für Probleme zu entwickeln. Zu ihr gehören auch die Soft Skills Innovationsbereitschaft, Innovationsfähigkeit, Problemlösungsvermögen, Veränderungskompetenz und (geistige) Flexibilität. So lassen sich Probleme lösen und Überlebenskonzepte für den Wettbewerb von morgen schaffen (Pohl 2012, S. 15). Selbstreflexion, Kritikfähigkeit und der Mut zur Veränderung, aber vor allem der Glaube an die eigene Kreativität sind hierfür entscheidend. Außer diesen kreativen Fähigkeiten gibt es individuelle Persönlichkeitseigenschaften wie Konflikt- und Frustrationstoleranz, Vitalität, psychische Stabilität, Geduld, Eigensinnigkeit, Motivation und Interesse, die zusätzlich das kreative Potenzial einer Person beeinflussen und begünstigen.

Fazit: Glückliche und zufriedene Mitarbeiter bilden die Grundlage zur Entfaltung von Kreativität. Führungskräfte sollten Kreativität daher als einen weiteren Produktionsfaktor im Unternehmen begreifen und verstärkt berücksichtigen. Dadurch lassen sich Arbeitsprozesse optimieren sowie neue und innovative Produkte entwickeln, mit denen eine Differenzierung und ein Alleinstellungsmerkmal innerhalb des Wettbewerbs erzielt werden kann. Produktivität und Wettbewerbsfähigkeit steigen also. Ein weiterer positiver Nebeneffekt: Ideen, die von den Mitarbeitern entwickelt wurden, fördern das Identifikationspotenzial des Mitarbeiters mit dem Unternehmen.

3.3.3 Ethisches Führungshandeln als Richtschnur für Glaubwürdigkeit und Nachhaltigkeit

Bei allem Wissen, das eine moderne und innovative Führungskraft heutzutage auszeichnet, darf der Blick auf die moralische und ethische Verantwortung, die Führungskräfte gegenüber ihren Mitarbeitern haben, nicht außer Acht gelassen werden. Wie in den bisherigen Kapiteln hinreichend beschrieben, sind es besonders das empathische Verhalten, das eigene Vorleben und das Auftreten der Führungskraft, die deren Glaubwürdigkeit bei den Mitarbeitern signifikant beeinflussen. Um langfristigen Erfolg zu generieren, bedarf es eines engen Vertrauensverhältnisses zwischen Vorgesetzten und Mitarbeitern/Team. Gerade in unruhigen Zeiten, z. B. wenn unpopuläre und einschneidende Entscheidungen zu treffen sind, zeigt sich der wahre Wert einer guten und wertvollen Führungskraft. „Gut und wertvoll" nicht nur für das Unternehmen, sondern auch für die Mitarbeiter. Eine Führungskraft wird dann zur Führungspersönlichkeit, wenn sich Mitarbeiter an ihrem Vorgesetzten orientieren und dabei Halt und Sicherheit finden.

Woran kann sich aber eine Führungskraft orientieren, um dauerhaft authentisch zu sein? Zum einen an den Unternehmenszielen und Leitbildern, die eine loyale Führungskraft in sein Handeln einbeziehen sollte. Zum anderen an sich, an seinen Werten und an seiner Art, in guten wie in schlechten Zeiten ethisch und moralisch zu handeln. Als Instrument kann hierbei ein sich selbst hinterfragender Führungsstil dienen. „Hinterfragende Führung" bedeutet sowohl, bei den Botschaften und Entscheidungen, die eine Führungskraft kommuniziert, zu hinterfragen, ob das, was die Führungskraft sagt, auch tatsächlich so verstanden und umgesetzt wird (Sender-Empfänger-Prinzip), als auch das eigene Selbstbild mit der Wahrnehmung anderer (Fremdbild) abzugleichen. Dies kann z. B. in Form von Mitarbeiterbefragungen oder in Form von Mitarbeiterbeurteilungen, bei denen Teams ihren Vorgesetzten beurteilen (Bottom-up), erfolgen. Das Feedback, das die Führungskraft dabei erhält, liefert wichtige Erkenntnisse für eine etwaige Diskrepanz zwischen Selbst- und Fremdbild. Dies unterstreicht einmal mehr die Wichtigkeit der kommunikativen Fähigkeiten einer Führungskraft (vgl. 3.3.2.2 ff.).

Eine ethische Reflexion erweitert die Führungskompetenz um die praktischen Elemente der Moral und Moralität und sorgt für einen Weiterentwicklungsprozess der Führungskraft. Ganz im Sinne Immanuel Kants ist Führungskräften in diesem Zusammenhang zu empfehlen, sich gedanklich stets die Frage zu stellen: „Welche gute Absicht verfolgt mein Mitarbeiter?", um dessen Sichtweise besser begreifen und den positiven Kern herausstellen zu können. Gehen Sie gedanklich „im Garten des anderen spazieren", lernen Sie seine Welt und seine Sicht der Dinge kennen. Anschließend wird es Ihnen noch besser gelingen, Ihre Botschaften adressatengerecht zu platzieren. Das macht Führungskräfte empathisch und glaubwürdig.

Ideen und Lösungsansätze für den Führungsalltag

3.3.4 Anforderungen an die Führungskräfte von morgen

Neben allen beschriebenen Maßnahmen sei an dieser Stelle noch ein Blick in die Zukunft gerichtet. Nicht in Form einer Glaskugel oder in Form von Spekulationen, sondern anhand vorhandenen Wissens aus der Forschung, das für künftige Einschätzungen und Entscheidungen nutzbar gemacht werden soll.

Die gute Nachricht für alle Führungskräfte, die sich gerade Sorgen machen, ob sie den Anforderungen der Zukunft gewachsen sind: Suchen Sie nach Problemen. Klingt einfach — ist es auch, denn: Arbeit heißt Probleme lösen. Und weil es immer Probleme geben wird, geht bezahlte Arbeit nicht aus (Händeler 2012). Problemlösungskompetenz ist einer der Vorzüge, die starke Führungskräfte in der Vergangenheit auszeichneten und in der Gegenwart und in der Zukunft dringend benötigt werden. Manches ändert sich nicht, anderes ganz entscheidend.

Nach Auffassung des Zukunftsforschers Erik Händeler[87] wird Sozialkompetenz in Zukunft so wichtig sein wie nie zuvor. Die Konkurrenzfähigkeit von Unternehmen wird davon abhängen, wie innerhalb von Organisationen künftig Wissen gemanagt wird. Dazu sind eine Kultur der Kooperation und das Sozialverhalten maßgeblich für den Wohlstand der Zukunft. Wissen ist der Rohstoff der Zukunft. Um damit richtig umgehen zu können, erfordert es Führungskräfte, die ihre eigene Wahrnehmung hinterfragen, Konflikte transparent analysieren und offen und respektvoll streiten können. Möglich ist dies dann, wenn Führungskräfte Kooperationsbereitschaft mitbringen und sich auf andere und deren Meinung einlassen.

> **! WICHTIG**
>
> Sozialkompetenz wird in Zukunft so wichtig sein wie nie zuvor. Der Erfolg von Firmen wird davon abhängen, wie Mitarbeiter mit Wissen umgehen.

Wissen multipliziert sich heutzutage, aufgrund der digitalen Möglichkeiten in atemberaubender Geschwindigkeit. Insofern besteht eine der Chancen für Unternehmen künftig darin, das zur Verfügung stehende Wissen bestmöglich zu organisieren, zielorientiert zusammenzuführen und mit möglichst kommunikativen Führungskräften zu managen. Umgang mit Wissen ist immer auch Umgang mit anderen Menschen, somit erfordert Wissensmanagement soziale Fähigkeiten. Betriebswirtschaftlich betrachtet, könnte man auch sagen, dass es für Führungskräfte daher die ökonomische Notwendigkeit gibt, sich kooperativ und empathisch zu verhalten. Im Umkehrschluss bedeutet das, dass der psychisch-soziale Druck

---

[87] Interview Erik Händeler in der Süddeutschen Zeitung, 31.12.2011.

durch destruktives Verhalten so hoch wird, dass der Schaden für das Unternehmen im Laufe der Zeit immer größer wird. An dieser Stelle sei an die Ausführungen unter 3.2.3 (betriebs- und volkswirtschaftliche Relevanzen) verwiesen.

Der verantwortungsvolle Umgang mit der eigenen Gesundheit als wichtige persönliche Lebensressource ist also Voraussetzung, um in unserer Wissensgesellschaft ein Leben lang lernen zu können, im Job fit zu bleiben und ein selbstständiger „Wissensarbeiter" zu werden.

ZUSAMMENFASSUNG

Der fürsorgliche Umgang mit sich und seiner Gesundheit sowie der Gesundheit der anvertrauten Mitarbeiter ist Grundvoraussetzung für die eigene Leistungsfähigkeit. Daraus ergibt sich der Nährboden, auf dem echte und dauerhafte Produktivität wachsen kann.

Führungskräfte, die authentisch sind, die Gesundheit als wichtige Unternehmensressource erkennen und durch eigenes Vorleben mitwirken, diese nachhaltig zu etablieren, gestalten die Zukunft ihres Unternehmens pro-aktiv mit. Allein aus dieser aktiven Handlung heraus kann neue Motivation erwachsen. Für sich selbst und für andere. Die moderne Führungskraft versteht sich als Dienstleister für die ihm anvertrauten Menschen, verfügt über ein hohes Maß an sozialer Intelligenz, ist sich der Wirkung der eigenen Kommunikation bewusst und setzt diese zusammen mit kreativen Denkmodellen ganz gezielt ein, um ihre Mitarbeiter zu motivieren. Ein gesundheitsgerechter Führungsstil und der verantwortungsvolle Umgang mit der eigenen Gesundheit unterstützen dieses Vorhaben mit Nachdruck.

Dabei ist der Führungskraft bewusst, dass nach wie vor Arbeitsplatzkonflikte, oftmals ausgelöst durch eklatante Führungsfehler, eine der häufigsten Ursachen für Arbeitsunfähigkeit und schwindende Leistungsfähigkeit von Mitarbeitern sind. Umso mehr agiert die empathische und innovative Führungskraft verantwortungsbewusst, indem sie sich für eine wertschätzende Unternehmenskultur einsetzt und sich durch ethisches Führungshandeln und ehrlichem Interesse am Menschen einer ihrer wichtigsten Aufgaben widmet: der (Weiter-)Entwicklung und Motivation von Mitarbeitern, um durch deren Identifikation mit den Werten und Zielen des Unternehmens langfristige Wertschöpfung für das Unternehmen zu generieren.

Am wertvollsten ist Arbeit dann, wenn sich Menschen gern begegnen, um gemeinsam das zu tun, was ihren Neigungen und Eignungen entspricht und dabei gemeinsam erfolgreich sind. So wird Mitarbeiterenergie nutzbar gemacht. Als Erfolgsfaktoren dienen dabei Anerkennung, Handlungsspielräume, Gemeinschaftsgefühl sowie eine ausgewogene Balance zwischen Arbeit und Freizeit bzw. Familie. Dann nämlich ist die Arbeit für den Menschen da und nicht nur der Mensch für die Arbeit. Arbeit nimmt einen wesentlichen Teil unserer Lebenszeit in Anspruch und beeinflusst unmittelbar unsere Lebensqualität. Arbeit kann einer der Glücksfaktoren im Leben sein, wobei Führungskräfte prädestiniert sind, mit ihrem Wirken auf andere Menschen etwas zu deren Glück beizutragen.

Arbeit und Glück schließen sich nicht gegenseitig aus. Ganz im Gegenteil. Eine erfüllende Arbeit, welche die individuellen Stärken und Fähigkeiten berücksichtigt, wird mit hoher Wahrscheinlichkeit Spaß und somit Glück bringen, den Betreffenden stark machen und ihn mit Lebensantrieb beschenken. Dort, wo Arbeit als Glück bringend empfunden wird und mit Freude ausgeführt wird, kann Kreativität wachsen. Und wo Kreativität wächst, ist Potenzial für Wachstum, Ideen und Wettbewerbsfähigkeit. Garniert mit einer Portion Gelassenheit und gesundem Selbstvertrauen wird Arbeit erfüllend und trägt zu mehr Lebensqualität und Lebensfreude bei.

Mit Blick auf die Zukunft, in der die Digitalisierung der Gesellschaft und die daraus resultierende Dynamik massiven Einfluss auf die Ausgestaltung unserer Lebensbereiche nimmt, ist der verantwortungsvolle Umgang mit der eigenen Gesundheit eine der wichtigsten Voraussetzungen, um ein Leben lang (körperlich, geistig und seelisch) fit zu bleiben und stets weiter lernen zu können. Die Zukunft und unsere immer stärker wachsende Wissensgesellschaft können kommen. Sie sind gut vorbereitet! Zum Glück …!

Über die Autoren

Prof. Dr. Karlheinz Ruckriegel ist Professor für Volkswirtschaftslehre an der Technischen Hochschule Nürnberg mit den Arbeitsschwerpunkten Makroökonomie, psychologische Ökonomie (Behavioral Economics) und interdisziplinäre Glücksforschung (Happiness Research).

Prof. Dr. Dr. Günter Niklewsk ist Vorstand und Leitender Arzt der Klinik für Psychiatrie und Psychotherapie am Klinikum Nürnberg.

Andreas Haupt, Krankenkassen-Betriebswirt, ist innerhalb der Kassenlandschaft versiert, wo er in unterschiedlichen Führungs- und Managementpositionen für verschiedene Unternehmen tätig war. Aktuell ist er im oberen Management einer großen deutschen Krankenkasse aktiv.

Abbildungsverzeichnis

Abb. 1: Tage der Arbeitsunfähigkeit der AOK-Mitglieder nach Krankheitsgruppen
Anmerkung: Indexdarstellung, wobei das Jahr 2000 auf 100 normiert wurde.
Quelle: nach Meyer et al. 2011, S. 316.   36

Abb. 2: Entwicklung der Arbeits- und Lebenszufriedenheit
Quelle: in Anlehnung an Sozio-oekonomisches Panel (SOEP)   38

Abb. 3 : Engagement Index Deutschland seit 2001
Quelle: nach Gallup Engagement Index Deutschland 2013, Berlin 2014   39

Abb. 4: Engagement Index 2010 im internationalen Vergleich
Quelle: nach Gallup Engagement Index 2010 im internationalen Vergleich, Berlin 2011   40

Abb. 5: Lebenszufriedenheit in Deutschland
Quelle: in Anlehnung an Sozio-oekonomisches Panel (SOEP)   71

Abb. 6: Glücksbaustelle
Quelle: Glücksbaustelle, Maria Martin, FHWS Gestaltung, Mainpost Würzburg   82

Abb. 7: Flow-Zustand
Quelle: nach Ben-Shahar 2007, S. 135.   112

Abb. 8: Quantitative und qualitative Über- und Unterforderung in Deutschland
Quelle: nach Lohmann-Haislah 2012, S. 85.   113

Abb. 9: Häufigste Belastungen in der Arbeitsaufgabe bzw. -organisation
Quelle: nach Lohmann-Haislah 2012, S. 36   114

Abb. 10: Die Stresskaskade   130

Abb. 11: Neuronales Netzwerk
Quelle: Hagmann P, Cammoun L, Gigandet X, Meuli R, Honey CJ, Wedeen VJ, Sporns O   148

Abb. 12: Hirnschnitt   149

Abb. 13: Krankheiten in Deutschland
Quelle: BARMER GEK Arztreport 2014. Veröffentlicht unter https://presse.barmer-gek.de/barmer/
web/Portale/Presseportal/Subportal/Infothek/Studien-und-Reports/Arztreport/Arztreport-2014/
BARMER-GEK-Arztreport-2014.html?w-cm=LeftColumn_t348846   185

Abb. 14: Psychisch bedingte Krankenhausaufenthalte nehmen weiter zu
Quelle: BARMER GEK Report Krankenhaus 2013. Veröffentlicht unter https://presse.barmer-gek.de/barmer/
web/Portale/Presseportal/Subportal/Infothek/Studien-und-Reports/Report-Krankenhaus/Krankenhaus-
report-2013/Report-Krankenhaus-2013.html?w-cm=LeftColumn_t371700   185

Abb. 15: Deutlicher Zuwachs bei psychischen Störungen
Quelle: BARMER GEK Report Krankenhaus 2013. Veröffentlicht unter https://presse.barmer-gek.de/
barmer/web/Portale/Presseportal/Subportal/Infothek/Studien-und-Reports/Report-Krankenhaus/
Krankenhausreport-2013/Report-Krankenhaus-2013.html?w-cm=LeftColumn_t371700   186

Abbildungsverzeichnis

Abb. 16: Szenarien zur Entwicklung des Erwerbspersonenpotenzials bis 2050
Quelle: Institut für Arbeitsmarkt- und Berufsforschung, IAB Kurzbericht 16/2011, Seiten 2,
http://doku.iab.de/kurzber/2011/kb1611.pdf   194

Abb. 17: Altersstruktur des Erwerbspersonenpotenzials bis 2050
Quelle: Institut für Arbeitsmarkt- und Berufsforschung, IAB Kurzbericht 16/2011, Seiten 5,
http://doku.iab.de/kurzber/2011/kb1611.pdf   195

Abb. 18: Von 6 auf 26 Tage – mit dem Alter steigt die Krankheitsdauer
Quelle: BARMER GEK Gesundheitsreport 2012. Veröffentlicht unter https://presse.barmer-gek.de/
barmer/web/Portale/Presseportal/Subportal/Infothek/Bildmaterial/Infografiken/
Gesundheitsreport-2012/Infografiken-Gesundheitsreport.html?appInstanceId=432452&appView=
showImageListView&webflowTraceContainerToken=139487747104997&w-cm=CenterColumn_
t307682&w-prv=search   196

Abb. 19: Das durchschnittliche Alter der Erwerbstätigen steigt in den nächsten Jahren stark an –
mit Auswirkungen auf die Häufigkeit bestimmter Krankheiten
Quelle: Studie „Vorteil Vorsorge – Die Rolle der betrieblichen Gesundheitsvorsorge für die
Zukunftsfähigkeit des Wirtschaftsstandortes Deutschland", Booz & Company im Auftrag
der Felix-Burda-Stiftung, S. 5.   197

Abb. 20: Ausgewählte Arbeitsanforderungen und Anzahl der geführten Mitarbeiter
Quelle: BAuA, Stressreport 2012. Veröffentlicht unter: http://www.baua.de/de/Publikationen/
Fachbeitraege/Gd68.html   203

Abb. 21: Arbeitszeit als Belastung
Quelle: BAuA, Stressreport 2012. Grafik: Initiative Neue Qualität der Arbeit (INQA). Veröffentlicht unter:
http://psyga.info/presse/#c330   204

Abb. 22: Kosten-Nutzen-Vergleich betriebliches Gesundheitsmanagement
Quelle: Felix-Burda-Stiftung. Veröffentlicht unter: http://www.felix-burda-stiftung.de/presseportal/
felix-burda-stiftung/bildmaterial/grafiken-zur-studie-vorteil-vorsorge/index.php?
Grafik: Booz & Company; Steven Aldana, Financial Impact of Health Promotion Programs, 2001   212

Abb. 23: Volkswirtschaftlicher/Betriebswirtschaftlicher Schaden durch Absentismus und Präsentismus
Quelle: Felix-Burda-Stiftung. Veröffentlicht unter: http://www.felix-burda-stiftung.de/presseportal/
felix-burda-stiftung/hintergrundtexte/index.php?
Grafik: Booz & Company; Statistisches Bundesamt: Inlandsproduktberechnung 2009, BMAS 2009:
Gesundheit und Sicherheit bei der Arbeit 2009, S. 86; Stewart et al, 2003; Collins, Base, 2005;
Miriam Wagner, 2010; Fabian Wolfgang Wallert, 2007.   215

Abb. 24: Gesellschaftliche Auswirkungen der Digitalisierung
entnommen aus der Studie „Digitalisierung der Gesellschaft", Quelle: ibi research an der Universität Regensburg im Auftrag der Internet World Messe, Veröffentlicht unter: http://www.ibi.de/
neue-studie-digitalisierung-der-gesellschaft.html   219

Abb. 25: Konkrete Nachteile der zunehmenden Digitalisierung
entnommen aus der Studie „Digitalisierung der Gesellschaft", Quelle: ibi research an der Universität
Regensburg im Auftrag der Internet World Messe. Veröffentlicht unter: http://www.ibi.de/
neue-studie-digitalisierung-der-gesellschaft.html   219

Literatur- und Quellenverzeichnis

Achor, Shawn: The Happiness Advantage. New York 2010.

Aguilar-Gaxiola, Sergio/Levav, Itzhak/Nakash, Ora et al.: Comorbidity of common mental disorders with cancer and their treatment gap: findings from the World Mental Health Surveys. Psycho-Oncology 2013. DOI: 10.1002/pon.3372. Charlottesville 2013.

Akerlof, George/Shiller, Robert (2009a): Animal Spirits. How Human Psychology Drives the Economy, and Why it matters for Global Capitalism. Princeton 2009.

Akerlof, George/Shiller, Robert (2009b): Animal Spirits. Wie Wirtschaft wirklich funktioniert. Frankfurt 2009.

Amabile, Teresa: Motivational synergy. Toward new conceptualizations of intrinsic and extrinsic motivation in the workplace, in: Human Resource Management Review, 3(3) 1993, S. 185–201. Waltham 1993.

Amabile, Teresa: Creativity in Context: Update to The social psychology of creativity. Boulder 1996.

Annigeri, Bindu/Darshan, M. S./Ram, Dushad/Raman, Rajesh/Sathyanarayana Rao, T. S.: A study on professional stress, depression and alcohol use among Indian IT professionals, in: Indian Journal of Psychiatry 2013; 55, 63–69. DOI: 10.4103/0019–5545.105512. Mysore 2013.

Anti-Stress-Seminar unter Kollegen. Burnoutgefahr/Psychosoziale Abwehrkräfte trainieren, in: Medical Tribune, Neurologie — Psychiatrie 2014; 3, 1. Wiesbaden 2014.

Appleby, Joye: Die unbarmherzige Revolution. Eine Geschichte des Kapitalismus. Hamburg 2011.

Ariely, Dan: Fühlen nützt nichts, hilft aber. Warum wir uns immer wieder unvernünftig verhalten. München 2010.

Augstein, Jakob: Die Deutschen lassen sich zu viel gefallen. Spiegel Online, 15.5.2014. Online im Internet: http://www.spiegel.de/politik/deutschland/jakob-augstein-ueber-ungerechtigkeit-in-deutschland-a-969544.html

Literatur- und Quellenverzeichnis

Badura, Bernhard: Führungskräfte — Täter oder Opfer? Vortrag auf der Fachtagung „Betriebliches Gesundheitsmanagement: Fokus Führungskräfte". Bielefeld 2012.

Bakker, Arnold B. (Hrsg.): Advances in Positive Organizational Psychology. Bingley (UK) 2013.

Bakker, Arnold B./Demerouti, E.: Job demands-resources theory, in: Chen Peter Y./Cooper, Cary L. (Hrsg.): Work and Wellbeing: Wellbeing: A complete reference guide (Volume III; pp. 37–64). Chichester (UK) 2014.

BARMER GEK: Psychische Erkrankung am Arbeitsplatz — eine Handlungsleitlinie für Führungskräfte. April 2014.

Barton, Dominic: Zeit zu Handeln, in: Harvard Business manager: Wirtschaft neu denken. Wie der Kapitalismus sich wandeln muss. Edition 3/2012, S. 6–13. Hamburg 2011.

BAuA: Unfallverhütungsbericht Arbeit 2011. Online im Internet: http://www.baua.de/de/Publikationen/Fachbeitraege/Suga-2011.html

Bauer, J.: Prinzip Menschlichkeit. Warum wir von Natur aus kooperieren. Hamburg 2006.

Baumeister, Roy/Tierney, John: Die Macht der Disziplin. Wie wir unseren Willen trainieren können, Frankfurt u. a. 2011.

Bedford-Strohm, Heinrich: Glück und Glaube. Die Ratschläge eines Glücksforschers im Lichte der Bibel. Sonntagsblatt, Ausgabe 6, 3.2.2013. München 2013.

Bedford-Strohm, Heinrich (Hrsg.) (2014a): Glück-Seligkeit. Theologische Rede vom Glück in einer bedrohten Welt. Neukirchen-Vluyn 2014.

Bedford-Strohm, Heinrich (2014b): Das Glück und die Theologie. Einleitende Überlegungen, in: Derselbe (Hrsg.): Glück-Seligkeit. Theologische Rede vom Glück in einer bedrohten Welt. S. 7–15. Neukirchen-Vluyn 2014.

Behavioral Insights Team. Four Simple Ways to Apply Behavioural Insights (EAST). London 2014.

Beinhocker, Eric: Die Entstehung des Wohlstands. Wie Evolution die Wirtschaft antreibt. Landsberg am Lech 2007.

Ben-Shahar, Tal: Glücklicher: Lebensfreude, Vergnügen und Sinn finden mit dem populärsten Dozenten der Harvard University. München 2007.

Bernanke, Ben: The Economics of Happiness, Vortrag bei der University of South Carolina Commencement Ceremony, Columbia, South Carolina 2010.

Blanchard, Olivier/Illing, Gerhard: Makroökonomie. 6. Auflage, München 2014.

Blaney, Paul H./Krueger, Robert F./Millon, Theodore: Oxford Textbook of Psychopathology. Oxford 2009.

Bitzer, Eva Maria/Grobe, T.G./Neusser S./Lorenz, C.: BARMER GEK Report Krankenhaus 2013. Berlin 2013.

Bok, Derek: The Politics of Happiness. What Government can learn from the new Research on Well-Being. Princeton 2010.

Boyatzis, Richard E./Emmerling, Robert J.:Emotions and social intelligence competencies: cross cultural implications, in: Cross Cultural Management: An International Journal 2012, 19 (1), S. 4–18. Middlesex 2012.

Braun, Gesine: Stolz und Vorurteil, in: Harvard Business manager, Ausgabe August 2012. S. 24–31. Hamburg 2012.

Breuer, Reinhard: Kalkül kontra Gefühl (Editorial), in: Wie entscheiden wir? Im Widerstreit von Vernunft und Bauchgefühl. Tagungsband zum „Berliner Kolloquium" der Daimler und Benz Stiftung „Wie entscheiden wir?" (Mai 2011), Spektrum der Wissenschaft Spezial Biologie, Medizin, Kultur, Ausgabe 1/12 (2012), S. 3. Heidelberg 2012.

Brunner, Angelika: Gott nahe zu sein ist mein Glück. Ein Wortgottesdienst zur Jahreslosung 2014, in: Die Mitarbeiterin — Werkheft der Katholischen Frauengemeinschaft Deutschland, Heft „Dem Glück auf der Spur", Nr. 4/2014, S. 28–31. Düsseldorf 2014.

Bschor, Tom/Adli, Mazda: Therapie depressiver Erkrankungen, in: Deutsches Ärzteblatt 2008. 105(45): 782–791. Köln 2008.

Buchholz, Nicola/Preiser, Siegfried: Kreativität. Kröning 2008.

Literatur- und Quellenverzeichnis

Bund, Kerstin: Glück schlägt Geld. Generation Y: Was wir wirklich wollen. Hamburg 2014.

Bundesanstalt für Arbeitsschutz und Arbeitsmedizin: Arbeitsaufgabe. Dortmund 2007.

Bundesanstalt für Arbeitsschutz und Arbeitsmedizin (Hrsg.): Gefährdungsbeurteilung psychischer Belastung. Erfahrungen und Empfehlungen. Berlin 2014.

Bundesministerium für Arbeit und Soziales (BMAS) in Zusammenarbeit mit der Bundesanstalt für Arbeitsschutz und Arbeitsmedizin (BAuA): Sicherheit und Gesundheit bei der Arbeit 2011. Unfallverhütungsbericht Arbeit 2011. Dortmund/Berlin/Dresden 2013.

Bundesvereinigung der Deutschen Arbeitgeberverbände: Die Gefährdungsbeurteilung nach dem Arbeitsschutzgesetz. Besonderer Schwerpunkt: Psychische Belastung — ein Praxisleitfaden für Arbeitsgeber. Berlin 2013.

Cameron, Kim S./Dutton, Jane/Quinn, Robert E. (Hrsg.): Positive Organizational Scholarship. Foundations of a New Discipline. San Francisco 2003.

Cameron, Kim S.: Positive Leadership: Strategies for Extraordinary Performance. San Francisco 2012.

Cameron, Kim S./Spreitzer, Gretchen M. (Hrsg.): Oxford Handbook of Positive Organizational Scholarship. Oxford/New York 2012.

Cameron, Kim S. (2013a): Practicing Positive Leadership. San Francisco 2013.

Cameron, Kim S. (2013b): Advances in Positive Organizational Scholarship, in: Bakker, Arnold B. (Hrsg.): Advances in Positive Organizational Psychology. S. 23–44. Bingley (UK) 2013.

Carnegie, Dale: Sorge Dich nicht, lebe! Frankfurt 2002.

Charney, Dennis/Friedmann, Matthew J./Litz, Brett T./Southwick, Steven M.: Resilienz and mental health: Challenges across the Lifespan. Cambridge 2011.

Chen, Peter Y./Cooper, Cary L.: Work and Wellbeing. Chichester (UK) 2014.

Clark, Andrew/Frijters, Paul/Shields, Michael: Relative Income, Happiness and Utility: An Explanation for the Easterlin Paradox and Other Puzzles, in: Journal of Economic Literature, Vol. 46/1, S. 95–144. Nashville 2008.

Coca Cola Happiness Institut: Happiness-Studie. Die Megatrends unserer Gesellschaft und ihr Potenzial für Lebensfreude. Berlin 2014.

Coca Cola Happiness Institut: Whitepaper — Einblicke in den aktuellen Stand der Glücksforschung. Berlin 2014.

Csikszentmihalyi, Mihaly: Flow. Das Geheimnis des Glücks. 3. Auflage, Stuttgart 2007.

DAK Forschung: Gesundheitsreport 2014. Die Rushhour des Lebens. Gesundheit im Spannungsfeld von Job, Karriere und Familie. Hamburg 2014.

Darshan, M.S./Raman, Rajesh/Rao Sathyanarayana T.S./Ram, Dushad/Annigeri, Bindu: A study on professional stress, depression and alcohol use among Indian IT professionals, in: Indian Journal of Pschychiatry 2013; 55, 63–69. DOI: 10.4103/0019-5545.105512.

Day, Arla/Keloway, E. Kevin/Hurrell, Joseph J. Jr. (Hrsg.): Workplace Well-being. How to Build Psychologically Healthy Workplaces. Chichester (UK) 2014.

Deutsche Bank Research: Homo Oeconomicus oder doch eher Homer Simpson? Frankfurt 2010.

Deutsche Bundesbank: Anlegerverhalten in Theorie und Praxis. Monatsbericht Januar 2011. S. 45–58. Frankfurt am Main 2011.

Deutsche Gesellschaft für Psychiatrie und Psychotherapie, Psychosomatik und Nervenheilkunde: Gefährdungsbeurteilung durch den Arbeitgeber bezüglich psychischer Belastungen am Arbeitsplatz — ein innereuropäischer Vergleich. Berlin 2014.

Deutsche Post: Glücksatlas Deutschland 2011. München 2011.

Deutsche Post: Glücksatlas Deutschland 2012. München 2012.

Deutsche Post: Glücksatlas Deutschland 2013. München 2013.

Deutsches Institut für Normung: DIN ISO 26000, Leitfaden zur gesellschaftlichen Verantwortung. Bonn 2011.

Literatur- und Quellenverzeichnis

Donaldson, Stewart I./Dollwert, Maren: Taming the Waves and Wild Horses of Positive Organizational Psychology, in: Bakker, Arnold B. (Hrsg.): Advances in Positive Organizational Psychology, Bingley (UK) 2013, S. 1–31.

Dopfer, Kurt: Die Rückkehr des verlorenen Menschen, in: Fehr, Ernst/Schwarz, Gerhard: Psychologische Grundlagen der Ökonomie. 3. Auflage, Zürich 2003.

Durdzic, Azra/Enste, Dominik H./Neumann, Michael: Das Vertrauen in die Zukunft stärken. Erkenntnisse aus zehn Jahren RHI-Forschung, in: Rodenstock, Randolf (Hrsg.): Vertrauen in der Moderne. Roman Herzog Institut. S. 14–44. München 2012.

Eckert, Daniel/Zschäpitz, Holger: Vorwort, Meisterspekulant mit Mission, in: Soros, George: Die Analyse der Finanzkrise ... und was sie bedeutet — weltweit. München 2009.

Ehlert, Ulrike/von Kähnel, Roland (Hrsg.): Psychoendokrinologie und Psychoimmunologie. Berlin 2011.

Elger, Christian: Neuroleadership. Erkenntnisse der Hirnforschung für die Führung von Mitarbeitern. 2. Auflage, Freiburg 2013.

Emmerling, Robert J./Boyatzis, Richard E.: Emotional and social intelligence competencies: cross cultural implications. Cross Cultural Management: An International Journal, 19(1) (2012), S. 4–18.

Enste, Dominik H./Eyer, Theresa/Knelsen, Inna: Führung im Wandel. Führungsstile und gesellschaftliche Megatrends im 21. Jahrhundert. Roman Herzog Institut. München 2013.

Ernst, Heiko: Editorial von Psychologie heute, September 2014, S. 3. Weinheim 2014.

Esch, Tobias: Die Neurobiologie des Glücks. Wie die Positive Psychologie die Medizin verändert. 2. Auflage, Stuttgart u. a. 2014.

EU-Kommission: Beyond GDP. Measuring progress, true wealth, and the well-being of nations (Homepage). Brüssel 2014.

Fehr, Ernst/Nowak, Martin A./Sigmund, Karl: Teilen und Helfen. Ursprünge sozialen Verhaltens. in: Fairness, Kooperation, Demokratie, Spektrum der Wissenschaften Dossier, 5/2006, S. 55–57. Heidelberg 2006.

Fernandez-Araoz, Claudio: Talentmanagement im 21. Jahrhundert, in: Harvard Business manager, Schwerpunktthema „Wie Sie Talent erkennen", Ausgabe August 2014, S. 18–31. Hamburg 2014.

Fietze, Simon: Arbeitszufriedenheit und Persönlichkeit. Wer schaffen will, muss fröhlich sein! SOEPpapers, Nr. 388, Juni 2011. Berlin 2011.

Fitoussi, Jean-Paul/Sen, Amarty/Stiglitz, Joseph E.: Report by the Commission on the Measurement of Economic Performance and Social Progress. Stiglitz-Kommission. Paris 2009.

Fitoussi, Jean-Paul/Sen, Amartya/Stiglitz Joseph E.: Mismeasuring Our Lives. Why GDP Doesn't Add Up. New York 2010.

Fox, Justin: The Myth of the Rational Market. New York 2009.

Fredrickson, Barbara: Die Macht der guten Gefühle. Frankfurt u. a. 2011.

Frey, Ulrich/Frey, Johannes: Fallstricke. Die häufigsten Denkfehler in Alltag und Wissenschaft. München 2009.

Frey, Dieter/ Peter, Tanja/Dirmeier, Gina: Die Relevanz von Führung in Unternehmen und Familien, in: Wie viel Familie verträgt die moderne Gesellschaft? Roman Herzog Institut. S. 99–119. München 2011.

Gabler Wirtschaftslexikon. Die Definitionen für intrinsische und extrinsische Motivation finden Sie online im Internet unter http://wirtschaftslexikon.gabler.de/Definition/intrinsische-motivation.html bzw. http://wirtschaftslexikon.gabler.de/Definition/extrinsische-motivation.html

Gehirn und Geist. Themen-Schwerpunkt „Evolution — Wie das Denken erwachte. Kooperation und Gemeinschaft formten einst den Menschen — und tun es bis heute". Ausgabe 10/2012, S. 42–51. Heidelberg 2012.

Geisendorf, Sylvie: The irrational foundation of neoclassical economics. How a simplified Newtonism shaped the perception of the economy, in: Ötsch, Walter Otto/Thomasberger, Claus (Hrsg.): Der neoliberale Markt-Diskurs. Ursprünge, Geschichte, Wirkungen. Marburg 2009.

Gerr, J./Grobe, Thomas: BARMER GEK Gesundheitsreport 2012. Online im Internet: https://presse.barmer-gek.de/barmer/web/Portale/Presseportal/Subportal/Info-

Literatur- und Quellenverzeichnis

thek/Studien-und-Reports/Gesundheitsreports-der-Laender/Laenderreports-2012/Laenderreports-2012.html?w-cm=CenterColumn_tdocid. Berlin 2012.

Gilbert, Daniel: Wir machen aus Allem das Beste, in: Harvard Business manager, Ausgabe April 2012, S. 34–41. Hamburg 2012.

Goleman, Daniel: Soziale Intelligenz: Wer auf andere zugehen kann, hat mehr vom Leben. München 2006.

Goleman, Daniel (2014a): Der fokussierte Manager — Gezielt denken — effektiv handeln, in: Harvard Business manager, Ausgabe Februar 2014, S. 18–30. Hamburg 2014.

Goleman, Daniel (2014b): Konzentriert Euch! Eine Anleitung zum modernen Leben. München 2014.

Görgens, Egon/Ruckriegel, Karlheinz: Makroökonomik. 10. Auflage, Stuttgart 2007.

Görgens, Egon/Ruckriegel, Karlheinz/Seitz, Franz: Europäische Geldpolitik. 6. Auflage, Konstanz/München 2014.

Grant, Adam: Geben und Nehmen. Erfolgreich sein zum Vorteil aller. München 2013.

Grobe, Thomas/Heller, Günter/Szecsenyi, Joachim: BARMER GEK Arztreport 2014. Berlin 2014

Gruhl, Herbert: Der Verrat an Ludwig Erhard, in: Spiegel, 20.6.1983, S. 76 f.

Güth, Werner/Kliemt, Hartmut: Rationalwahlmodelle in der wirtschaftspolitischen Beratung, in: Held, Martin, et al. (Hrsg.): Ökonomik in der Krise. Normative und institutionelle Grundfragen der Ökonomik, Jahrbuch 10. S. 243–262. Marburg 2011

Harvard Business manager (2012a). Schwerpunktthema „Neue Werte für das Management — was die erfolgreichsten Unternehmen der Welt anders machen". Ausgabe Februar 2012. S. 26–79. Hamburg 2012.

Harvard Business manager (2012b). Schwerpunktthema „Glücklich im Job — So werden Sie zufriedener und dadurch erfolgreicher". Ausgabe April 2012, S. 24–55. Hamburg 2012.

Harvard Business manager (2012c). Wirtschaft neu denken — Wie der Kapitalismus sich wandeln muss. Edition 3/2012. Hamburg 2012.

Harvard Business manager (2014a). Schwerpunktthema „Klüger entscheiden. Denkfallen vermeiden, die richtigen Instrumente nutzen – wie die Psychologie hilft, gute Urteile zu fällen". Ausgabe Januar 2014. S. 24–61. Hamburg 2014.

Harvard Business manager (2014b). Der fitte Manager. Wie Sie und Ihr Team gesund und produktiv bleiben. Edition 2/2014. Hamburg 2014.

Harvard Business Review. Schwerpunktthema „The Value of Happiness. How Employee Well-being drives Profits". Ausgabe Januar/Februar 2012. S. 77–110.

Haynes, John-Dylan: Wäre unser Gehirn ein Auto, gäbe es einen Warnhinweis. Interview im Handelsblatt vom 11./12./13.07.2014. S. 52 f. Düsseldorf 2014.

Händeler, Erik: Die Geschichte der Zukunft. Sozialverhalten heute und der Wohlstand von morgen. 9. Auflage, Moers 2005.

Händeler, Erik: Eine gesunde Arbeitskultur entsteht, in: Die BKK 01/2012. Freiburg 2012.

Headey, Bruce/Muffels, Ruud/Wagner, Gert G.: Choices which change life satisfaction: Evidence from Germany, Britain and Australia, Paper for The German Socio-Economic Panel Conference on Happiness, in Berlin am 20.9.2013. Berlin 2013.

Henningsen, Peter: Freunde sind wichtiger als die Ernährung, in: Gehirn und Geist, Ausgabe März 2012, S. 35 f.

Hess, T.: LIFE-Studie Digitales Leben. Online im Internet: http://www.studie-life.de/wp-content/uploads/2011/11/studie-LIFE_digitales-leben.pdf (Link korrigiert). Bonn 2009.

Horn, Karen: Geld allein macht auch nicht glücklich, in: FAZ net vom 28.5.2014.

Horning, Markus: Flow. Offenbach 2013.

Huber, Wolfgang: Die Grundfragen unseres Lebens. München 2013.

Huber, Andrea/Wolf, Axel: Gute Entscheidungen treffen. Eine Anleitung, In: Psychologie heute. Ausgabe September 2014. S.20–27. Weinheim 2014.

Hübener, F.: Der andere in uns. Die empathische Fähigkeit ist abhängig vom Kontext und lässt sich trainieren, in: Neue Züricher Zeitung, 12.10.2011, S. 62. Zürich 2011.

Literatur- und Quellenverzeichnis

IAB-Kurzbericht Nr. 16/2011, Institut für Arbeitsmarkt- und Berufsforschung (IAB) der Bundesagentur für Arbeit.

IBM Global CHRO Study 2010. Online im Internet: http://www-935.ibm.com/services/de/ceo/chrostudy2010/. Ehningen 2010.

ifo Institut: Aktuelles Stichwort Wohlstandsindikator, Juli 2011. Online im Internet: http://www.cesifo-group.de/de/ifoHome/facts/Aktuelles-Stichwort/Topical-Terms-Archive/Wohlstandsindikator.html

IHK Nürnberg für Mittelfranken: IHK — 450 Jahre Wirtschaftsförderung. Nürnberg 2009.

IHK Nürnberg für Mittelfranken: Der Ehrbare Kaufmann. Nürnberg 2010.

IHK Nürnberg für Mittelfranken: Corporate Social Responsibilty — die gesellschaftliche Unternehmensverantwortung von A–Z. Nürnberg 2012.

Illing, Gerhard: Die globale Finanzkrise und ihre Lehren für die Ökonomie, in: Held, Martin, et al. (Hrsg.): Ökonomik in der Krise. Normative und institutionelle Grundfragen der Ökonomik. Jahrbuch 10. S. 31–50. Marburg 2011.

Initiative des Rates der Evangelischen Kirche in Deutschland und der Deutschen Bischofskonferenz für eine erneuerte Wirtschafts- und Sozialordnung : Gemeinsame Verantwortung für eine gerechte Gesellschaft. Gemeinsame Texte 22 vom 28.2.2014. Hannover 2014.

Institut der Deutschen Wirtschaft: Vom Glück im Wohlstand. iw-dienst, Nr. 1, 3.1.2013, S. 1 f.

Jackson, Tim: Wohlstand ohne Wachstum. Leben und Wirtschaften in einer endlichen Welt. München 2011.

Jacobi, Frank/Rehm, Jürgen/Wittchen, Hans-Ulrich et al.: The size and burden of mental disorders and other disorders of the brain in Europe 2010, in: European Neuropsychopharmacology 2001; 21: 655–679. Philadelphia 2001.

Jäncke, Lutz: Lehrbuch Kognitive Neurowissenschaften. Bern 2013.

Kahneman, Daniel: A Psychological Perspective on Economics, in: American Economic Review. Vol. 93 (2, 2003), S. 162–168. Nashville 2003.

Kahneman, Daniel: Schnelles Denken, langsames Denken. München 2012.

Kanner, Allen D./Coyne, James C./Schaefer, Catherine/Lazarus, Richard: Comparison of Two Modes of Stress Measurement: Daily Hassles and Uplifts Versus Major Life Events, in: Journal of Behavioral Medicine, Vol. 4, No. 1, 1981.

Katholische Frauengemeinschaft Deutschland: Die Mitarbeiterin — Werkheft der Katholischen Frauengemeinschaft Deutschlands (kfd), Heft „Dem Glück auf der Spur", Ausgabe 4/2014. Düsseldorf 2014.

Kaudelka, Karin: Einleitung, in: Kaudelka, Karin/Kilger, Gerhard (Hrsg.): Das Glück bei der Arbeit. Über Flow-Zustände, Arbeitszufriedenheit und das Schaffen attraktiver Arbeitsplätze. S. 7–20. Bielefeld 2012

Kenny, Anthony: Geschichte der abendländischen Philosophie — Band Neuzeit. Darmstadt 2012.

Keynes, John Maynard: Allgemeine Theorie der Beschäftigung, des Zinses und des Geldes. 11. Auflage, Berlin 2009.

Kienbaum Human Resource & Management Consulting (Hrsg.): Kienbaum-Studie in Kooperation mit dem Harvard Businessmanager zur Work-Life-Balance von Top-Managern, 9.7.2007.

Kim, W. Chan/Mauborgne, Renee: Blue Ocean Leadership. Wie Sie Ihre Mitarbeiter richtig führen und motivieren, in: Harvard Business manager, Ausgabe Juni 2014, S. 20–32. Hamburg 2014.

Kirig, Anja/Wenzel, Eike: Bewusst grün — alles über die neuen Lebenswelten LOHAS. München 2009.

Klein, Stefan: Der Sinn des Gebens. Warum Selbstlosigkeit in der Evolution siegt und wir mit Egoismus nicht weiterkommen. Frankfurt 2010.

Kostev, Karel/Rex, Juliana/Waehler, Lilia/Hog, Daniela/Heilmeier, Christina: Das Risiko psychiatrischer und neurologischer Erkrankungen von Patienten mit arbeitsbezogenem Mobbing in Deutschland. Eine retrospektive Datenbankanalyse. GMS Ger Med Sci 2014; 12: DOC 10

Kromm, Walter/ Frank, Gunter/Gadinger, Michael: Sich tot arbeiten — und dabei gesund bleiben, in: Kromm, Walter/Frank, Gunter (Hrsg.): Unternehmensressource

Literatur- und Quellenverzeichnis

Gesundheit: Weshalb die Folgen schlechter Führung kein Arzt heilen kann. Düsseldorf 2013.

Kromphardt, Jürgen: Der jüngste Methodenstreit. Alter Streit mit neuen Akzenten, in: Kurz, Heinz D. (Hrsg.): Studien zur Entwicklung der ökonomischen Theorie XXVIII — Die Ökonomik im Spannungsfeld zwischen Natur- und Geisteswissenschaften. Alte und neue Perspektiven im Licht des jüngsten Methodenstreits. S. 11–33. Berlin 2014.

Kuhn, Thomas/Weibler, Jürgen: Führungsethik in Organisationen. Stuttgart 2012.

Kurz, Heinz D.: Vorwort, in: Kurz, Heinz D. (Hrsg.): Studien zur Entwicklung der ökonomischen Theorie XXVIII — Die Ökonomik im Spannungsfeld zwischen Natur- und Geisteswissenschaften. Alte und neue Perspektiven im Licht des jüngsten Methodenstreits. S. 5–8. Berlin 2014.

Kürschner, Isabelle/Strobel, Maria/Tumasjan, Andranik/Welpe, Isabell M.: Arbeits- und Lebensgestaltung der Zukunft — Ergebnisse einer Umfrage in Bayern. Hanns Seidel Stiftung. München 2012.

Layard, Richard: Die glückliche Gesellschaft. Frankfurt 2005.

Layard, Richard: Happiness. Lessons from a new science. 2. Auflage, London 2011.

Legatum Institute: Wellbeing and Policy, Report 2014, verfasst von Gus O'Donnell (Frontier Economics, London), Angus Deaton (Princeton University), Martine Durand (OECD Paris), David Halpern (Behavioural Insights Team der britischen Regierung, London) und Richard Layard (London School of Economics), London 2014.

Leyk, Dieter/Rohde, Ulrich/Hartmann, Nadine D./Preuß, Philipp A./Sievert, Alexander/Witzki, Alexander: Results of a workplace health campaign — what can be achieved? In: Deutsches Ärzteblatt Int. 2014; 111: 320–327. DOI: 10.3238/arztebl.2014.0320. Köln 2014.

Lieberei, Barbara: Diagnostische Kriterien und Entwicklung eines diagnostischen Interviews für die Posttraumatische Verbitterungsstörung. Dissertation an der Medizinischen Fakultät der Charité. Berlin 2008.

Lindinger, Christoph/Zeisel, Nora: Spitzenleistung durch Leadership. Die Bausteine ergebnis- und mitarbeiterorientierter Führung. Wiesbaden 2013.

Lohmann-Haislah, Andrea (Hrsg.): Stressreport Deutschland 2012: Psychische Anforderungen, Ressourcen und Befinden. Bundesanstalt für Arbeitsschutz und Arbeitsmedizin. Dortmund 2012.

Lohmeier, Mathias/Sprenger, Bernd/von Wahlert, Jochen: Gesundes Führen. Life-Balance versus Burnout im Unternehmen. Stuttgart 2012.

Lyubomirsky, Sonja: Glücklich sein. Frankfurt 2008.

Mankiw, N. Gregory/Taylor, Mark P.: Economics. Special Edition with the coverage of the world financial crisis. Andover (UK) 2010.

Mankiw, N. Gregory/Taylor, Mark P.: Economics. 3. Auflage, Andover (UK) 2014.

Martens, Jens-Uwe: Glück in Psychologie, Philosophie und im Alltag. Stuttgart 2014.

Marx, Reinhard: Das Kapital — Ein Plädoyer für den Menschen. München 2008.

Mayer, Thomas: Die EZB ist schuld, Mayers Weltwirtschaft in der FAZ net vom 7.6.2014.

Meckel, Miriam: Wer mitfühlt, gewinnt, in: Handelsblatt vom 6./7./8. Dezember, S. 64.

Meyer, Markus/Weber, Fabian/Weirauch, Henriette: Krankheitsbedingte Fehlzeiten in der deutschen Wirtschaft im Jahr 2011, in: Badura, Bernhard/Ducki, Antje/Schröder, Helmut/Klose, Joachim/Meyer, Markus (Hrsg.): Fehlzeiten-Report 2012: Gesundheit in der flexiblen Arbeitswelt: Chancen nutzen — Risiken minimieren. S. 291–468. Berlin und Heidelberg 2011.

Minsky, Hyman P.: Stabilizing an Unstable Economy. Kommentierter Nachdruck der Erstauflage von 1986. New York 2008.

Mourlane, Denis: Resilienz — die unentdeckte Fähigkeit der wirklich Erfolgreichen. 5. Auflage, Göttingen 2014.

Myers, David G.: Social Psychology. 10. Auflage, New York 2010.

Nakash, Ora/Levav, Itzhak/Aguilar-Gaxiola, Sergio et al.: Comorbidity of common mental disorders with cancer and their treatment gap: findings from the World Mental Health Surveys, Psycho-Oncology 2013; DOI: 10.1002/pon.3372.

Literatur- und Quellenverzeichnis

Neumann, Michael: Zum Glück wachsen — Sieben Weisheiten zu Wachstum, Wohlstand und Wohlbefinden. Roman Herzog Institut. München 2012.

Niklewski, Günter/Rose-Niklewski, Rieke: Ängste überwinden. Berlin 2009.

Niklewski, Günter/Rose-Niklewski, Rieke: Depressionen überwinden. Berlin 2012.

Niklewski, Günter/Rose-Niklewski, Rieke: Das Anti-Stress-Konzept. Berlin 2013.

Noll, Thomas/Urbaniok, Frank: Im Kopf der Banker, Gastkommentar, in: Handelsblatt 1.3.2013. Düsseldorf 2013.

Nowak, Martin/Highfield, Roger: Kooperative Intelligenz. Das Erfolgsgeheimnis der Evolution. München 2013.

OECD: Better Life Index (deutsche Homepage seit Anfang 2010). Paris 2010.

OECD: How's life? Measuring well-being. Paris 2011.

OECD (2013a): Guidelines on Measuring Subjective Well-being. Paris 2013.

OECD (2013b): How's life? 2013 — Measuring well-being. Paris 2013.

OECD: Regulatory Policy and Behavioural Economics. Paris 2014.

Ötsch, Walter Otto: Kognitive Grundlagen menschlichen Verhaltens. Kognitionswissenschaften und neoklassische Standardtheorie, in: Goldschmidt, Nils/Nutzinger, Hans G. (Hrsg.): Vom homo oeconomicus zum homo culturalis — Handlung und Verhalten in der Ökonomie. Berlin 2009.

Packer, George: Die Abwicklung — Eine innere Geschichte des neuen Amerika. Frankfurt 2014.

Pagel, Mark: Am Anfang war das Plagiat, in: Gehirn und Geist. Themen-Schwerpunkt „Evolution — wie das Denken erwachte. Kooperation und Gemeinschaft formten einst den Menschen — und tun es bis heute". Ausgabe 10/2012, S. 48–51. Heidelberg 2012.

Peter, Rita: Glück — ein Gefühl zwischen Zeit und Ewigkeit, in: Die Mitarbeiterin, Werkheft der Katholischen Frauengemeinschaft Deutschland, Heft „Dem Glück auf der Spur", Nr. 4/2014, S. 4–7. Düsseldorf 2014.

Pindyck, Robert/Rubinfeld, Daniel: Mikroökonomie. 8. Auflage, München 2013.

Pink, Daniel H.: Drive: Was Sie wirklich motiviert. Salzburg 2010.

Plickert, Philip/Beck, Hanno: Kanzlerin sucht Verhaltensforscher, in: FAZ online vom 26.8.2014. Frankfurt am Main 2014.

Pohl, Manuela: Kreative Kompetenz. Berlin 2012.

Porath, Christine/Spreitzer, Gretchen: Die Mitarbeiter glücklich machen, in: Harvard Business manager. Ausgabe April 2012, S. 24–33. Hamburg 2012.

Porath, Christine/Spreitzer, Gretchen: Die Mitarbeiter glücklich machen, in: Harvard Business manager. Der fitte Manager. Wie Sie und Ihr Team gesund und produktiv bleiben. Edition 2/2014, S. 18–25. Hamburg 2014.

Porter, Michael/Kramer, Mark R.: Die Neuerfindung des Kapitalismus, in: Harvard Business manager. Februar 2011. S. 58–75. Hamburg 2011.

Porter, Michael/Kramer, Mark R.: Die Neuerfindung des Kapitalismus, in: Harvard Business manager. Wirtschaft neu denken — Wie der Kapitalismus sich wandeln muss. Edition 3/2012. S. 14–29. Hamburg 2012.

Powdthavee, Nick: The Happiness Equation. The Surprising Economics of Our Most Valuable Asset. London 2010.

Preiser, Siegfried/Buchholz, Nicola: Kreativität. Ein Trainingsprogramm für Alltag und Beruf. 3. Auflage, Kröning 2008

Rath, Tom/Harter, Jim: Wellbeing — The five essential elements. New York 2010.

Roman Herzog Institut: Zwischen Gewinn und Verantwortung — Ergebnisse der CRS-Forschung. München 2012.

Ruch, Willibald/Harzer, Claudia: Positive Psychologie, in: Kaudelka, Karin/Kilger, Gerhard (Hrsg.): Das Glück bei der Arbeit. Über Flow-Zustände, Arbeitszufriedenheit und das Schaffen attraktiver Arbeitsplätze. Bielefeld 2012.

Ruckriegel, Karlheinz (2010a): Die Wiederentdeckung des Menschen in der Ökonomie. Von der Neoklassik zurück (!) zur Psychologischen Ökonomie (Behavioral Economics) und zur Glücksforschung (Happiness Research). Nürnberg 2010.

Literatur- und Quellenverzeichnis

Ruckriegel, Karlheinz (2010b): Glücksforschung auf den Punkt gebracht. Nürnberg 2010.

Ruckriegel, Karlheinz: Behavioral Economics. Erkenntnisse und Konsequenzen, in: WISU, 40 Jg. (2011). S. 832–842. Düsseldorf 2011.

Ruckriegel, Karlheinz (2014a): Bundesverfassungsgericht versus EZB/Eurosystem — zur Frage der Effizienz von Finanzmärkten. Technische Hochschule Nürnberg, Georg Simon Ohm. Sonderdruck Nr. 56. März 2014. Nürnberg 2014.

Ruckriegel, Karlheinz (2014b): Glücksforschung. Erkenntnisse und Konsequenzen, in: Psychologie in Österreich (Fachzeitschrift des Berufsverbands österreichischer PsychologInnen). Vol. 34. Ausgabe 2/3 2014 (Juni 2014). Themenschwerpunkt Psychologie und Glücklichsein & Gesundheitspsychologie. S. 120–126. Wien 2014.

Scharfetter, Christian: Allgemeine Psychopathologie. Eine Einführung. Stuttgart 2010.

Sandel, Michael J.: Was man für Geld nicht kaufen kann. Die moralischen Grenzen des Marktes. Berlin 2012.

Saßmannshausen, Sean Patrick: Der homo oeconomicus im Spiegel kognitions- und biopsychologischer Erkenntnisse, in: Goldschmidt, Nils/Nutzinger, Hans G. (Hrsg.): Vom homo oeconomicus zum homo culturalis. Handlung und Verhalten in der Ökonomie. Berlin 2009.

Sattelberger, Thomas: A la John Wayne, in: Wirtschaftswoche, Nr. 7, 13.2.2010. S.94 f.

Sattelberger, Thomas: Die großen Business Schools sind lebendige Leichen. Gespräch mit KarriereSPIEGEL vom 9.2.2012. Hamburg 2012.

Schäfer, Ulrich: Der Crash des Kapitalismus — Warum die entfesselte Marktwirtschaft scheiterte. Frankfurt 2009.

Scharfetter, Christian: Allgemeine Psychopathologie. Eine Einführung. Stuttgart 2010.

Schirrmacher, Frank (2013a): Die Seele, die aus der Kälte kam, in: Spiegel, 9.2.2013.

Schirrmacher, Frank (2013b): Ego — das Spiel des Lebens. München 2013.

Schlösser, Hans Jürgen: Menschenbilder in der Ökonomie, in: Orientierungen zur Wirtschafts- und Gesellschaftspolitik. Nr. 112 (2/2007). S. 68–71. Stuttgart 2007.

Schmidt-Huber, Marion/Tippelt, Rudolf: Born to be a leader? Auf der Suche nach den Wurzeln guter Führung. Roman Herzog Institut. München 2014.

Schmoller, Gustav von: Grundriß der Allgemeinen Volkswirtschaftslehre. Leipzig 1904.

Schneider, Wolf: Glück — Eine etwas andere Gebrauchsanweisung. Reinbeck bei Hamburg, 2007.

Siems, Dorothea: Wenn Lehrer nicht abschalten können, in: Die Welt Online. Online im Internet: http://www.welt.de/politik/deutschland/article126679792/Wenn-Lehrer-nicht-mehr-abschalten-koennen.html. Berlin 2014.

Siller, Helmut: Normatives Controlling. Wien 2011.

Sirota, David/Mischkind, Louis/Meltzer, Michael: Stop demotivating your employees!, in: Harvard Business Review OnPoint, Summer 2010, The ideal workplace — How to boost productivity, commitment & job satisfaction, S. 14–15.

Skidelsky, Robert/Skidelsky, Edward: Wie viel ist genug? Vom Wachstumswahn zu einer Ökonomie des guten Lebens. München 2013.

Sonntagsblatt Thema: Themenheft „Glück — wie das Leben gelingt". Ausgabe 1/2013. München 2013.

Soros, George: Gedanken und Lösungsvorschläge zum Finanzchaos in Europa und Amerika. Kulmbach 2012.

Southwick, Steven M./Litz T. Brett/Charney, Dennis/Friedmann, J. Matthews: Resilienz and mental health: Challenges across the Lifespan, Cambrigde 2011.

Spektrum der Wissenschaft Spezial — Biologie, Medizin, Kultur: Wie entscheiden wir — Im Widerstreit von Vernunft und Bauchgefühl, 1/12 (2012). Heidelberg 2012.

Spitzer, Manfred: Soziale Neurowissenschaften. Menschen sind besser als ihr Ruf, Vortrag am 27.9.2014 auf der Tagung „Das soziale Gehirn — Neurowissenschaften und menschliche Bindung" in Fürth.

Literatur- und Quellenverzeichnis

Spreitzer, Gretchen/Porath, Christine: Die Mitarbeiter glücklich machen, in: Harvard Business manager, Ausgabe April 2012, S. 24–33. Hamburg 2012.

Spreitzer, Gretchen/Porath, Christine: Die Mitarbeiter glücklich machen, in: Harvard Business manager, Der fitte Manager — Wie Sie und Ihr Team gesund und produktiv bleiben, Edition 2/2014, S. 18–25. Hamburg 2014.

Sprenger, Reinhard K.: Mythos Motivation. Wege aus einer Sackgasse. Frankfurt u. a. 2010.

Sprenger, Reinhard K.: Radikal führen. Frankfurt u. a. 2012.

Springfeld, Uwe: Menschenmaschine — maschinenmensch. Stuttgart 2009.

Steinbeck, Anja/Lachenmaier, Andreas: Verhaltensökonomik im Gerichtssaal, in: Neue Juristische Wochenzeitschrift (NJW), Nr. 29/2014 vom 17.7.2014, S. 2088–2091.

Stepstone Deutschland GmbH (Hrsg.): Stepstone — Studie über Glück am Arbeitsplatz 2012/2013

Stiglitz, Joseph: Im freien Fall — vom Versagen der Märkte zur Neuordnung der Weltwirtschaft. München 2010.

Stiglitz, Joseph/Sen, Amartya/Fitoussi, Jean-Paul: Mismeasuring Our Lives: Why GDP Doesn't Add Up, New York, 2010.

Stiglitz, Joseph: Der Preis der Ungleichheit. München 2012.

Stilijanow, Ulrike: Führung und Gesundheit, in: Andrea Lohmann-Haislah (Hrsg.): Stressreport Deutschland 2012: Psychische Anforderungen, Ressourcen und Befinden, Bundesanstalt für Arbeitsschutz und Arbeitsmedizin 2012. Dortmund 2012

Stutzer, Alois: Homo oeconomicus sucht das Glück, in: Deutsche Post: Glücksatlas 2013. S. 17–24. München 2013.

Swedberg, Richard: Grundlagen der Wirtschaftssoziologie. Heidelberg 2009.

Thaler, Richard H./Sunstein, Cass R.: Nudge. Wie man kluge Entscheidungen anstößt. Berlin 2009.

Ulrich, Peter: Zivilisierte Marktwirtschaft. Bern u. a. 2010.

UN World Happiness Report 2013. Washington 2013.

Vacharkulksemsuk, Tany/Fredrickson, Barbara L.: Looking back and glimpsing forward: The broaden-and-build theory of positive emotions as applied to organizations, in: Bakker, Arnold B. (Hrsg.): Advances in Positive Organizational Psychology, Bingley (UK) 2013, S. 45–60.

Varian, Hal R.: Grundzüge der Mikroökonomik. 8. Auflage, München 2011.

Wagner, Rodd/Harter, James K.: 12: The Elements of Great Managing. New York 2006.

Wallacher, Johannes: Mehrwert Glück. Plädoyer für menschengerechtes Wirtschaften. München 2011.

Wegner, Gerhard: Moralische Ökonomie. Perspektiven lebensweltlich basierter Kooperation. Stuttgart 2014.

Weibler, Jürgen: Personalführung. 2. Auflage, München 2012.

Weimann, Joachim/Knabe, Andreas/Schöb, Ronnie: Geld macht doch glücklich. Stuttgart 2012.

Wilson, Edward O.: Die soziale Eroberung der Erde — eine biologische Geschichte des Menschen. München 2013.

Wittchen, H.U./Jacobi, F./Rehm, J. et al.: The size and burden of mental disorders and other disorders of the brain in Europe 2010. European Psychopharmacology 2001; 21: 655–679.

Zukunftsinstitut: Megatrend Gesundheit. Kelkheim 2010.

Stichwortverzeichnis

A

Abgeschlagenheit	149
Absentismus	214, 216
Achtung	43
affektive Empathie	239
Aktionsplan „Gutes Leben — Lebensqualität in Deutschland"	51
aktives Zuhören	237
Alarmmeldungen	201
allgemeine Erschöpfung	145
allgemeines Erschöpfungssyndrom	147
ältere Menschen	166
Altersstruktur in Deutschland	193
Amoral	98
Amygdala	148
Änderung des Gesundheitsbegriffs	34
Änderungen des Arbeitsschutzgesetzes	66
Anfangsmotivation	184
Angela Merkel	24, 26, 50
Angriffsflächen	187
Ängste	225
Angst vor Arbeitsplatzverlust	215
Anhedonie	125, 151
Anstieg der psychischen Erkrankungen	184
Antidepressiva	161
apathisches Verhalten	215
Appetit	142
Arbeit als Glücksfaktor	260
Arbeitgeberbewertungsportale	64
Arbeitsbedingungen	214
Arbeitskultur	211
Arbeitsplatzbedingungen	42
Arbeitsplatzgestaltung	34, 68, 111
Arbeitsplatzkonflikte	233
Arbeitsschutzgesetz	66
Arbeitsstörungen	122
Arbeitsumfeld	273
Arbeits- und Lebenszufriedenheit	38
Arbeitsunfähigkeitstage	36, 65, 186, 195, 216
Arbeitsunfähigkeitszeiten	197
Arbeitszeit	204
Arbeitszufriedenheit	38, 242
Ärzte	147
Ausfallkosten für einen Mitarbeiter	216
Authentizität	251
autonomes Nervensystem	131
Autonomie	78

B

Babyboomer	63
Barbara Fredrickson	62, 74
Bathsheba Syndrom	85, 87
Bauchkrämpfe	142
Bedürfnisse	77
Behavioural Economics	23, 29, 46, 50, 96
Beispiele zur Mitarbeitermotivation	260
belastende Ereignisse	128
belastende Lebenssituationen	178
Belastungen der Arbeitswelt	38
betriebliche Belastungssituationen	123
betrieblichen Restrukturierungsmaßnahmen	257
Betriebliches Gesundheitsmanagement (BGM)	211, 260
Betriebsvereinbarung für flexible Arbeitszeiten	209
Betriebsvereinbarung kontra „Sucht"	208
Betriebsvereinbarung zur Vereinbarkeit von Beruf und Familie	208
Betriebsvereinbarung zur Vereinbarkeit von Beruf und Pflege	209
Better Life Index	79

Stichwortverzeichnis

Bewegungsprogramme	208
Beziehungsebene	104
Beziehungswohlstand	33
biologische Interventionsmöglichkeiten	162
bipolare Erkrankungen	160
Blutdruckanstieg	132
Broken-Heart-Syndrom	140
Brunnen-Metapher	190
Bruttoinlandsprodukt	32
Bruttosozialprodukt	32
Bruxismus	141
Burnout	18, 35, 189
Burnout-Falle	186
Burnout-Prävention	18
Burnout-Prophylaxe	147
Burnout-Syndrom	144
Büroolympiade	266
Business Schools	98

C

Change-Prozesse	243
chronische Belastungsfaktoren	162
chronische Depressionen	163
chronische Erschöpfung	147
chronischer Dauerstress	135
Coca-Cola Happiness Institut	35
Corporate Social Responsibility	56, 58, 65, 88
Corticotropin-Releasing-Hormon	129
CSR	58
CSR-Manager (IHK)	60
Curd Jürgens	244

D

Dale Carnegie	205
Daniel Goleman	29
Daniel Kahneman	27, 30, 92
Dauerstress	137
demografische Entwicklung	63
demografischer Wandel	193
demotivierte Mitarbeiter	18
Depersonalisation	144
Depression	123, 138
Depression am Arbeitsplatz	169
Depressionen aus heiterem Himmel	157
depressive Verstimmungen	142
depressive Zustände	142, 146
Diagnose Burnout	145
diagnostische Kriterien	157
Dienst nach Vorschrift	39, 40
Digitalisierung	218
diktatorischer Führungsstil	228
Distress	189, 202
Doppelbelastung	229
Duales Handlungssystem	21, 27, 55, 75, 95
dysthyme Störung	153, 163

E

effektive Kommunikation	233
Egoismus	90, 93
Egomane	108
eigene Betroffenheit	257
eigene Erwartungen	184
Eigeninteressen	85
Einkommen	79
Einkommensmaximierung	46
Einzelkämpfer	108
Elan	184
Elektrokonvulsionstherapie	162
emotionale Achterbahn	248
emotionale Bindung	40
emotionale Erschöpfung	144
emotionale Kompetenz	234
emotionale Konflikte	123
emotionale Labilität	177
emotionale Schwierigkeiten	122
emotionale Stabilität	177
emotionales Wohlbefinden	70
Empathie	234
employer branding	206, 244
Energieverschleiß	144
Entscheidungsfähigkeit	259

Stichwortverzeichnis

Entspannungsmöglichkeiten	267
Entspannungsquellen	187
Enttäuschung	146
Epiktet	83
Erfolgsfaktoren der Mitarbeiterenergie	262
Erfüllung	242
erhöhte Arbeitsanforderungen	42
Erholung	133
Erich Fromm	69
Erik Händeler	278
Erlebnisintensität	246
Erlebnisquantität	246
Ernährungskurse	208
Erschöpfung	124
Erschöpfungsspirale	190
Erschöpfungssyndrom	126, 159
erster Arbeitstag	184
Erwartungshaltung von Mitarbeitern	262
Erwerbsminderungsrente	36
erwerbstätige Mütter	172
Erwerbstätigenquote	64
ethikbewusste Führung	86, 89
ethikorientiertes Handeln	110
ethisches Führungshandeln	277
Eugene Fama	23
EU-Nachhaltigkeitsstrategie	64
Extraversion	177
extrinsische Motivation	77, 250

F

Fachkräftemangel	194
faires Miteinander	263
Fairness	89, 245
falsches Führungsverhalten	20
fehlerhafte Managemententscheidungen	20
finanzielle Anreizsysteme	216
Finanzkrisen	21
Flow-Erlebnisse	111, 112
Fokussierung	254
Frage nach dem Glück	47

Freiräume	191
Freizeit	134
Freizeitsport	135
Führungsalltag	223
Führungserfolg	107
Führungsethik	33, 35, 84
Führungsfehler	224, 225, 231
Führungskompetenzen	110
Führungskraft	42, 192, 202, 205
Führungskräfte- und Mitarbeiterbefragungen	269
Führungspersonen	122
Führungsstil	226
Funktionsstörung des Herzmuskels	140

G

Gallup Engagement Index für Deutschland	39
Gallup Institut	18, 67
ganzheitliches Wohlbefinden	34
„Gebrauchsanleitung" zur Neoklassik	93
Gedächtnis	144
Gedächtnisstörungen	152
Gedankenlosigkeit	94
Gefühle	73
Gehirn	91
Gelassenheit	259, 260
gelebte soziale Marktwirtschaft	59
gelingende soziale Kontakte	76
Gemeinschaftsgefühl	233
Generation Y	50, 63, 79, 206
genetische Ausstattungen	176
genetische Faktoren	165
gesellschaftliche Akzeptanz	45
Gestaltung der Arbeitsbedingungen	209
gesunde Achtsamkeit	190
gesundes Führen	34, 43
Gesundheit der Mitarbeiter	242
Gesundheitsbeauftragter	208
Gesundheitsfaktor	81
gesundheitsförderliche Ressourcen	42

Stichwortverzeichnis

gesundheitsgefährdende
    Arbeitsanforderungen 42
gesundheitsgerechter Führungsstil 192, 233
Gesundheitskompetenz 197, 217
Gesundheitskultur 209
gesundheitsorientierter Führungsstil 210
gesundheitsorientierter Lebensstil 211
Gesundheitsrisiko 199
Gesundheitstage für Mitarbeiter 265
Gesundheit von Managern 41
Gewinnmaximierung 46
Gewissenhaftigkeit 177
gezielte Maßnahmen zur
    Mitarbeitergesundheit 214
Gier versus Integrität 85
Globe-Studie 41
Glück 45
glückliche Mitarbeiter 35
Glücklichsein 122
Glücksaktivitäten 82
Glücksatlas Deutschland 35
Glücksbaustelle 82
Glücksfaktor 75, 245
Glücksforschung 44, 61, 75, 252
Glückstagebuch 190, 257
Glutamat 129
Goldene Regel 33, 76
Grübelzwang 154
Grundregeln wirkungsvoller
    Kommunikation 241
gute Führung 109

H
Happiness 103
Happiness Research 44
Happiness-Strategie 61
Hedonismus 246
hedonistische Tretmühle 48, 205
Helmut Schmidt 192, 251
Herzinfarkt 138
Herz-Kreislauf-Erkrankungen 138
Herzrhythmusstörungen 132

Hirnschnitt 149
Hochschulen 117
Hoffnungslosigkeit 149
hoher Blutdruck 138
Homo oeconomicus 21, 84
Homo-oeconomicus-Annahme 23, 47, 94
Hormonsystems 129
Human-Relations-Ansatz 80
Hypothalamus 129

I
IDEA-Studie 170
individuelle Belastbarkeit 136
individuelles Gesundheitsmanagement 34
ineffiziente Arbeitsorganisation 213
Infektanfälligkeit 138
Infektionskrankheiten 132
innere Ruhe 221, 260
innovative Führungsphilosophie 198
Integrität 87
interdisziplinäre Glücksforschung 26, 33, 46, 103
intrinsische Motivation 77, 250
Introversion 177
Investition in gesunde Mitarbeiter 213

J
Jack Welch 55
Jahresfeedbackgespräche 268
Jean-Claude Trichet 24
Job Characteristics Model 80
Jobverständnis 68

K
Kalter Krieg 99
Kampf-oder-Flucht-Reaktion 127
Kant'scher kategorischer Imperativ 76
Kardinal Reinhard Marx 32
Kardinaltugenden nach Aristoteles 86
Karrieren 111
Kim S. Cameron 62
Klima des Vertrauens 206

kognitive Empathie	239
kognitives Wohlbefinden	48, 70
kognitive Verzerrung	28
Kommunikations- und Kreativtagung	270
Kommunikationswissenschaft	104
Komorbidität	163
kompetentes Führungsverhalten	175
Kontentfaktoren	80
Konventionalität	177
Konzentrationsstörungen	152
körperliche Stressreaktion	128
Kostendruck	226
Kraftquellen	190
Krankenstände	122
kreative Denkmodelle	272
kreative Führungskräfte	274
kreative Kompetenz	276
Kreativität	272
Kundenzufriedenheit	62
Kununu	64

L

Langzeitgedächtnis	144
Lebenszufriedenheit in Deutschland	71
Lehrbuchmodelle	20
Lehrer	145
Leistungseinbußen	145
Leistungsfähigkeit	145
Leistungsminderung	144
Leistungsziele	87
Libidoverlust	152
Loyalität zum Unternehmen	240
Ludwig Erhard	31, 50
Lustlosigkeit	149

M

Machiavellist	97
Machtdemonstration	228
Machtmotiv	109
Magnetstimulation	162
Major-Depression	160
Management by Objectives	85

Mandelkern	129
mangelnde Kommunikation	242
Martin Seligman	82
Maschine Mensch	42
Mathematisierung der Ökonomie	26
Maximierung des subjektiven Wohlbefindens	46
McGregor	76
medikamentöse Behandlung	166
Messung des Wohlbefindens	51
Michael Porter	57
Milton Friedman	22
Mitarbeiterbindung	62
Mitarbeiterführung	34, 68, 104
mitarbeiterorientiertes Führungsverhalten	261
mitarbeiterzentrierte Führung	210
mittlere Generation	198
Mobbing	174
Mobbingopfer	175
Motivation	108, 245
Motivationsforschung	77
Multitasking	200
Muskelanspannung	141
Mütter	232

N

Nachlässigkeit	177
Nash-Gleichgewicht	99
negative Gefühle	73
Nein sagen	178
Neoklassik	23, 93
neoklassische Arbeitsmarkttheorie	79
neoklassische Finanzmarkttheorie	24
neoklassische Mainstream-Ökonomik	26
neoliberales Projekt	57
Nervenärzte	147
Neurobiologie	29
neurochemische Inbalance	165
neurotische Depression	160
Neurotransmitter	129
Niederlagen	256

Stichwortverzeichnis

nonverbale Signale 235, 236
notwendige Erholungsphasen 133

O
OECD 26, 52
OECD Better Life Index 48, 52
Offenheit 177, 245
Orientierung am Profit 57

P
parasympathisches Nervensystem 131
Pay for Performance 85
Personalbeschaffung 88
Personalbeurteilung 88
Personalchefs 206
Personalentwicklung 88
persönliche Stressverstärker 188
Persönlichkeitsentwicklung 252
Persönlichkeitsfaktoren 177
positive Gefühle 74
Positive Organizational Scholarship 62
Positive Psychologie 82
Potenzial der anwesenden Mitarbeiter 214
Präsentismus 214, 216
Präventivmaßnahmen 184
primäre Empathie 235, 236
Problemlösungskompetenz 274
Produktionsfähigkeit 192
Psychiater 147
Psychiatrie 122
psychische Erkrankungen 36
psychische Erkrankungen am Arbeitsplatz 201
psychische Gefährdungsbeurteilung 65
psychische Krankheiten 35
psychische Stabilität 221
psychische Störungen 36, 138
Psychologie des Glücklichseins 35
psychosoziale Risiken am Arbeitsplatz 65
Psychotherapie 35, 122, 162

R
Rationalität 93
Religiosität 179
Reputation 91
Resignation 124, 173, 243
Resilienz 71, 83, 126, 175, 177
Resilienzfaktoren 83
Resilienzforscher 179
respektvoller Umgang 43
Ressourcenorientierung 80
rezidivierende unipolare Depression 160
Robert Shiller 23
Roman Herzog Institut (RHI) 19
Rückendeckung für die Mitarbeiter 240
Rückenschmerzen 141
Rücksichtslosigkeit 177
Ruhestand 77

S
Sandwichposition 198
Schaffung von Ruheräumen 222
Schichtarbeit 140
Schlafbedürfnis 132
Schlafverhalten 133
schlechte Arbeitsbedingungen 228
sekundäre Depressionen 164
Selbsteinschätzung von Glück 77
Selbstvertrauen 275
Selbstwertgefühl des Mitarbeiters 225
Sensibilisierung der Mitarbeiter 68
Serotonin 133
Shared Value 58
Shareholder-Value 46
Shareholder-Value-Ansatz 54
sinnvolle Ziele 72
somatische Reaktionen 190
Souveränität 257
soziale Beziehungen 76
soziale Fertigkeiten 107, 234
soziale Intelligenz 108, 234
soziale Marktwirtschaft 31

Stichwortverzeichnis

soziales Bewusstsein	106
soziale Unterstützung	42
soziale Verantwortung der Wirtschaftstätigkeit	57
Sozialisierung	111
Sozialkompetenzen	206
Sozio-oekonomisches Panel (SOEP)	35, 71
Spieltheorie	99
Spiritualität	179
Sport	135
Stakeholder	57
Stakeholder-Value-Ansatz	57
Standard Economic Model	23, 25
starke Führungskraft	253
starke Führungspersönlichkeit	251
Stärkung der Gesundheitskompetenz	207
Stiglitz-Kommission	51
Stimmungsschwankungen	158
Stress	122, 126
Stress am Arbeitsplatz	143
stressbedingte Erkrankungen	126
Stressbewältigung	148
Stressbewältigungstraining	208
stressbezogene Erkrankungen	122
Stresserleben	123, 127, 171
Stressforscher	176
Stressgedächtnis	129
Stresshitliste	136
Stresshormon Cortisol	130, 138
Stresskaskade	130
Stressor	128, 147
Stressreaktion	132
Stressreport Deutschland 2012	126, 203
Studie zur Digitalisierung der Gesellschaft	218
Studium der Wirtschaftswissenschaften	98
subjektives Stressempfinden	128
subjektives Wohlbefinden	44, 69
Suizid	152
Suizidgedanken	157
sympathisches Nervensystem	131

Symptome der Depression	150
System 1	27
System 2	27, 95

T

Tagesmüdigkeit	145
Tanya Vacharkulksemsuk	62, 74
teamorientierter Führungsstil	251
Teamplayer	108
Teresa Amabile	273
The Value of Happiness	103
Tradition des ehrbaren Kaufmanns	56
Trägheit	200
transformationale Führung	104, 105
Transitivität	95
Tugenden des „ehrbaren Kaufmanns"	55

U

Überengagement	146
Überforderung	113
Überforderungsgefühle	171
überhöhter Anspruch an sich selbst	189
Überraschungseffekt	262
Umdenken	57
Umfang der Kooperation	80
Umsetzung der Politik	50
unethische Führung	86, 88
unethisches Führungsverhalten	85
unipolare Depression	160
unipolare Major-Depression	169
unregelmäßige Arbeit	140
Unterforderung	113
Unternehmenskultur	221

V

vaskuläre Depression	167
veränderte Arbeitsstrukturen	37
Verantwortung	59, 231
Verbesserung der Voraussetzungen für Wohlbefinden	68
Verbitterung	147, 173

Stichwortverzeichnis

Vereinbarkeit von Familie und Beruf	171
Verhaltensökonomik	26
Verhaltensprävention	208
Verhaltensstörungen	152
Verlust der Lebensfreude	124
Verlusterlebnisse	159
Vernetzung	218
Versuchung	94
Verträglichkeit	177
Vertrauen	59
Vertrauensverhältnis	237
vertrauensvolle Zusammenarbeit	263
Vision	256
Volkskrankheiten	200
volkswirtschaftliche Belastung	169
Volkswirtschaftliche Gesamtrechnung	32
Vorbildfunktion	34, 40, 106, 202
vorbildliche Führungskraft	206
Vulnerabilität	159

W

Wall-Street-Kapitalismus	58
Wandel in der Arbeitswelt	37
Wertewandel	63
wertschätzendes Verhalten	192
Wertschätzung	43
WHO-5-Fragebogen	154
Wiedereingliederungsmaßnahmen	162
Willensschwäche	93
Willensstärke	93
wirkungsvolle Kommunikation	241
wirtschaftswissenschaftliche Fakultäten	25
Wissensgesellschaft	279
Wladimir Klitschko	253
Wohlbefinden	81
Wohlstandsbegriff	51
Wohlstandsgesellschaft	205
Work-Life-Balance	34, 68, 116, 122

X

X-Y-Theorien	79

Z

Zeitdruck	145
Zeitkonsistenz	93
Zufriedenheit	45
Zugewandtheit	237
Zukunftssorgen	258
Zwei-Faktoren-Theorie nach Herzberg	79, 80
Zwei-Säulen-Modell	68
zwischenmenschlicher Kontakt zu Mitarbeitern	210